U0118663

東亞文明研究叢書
1

東亞儒學史的新視野

臺灣大學出版中心　　黃俊傑◎著

宋徽國朱文公遺像

圖版一：朱子像

圖版二：三宅石庵題「懷德堂」筆蹟
（大阪大學圖書館藏）

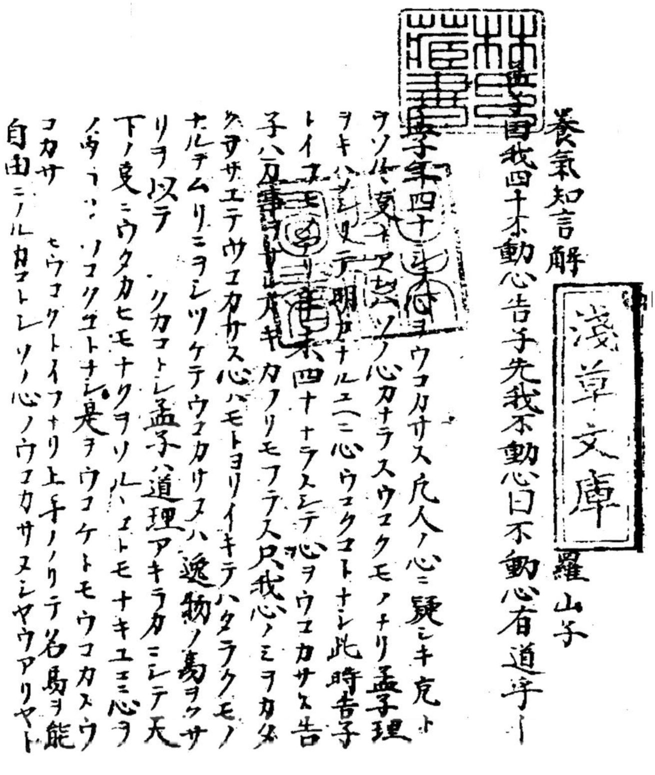

養氣知言解　羅山子

圖版三：林羅山〈養氣知言解〉書影
　　　　（林向陽寬文元年〔1611年〕手抄本，
　　　　　現藏日本東京內閣文庫）

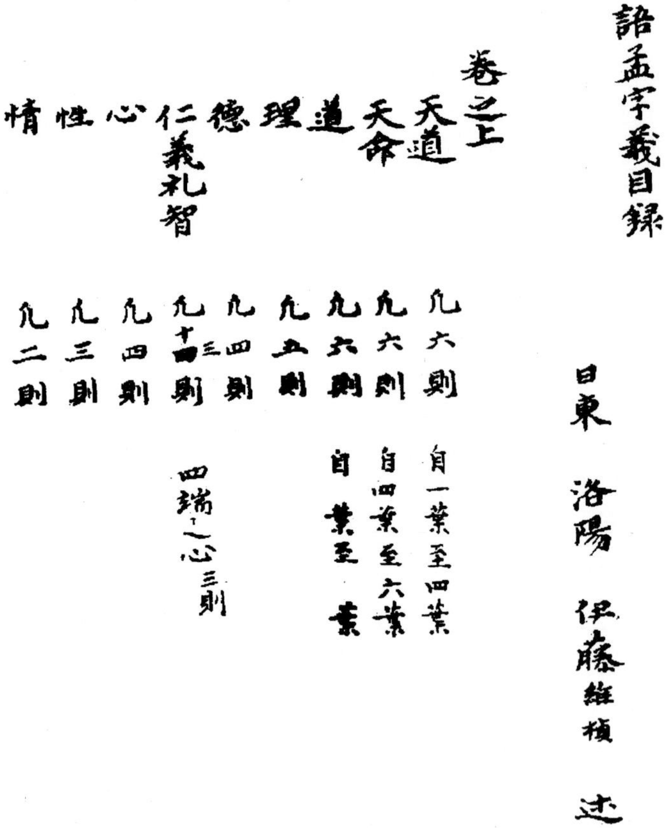
語孟字義目録

日東　洛陽　伊藤維楨　述

卷之上

天道　凡六則　自一葉至四葉

天命　凡六則　自四葉至六葉

道　凡六則　自　葉至　葉

理　凡五則

德　凡四則

仁義礼智　凡十三則　四端之心三則

心　凡四則

性　凡三則

情　凡二則

圖版四：伊藤仁齋著《語孟字義》初稿筆蹟
（原稿藏於日本天理圖書館）

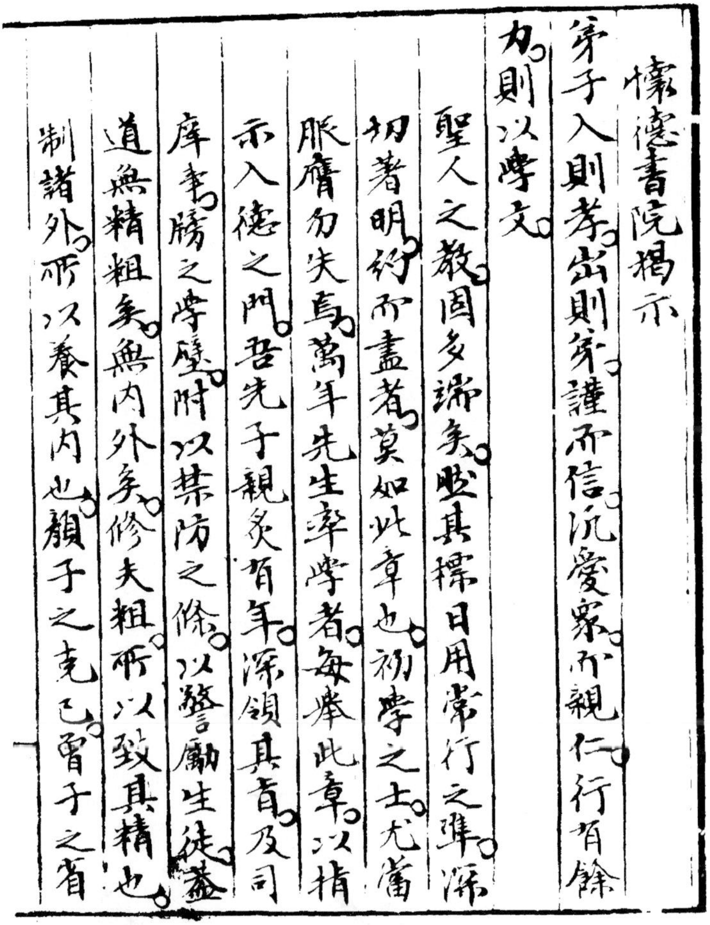

懷德書院揭示

弟子入則孝出則弟謹而信汎愛眾而親仁行有餘
力則以學文

聖人之教固多端矣然其標日用常行之準深
切著明而盡著莫如此章也初學之士尤當
服膺勿失焉萬年先生率學者每舉此章以指
示入德之門吾子親炙百年深領其旨及司
庠序勝之學壁附以禁防之條以警勵生徒蓋
道無精粗矣無內外矣修夫粗所以致其精也
制諸外所以養其內也顏子之克己曾子之省

圖版五：中井竹山《懷德書院揭示》筆蹟
（大阪大學圖書館藏）

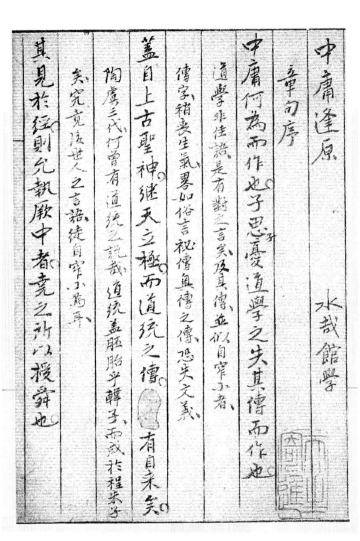

其見於經則允執厥中者堯之所以授舜也

笑究竟後世人之言語徒自窘小焉耳

陶虞三代行晉有道統之說哉道統嘉胚胎乎韓子而成於程朱子

蓋自上古聖神繼天之極而道統之傳○有自來矣○

傳字稍與生氣畧如俗言祕傳真傳之傳恐失文義

道學非佳語是有對之言矣及其傳並似自窘小者

中庸何為而作也子思憂道學之失其傳而作也

章句序

中庸逢原　　　　　　　水哉館學

圖版六：中井履軒撰《中庸逢原》筆蹟
（大阪大學圖書館藏）

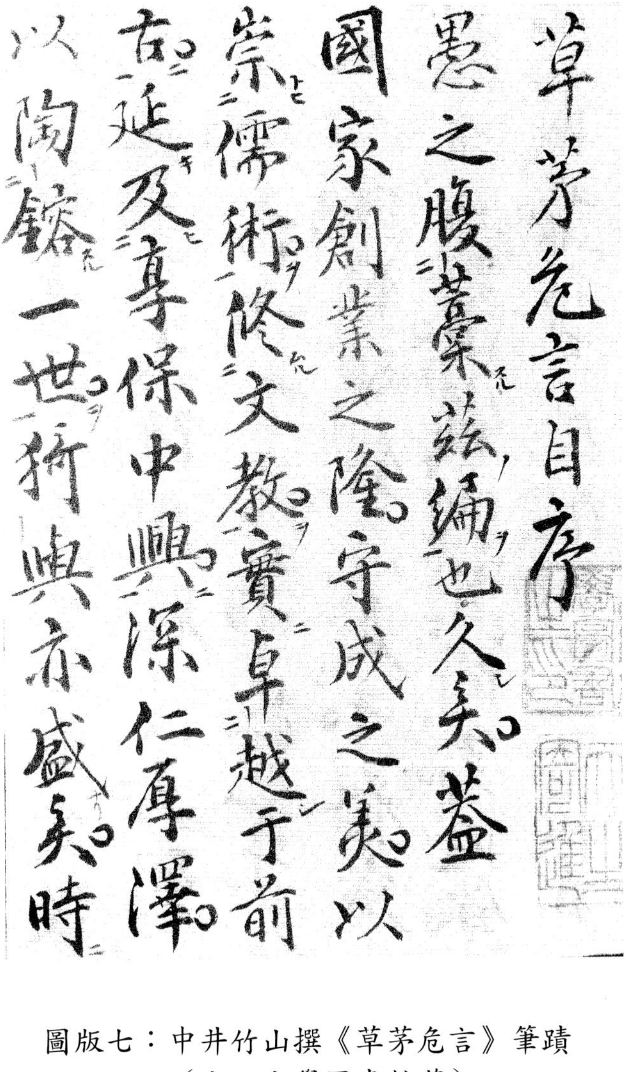
草茅危言自序
愚之腹藁茲編也久矣蓋
國家創業之隆守成之美以
崇儒術修文教實卓越于前
古延及享保中興深仁厚澤
以陶鎔一世猗歟亦盛矣時

圖版七：中井竹山撰《草茅危言》筆蹟
（大阪大學圖書館藏）

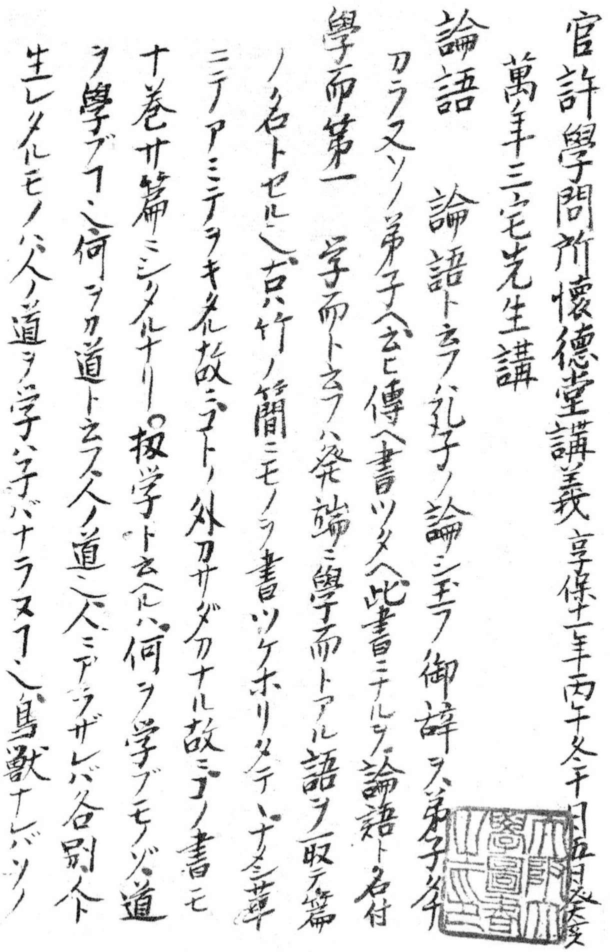

官許學問所懐德堂講義　享保十二年丙午冬十一月五日

萬年三宅先生講

論語　論語ト云フハ孔子ノ論シ玉フ御辭ヲ夫子ノ

カラスソノ弟子ヘ云ヒ傳ヘ書ツメヘ此書ニナルヲ論語ト名付

學而第一　学而トテハ發端ニ學而トアル語ヲ取テ篇

ノ名トセルヽ古ハ竹ノ簡ニモノヲ書ツケホリタテ、ナシ篇

三ヲアミテラキ札故ニマトノ外カサダカナル故ニコノ書モ

十卷廿篇ミシメルナリ　抜学トテハ何ヲ学ブモノゾ道

ヲ学ブコト何ッカ道トテハ人ノ道ニ人ミテアラザレバ各別个

生レメルモノハ人ノ道ヲ学テハ子ハナラヌコトヽ、鳥獸ナレバノ

圖版八：三宅萬年撰《論孟首章講義》
（大阪大學圖書館藏）

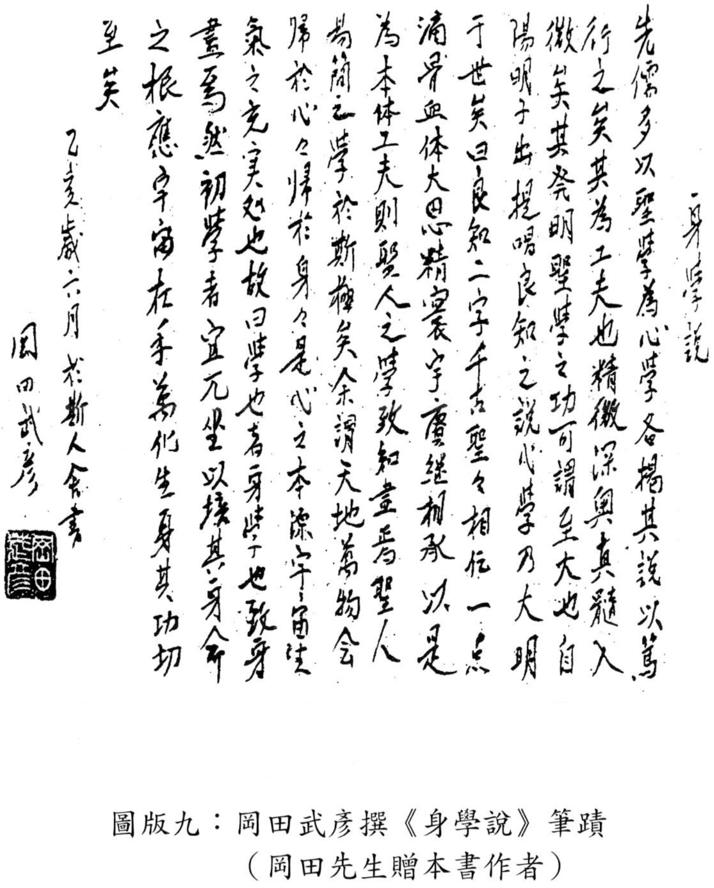

身學說

先儒多以聖學為心學各揚其說以為
行之矣其為工夫地精微深奧真難入
微矣其發明聖學之功可謂至大也自
陽明子出提唱良知之說心學乃大明
于世矣曰良知二字千古聖々相伝一点
滴骨血体大思精寔字庸継紹承以是
為本体工夫則聖人之學致知盡為聖人
為簡之學於斯極矣余謂天地為物会
歸於心々歸於身々是心之本涼宇宙注
氣之充実処此故曰學也者身也時々致身
畫為然初學者宜兀坐以養其身身命
之根應宇宙在手為他生身其功切
至矣

乙亥歲六月　於斯人會書
岡田武彥書

圖版九：岡田武彥撰《身學說》筆蹟
　　　　（岡田先生贈本書作者）

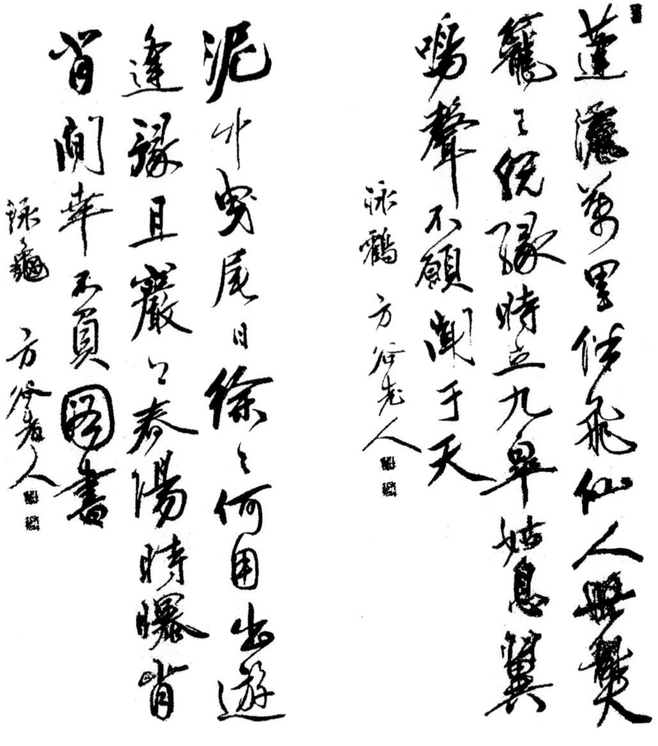

圖版十：山田方谷墨蹟

圖版十一：吉川幸次郎先生

圖版十二：內藤湖南先生

東亞儒學史的新視野

目次

《儒家身體思維探索》

序

　　黃俊傑先生將他近年有關儒學研究的論著集成一書，名之曰
《東亞儒學史的新視野》，承他雅意，要我寫一篇序。此書絕大
部分討論日本近世關於儒學經典的解釋，後半部有幾篇文字則討
論所謂中國傳統的思維方式。關於這兩個領域中的實質問題，我
都不能在這裡表示任何意見。爲什麼呢？第一：對於日本儒學史
我完全外行，沒有發言的資格。第二：對於中國人的特有思維方
式，我雖一向深感興趣，但因所涉太廣也不敢在倉卒間有所妄
議。過去二、三十年來，我即使曾偶然涉筆及此，現在也已不勝
其「人生過處唯存悔，知識增時轉益疑」之感了。這篇序文既不
能直接涉及本書主題，那麼將從何處說起呢？枯窘之餘，我忽然
想到了禪宗的「指月」之喻。當年大智大慧的禪師以手指月，當
然是指點弟子去順著他的手指去看那所指之月，而不是把眼光盯
死在他的手指上。這也正是莊子「得魚忘筌」的深旨，莊與禪相
通，即此可證。但是在以懷疑與否定爲主軸的後現代思維中，許
多人恰恰反其道而行之，他們既不相信「月」是一客觀的存在，
因此對禪師指月這一動作便不免疑慮叢生：他此舉究竟是何居
心？爲什麼指月而不指日或星？他是在維持既有的精神「霸
權」？還是在爭奪尙未到手的「霸權」呢？抑或要搶回已經失去
的「霸權」呢？此「霸權」究屬何種性質？如此反覆追尋下去，
引生出的問題可以無窮。總而言之，後現代思維不是順著手指去
看月，而是逆著手指去測度禪師內心的隱微，直達其潛意識的底
層。如果有人「即以其人之道還治其人之身」，將同樣的懷疑與
否定反施於後現代思維者的身上，那便將導入無窮後退與惡性循

環的雙重混亂之中，再也不能脫身了。

現在讓我簡單說明我為什麼在「指月」之喻上得到啓發，又為什麼先扯上後現代思維。我將俊傑寫這部書看作和禪師指月是同樣的用心良苦。他要我們從中、日、韓儒典註釋的互相比較之中，一方面把捉東亞思維的特色，另一方面尋求普世性的價值系統。這是俊傑所指之「月」。我不取後現代思維者那種極端否定與懷疑的立場，所以我相信俊傑所指的確是天上客觀存在之「月」，不是水中倒影之「月」。但是我又和後現代思維者有一相似的取向，即對俊傑何以要在此時此地指此「月」以示人，則感到很大的興趣。然而此相同之中我又與後現代思維者有極大的分歧：我不願「以小人之心」測度別人的動機。我的興趣起於孟子的名言：「頌其詩，讀其書，不知其人可乎？是以論其世也。」我想讀俊傑這部書的人多少總應該對作者的意向和他的時世背景有所瞭解。我很清楚，這句話本身又會立刻引起爭議，現在有一派人主張「文本」與「作意」根本不相干，而且「作意」已隨時間消逝，即使作者本人事後也未必再能追尋那已逝的瞬間。我不想在此橫生論辯，我想說，我還是相信「讀其書，知其人，論其世」並沒有完全失效。

我自然不敢「謬托知己」，說我對俊傑有多深刻的認識。但是我畢竟與俊傑相識已四分之一世紀，其間也曾有過長談的機會。我下面要說的僅僅限於我的片面瞭解，而且集中在思想史研究這一點上。

俊傑進入中國思想史的專業與一般職業史家不同，他自始便帶著沉重的使命感而來的。他所追求的不僅是知識而且是價值。他對儒學情有獨鍾，其故也在此。他從前研究《孟學思想史論》

的態度如此，現在擴展到整個東亞儒學，其持論依然一貫。他的使命感當然不是從天上掉下來，而是前有所承。中國傳統的士，無論其思想傾向如何，實際內涵如何，大致都有之，不過儒家更爲突出而已。但自二十世紀開始，中國知識人的使命感更強烈了。這是因爲西方文化侵入中國之後，傳統社會一天一天在解體，知識人對於中國的「危亡」特別敏感，「天降大任於斯人」的意識自然也隨之而繼長增高。中國知識人的使命感雖源自傳統，尤其是儒家傳統，但在一個社會大變動、思想大轉換的時代，卻從傳統中游離了出來，獲得了自己的生命。它可以和任何外來思想結合，形成一股爲中國求變求新的力量。就二十世紀的中國思想史而言，知識人的使命感主要體現在反傳統、反儒家的種種思潮之中，「五四」新文化運動的主流即其顯證。事實上，遠在十九世紀之末譚嗣同便已樹立了一個驚心動魄的榜樣。這裡出現了一個歷史的弔詭：反對中國傳統與儒學的經驗內容的知識人，反而在很大的程度上繼承和擔當了儒家的精神。所以陳獨秀三十年代在南京獄中又重新發現了孔、孟的價值，胡適在私人道德方面則始終自覺地遵循著儒門的軌轍。早在二十年代，高夢旦便有長信給林紓，向他說胡適「事母孝」、「婚姻守信」和「取予不苟」，不必等到死後才得到「舊道德之楷模」的美諡了。這一歷史弔詭在魏晉之際已出現過，激烈的嵇康和佯狂的阮籍反而更能體現儒家的精神，儘管他們在思想上歸宗莊、老，而且公開「非湯武而薄周孔」。必須說明，這裡關於二十世紀儒家精神與反傳統之間貌離而神合的論斷，僅僅以知識人爲限，絕不包括政治上的「光棍」和「世路上英雄」；這些人物當歸入另冊，更端別論。

但是，儒學畢竟在中國文化和思想傳統中佔據了主流的地位。在這一傳統中孕育出來的現代知識人不可能毫無例外的都走

上貌離神合的反傳統道路。如果我們的眼光不過於爲當時多彩多姿的新文化運動所吸引，我們便立刻會發現：無論在哲學、文學或史學的領域，當時仍然有大批的知識人站在儒家的旗幟之下。如果我們列舉個人爲例，這張名單之長決不遜於一部新文化運動名人錄。我指出這一基本的歷史事實是爲了澄清近幾十年來流行很廣的一種印象，以爲「五四」以後凡是同情於儒家觀點的文史哲研究者已無存身的餘地，學術思想界已全部爲反傳統、反儒家的勢力席捲而去。這一印象是以政治史觀點淹沒了學術思想史觀點所造成的。二十世紀的中國政治自始至終都在「革命」這一最高觀念的主宰之下，置身於「革命」行動中的人確有越來越激進，因而也越來越不能容忍異己的顯著傾向。但「革命」的領導權最後必然落在「光棍」和「世路上英雄」的手上。他們原是社會的邊緣人，具有濃厚的反知識和反知識人的特質，愈是有獨立思想和學術素養的人便愈不可能爲他們所容，陳獨秀一人的下場便說明了一切。摧毀傳統與儒學而肆無忌憚的也是他們，並不是學術界中的論敵。這是打天下的「光棍」掃蕩了整個學術界與知識界，無論是舊傳統和新文化都玉石俱焚，同歸於盡。相反的，在二十世紀上半葉，專就南北各大學的文、史、哲研究而言，雖有中西新舊的種種分野，但在互相爭論與激盪之中，反而創造了許多輝煌的業績。中國大陸上近年來出版的各種「國學大師」叢書便是近在眼前的證據。這些大師們都是在「五四」前後嶄露頭角的。他們的思想取向各有不同，甚至彼此衝突，然而至少在一九四九年以前學術領域內的各派之間最多不過互有成見或偏見，卻未出現殺伐之氣。

　　上面所簡略概括的是二十世紀上半葉中國學術界在文、史、哲研究方面的一般狀態，這是近五十年來海外儒學研究的遠源。

唐君毅先生曾有「花果飄零」的名喻。一九四九以後，祇有少數
有成就的人文學者「飄零」到香港、臺灣和西方，與當年大陸學
術界全盛的狀況相較，誠不能不使人生「流落人間者，泰山一毫
芒」之感。但這些偶然飄零的花果終有不少在新的土壤中獲得了
新生命，好像一粒芥菜子長成大樹一樣。俊傑所最為心儀的當代
新儒家便是其中之一。但是追源溯始，我們不能不承認當代新儒
家的堅實基礎是在大陸時期奠定的。不但第一代的開山大師熊十
力先生的哲學事業發軔於「五四」後的北京大學，第二代的唐君
毅和牟宗三兩先生的思想也早在四十年代已進入成熟的階段。第
二代新儒家在哲學上的發展已越出第一代的範圍甚遠，這是大家
都知道的，不必多說。但是，第二代的文化使命感也遠比第一代
為強烈而持久，這一點我認為更值得重視。一九五一年唐君毅先
生序《中國文化之精神價值》說：

> 唯瞻望故邦〔……〕懷昔賢之遺澤，將毀棄於一旦。時
> 或蒼茫望天，臨風隕涕。

這幾句話完全可以代表第二代新儒家的共同心理，也是他們的使
命感的真源所在。五十年來新儒家在海外的發皇主要便是憑藉著
這一股感召力量，義理的精微或尚在其次。據我的認識，俊傑正
是聞風而起之一人。

俊傑的專業是思想史，而不是哲學，所以他受新儒家第二代
感染最深的轉在徐復觀先生。他在新儒家研究計畫中特別選徐先
生為研究的重點，即透露出此中消息。俊傑在英文新著《孟子詮
釋學》中立有專章討論唐、徐、牟三家之說，字裡行間也顯出他
的研究取徑與徐先生更為相契。

我不清楚俊傑是不是以新儒家的第三代自期。從他的著作來

判斷，如果我們說他基本上繼承了新儒家精神，大概雖不中亦不甚遠。無論如何，他的文化使命感與新儒家有淵源，則是不成問題的。他在本書自序中說：

> 我們如能宏觀儒學在東亞各國的發展，博覽儒學在東亞各地之異致與同調，並衡定東亞儒學的內涵與特質，那麼，我們將可以在新世紀的「文明的對話」中，充分運用儒家精神資產作為東亞文明與世界文明互動與融合的基礎。

這一段話充分體現了第三代新儒家的文化使命感。在第二代的文化宣言之後，繼之以「文明的對話」，這是新儒家必然應有的發展。「宏觀」與「博覽」則標誌著第三代新儒家更進一步的學院化。所以俊傑本書所收論文，不但篇篇都旁徵博引，註釋周詳，而且對於異見也往往存而不論，絕不輕施呵斥，其有益於學風，更不待言。無論俊傑與新儒家的關係是「門人」、「私淑」還是「同調」，總之，本書為當代儒學研究開闢了新的視域，這是可以斷言的。

我很慚愧，不敢對本書的內容輕置一詞，僅就現代儒學的歷史脈絡，略作分疏，冀為讀者知人論世之一助，並以答俊傑遠道索序的雅意。

余英時

二〇〇一年九月三十日

自序

這部書所收集的是我最近六、七年來在東亞儒學史這個領域中，所撰寫部分論文，取名爲《東亞儒學史的新視野》，實有一番特殊的用意。我想趁著結集成書出版的機會，就有關東亞儒學史研究的一些看法，略加說明，以就教於讀者。

儒學傳統源遠流長，自先秦孔門定其規模，歷經漢唐諸儒註釋疏解，北宋諸儒與南宋朱子暢其源流，王門諸子特加發揮，以至二十世紀當代新儒家唐、牟、徐賦予新詮，可謂德澤深厚，綿延不絕。儒學雖然在二千年前發祥於中國山東半島，原是地域性色彩濃厚的一套學問，但是，在歷史的進程中，儒學價值系統對於二千年來東亞各國尤其是日本、韓國、越南等地區的社會與文化，卻造成深刻而全面的影響，而成爲東亞文明的共同資產。

但是，盱衡東亞各國學術界對於儒學研究的既有成果，多半仍局限於日本學者溝口雄三（1932-）所批判的「國家歸屬主義」（見氏著：《方法としての中國》，東京；東京大學出版會，1989年，頁304）。各國學者以語文之便，多半仍以研究本國的儒學史爲主。以中文學術界的狀況而言，海峽兩岸學者仍以研究中國儒學爲職志，他們以卷帙浩繁的論著，闡先聖之遺意，發潛德之幽光，其有功於聖門，自不待言。但是，從二十一世紀中國文化與域外文化密切互動與對話，而且「全球化」成爲潮流的新形勢而言，我們必須嚴肅考慮將東亞儒學視爲整體進行研究的重要性與迫切性。

我倡議將東亞儒學視爲整體加以研究，主要是著眼於：儒

學雖起源於中國,但是,卻是東亞各國文化的共同資產,我們如能宏觀儒學在東亞各國的發展,博覽儒學在東亞各地之異致與同調,並衡定東亞儒學的內涵與特質,那麼,我們將可以在新世紀的「文明的對話」中,充分運用儒家精神資產作為東亞文明與世界文明互動與融合的基礎。

基於這種信念,我在 1997 年關於中國孟子學詮釋史的研究工作告一段落,並出版《孟學思想史論・卷二》之後,就一面改訂《孟子詮釋學》英文書稿,另一方面也以較多時間集中在日本儒學史的研究,希望將來也擴大視野,兼及韓國儒學的發展。現在收集在這部書中的十三篇論文,是我這幾年來的部分研究成果。這十三篇文字,大致可以歸屬為兩大範疇:一是關於東亞儒學經典詮釋傳統的探討;二是關於中國思維方式,尤其是對「身體思維」的研究。這兩個領域在現有的東亞思想史研究論著中尚未獲得充分的論述,有待大力加以開拓,勉強可以稱之為「東亞儒學史的新視野」。

本書第一部分《儒學史研究的新視野》包括四篇論文,第一篇就東亞儒家經典詮釋學的研究目標、方法及方向,提出一些初步看法。第二篇則扣緊解經者的「歷史性」這個問題,論證東亞思想史上儒家經典的「超時間性」,正是建立在解經者的「時間性」之中。第三、四兩篇,分析討論儒家經典中透過歷史敘述以證立普遍理則,以及蘊涵強烈的「宗教性」之特質。接著第二部份《日本儒學與經典詮釋》包括五篇論文,分析近三百年來具有代表性的日本儒者對中國儒家經典的詮釋。從十七世紀的伊藤仁齋開始,十八世紀下半葉的中井履軒,到十九世紀末葉的山田方谷,以至二十世紀的內藤湖南、宇野哲人、吉川幸次郎等人,三百年來日本的儒者或思想家,莫不誦讀《四

書》，並留下爲數可觀的解經作品。包括中、日、韓各地的東亞儒者所留下的卷帙浩繁的解經著作，潛藏著巨大的學術能量，可以讓我們開發出具有東亞文化特色的經典詮釋學。我不想重覆書中各篇文字的論點，我想在此強調的是：三百年來日本儒者浸淫儒學，詮釋經典的經驗顯示兩種類型的張力：**第一是普世價值與地域特性之間的張力**。儒學經典所傳遞的是一套具有普世意義的價值系統，日本及朝鮮等各地域的儒者，身處特殊而具體的歷史時空環境之中，重新詮釋儒學經典，常常感受到「普遍性」與「特殊性」之間的張力，而必須有所調和於其間。**第二是作爲儒學傳統的詮釋者的「文化認同」與「政治認同」之間的張力**。第一種張力常常表現爲東亞儒者在詮釋經典中的永恆價值，並落實於特殊地域情境時，所感受的拉鋸關係。第二種張力則常表現爲作爲經典詮釋者的東亞儒者的文化的與政治的「主體性」之安頓的問題。這兩種類型的張力及其所激發的種種方法論問題，不但具有東亞文化的特色，而且也具有詮釋學的普遍意涵，值得我們努力以赴，深入挖掘。

本書第三部份題爲《儒家身體思維探索》，包括四篇論文，所探討的是極具東亞文化特色的中國思維傳統。第十篇論文對「中國思維方式」這個領域加以鳥瞰，我們指出「聯繫性思維方式」是中華文化傳統的一大特徵。古代中國思想家「近取諸身，遠取諸物」，進行聯繫性思考。宇宙萬物，隨機點化，皆具妙理。在中華文化傳統常見的「聯繫性思維方式」之中，「身體思維」是一個值得開發的新領域。本書第十一、十二篇探討中國思想史中的「身體政治論」之特質及其涵義，第十三篇則討論中國古代儒家修養功夫論的身體隱喻。中華文化中的《詩》教傳統源遠流長，溫柔敦厚，浸潤在詩教傳統中的中國人論事

「不質直言之，而比興言之，不言理而言情，不務勝人，而務感人」（見焦循：《毛詩補疏・序》，晏炎吾等點校：《清人說詩四種》，武昌：華中師範大學出版社，1986 年，頁 239-240）。在以「詩性思維」（略可與 Ernst Cassirer 所謂 "Poetic thinking" 相比擬）為特徵的中華文化傳統中，「隱喻」（metaphor）特別發達。早在先秦孔門，孔子已有「能近取譬，可謂仁之方也」（《論語・雍也》）的名言，到了劉勰（彥和，約公元 464-522 年）撰《文心雕龍・比興篇》，更是大加發揮，精義全出。正如拉寇夫和詹森有力地指出的，「隱喻」不僅是一種修辭學而已，「隱喻」是人所賴以生存並認識世界的重要工具（參看 George Lakoff and Mark Johnson, *Metaphors We Live By* , Chicago and London: University of Chicago Press, 1980），這種說法在中國甚至整個東亞思想傳統中，更是彰明較著。人的身體正是中國人思考政治及其他諸多問題的重要「隱喻」，在研究上實有其巨大的開發價值。

　　我有心於「東亞儒學」，實啟途於余英時教授的啟示。1982年 7 月檀島朱子學會議期間，向余先生問學，侍談竟夕，獲益良多。廿載時光飛逝，思之惶恐不已。本書承余教授賜撰序文，衷心銘感。最後，我想對幾年來參與「東亞近世儒學中的經典詮釋傳統」研究計畫的學友們，敬致發乎內心的謝意。本書各篇文字初稿都經過研究計畫同仁的批判與切磋，李明輝、楊儒賓、陳昭瑛等三位同道對我鞭策尤多，我由衷感謝。

黃俊傑

2004年4月12日修訂

《儒學史研究的新視野》

壹、

東亞儒學史研究的新視野：
儒家詮釋傳統研究芻議

一、引言

　　在東亞研究的諸多領域中，東亞儒學史的比較研究是一個極具發展潛力的課題。學界前輩過去對東亞儒學比較研究已提出呼籲，早在 1966 年 3 月阿部吉雄（1905-）教授在東京大學文學院屆齡退職前的演說中，就曾呼籲日本學者掙脫日本民族中心論，以比較之觀點研究中、日、韓儒學之發展。[1]1976 年 8 月 7 日上午，余英時（1930-）教授在臺北以〈清代儒學與知識傳統〉為題發表演說，亦嘗呼籲學者從比較思想史之立場，注意儒學在日、韓、越等鄰邦之發展。[2]在這個比較思想史研究的新領域裡，現有論著多著眼於儒學與東亞現代化之關係，[3]雖然

---

[1] 阿部吉雄：〈日鮮中三國の新儒學の發展を比較して〉，《東京支那學報》第 12 號，頁 1-20；Abe Yoshio, "The Characteristics of Japanese Confucianism," *Acta Asiatica*, 5 (Tokyo: Toho Gakkai, 1973), pp. 1-21；阿部吉雄著，龔霓馨譯：〈中國儒學思想對日本的影響——日本儒學的特質〉，《中外文學》第 8 卷第 6 期（1979 年 12 月），頁 164-177。阿部吉雄也撰寫專著，探討日本朱子學與朝鮮之關係，參看阿部吉雄：《日本朱子學と朝鮮》（東京：東京大學出版會，1965 年，1975 年），尤其是頁 489-561。

[2] 並參看余先生落實他的呼籲的論文：余英時：〈戴東原與伊藤仁齋〉，《食貨月刊》復刊 4 卷 9 期（1974 年 12 月），頁 369-376。

[3] 例如 1988 年 9 月 28 日至 10 月 1 日，日本上智大學召開「儒教與亞洲社會

有少數研究論著探討東亞儒學內部之問題，[4]但較爲全面的比較研究，仍是江山有待。

　　東亞儒學史的比較研究進路甚多，一隅不足以舉之。例如，我們可以扣緊儒學傳統中的核心概念如「心」、[5]「公」、「私」、[6]「義」、「利」、「王」、「霸」等進行比較研究，也可以針對東亞儒者如伊藤仁齋（維楨，1627-1705）與戴震（東原，1723-1777）

　　——亞洲儒教社會的比較研究（中國、朝鮮、越南、日本）」研討會，溝口雄三發表主題演講，題為：〈儒教與亞洲社會：今日的意味〉。這次研討會的論文，大部分都發表在《思想》1990 年 6 月號（東京：岩波書局，1990年）的《儒教とアジア社會》專號。1990 年 11 月 28 日至 29 日，日本的第一屆漢字文化論壇召開會議，主題是：《儒教復興的思考》。1992 年 9 月 26日，國立清華大學與日本大阪大學合辦「東亞儒學與近代」國際研討會，也是環繞著這個主題展開討論。關於儒學與東亞地區現代化，最近的論著有：黃秉泰：《儒學與現代化——中韓日儒學比較研究》（北京：社會科學文獻出版社，1995 年）；黃俊傑：〈戰後臺灣の近代化とその展望——儒家思想の關連を著目して〉，《町田三郎教授退官紀念中國思想史論叢》（福岡：町田三郎教授退官紀念論文集刊行會，1995 年），下卷，頁 262-300。

4　例如：阿部吉雄：〈日鮮中三國の新儒學の發展を比較して〉；阿部吉雄：《日本朱子學と朝鮮》；青木晦藏：〈伊藤仁齋と戴東原〉，《斯文》第 8 編第 1號，頁 21-49；第 2 號，頁 16-43；第 4 號，頁 21-27；第 8 號，頁 25-30；第 9 編第 1 號，頁 19-25；第 2 號，頁 21-31；高橋正和：〈孟子字義疏證語孟字義〉，《別府大學國語國文學》，10，收入《中國關係論說資料十一》（1969 年），第一分冊（上），頁 553-556；錢穆：〈朱子學流衍韓國考〉，《新亞學報》，第 12 卷（1977 年 8 月 1 日），頁 1-69；王家驊：《日中儒學　比較》（東京：六興出版，1988 年，1991 年）；黃俊傑編：《儒家思想在現代東亞：日本篇》（臺北：中央研究院中國文哲研究所籌備處，1999 年）。

5　關於中日儒學史中「心」的概念之比較，參看相良亨：〈日本の「心」〉及溝口雄三：〈中國の「心」〉，二文均刊於《文學》第 56 卷第 6 號（1988 年 6月）。

6　參看溝口雄三：〈中國の「公、私」〉；田原嗣郎：〈日本の「公」「私」〉，均收入溝口雄三：《中國の公と私》（東京：研文出版，1995 年），頁 42-132。

加以比較，[7]但是，更值得深入研究的則是公元第十世紀以後，東亞儒者對經典的解釋及其所顯示的涵義。近一千年來中國、日本、韓國、臺灣、越南等地區儒者對儒家經典或概念之重新解釋，係東亞儒學史之重要現象，舉例言之，十七世紀德川時代（1600-1868）日本儒者伊藤仁齋對《論語》與《孟子》等經典中的「道」等概念都提出新解，石田梅岩（1685-1744）解釋儒學之「理」不僅具有倫理性質，也具有市場規律的內涵。凡此種種都一再顯示：儒學傳統之所以歷經世變而能保持活力，不斷創新，乃是由於歷代儒者不斷地出新解於陳編之中。這種對儒學的詮釋與再詮釋，構成東亞思想史的重要現象之一，值得我們努力加以探討。

以《論語》這部經典為例，自從十七世紀德川儒者伊藤仁齋推崇《論語》為「最上至極宇宙第一書」[8]以降，三百年來廣受日本思想家之推崇。德川時代以降，日本保存並校勘出版若干中國早已亡佚的古版《論語》和《論語》注解，頗具文獻價值。德川時代的日本儒者不受科舉制度的束縛，其經典解釋較為自由。明治以後，日本學者率先以近代西方學術的方法對東方的聖經《論語》進行研究，取得重要成績。現代日本社會的各界人士對《論語》極度愛好，研究也不曾中斷，提出各種新解釋，積累可觀成果。所以，研究十七至二十世紀日本的《論語》詮釋史，不僅可以窺見近世日本漢學思想史上的一些重要傾向（例如所謂「和魂漢才」，「神儒一致」，「華夷變態」和「東洋盟主」等），同時也可以發現東亞各國倫理思想的一些共同特

7　余英時：〈戴東原與伊藤仁齋〉。《食貨月刊》復刊 4 卷 9 期，頁 369-376。
8　伊藤仁齋：《論語古義》，收入關儀一郎編：《日本名家四書註釋全書》（東京：鳳出版，1973 年），第 3 卷，論語部一，〈總論〉，頁 4。

徵，及其對佛教與基督教的態度和回應。近三百年來日本儒者
解釋《論語》之著作可謂車載斗量，但是，日本儒者是在德川
以降日本特殊的時空脈絡之中重新解釋《論語》，例如伊藤仁齋
所面對的是德川時代封建制度及其對思想的制約，[9]是朱子學之
一變而成為為封建體制辯護之思想體系，因此乃起而反對朱子
學。[10]他們解釋《論語》的脈絡性（contextuality）與中國儒者
解釋《論語》之脈絡性差異甚大。[11]兩者的差異性的比較，對於
東亞思想史以及東亞文化圈中的經典詮釋學的特殊性之解明頗
有助益，可以為建構具有東亞特色的詮釋學奠定基礎，極具前
瞻性。

　　這篇論文寫作的目的，在於為東亞儒家思想史的研究提出
一種新的視野，建議從比較思想史的立場，扣緊公元一千年以

---

[9] 參看石田一良：〈德川封建社會と朱子學派の思想〉，《東北大學文學部研究
　年報》第 13 號（下），頁 72-138。

[10] 阿部吉雄著，龔霓馨譯：〈中國儒學思想對日本的影響——日本儒學的特
　質〉，《中外文學》第 8 卷第 6 期（1979 年 11 月），頁 164-177。

[11] 關於中日儒者對《論語》詮釋之比較研究，早期有前輩學者狩野直喜撰《論
　語孟子研究》（東京：みすず書房，1977 年），武內義雄撰《論語の研究》
　（東京：岩波書店，1939 年，1972 年）及津田左右吉撰《論語と孔子の思
　想》，收入《津田左右吉全集》第 14 卷（東京：岩波書店），其後有藤塚鄰
　著《論語總說》（東京：國書刊行會，1949 年，1988 年）乙書，但此書第
　二篇介紹從鄭玄到朱子的《論語》註疏，第三篇探討徂徠的《論語徵》對
　清代經師之關係，並非全面性之研究論著。此外，宮崎市定撰《論語の新
　研究》（東京：岩波書店，1974 年，1975 年）偏重歷史及考證。木村英一
　撰《孔子と論語》（東京：創文社，1971 年，1976 年），以文獻考證為主。
　晚近有松川健二編：《論語の思想史》（東京：汲古書院，1994 年）乙書，
　集 18 位學者之力，撰文探討中日韓儒者之《論語》研究，並附詳細的〈論
　語の思想史年表〉，涵蓋面較廣，值得參考，但以上二書均未從儒家詮釋學
　或中日比較思想史角度探索《論語》詮釋史。

降中日韓等地區的東亞思想家對儒家經典的詮釋，分析東亞近世儒家經典詮釋傳統的發展及其特質，以邁向儒家經典詮釋學的建構。全文共分五節，第一節就東亞儒學史中的經典詮釋研究這個新領域略加介紹，第二節說明這個領域研究的目標，第三節就此一領域的研究方法提出若干建議，第四節探討可能的研究方向與課題，最後一節則就東亞經典詮釋學的研究提出一些展望。

二、東亞儒家經典詮釋傳統研究之目標

（2:1）為建立具有東亞特色的詮釋學奠定基礎

這種以經典詮釋為中心的東亞儒學史研究，可以為「東亞詮釋學」建立奠定實證研究的基礎。所謂「東亞詮釋學」，是指東亞學術史上源遠流長的經典註疏傳統中所呈現的，具有東亞文化特質的詮釋學。這種極具東亞文化特色的詮釋學，就其發生程序而言，與西方近代的詮釋學（Hermeneutics）頗有恍惚近似之處：兩者皆起於詮釋者與經典之間的主體性之「斷裂」，使兩者之間溝通不易，索解無由。這種雙方主體性之間的「斷裂」，相當大部分原因與所謂人的「語言性」（linguisticality）有關——人生活在語言圈之中，人永遠處於與他人的對話關係之中，人對「過去」或經典的了解與語言的運用有深刻關係。但是，由於時空的阻隔，人的歷史經驗或審美經驗常常發生異化的現象，所以詮釋學乃於焉產生。但就其本質狀態觀之，則東亞詮釋學自有其深具東亞文化特色之面相，值得加以發掘。

通過悠久的經典註疏傳統所見的東亞詮釋學，在儒、釋、道各家有其互異之面貌，其中以儒家詮釋學最具有經世致用之

特徵，亦即所謂「實學」[12]之涵義特別顯著。我過去曾以歷代儒者對《孟子》的詮釋爲實例，分析儒家詮釋學至少有三個突出的面相：(一)作爲解經者心路歷程之表述的詮釋學：許多儒者透過註經以表述企慕聖賢境界之心路歷程，如朱子集註《四書》以建立一己之哲學，解釋《孟子》「知言養氣」說以表詮個人對生命之體認；王陽明（1472-1529）在其「百死千難」的心路歷程中所得之「心即理」與「致良知」之精神體驗中，重新解釋古典，都是具有代表性的例證。(二)作爲政治學的儒家詮釋學：由於帝制中國的政治體制是以君主爲主體，而儒家政治理想是以人民爲主體，儒家之價值理想與現實政治世界之間，遂出現難以癒合的裂痕，[13]於是，許多儒家學者在有志難伸之餘，遂以經典註疏之學術事業寄寓其經世濟民之政治理想，這種詮釋學是一種政治學，而且其中「治道」遠多於「政道」，如康有爲（1859-1927）著《孟子微》於二十世紀列強對中國鯨吞蠶食之危機年代，皆寄託其救世宏圖於名山事業之中。(三)作爲護教

---

[12] 近數十年來，關於東亞「實學」思想之研究論著的出版如雨後春筍，方興未艾，如杉本勛：《近世實學史の研究》、《近世實學史の諸階段とその特色》；源了圓：《實學思想譜系》、《近世初期實學思想の研究》；鄭聖哲：《朝鮮實學思想的譜系》；李佑成：《實學研究序說》，以及大陸學者葛榮晉主編的《明清實學思想史》以及李甦平等著：《中國・日本・朝鮮實學比較》（合肥：安徽人民出版社，1995年）等書。中日韓三方學者合辦的東亞實學研討會，也持續舉辦。但是，晚近中文學術界若干研究明清思想史學者常常將「實學」一詞的涵義與範圍過度擴張，以致缺乏明確之指涉，亟應加以修正。關於這個問題的討論與反省，可以參看姜廣輝、詹海雲、張壽安、劉君燦、林慶彰：〈明清實學研究的現況及展望座談會記錄〉，《中國文哲研究通訊》第2卷第4期（1992年12月），頁9-26。

[13] 關於這項事實，參考 Frederick Brandauer and Chun-chieh Huang eds., *Imperial Rulership and Cultural Change in Traditional China* (Seattle: University of Washington Press, 1994).

學的儒家詮釋學：歷代儒者以經典註疏作爲武器，批駁佛老而爲儒學辯護者代不乏人，如王陽明通過對古典的重新解釋以批駁朱子學；清儒戴震（1723-1777）在公元 1777 年撰《孟子字義證疏》駁斥宋儒及佛老之思想，也是這種類型的東亞詮釋學的代表作品。

　　從孟學詮釋史所見到的這三個東亞儒學詮釋學的突出面相中，第一個面相較爲重要，歷代許多儒者註疏經典，常常或是作爲一種個人安身立命的手段，或是作爲表達個人企慕聖域之心路歷程的一種方式，這正是儒家「爲己之學」的一種表現，而將經典解釋與個人生命交織爲一，這是「融舊以鑄新」的傳統思考方式。第二種面向與詮釋者對社會政治世界的展望有關。詮釋者企圖透過重新解釋經典的途徑，對他所面對的社會政治問題提出解決方案，這是一種「返本以開新」的思考模式。第三面向則是詮釋者身處於各種思潮強烈激盪的情境中，爲了彰顯他所認同的思想系統之正統性，常通過重新詮釋經典的方式，排擊「非正統」思想。這是一種「激濁以揚清」的思考模式。[14]

　　針對東亞之經典詮釋傳統之研究此一新學術領域，[15]我們如果能進行集體研究，從《論語》、《孟子》、《大學》、《中庸》

---

[14] 以上二段取自拙著：《孟學思想史論・卷二》（臺北：中央研究院中國文哲研究所籌備處，1997 年），頁 471-472。

[15] 最近也有人提議透過對經典詮釋之分析而進行中國思想史研究，參考 Daniel K. Gardner, "Confucian Commentary and Chinese Intellectual History," *Journal of Asian Studies*, 57:2 (May, 1998), pp. 410-411。
關於《東亞近世儒學中的經典詮釋傳統》研究計劃之進展，另詳：http://140.112.142.15/MOEProject/project.asp。

及其他群經在近一千年來中日韓等地儒者解釋之變遷入手，將可開創新的研究成果。

（2:2）透過對儒家經典詮釋傳統之分析，可以探討東亞思維方式之特質

其次，這種東亞儒學的比較研究工作，也在某種程度之內有助於東亞思維方式的解明。各種類型的東亞詮釋學，都深深浸潤於古典中國「詩」教的傳統之中。溫柔敦厚，「詩」教也。詩可以興、觀、群、怨。中國的「詩」教傳統，常透過對美感經驗的感發興起，以喚醒人的感性主體或德性主體。[16]東亞文化中的「興」式思維方式，表現方法固不限一格，但藉經典詮釋以寄寓心曲則爲常見之方法，或表述個人企慕聖域之心路歷程；或痛陳時弊，寓經世思想於註經事業之中；或激濁以揚清，藉解經以駁斥異端；凡此種種皆不取僵直之邏輯論證，而以達意爲尙，充分顯示東亞文化中之思維方式之特徵。但是，截至現階段爲止，國內外學界所出版有關東亞思想研究文獻，不論其研究取向或方法有何差異，其所探討之問題多半屬於「第一序」（first order）的問題，較少涉及屬於「第二序」（second order）之問題，如東亞思想家之思維方式有何特徵等問題。從研究方法論之立場言之，近五十年來的中文學術界關於東亞思想史的研究論著雖然爲數甚多，但對思想背後之思維模式或理論基礎進行論述之作品較爲少見。

「思維方式」的研究長久以來是哲學家獲到興趣的重要課題，自本紀初，人類學家布留爾（Lucien Lévi-Bruhl, 1857-1939）

---

[16] Steven Van Zoeren, *Poetry and Personality: Reading, Exegesis, and Hermeneutics in Traditional China* (Stanford: Stanford University Press, 1991).

的《原始思維》[17]一書發表以來，更吸引了人類學家及社會學家投入此一領域之研究。近年來，隨著計算機科學以及人工智慧（artificial intelligence）研究的發展，「思維方式」研究更取得了嶄新的意義。

　　然而在東亞思想史研究領域中，思維方式之研究卻是較少人問津的領域。傳統的歷史學研究側重在歷史事件的重建與疏證，或是對歷史現象提出因果解釋，也就是上文所謂的第一序之研究。至於第二序的思維方式，也就是人如何認識他們自己及其所處的世界；人以何種方式去思考問題，建立其世界觀；這種世界觀與外在的自然環境、社會環境又如何交互滲透或影響等問題，則一向為傳統歷史學家或思想史家所忽視。「思維方式」這個課題的分析與解答，對未來的東亞思想史研究之所以特具重要性，乃是因為這個課題直接觸及東亞文化傳統中所謂「隱默之知」（"Tacit Knowing"，用美國當代哲學家 Michael Polanyi 之名詞）的層次。[18]對於這個問題進行深入剖析，可以加強我們對東亞文化及思想傳統中所謂「深層結構」的了解。

　　關於東亞思維方式，較早期而全面性的論著，當推日本學者中村元（1912-）在 1948-1949 年間發表的四巨冊《東洋人の思惟方法》。[19]簡言之，中村元的研究方法有二：第一，是經由語言的表現方式，尤其是語法結構，藉以說明其中所反映出來

---

[17] 丁由譯：《原始思維》（北京：商務印書館，1987 年）。

[18] Michael Polanyi, *The Tacit Dimension* (New York: Anchor Books, 1967).

[19] 東京：株式會社春秋社，1988 年，共 4 卷。此書有修訂並新編的英譯本：Hajime Nakamura, edited by Philip P. Wiener, *Ways of Thinking of Eastern People: India, China, Tibet, Japan* (Honolulu: University of Hawaii Press, 1964).

的思維方式。第二，以印度文化爲中心，先從語言的反映探討
印度人的思維方式，再藉由印度佛教傳播到中國和日本的過程
中，由中日兩民族在接受外來文化的方式中，探討其思維方式。
由於中村元對印度佛學造詣較深，以印度思維方式作爲研究進
路在方法上亦頗爲可取。中村元的第一項研究方法則涉及思維
研究上的一大課題，或謂語言決定思維，因爲語言是思維的唯
一工具。這種觀點近來頗爲流行，中村元大致是採取這個觀點。
但近年來大陸學者陳新夏等人[20]認爲思維決定了語言。其實不論
是主張語言決定思維，或是主張思維決定語言，雙方都認爲語
言與思維密不可分，因而從語言可以反映出一定程度的思維方
式。除了這個研究途徑之外，宋德宣等著《中日思維方式演變
比較研究》[21]及日本峰島旭雄所編的《東西思惟形態の比較研究》，
[22]則從比較文化立場探討思維方式。

國內外學術界近年來關於「中國思維方式」的研究成果有：
楊儒賓與黃俊傑合編的《中國古代思維方式探索》，[23]以及吳光
明[24]與楊儒賓有關身體思維與身體觀的新書。[25]從學術研究之立
場言之，「東亞思維方式」此一研究領域尚有發展空間，扣緊東
亞近世儒者對經典之解釋此一現象，可以深入分析「東亞思維

---

[20] 《思維學引論》（長沙：湖南人民出版社，1986 年）。

[21] 瀋陽：瀋陽出版社，1991 年。

[22] 東京：東京書籍株式會社，1977 年。

[23] 臺北：正中書局，1996 年。

[24] Kuang-ming Wu, *On Chinese Body Thinking*: *A Cultural Hermeneutics* (Leiden: E. J. Brill, 1997), 我在 *China Review International*, Vol. 5, No. 2 (Fall, 1998), pp. 583-589 有書評介紹此書。

[25] 楊儒賓：《儒家身體觀》（臺北：中央研究院中國文哲研究所籌備處，1998 年）。

方式」之特質。

三、東亞儒家經典詮釋傳統研究方法芻議

　　東亞儒學史之比較研究，因其範圍、題材、對象而有不同之方法，例如丸山眞男（1914-1996）曾以歐洲思想史作爲對照，提出研究日本思想史可以從三種不同的研究進路入手：（1）教義史（History of Doctrine）；（2）觀念史（History of Ideas）；（3）精神史（Geistesgeschichte）。[26]其論點與歐美學者頗不相同。石田一良（1913-）也曾以他自己長期對日本思想史之研究心得爲基礎，提出思想史研究之三種對象：（1）高度體系化的思想；（2）未形成 logos 的意識型態；（3）作爲生活方式的思想。[27]這些研究方法論的提議，都有參考價值，值得作爲我們進行東亞儒學史比較研究時之參考。

　　我想另闢蹊徑，從經典詮釋的語言性與脈絡性兩個角度，思考研究東亞經典詮釋學的兩個可能進路：（3:1）概念史研究方法與（3:2）思想史研究方法。

　　（3:1）概念史研究方法：所謂「概念史研究方法」是指：扣緊東亞儒學史的重要概念如「心」、「性」、「道」、「教」、「天命」……等，深入分析這些概念在中日韓儒者的經典詮釋中獲

---

[26] 丸山眞男：〈思想史の考え方について──類型、範圍、對象──〉，收入武田清子編：《思想史の方法と對象──日本と西歐──》（東京：創文社，1961 年），頁 6-8。但他也認爲重要的仍是後兩者。

[27] 石田一良：〈日本思想史、文化史の時代區分と轉換期〉，《季刊日本思想史》創刊號（1996 年 7 月），頁 134-36。

得何種新解釋，並分析這種對相同概念的詮釋之差異，在思想史或哲學上的意涵。從概念史研究方法入手，我們可以以某些特定概念在經典詮釋史的發展作為主軸，從點滴觀潮流，分析經典之「舊瓶」如何在歷代東亞解經者手中被裝入「新酒」，[28]並品嘗「新酒」之滋味。我舉一例說明這種研究方法。

孟子在〈公孫丑上〉第二章提出「知言養氣」說，言簡意賅，義蘊豐富，其中諸多單位概念及其詮釋均值得深入分析，尤以「知言」此一概念在東亞儒學史中最具指標性之意義。朱子將孟子的「知言」概念解釋為「知理」，朱子認為「心」具有「知」的能力，「心」之體用顯微無間，可以「窮理而貫通」，[29]而其極致可以達到於「天下事物之理，知無不到」。[30]朱子又說：「知言，知理也。」[31]「知言，便是窮理。」[32]一旦「心」對「理」洞察無礙，那麼，對社會上種種「言」自然也就無所不「知」。朱子對孟子「知言」所提出的解釋，與他對孟子「集義」概念的詮釋密切結合。朱子解釋「集義」說：「集義，猶言積善，蓋欲事事皆合於義也。」[33]朱子更進一步解釋：「集義」說：「只是

---

[28] Wing-tsit Chan, "Neo-Confucianism: New Ideas in Old Terminologies," *Philosophy East and West*, 17:1-4 (Jan., 1967), pp. 15-35; idem, "The Evolution of the Neo-Confucian Concept of *Li* as Principle," *Tsing-hua Journal of Chinese Studies*, N.S., Vol. 4, No. 2 (Feb., 1962), pp. 123-148.

[29] 朱子：《孟子或問》，收入《朱子遺書》（臺北：藝文印書館，影印清康熙中禦兒呂氏寶誥堂刊本），第 5 冊，卷 13，頁 1，上半頁。

[30] 黎靖德編：《朱子語類》（北京：中華書局，1986 年），第 1 冊，卷 15，頁 296。

[31] 《朱子語類》，第 4 冊，卷 52，頁 1241。

[32] 同前註。

[33] 朱熹：《孟子集註》，收入朱熹：《四書章句集註》（北京：中華書局，1983 年），卷 3，頁 232。

無一事不求箇是而已矣。」[34]「『集義』，只是件件事要合宜，自然積得多。」[35]又說：「集，猶聚也。『處物爲義』，須是事事要合義。〔……〕」[36]朱子把孟子「集義」一詞中的「集」字解釋爲「聚」，把「義」字解釋爲事物分殊之「理」。「集義」就被朱子解釋爲：積聚事事物物的分殊之理，成爲一種知識活動。

朱子對「知言」、「養氣」等概念之解釋，引起後儒之強烈批判。王守仁（陽明，1472-1529）以「致良知」釋「集義」，與朱子之解釋相去絕遠；明末黃宗羲（梨洲，1610-1695）在《孟子師說》之中即批駁朱子的解釋，認爲朱說歧事與理爲二，近乎告子義外之說。王夫之（船山，1619-1692）對「知言」之解釋亦與朱子出入甚大。日本德川時代儒者中井履軒（1732-1817）批判朱子之解釋爲「克治之功勤，而擴充之旨微矣」。伊藤仁齋（維楨，1627-1705）更在《語孟字義》（成書於 1683 年）及《孟子古義》二書中，本乎一元論之立場對朱子的《四書集註》大張撻伐，兼及朱子對「知言」之「知」字解釋之不當。甚至朝鮮李朝時代（1392-1910）儒者丁若鏞（茶山，1762-1836）著《孟子要義》，也批評朱子，認爲朱子解「不動心」，違失孟子原旨。逮乎二十世紀，當代研究儒家思想學者對朱子對知言養氣的解釋，亦多未能印可。[37]

《孟子》「知言養氣」章的詮釋在東亞儒學詮釋史上千折百回，曲暢旁通，真是「窮島嶼之縈迴，列岡巒之體勢」，具體顯

---

[34] 《朱子語類》，第 4 冊，卷 52，頁 1259。

[35] 《朱子語類》，第 4 冊，卷 52，頁 1259

[36] 同前註。

[37] 參考拙著：《孟學思想史論・卷二》，第 5 章〈朱子對孟子知言養氣說的詮釋及其迴響〉，頁 191-252。

示東亞近六百年儒學思想物換星移之大勢，就其對東亞儒學史
發展所發揮之指標性作用而言，對此類關鍵性概念之詮釋進行
概念史的分析，確能自點滴以觀潮流，有其研究方法上之優勢。

　　正如我過去所說，[38]採取這種概念史研究方法探討經典詮
釋史，應特別注意下列問題：

　　（a）儒家思想系統或學派或思潮，包括那些不可再加細分
　　　　的「單位觀念」？這些「單位觀念」之結構性或階層
　　　　性的關係如何？
　　（b）儒家經典詮釋系統中，潛藏何種「未經明言的」（tacit）
　　　　的「文法」或「深層結構」？
　　（c）儒家經典詮釋系統的理論周延性如何？

以《孟子》這部經典所見的「義利之辨」為例，所謂「義利之
辨」並不是孤立的一組對立的概念，「義利之辨」這一組概念與
「公私之分」、「王霸之別」都構成互相滲透的有機結合關係。
東亞各國儒者論證多主張：王者以「公」存心，見「義」勇為，
以人民之福祉為依歸，創造「大利」以與人民分享；霸者則從
「私」字出發，見「利」忘「義」，凡事從「為我」出發，獨佔
一切利益。《孟子》書中這三組互有關係的配對觀念，在東亞儒
者的詮釋進程中因人、因學派、因時代而有不同的轉折變化；
而且這三組互有關係的概念，實在是以分享或獨佔做為他們的
「文法」。質言之，「義利之辨」、「公私之分」、「王霸之別」等
重要命題，均以利益之分享或獨佔為其判準。

---

[38]　參看黃俊傑等：〈中國政治思想史研究方法試論〉，《人文學報》第 16 期（國
　　立中央大學文學院，1997 年 12 月），頁 1-43，尤其是頁 22-23。

從東亞近世儒者對《孟子》以及其他儒家經典的詮釋言論看來，「義」、「利」、「王」、「霸」、「公」、「私」等概念確實構成有機結合之關係，牽一髮而動全身，因此，我們採取概念史研究進路以解讀東亞儒家經典詮釋史，應特別注意中日韓儒者詮釋系統中諸多概念之有機聯結關係。

尤有進者，東亞儒者解經史的發展實以中國為中心，諸多解經系統在時間系列上，常先出現於中國，再經由朝鮮而傳到日本，其發展歷程有其時間的階序性。我們採取概念史研究進路，也可以特別注意這種從中國向日韓地區層層推廣的階序性。

（3:2）思想史研究方法：所謂「思想史研究方法」是指：將東亞儒者對經典的詮釋，置於詮釋者所處的歷史脈絡中加以分析，從而將經典詮釋者身處的時空情境，及其詮釋言論的歷史背景與具體涵義加以解明。這種研究方法特別注意下列問題：

（a）經典詮釋者在何種歷史脈絡或具體情境中解讀經典？
（b）經典中所潛藏的議題或理念，在何種歷史情境被顯題化？
（c）經典與解讀者的時代有何種互動關係？

這三種問題的提問及其解明，可以使經典詮釋的發展與時代變遷之關係獲得更明晰的圖像。

我們舉例說明這種研究方法的實際運用。第一個例子見於孟子學詮釋史。宋代知識分子與思想家對於孟子政治思想曾有激烈爭辯。這一段爭辯及其豐富的意涵，必須放在宋代政治史的脈絡中才能正確地加以掌握。我過去對這個問題的研究指

出：[39]北宋以降，宋代知識分子對孟子政治思想爭辯的引爆點在
於孟子不尊周王並遊說諸侯以一統天下的行爲。孟子不尊周王
之所以成爲引爆點，實有其北宋政治史的特殊背景在焉。從北
宋建國以來的大環境來看，孟子不尊周王這件事實所潛藏的王
霸異質論與君臣相對說，對北宋以降中央集權的政治體制，以
及尊王的政治思想，均形同水火。而就王安石變法特別標榜孟
子作爲精神標竿而言，孟子無形中爲王安石新法運動背書，遂
不免激起反新法人士的批判。在這兩大政治史因素的輻輳作用
之下，孟子的不尊周王終於成爲眾矢之的，引爆宋代知識分子
的孟子學爭議。宋代知識分子的孟子學爭議中的王霸之辨，隱
涵著理想主義與現實取向兩種政治態度的對立。擁護孟子尊王
黜霸的宋儒，大致都抱持理想主義，以理想中的「三代」作爲
論政的標準，以堯舜作爲取法的對象，王安石就是典型的代表。
反之，批判孟子的宋儒傾向於將三代秦漢隋唐一體視之，從現
實角度論政，司馬光（君實，1019-1086）即爲代表人物。其次，
君臣之分問題起於孟子所持「大有爲之君必有所不召之臣」的
主張。孟子的君臣相對說，實本於戰國時代（403-222B.C.）士
氣高漲而國君多好戰好利之徒之歷史背景，但是宋儒卻在宋代
的歷史脈絡中批判孟子，例如司馬光就基於他以名分論爲基礎
的政治思想，以及反王安石新法的政治立場，對孟子大加撻伐。
孟子不尊周王並鼓動諸侯一統天下以成其新王，這項行動直接
引爆王霸之辨這個問題，因爲孟子之不尊周王必然涉及孟子對

---

[39] 黃俊傑：《孟學思想史論・卷二》，第 4 章，頁 127-190；Chun-chieh Huang,
"Chinese Hermeneutics as Politics: the Sung Debates over the *Mencius*," in
Ching-i Tu ed., *Classics and Interpretations: The Hermeneutic Tradition in
Chinese Culture* (New Brunswick, New Jersey: Transaction Publishers, 2000),
pp. 195-214。

「王」的定義及其實質內容。當宋儒閱讀孟子王霸論時，不僅是在孟子政治思想脈絡中思考「王」與「霸」的概念，他們更是將「王」與「霸」置於宋代政治與思想的特殊脈絡中加以考慮，他們在宋代政治的脈絡（context）中閱讀孟子政治思想中這個「文本」（text），如此一來，孟子王霸論對宋代權力結構的潛在威脅性乃為之豁然彰顯，其引起非孟與尊孟二派宋儒之激烈爭議，乃屬理所當然，事所必至。

　　宋代儒者透過對孟子思想的重新詮釋以表達他們的政治理念，寄寓心曲。因此，他們的詮釋學本質上就是一種政治學；而且更值得注意的是，這種政治學在很大的程度上是一種道德學。在這些宋代知識分子對孟子學的詮釋中，翼孟與攻孟雙方爭辯王霸之分、君臣之別、尊孔問題時，處處均以充滿道德內涵的語言發言，也朝向道德的目標。他們基本上是在道德的脈絡中談論政治的問題。從這個個案，我們可以發現中國儒家詮釋學的現實取向性格特別強烈。中國的經典詮釋者並非為詮釋經典而詮釋經典，他們是為淑世、經世、乃至救世而詮釋經典。在作為政治學的中國儒家詮釋學傳統之中，「是什麼」與「應如何」是如此深刻地合而為一，「事實判斷」（factual judgement）與「價值判斷」（value judgment）也通貫而為一體，「回顧性的」（retrospective）的儒家經典詮釋行動與「展望性的」（prospective）對未來的提案，也融合無間。

　　從這個儒家經典詮釋個案，我們可以明顯地看出：如果抽掉北宋王安石變法以後所引起的權力關係的重組這個具體而特殊的歷史背景，那麼，宋代知識分子或儒者爭辯孟子政治思想的原因及其意義，就顯得晦而不彰，甚至難以掌握。

　　第二個經典詮釋的個案是日據時代（1895-1945）臺灣詩人

對於儒家詩學的詮釋。陳昭瑛最近的研究指出：「作爲漢民族的傳統文化的一環，儒家詩學在日據時代也和傳統文化一樣面臨兩種嚴酷的考驗，一是被異族殖民同化，有亡史滅文之虞；一是在新文化運動的挑戰下，獲得了『現代轉化』的機緣。這兩大因素塑造了日據時代臺灣儒家詩學的特殊風貌。亡國離亂的痛苦以及異族同化的壓力，使詩評家個別凸顯『變風變雅』的價值，這和傳統儒家詩學的經典中把『正經』放在『變風變雅』之上的價值取向截然不同。從儒家的整體精神看來，清末朱子學的影響逐漸消退。相似的亡國經驗，使日據時代的儒學向南明儒學的經世精神回歸。表現在詩學方面，便是對詩歌之道德教化、經世濟用之功能一再強調。和宋元以來詩話傳統中儒、釋（以禪宗爲主）分庭抗禮的形式相比，這個時期臺灣的詩學是儒家一枝獨秀的局面。」[40]

第三個例子是日據時代（1895-1945）臺灣的民間知識分子李春生（1838-1924）。李春生是一個虔誠的基督教徒，經商致富，晚年著述甚多，對儒家經典提出諸多解釋，尤集中在《中庸》「贊天地之化育」、「天地參」、「峻極於天」等說法，因爲這些說法不但肯定人在宇宙中的特殊地位，甚至將其地位提高到與天、地並列爲三才。就李春生的基督教背景而言，這是無法接受的，因爲這無異否定了上帝的超越性，是對上帝的嚴重褻瀆。李明輝最近指出：李春生詮釋儒家經典的詮釋，基本上採取兩種詮釋策略：「一方面，他強調這些文句出現於《中庸》的後半部，是『子思所述之言，非親出孔子』。另一方面，他設法

---

[40] 陳昭瑛：〈儒家詩學與日據時代的臺灣：經典詮釋的脈絡〉，收入氏著：《臺灣儒學：起源、發展與轉化》（臺北：正中書局，2000 年），頁 251-288，尤其是頁 252-253。

淡忘這些文句中與其基督教觀點相牴牾的意涵，將『贊天地之化育』解釋爲『以人力輔助天功』之義，並將『與天地參』之『參』理解爲『參贊』之『參』、而非『並列爲三』之義。至於『峻極於天』，則是過份誇張的說法，是『作者失愼，而述者欠通』。」[41]從這個個案，我們看到在基督教思想脈絡中，儒家經典獲得完全不同的解釋。

　　從日據時代臺灣的儒家詩學以及李春生的經典詮釋這兩個個案，我們看到東亞儒者的經典詮釋工作是在複雜的政治、社會、經濟網絡中進行的，因此，我們研究東亞儒學詮釋史必須注意經典詮釋者所身處的歷史脈絡，才能正確掌握解經者的用意。舉例言之，我們只有在朱子學成爲官方意識型態的歷史背景中，才能了解爲什麼從十七世紀以降清代（1644-1911）中國、德川時代日本以及李朝（1392-1910）朝鮮等東亞儒者對朱子所建構的以「理」爲中心的形上學世界，施以無情的攻擊與批評，其中尤其以德川初期十七世紀古學派大師伊藤仁齋、十八世紀中國的戴震，以及十八世紀下半葉的中井履軒（1732-1817）等人攻朱最爲峻烈。近世東亞儒者通過對古代儒家經典如《四書》的重新詮釋以批判宋學。他們都是站在他們身處的德川日本封建體制以及清代官方壟斷「理」的解釋權以致「以理殺人」的歷史脈絡之中，思考並批判朱子學。[42]因此，經典解釋者的脈絡

---

[41] 李明輝：〈李春生所理解的中國文化經典〉，收入李明輝編：《中國經典詮釋傳統：儒學篇》（臺北：財團法人喜瑪拉雅研究發展基金會，2001 年）。

[42] 關於德川封建體制與朱子學關係，參看石田一郎：〈德川封建社會と朱子學派の思想〉，《東北大學文學部研究年報》第 13 號（下），頁 72-138；阿部吉雄著，龔霓馨譯：〈中國儒學思想對日本的影響——日本儒學的特質〉，《中外文學》第 8 卷第 6 期（1979 年 11 月），頁 164-177。關於戴震反宋儒之外緣歷史背景，通讀《孟子字義疏證》即可瞭然，無待贅言。勞思光

性的解明，實在是研究東亞儒學詮釋史的重要方法。「雲破月來花弄影」，皎潔的明月只有在朵朵烏雲與花枝掩映之中，才能烘托出它的清新與美麗。

綜上所說，我們建議以「概念史研究方法」及「思想史研究方法」作爲研究東亞儒家詮釋學的兩條進路。前者扣緊經典詮釋的「語言性」（linguisticality），特別注意解經者處於經典所創造的語言世界之中，作爲經典語言世界的一分子而解讀經典。[43]後者則扣緊解經者的「歷史性」，著眼於解經者是一個複雜歷史條件交互作用下的具體的人，詮釋者與經之間構成「互爲主體性」（inter-subjectivity）之關係，儒家經典詮釋既是「我註六經」亦是「六經註我」，因此詮釋者的「歷史性」在經典解釋中就居於關鍵之地位。[44]

四、東亞儒家經典詮釋傳統的研究方向

東亞儒學史波濤壯闊，思潮洶湧，各派之間固然互相爭衡，但在交鋒之際卻也交互影響，構成複雜的思想潮流，因此，東亞儒家經典詮釋學可能的研究方向，也就林林總總，一隅不足以舉之。我先從地域的角度，就這個領域試擬三個研究方向：

先生對戴震反「理欲說」之外緣旨趣有深入之說明，參看勞思光：《新編中國哲學史》（臺北：三民書局，1989 年），三下，頁 876-877。

[43] Cf. Hans-Georg Gadamer, "The University of the Hermeneutical Problem," in his *Philosophical Hermeneutics*, tr. and ed., by David E. Linge (Berkeley: University of California Press, 1976), pp. 3-17.

[44] 拙作：〈從儒家經典詮釋史觀點論解經者的「歷史性」及其相關問題〉，《臺大歷史學報》第 24 期（1999 年 12 月），頁 1-28，收入本書第 2 章。

（4:1）中國儒學是東亞儒學史發展之主軸，德川日本與李朝朝鮮儒學之發展與中國儒學有其密切之關係，所以東亞儒家經典詮釋學的研究必須以中國儒者對經典之詮釋作爲重要參考架構。從這個立場來看，我們可以首先探討中國儒學經典詮釋之遠源，研究先秦時代儒家經典之形成及其在漢唐時代之詮釋，取朱子（1130-1200）所謂「漢注唐疏不可偏廢」之義。其次，將儒學傳統中「道中庸」與「極高明」之兩大層面兼顧並觀，我們可以研究東亞儒者對《論語》與《易經》這兩部經典的詮釋。朱子係近世儒學史之劃時代人物，朱子之進《四書》而退《五經》，決定近世東亞儒學之新方向，誠如錢賓四（1895-1990）所說，朱子係中國儒學史上孔子以後第一人，[45]朱子之經典詮釋中所呈現之世界觀與認知方式之特質，可以成爲一個重要研究課題。最後，中國儒學源遠流長，但以《春秋》一經與現實之互動最爲密切，漢儒以《春秋》斷獄乃人人皆知之史實。在日據時代（1895-1945）臺灣儒學中，《春秋》精神也發揮其嚴夷夏之防的作用。《春秋》「文成數萬，其指數千，萬物之聚散，皆在《春秋》」（《史記・太史公自序》），卷帙雖然浩繁，然其微言大義「甚幽而明，無傳而著，不可不察也」（《春秋繁露・竹林第三》），《春秋》精神在日據時代的臺灣的展現，有待深入考掘。

（4:2）在東亞儒學經典詮釋史的研究中，德川時代日本儒學值得特別深入研究，以彌補中文學術界長久存在之一大缺憾。中國與日本地理位置鄰近，誠如1898年（日本明治三十一年，清光緒二十四年）10月22日康有爲（南海，1858-1927）

---

[45] 錢穆：《朱子新學案》（臺北：三民書局，1971年），（一），頁2。

詩云：「海水排山到日本，天風引月照琉球」，所以，中日兩國自古以來文化、政治及經濟關係密切，中古時代大唐文化的輸入曾激起日本的「大化革新」運動，到了德川時代日本更是廣泛地吸收中國文化。但是，近百年來由於日本侵略中國而使兩國關係緊張。進入二十世紀以後，中國雖有大量學生留學日本，民國十七年（1928）國民黨人戴傳賢（季陶，1891-1949）出版《日本論》更極力呼籲加強日本研究，但是，二十世紀中文學術界之關於日本的研究成果，與日本學術界關於中國的大量研究成果相比，實在令人汗顏，關於日本儒學之學術性著作更是屈指可數，比起日本源遠流長數量可觀的研究論著，實難以相提並論。最近二十多年來，歐美學術界在「日本基金會」推動之下，關於日本的研究論著之出版有如雨後春筍，不論就質或量而言，均非華文學術界所能比擬。最近十年來海峽兩岸學者開始對日本儒學的研究感到興趣，但就已出版的論著看來，似乎仍以通論性著作爲多，專論性之論著較少，我們如能深入研究近三百年日本儒者之經典詮釋史中之特定課題，當有其一定之意義與價值。

在上述考量之下，這個新領域中的研究課題可以包括日本古學派儒者如伊藤仁齋等人以及其他德川儒者對《論語》、《大學》、《中庸》、《詩經》等經典之解釋，並與中國儒者之經典詮釋互作比較，以拓展視野。此外，也可以研究德川時代日本儒者對中國禮學之詮釋，因爲上述以《四書》等經典爲中心的詮釋之研究構想，所探討者屬菁英文化（elite culture）之範疇，但東亞儒學實有其「道中庸」之性格，所謂「君子敦厚以崇禮」，中國禮學在德川時代之詮釋與實踐，特別值得我們加以研究。

（4:3）在東亞儒學經典詮釋史中，李朝朝鮮儒學之研究，

在當前海峽兩岸華人學術界中有其創新意義，並深具學術價值。在朝鮮儒學中，《大學》一書在東亞近世儒學中實居樞紐之地位，我們可以採取比較思想史之觀點，探討中韓儒者對《大學》解釋之異同；其次，孟子的「四端之心」在宋儒中朱子與湖湘學者之間有所爭論。朱子根據其情、理二分的義理架構，批評楊時（龜山，1053-1135）、謝良佐（1050-1103）與湖湘學者對「仁」的詮釋。針對同樣的問題，朝鮮儒者李退溪（1501-1570）提出「四端七情之辨」，將「四端」與「七情」分屬理、氣。奇高峰則根據朱子的觀點一再與他辯難，反對將四端與七情視爲異質之物。其後的李栗谷（1536-1584）繼續發揮奇高峰的觀點，批評李退溪的「四端七情之辨」。[46]我們如果能夠採取比較思想史及比較哲學之觀點進行研究，成果可期。

　　以上是從中國、日本、韓國三個不同地域的儒家經典詮釋史著眼，提出一些可能的研究方向，我們循著這些方向，也許可以發展出具有東亞思想與文化之普遍意義的地域性儒學內涵。上文（4:2）曾提到十七世紀以降東亞思想界反朱子的思潮，就這股思潮的內容而言，近世東亞反朱學者多循經典疏解之途徑以達其反朱學之目的，這股反朱學思潮不僅在空間上廣集中日韓三地區，在時間上也涵蓋十七、十八及十九世紀三百年。這種瀰漫於近三百年東亞思想界反朱子學思潮的普遍意義在於顯示中日韓三國之從傳統邁向現代，但它在三個地區別具有不同的思想史意義。就日本而言，朱子學思維方式的瓦解，可視

---

[46] Edward Y. J. Chung, *The Korean Neo-Confucianism of Yi T'oegye and Yi Yulgok: A Reappraisal of the "Four-Seven Thesis" and Its Practical Implications for Self-Cultivation* (Albany: State University of New York Press, 1995).

爲從「自然」向「人爲」的思想發展軌跡；[47]但是就中國而言，朱子學受到戴震批判，其所顯示的「近代性」則表現在戴震之揚棄宋儒的理氣二元論，主張「自然」即「必然」，提出「理也者，情之不爽失者也」、「理存乎欲」之新命題，以及對於個人的慾之正視等方面。中日思想史的發展，在相近的思想趨勢中仍潛藏著互異的涵義。

除了從東亞各國的地域性著眼之外，我們也可以集中焦點於儒家經典中潛藏的重大議題，如（a）知識與德行孰先？何以故？（b）「心」與「理」之關係如何？（c）自然秩序與人文秩序關係如何？等問題，再扣緊經典中關鍵性的篇章，深入分析這些篇章在中日韓儒者詮釋中之變化。我舉三例以概其餘：

（1）《論語・爲政・4》孔子自述其學思歷程有「五十而知天命」一語，二千年來中日韓儒者說辭紛紜，莫衷一是。何晏（？-249）《論語集解》及皇侃均以祿命解「天命」，朱子則解曰：「天命，即天道之流行而賦於物者，乃事物所以當然之故也」，近乎以「理」解「天命」。清儒劉寶楠（楚楨，1791-1855）《論語正義》解釋這句話說：「知天命者，知己爲天所命，非虛生也，蓋夫子當衰周之時，賢聖不作久矣。及年至五十，得易學之，知其有得，而自謙言『無大過』。則知天之所以生己，所

---

[47] 這是丸山真男的看法。丸山真男認爲德川思想史的發展循「宋學→山鹿素行、伊藤仁齋→荻生徂徠→本居宣長」的軌跡。他也指出，徂徠學的興起瓦解了作爲德川封建體制之意識型態基礎的朱子學思維方式，奠定日本的近代意識。參看丸山真男：《日本政治思想史研究》（東京：東京大學出版會，1976 年）；此書最近有較好的中譯本：王中江譯：《日本思想史研究》（北京：生活、讀書、新知三聯書店，2000 年）；英譯本：Masao Maruyama, translated by Mikiso Hane, *Studies in the Intellectual History of Tokugawa Japan* (Tokyo: University of Tokyo Press, 1974)。

以命己，與己之不負乎天，故以天知命自任。『命』者，立之於己而受之於天，聖人所不敢辭也。他日桓魋之難，夫子言『天生德於予』，天之所生，是爲天命矣。惟知天命，故又言『知我者其天』，明天心與己心得通也」，[48]則強調人與天之合一，頗稱善解。徐復觀（1902-1982）疏解此章說：「孔子的『知天命』，即同於孟子的『知性』。而知性即是『盡心』；因此，再直截的說一句，孔子的『知天命』，即是他的『本心』的全體大用的顯現，所以他不是神秘主義。」[49]《論語》「五十而知天命」在日本儒者手中也歷經互異之解釋，我們如果以《論語・爲政》「五十而知天命」說爲主軸，探討歷代中國儒者及德川時代日本儒者如伊藤仁齋、荻生徂徠、中井履軒、豬飼敬所等人對此說之解釋，就可以分析中日儒者對孔子思想解釋之差異所顯示之思想史涵義。

　　爲了解中日儒者對「五十知天命」說之解釋及其思想史涵義，我們可以扣緊中日儒學史之脈絡性進行分析。所謂「脈絡性」兼攝二義：一是指個別的中日儒者如何在其思想之整體脈絡中詮釋「五十而知天命」說。此一層次之「脈絡性」涉及所謂「詮釋的循環性」問題。二是指個別儒者之詮釋與中日儒學史之整體脈絡如何發生聯繫。就研究進路而言，本文第三節所說的「概念史」（History of Ideas）研究方法當有助益。

　　（2）《論語・顏淵》子曰：「克己復禮爲仁。一日克己復禮，

---

[48] 劉寶楠：《論語正義》（北京：中華書局，1982 年），卷 2，頁 44-45。

[49] 徐復觀：〈有關中國思想史中一個基題的考察——釋論語「五十而知天命」〉，收入氏著：《中國思想史論集續編》（臺北：時報文化出版公司，1982年），頁 379-402，引文見頁 388。

天下歸仁焉。爲仁由己，而由人乎哉？」一句，在東亞儒家經典詮釋史上極具關鍵，公元第四世紀以後中國儒者解釋《論語》「克己復禮」章之轉折變化，很能透露中國思想史旋乾轉坤之消息。孔子答顏淵問「仁」時所說「克己復禮」和「爲仁由己」這兩句話，言簡意賅地暗示了「仁」與「禮」的複雜關係。朱子《集註》云：

> 仁者，本心之全德。克，勝也。己，謂身之私欲也。復，反也。禮者，天理之節文也。為仁者，所以全其心之德也。蓋心之全德，莫非天理，而亦不能壞於人欲。故為仁者必有以勝私欲而復於禮，則事皆天理，而本心之德復全於我矣。

《朱子語類》卷四一云：「克去己私，復此天理，便是仁」，亦同此意，皆以「天理之公」與「人欲之私」互對，強調以前者戰勝後者，朱子以「勝」解「克」即本此而言。朱子註《孟子・梁惠王下・5》所云：「克己復禮之端」，蓋指「克去己私，復此天理」之工夫而言。自從朱子將「克己」解釋爲去除「己身之私欲」以後，引起了明清兩代儒者的批判，如明末陽明門下的鄒守益（1491-1562）、王龍溪、羅近溪，清初的顏元（習齋，1635-1704）、李塨（恕谷，1659-1733）、戴震（東原，1723-1777），對朱子的「克己復禮」的解釋，均有強烈批判。戴震更將朱註中之「私欲」，分解爲「私」與「欲」，主張「私」故當去之，但「欲」則不可去。宋儒「存天理去人欲」之思想，至戴震而一大轉折，並以「欲」爲首出。「克己復禮」解釋之變化，具體而微顯示明清思想史之轉折。[50]類似狀況也可以在日本及朝鮮的

---

[50] 參見溝口雄三：《中國前近代思想の屈折と展開》（東京：東京大學出版會，

儒者的解釋中看到。

　　（3）朱子手訂《中庸》第一章：「天命之謂性，率性之謂道，修道之謂教」一段，在東亞儒學史上極具關鍵，當代儒者唐君毅（1908-1978）所撰重建中國哲學之作品，總集爲《中國哲學原論》，就取《中庸》「天命之謂性，率性之謂道，修道之謂教」之旨，區分爲《導論篇》（一冊）[51]、《原性篇》（一冊）[52]、《原道篇》（三冊）[53]、《原教篇》（二冊）[54]。《原道篇》所述者爲形上學之發展，偏重人之究極實現與人文世界所依據之道，《原性篇》所述者爲人性論之發展；《原教篇》所論則爲宋明理學之發展。最近一千年來，東亞儒者之哲學立場與思想傾向，常能從他們對《中庸》「性」、「道」、「教」三字之解釋中透露其消息。

　　朱子《中庸章句》詮釋此章說：「命，猶令也。性，即理也。天以陰陽五行化生萬物，氣以成形，而理亦賦焉，猶命令也。於是人物之生，因各得其所賦之理，以爲健順五常之德，所謂性也。率，循也。道，猶路也。人物各循其性之自然，則其日用事物之間，莫不各有當行之路，是則所謂道也。」[55]朱子以「理」釋「性」，在人倫日用飲食男女的現實世界之上，另立一個受「理」所駕御的超越世界。朱子學的這個超越世界，對公元十三世紀

　　1980 年），第 3 章，〈清代前葉における新しい理觀の確立——克己復禮解の展開からみて〉，頁 283-331。

[51] 唐君毅：《中國哲學原論：導論篇》（香港：東方人文學會，1966 年）。

[52] 唐君毅：《中國哲學原論：原性篇》（香港：新亞書院研究所，1968 年）。

[53] 唐君毅：《中國哲學原論：原道篇》（香港：新亞書院研究所，1974 年）。

[54] 唐君毅：《中國哲學原論：原教篇》（香港：新亞書院研究所，1975 年）。

[55] 朱熹：《中庸章句》，收入朱熹：《四書章句集註》（北京：中華書局，1983 年），頁 17。

以後東亞思想界影響深遠，陳淳（北溪，1159-1223）撰《北溪
先生字義詳講》就敷陳朱子學說：[56]

> 「命」一字有二義：有以理言者；有以氣言者，其實理
> 不外乎氣。蓋二氣流行萬古，生生不息，不止是箇空氣，
> 必有主宰之者，曰：「理」是也。理在其中為之樞紐，故
> 大化流行，生生未嘗止息。所謂以理言者，非有離乎氣，
> 只是就氣上指出箇理，不雜乎氣而為言爾。如「天命之
> 為性」、「五十知天命」、「窮理境性至於命」，此等命字皆
> 是專指理而言，天命及天道之流行而賦予於物者。就元
> 亨利貞之理而言則謂之「天道」，即此道之流行賦予於物
> 者而言則謂之「天命」。

陳淳以「理」為主宰萬物的「樞紐」，其「流行而賦予於物者」
謂之「天命」。陳淳及其所秉承的朱子「理」之哲學，受到十六
世紀以後東亞各國儒者之批判，日本德川古學派大師伊藤仁齋
撰《語孟字義》就與陳淳《北溪先生字義詳講》立論互異，伊
藤仁齋說：[57]

> 聖人既曰「天道」，又曰「天命」。所指各殊。學者當就
> 其言各理會聖人立言知本指。蓋一陰一陽往來不已之謂
> 天道；吉凶禍福不招自至之謂命，理自分曉。宋儒不察，
> 混而一之，於聖經特甚矣。陳北溪《字義》曰：「命一字
> 有二義，有以理言者，有以氣言者。」其說出於考亭，

---

[56] 陳淳：《北溪先生字義詳講》（臺北：廣文書局，1979 年景印和刻本近世漢
籍叢刊），頁 14。
[57] 伊藤仁齋：《語孟字義》，收入《日本思想大系》〈伊藤仁齋‧伊藤東涯〉（東
京：岩波書店，1971 年），頁 120。

杜撰特甚。觀其所謂理之命者，即聖人所謂天道者。而
獨於聖人所謂命者，推為氣之命。故天道天命混而為一，
而聖人所謂命者反為命之偏者，可乎？聖人既曰天道，
又曰天命，則可知天道與天命自有別。北溪又謂有理之
命，又有氣之命。而氣之命中，又有兩般。嗚呼！聖人
之言奚支離多端，使人難曉若此邪？

仁齋指名批駁陳淳之說，主要是因為仁齋將孔孟經典中所見的
「道」理解為「人倫日用當行之路」，[58]從而解構宋儒及朱子所
建立的以「理」為基礎的形上學世界。仁齋明白宣稱「人外無
道，道外無人」，[59]他提倡回歸孔孟原典，企圖以訓詁學方法解
決經典詮釋問題，其書早於十八世紀的戴東原約百年，開啟了
東亞近世儒者回歸經典運動之新聲。此種新動向也同時展現對
宋代儒學之強力批判，尤集中在對宋儒所立的超絕之「理」之
拒斥，以及強調於人事中覓「天理」之主張。凡此種種新動向，
皆顯示伊藤仁齋在東亞近世儒學史之重要地位。[60]仁齋與陳北溪
年代相去近四百年，皆自信回歸原典以詮釋孔孟本懷，然《北
溪先生字義詳講》與《語孟字義》思想內涵相去甚遠，其事正
是東亞比較思想史之一大課題。[61]伊藤仁齋在所撰《中庸發揮》
書中，對「天命之謂性」等語，亦有進一步之闡釋，很能透露

---

[58] 伊藤仁齋：《語孟字義》，卷上，「道」，頁 19。

[59] 伊藤仁齋：《童子問》，收入《近世思想家文集》（東京：岩波書店，1966
年，1988 年），卷上，第 8 章，頁 205。

[60] 黃俊傑：〈伊藤仁齋對孟子學的解釋：內容、性質與涵義〉，收入拙編：《儒
家思想在現代東亞：日本篇》（臺北：中央研究院中國文哲研究所籌備處，
1999 年），頁 135-179，收入本書第 5 章。

[61] 子安宣邦就指出這兩本《字義》頗可比而觀之，參看子安宣邦：《江戶思想
史講義》（東京：岩波書店，1998 年），頁 79-136。

他的哲學立場。

　　我舉《中庸》首章爲例，主要是爲了說明：儒學經典中的重要篇章，在東亞儒家經典詮釋史中常常發揮溫度計似的指標作用，解經者之哲學立場、政治主張及思想傾向常能從他們對經典中特定篇章之詮釋言論中窺見。這類篇章不勝枚舉，如《孟子・盡心上・1》「孟子曰：『盡其心者，知其性也。知其性，則知天矣』」一語，[62]《論語・雍也第六・1》「雍也，可使南面」一語，[63]都在東亞儒學經典詮釋史上發揮指標性的作用。

　　總而言之，儒家經典實在是東亞思想史的原點（locus classicus），《論語》、《孟子》及其他經書蘊涵諸多哲學命題，在東亞各國儒者間獲得不同的詮釋，我們如果扣緊儒學經典中的關鍵性篇章，分析其在東亞儒學史上解釋之變化，必能事半功倍，得窺東亞儒家詮釋學之肯綮。

五、結論

　　二十世紀下半葉的世界史，有兩個潮流特別顯著：一是隨著高科技的發展而來的「全球化」（Globalization）或所謂「超國家化」（Transnationalization）的趨勢，使國與國之間乃至區域與區域之間的人爲阻隔逐漸泯除，所謂「地球村」日益成爲事

---

[62] 我曾有所討論，參看拙作：〈孟子盡心上第一章集釋新詮〉，《漢學研究》第10卷第2期（1992年12月），頁99-122。

[63] 徐復觀對這一章有所討論，見徐復觀：〈國史中人君尊嚴問題的商討〉，收入氏著：《儒家政治思想與自由民主人權》（臺北：八十年代出版社，1979年），頁161-170。

實；二是在國際化的大潮流中，全球各地的尋根意識日益覺醒。
「全球化」與「本土化」這兩股歷史趨勢相激相盪，互補互利，
形成辯證性的發展關係。從「全球化」與「本土化」的辯證發
展這個角度，我們可以發現，愈是具有本土性的知識或是創作，
愈能夠走向全球與國際。反過來說，只有在保留本土文化特質
的基礎上，全球化才取得了真正的世界性的意義。

　　作爲人文研究重要組成部分的儒學研究，在二十一世紀日
益強化的「全球化」與「本土化」潮流中，也必須改弦更張，
我們一方面要打破日本學者溝口雄三（1932-）所批判的「國家
歸屬主義」[64]的中國文化觀，不僅走向亞洲，更走向世界，將儒
學不僅視爲亞洲文明的共同遺產，而且更是與世界其他文明對
話的文化根源。但是，另一方面，我們也要注意儒學發展史中
所呈現的東亞各地域的特色。必須普遍性與特殊性兼容並觀，
我們才能掌握東亞儒學史的地域性特質及其普世性價值。

　　這篇論文基於上述信念，嘗試揭示東亞儒學史研究的一個
新視野。我們在本文第二節建議以東亞儒者對儒家經典之詮釋
作爲研究的新策略點，由此邁向儒家詮釋學的建構，並嘗試解
明其有東亞文化特色的思維方式之特徵。本文第三節提出兩種
可能的研究方法：「概念史」研究方法與「思想史」研究方法，
前者著重經典詮釋的「語言性」，後者重視解經者的「脈絡性」。
本文第四節則進一步從儒學的地域性以及儒家經典內部的問題
意識等兩個角度，提出若干可能的研究方向。

　　朱子詩云：「問渠那得清如許，爲有源頭活水來。」儒家經

---

[64] 溝口雄三：《方法としての中國》（東京：東京大學出版會，1989 年），頁
304。

典正是東亞思想史得以日新又新的源頭活水。從儒家經典詮釋史入手，正是我們開啓儒學研究新境界的一個嶄新的「阿基米德的立足點」（Archimedean Point）。

引用書目

中日文論著：

子安宣邦：《江戶思想史講義》（東京：岩波書店，1998 年）。

丸山真男：《日本政治思想史研究》（東京：東京大學出版會，
　　　　　1976 年）。

_____：〈思想史の考え方について——類型、範圍、對象〉，
　　　　收入武田清子編：《思想史の方法と對象——日本と西
　　　　歐——》（東京：創文社，1961 年）。

王家驊：《日中儒學の比較》（東京：六興出版，1988 年，1991
　　　　年）。

木村英一：《孔子と論語》（東京：創文社，1971 年，1976 年）。

石田一良：〈德川封建社會と朱子學派の思想〉，《東北大學文學
　　　　　部研究年報》第 13 號（下）。

_____：〈日本思想史、文化史の時代區分と轉換期〉，《季刊日
　　　　本思想史》創刊號（1996 年 7 月）。

布留爾（Lucien Levi-Bruhl），丁由譯：《原始思維》（北京：商
　　　　務印書館，1987 年）。

朱　熹：《孟子或問》，收入《朱子遺書》（臺北：藝文印書館，
　　　　影印清康熙中禦兒呂氏寶誥堂刊本）。

_____：《孟子集註》，收入朱熹：《四書章句集註》（北京：中
　　　　華書局，1983 年）。

_____：《中庸章句》，收入朱熹：《四書章句集註》（北京：中
　　　　華書局，1983 年）。

伊藤仁齋：《語孟字義》，收入《日本思想大系》〈伊藤仁齋・伊

　　　　　　藤東涯〉（東京：岩波書店，1971 年）。

　　　　　：《童子問》，收入《近世思想家文集》（東京：岩波書店，
　　　　　　1966 年，1988 年）。

　　　　　：《論語古義》，收入關儀一郎編：《日本名家四書註釋全
　　　　　　書》（東京：鳳出版，1973 年）。

余英時：〈戴東原與伊藤仁齋〉，《食貨月刊》復刊 4 卷 9 期（1974
　　　　　　年 12 月）。

李明輝：〈李春生所理解的中國文化經典〉，收入李明輝編：《中
　　　　　　國經典詮釋傳統：儒學篇》（臺北：財團法人喜瑪拉雅
　　　　　　研究發展基金會，2001 年）。

李甦平等著：《中國‧日本‧朝鮮實學比較》（合肥：安徽人民
　　　　　　出版社，1995 年）。

宋德宣等著：《中日思維方式演變比較研究》（瀋陽：瀋陽出版
　　　　　　社，1991 年）。

松川健二編：《論語の思想史》（東京：汲古書院，1994 年）。

武內義雄：《論語の研究》（東京：岩波書店，1939 年，1972 年）。

相良亨：〈日本の「心」〉，《文學》第 56 卷第 6 號（1988 年 6
　　　　　　月）。

姜廣輝、詹海雲等：〈明清實學研究的現況及展望座談會記錄〉
　　　　　　《中國文哲研究通訊》第 2 卷第 4 期（1992 年 12 月）。

高橋正和：〈孟子字義疏證と語孟字義〉，《別府大學國語國文
　　　　　　學》，10，收入《中國關係論說資料十一》（1969 年）。

唐君毅：《中國哲學原論：導論篇》（香港：東方人文學會，1966
　　　　　　年）。

　　　　　：《中國哲學原論：原性篇》（香港：新亞書院研究所，
　　　　　　1968 年）。

　　　　　：《中國哲學原論：原道篇》（香港：新亞書院研究所，

1974 年）。

＿＿＿＿：《中國哲學原論：原教篇》（香港：新亞書院研究所，
1975 年）。

津田左右吉：《論語と孔子の思想》，收入《津田左右吉全集》
第 14 卷（東京：岩波書店）。

宮崎市定：《論語の新研究》（東京：岩波書店，1974 年，1975
年）。

狩野直喜：《論語孟子研究》（東京：みすず書房，1977 年）。

峰島旭雄編：《東西思惟型態 比較研究》（東京：東京書籍株
式會社，1977 年）。

徐復觀：〈有關中國思想史中一個基題的考察——釋論語「五十
而知天命」〉，收入氏著：《中國思想史論集續編》（臺
北：時報文化出版公司，1982 年）。

＿＿＿＿：〈國史中人君尊嚴問題的商討〉，收入氏著：《儒家政治
思想與自由民主人權》（臺北：八十年代出版社，1979
年）。

黃秉泰：《儒學與現代化——中韓日儒學比較研究》（北京：社
會科學文獻出版社，1995 年）。

黃俊傑編：《儒家思想在現代東亞：日本篇》（臺北：中央研究
院中國文哲研究所籌備處，1999 年）。

＿＿＿＿：《孟學思想史論・卷二》（臺北：中央研究院中國文哲
研究所籌備處，1997 年）。

＿＿＿＿：〈戰後臺灣の近代化とその展望——儒家思想の關連を
著目して〉，《町田三郎教授退官紀念中國思想史論叢》
（福岡：町田三郎教授退官紀念論文集刊行會，1995
年）。

＿＿＿＿等：〈中國政治思想史研究方法試論〉，《（國立中央大學

文學院）人文學報》第 16 期（1997 年 12 月）。

_____：〈從儒家經典詮釋史觀點論解經者的「歷史性」及其相關問題〉，《臺大歷史學報》第 24 期（1999 年 12 月）。

_____：〈孟子盡心上第一章集釋新詮〉，《漢學研究》第 10 卷第 2 期（1992 年 12 月）。

勞思光：《新編中國哲學史》（臺北：三民書局，1989 年）。

阿部吉雄：〈日鮮中三國の新儒學の發展を比較して〉，《東京支那學報》第 12 號。

_____ 著，龔霓馨譯：〈中國儒學思想對日本的影響——日本儒學的特質〉，《中外文學》第 8 卷第 6 期（1979 年 12 月）。

_____：《日本朱子學と朝鮮》（東京：東京大學出版會，1965 年，1975 年）。

楊儒賓：《儒家身體觀》（臺北：中央研究院中國文哲研究所籌備處，1998 年）。

楊儒賓、黃俊傑合編：《中國古代思維方式探索》（臺北：正中書局，1996 年）。

溝口雄三：《中國の公と私》（東京：研文出版，1995 年）。

_____：《中國前近代思想の屈折と展開》（東京：東京大學出版會，1980 年）。

_____：《方法としての中國》（東京：東京大學出版會，1989 年）。

_____：〈中國の「心」〉，《文學》第 56 卷第 6 號（1988 年 6 月）。

劉寶楠：《論語正義》（北京：中華書局，1982 年）。

黎靖德編：《朱子語類》（北京：中華書局，1986 年）。

錢　穆：《朱子新學案》（臺北：三民書局，1971 年）。

_____：〈朱子學流衍韓國考〉，《新亞學報》第 12 卷（1977 年
　　　　8 月 1 日）。
陳昭瑛：〈儒家詩學與日據時代的臺灣：經典詮釋的脈絡〉，收
　　　　入氏著：《臺灣儒學：起源、發展與轉化》（臺北：正
　　　　中書局，2000 年）。
陳　淳：《北溪先生字義詳講》（臺北：廣文書局，1979 年景印
　　　　和刻本近世漢籍叢刊）。
陳新夏：《思維學引論》（長沙：湖南人民出版社，1986 年）。
藤塚鄰：《論語總說》（東京：國書刊行會，1949 年，1988 年）。

英文論著：

Abe, Yoshio, "The Characteristics of Japanese Confucianism," *Acta
　　　　Asiatica*, 5 (Tokyo: Toho Gakkai, 1973).
Brandauer, Frederick and Huang, Chun-chieh eds., *Imperial Rulership and
　　　　Cultural Change in Traditional China* (Seattle: University of
　　　　Washington Press, 1994).
Chung, Edward Y. J., *The Korean Neo-Confucianism of Yi T'oegye and Yi
　　　　Yulgok: A Reappraisal of the "Four-Seven Thesis" and Its
　　　　Practical Implications for Self-Cultivation* (Albany: State
　　　　University of New York Press, 1995).
Chan, Wing-tsit, "Neo-Confucianism: New Ideas in Old Terminologies,"
　　　　Philosophy East and West, 17:1-4 (Jan., 1967)
———, "The Evolution of the Neo-Confucian Concept of *Li* as Principle,"
　　　　Tsing-hua Journal of Chinese Studies, N.S., Vol. 2 (Feb., 1962).
Gardner, Daniel K., "Confucian Commentary and Chinese Intellectual
　　　　History," *Journal of Asian Studies*, 57:2 (May, 1998).

Gadamer, Hans-Georg, "The University of the Hermeneutical Problem," in his *Philosophical Hermeneutics*, tr. and ed., by David E. Linge (Berkeley: University of California Press, 1976).

Huang, Chun-chieh, "Chinese Hermeneutics as Politics: the Sung Debates over the *Mencius*," in Ching-i Tu ed., *Classics and Interpretations: The Hermeneutic Tradition in Chinese Culture* (New Brunswick, New Jersey: Transaction Publishers, 2000).

Maruyama, Masao, translated by Mikiso Hane, *Studies in the Intellectual History of Tokugawa Japan* (Tokyo: University of Tokyo Press, 1974).

Nakamura, Hajime, edited by Philip P. Wiener, *Ways of Thinking of Eastern People: India, China, Tibet, Japan* (Honolulu: University of Hawaii Press, 1964).

Polanyi, Michael, *The Tacit Dimension* (New York: Anchor Books, 1967).

Van Zoeren, Steven, *Poetry and Personality: Reading, Exegesis, and Hermeneutics in Traditional China* (Stanford: Stanford University Press, 1911).

Wu, Kuang-ming, *On Chinese Body Thinking*: *A Cultural Hermeneutics* (Leiden: E. J. Brill, 1997).

貳、

從儒家經典詮釋史觀點論解經者的
「歷史性」及其相關問題

一、問題的提出

　　在東亞近世思想史上，儒家經典的詮釋一直是產生諸多重要思想課題的主要動力，宋明儒學中的「已發」「未發」之辨、人禽之辨、義利之辨、公私之分、王霸之別等議題，德川（1600-1868）時代日本儒學中的王霸之辨、湯武放伐論，乃至「和魂洋才」、「神儒一致」、「華夷變態」……等問題，李朝（1392-1910）時代朝鮮儒學史中的「四端七情」之辨等議題，皆直接源自於中日韓儒者對於儒家經典的詮釋，而歷代帝王或親自解經，或獎掖註經，更有助於經典詮釋之學的發展成為中國思想史的一項特色。[1]近一千年來東亞儒者對經典之詮釋繁複而多樣，一派之中內容互殊，一門之中眾說兼採，而學派之間則交互影響，互相激盪，誠所謂「千山競秀，萬壑爭流」。

　　但是，在東亞儒學經典詮釋史上，卻蘊藏著許多方法論的問題，其中較為重要的問題就是：經典以及經典的解釋者都是

---

[1] 例如唐太宗詔孔穎達與諸儒撰《五經正義》以統一經學解釋；王安石為推動改革而自撰《周官新義》，頒行天下；明成祖詔群儒撰《五經四書大全》，則意在遮掩其奪位之不當。參考 Daniel K.Gardner, "Confucian Commentary and Chinese Intellectual History," *Journal of Asian Studies*,57:2 (May,1998), pp. 410-411。

特定時空的產物，各有其「歷史性」。為了有效地解釋經典，經典解釋者是否必須經過解構自己的「歷史性」才能進入經典的思想世界？何以故？這個問題既具有東亞儒學的特殊性，又具有詮釋學的普遍意涵，值得重視。這篇論文寫作的目的，就是為了扣緊這個問題，以《論語》與《孟子》等儒學經典的解釋為例，探討經典詮釋者與經典之間的複雜關係。必須強調的是，這篇論文並不是對詮釋學的理論推衍，而是根據東亞儒家經典詮釋史所見的經驗，探討解經者「歷史性」及其相關問題。

　　這個研究課題潛藏於東亞近世反朱學的儒者對朱子的質疑之中。十七世紀日本古學派思想家伊藤仁齋（維楨，1627-1705），就質疑朱子以「性即理」解釋《孟子‧盡心上‧1》之不當，伊藤仁齋認為解釋《孟子》當以「孟子之言相證，不可以己之意解之」，[2] 這種說法就一般意義言之，當然可以成立。但是，如何才能做到「不可以己之意解之」？解經者是否要自我解構，使自我成為空白主體才能真正進入古典的思想世界？程樹德（郁庭，1877-1944）撰《論語集釋》，解釋《論語‧顏淵‧1》「克己復禮」章時，對朱子集註大加批判，並強調解經「不可先有成見」、「解經須按古人時代立言」。[3] 同樣的問題也出現在十八世紀日本儒者中井履軒（1732-1817）對朱子的質疑。朱子將《孟子‧梁惠王下‧3》之「天」解釋為「理」並將「以大事小」的「事」改「字」字，引起中井履軒的指責說：「經文大小並稱事矣。註於事小改為字，非也。豈南宋之時，有為

---

[2] 伊藤仁齋：《孟子古義》，收入關儀一郎：《日本名家四書註釋全書》（東京：鳳出版，1973 年），第 7 卷，頁 284。

[3] 程樹德：《論語集釋》（北京：中華書局，1990 年），第 2 冊，頁 819。

而言邪？有爲之言，不可以解經。」[4]中井履軒在這裡指責朱子不應將朱子時代的歷史背景帶入經典詮釋之中。上述伊藤仁齋、程樹德及中井履軒的論點，都共同指向一個問題：詮釋者是否應先將自己的「歷史性」完全解構才能進入經典的世界？

爲了比較全面地探討這個問題，本文第二節先探討儒家經典詮釋學的特質，以及詮釋者的思想傾向與時代背景所發揮的作用。第三節分析詮釋者的「歷史性」（說詳下）正是開發潛藏在經典中的「意涵」（meaning）[5]之重要動力。第四節分析經典與詮釋者的對話，認爲這種對話是經典的永恆性之活水源頭。最後一節則提出結論性的看法，以總結全文的討論。

二、儒家詮釋學的特質與經典詮釋者的「歷史性」

在東亞思想史上，儒家經典及其詮釋一直居於思想發展的主流地位，（2:1）歷代儒者對儒家經典的解釋活動，基本上是一種「實踐活動」，而不只是一種「認知活動」；（2:2）儒家經典具有強烈的「實存的」（existential）內涵，而儒家詮釋學也就成爲一種「體驗的」（experiential）學問。（2:3）因此，經典詮釋者

---

[4] 中井履軒：《孟子逢源》，收入關儀一郎編：《日本名家四書註釋全書》，第 10 卷，頁 40。

[5] 我在這裡用赫胥（E. D. Hirsch Jr.）對於「意涵」（meaning）與「意義」（significance）的區分。赫胥主張作品之「意涵」就是「文本」（text）所呈現的意義，雖然作者可能在不同的脈絡或情境中對他自己的作品有不同的態度或意見，但是所改變的只是作者與「意義」之關係而已，至於作品之「意涵」則終究未變。E. D. Hirsch Jr., *Validity in Interpretation* (New Haven: Yale University Press, 1967), p. 8.

的「歷史性」在儒家經典的詮釋活動中不但不可能加以解消，而且一直發揮重要的作用。我們依序闡釋這三個論點。

（2:1）最近關於公元前第一個千紀古代文明的發展的研究論著甚多。誠如余英時所說，在公元前一千年之內，希臘、以色列、印度、和中國四大古代文明都曾先後各不相謀而方式各異地經歷了一個「哲學的突破」的階段。所謂「哲學的突破」即對構成人類處境之宇宙的本質發生了一種理性的認識，與這種認識帶來了對人類處境的本身及其基本意義有了新的解釋。「哲學的突破」在中國表現得最爲溫和，因爲中國的傳統寄托在幾部經書之中。這個傳統經過系統化之後，在宇宙秩序、人類社會、和物質世界幾個方面都發展出一套完整而別具一格的看法。儒家因爲與六經有密切的關係 而且在諸子之中又屬最先興起，所以佔據中心的地位。[6] 儒家典籍在漢代以後就取得經典的權威地位，透過學校教育與科舉考試等管道而塑造近兩千年來中國讀書人思想的主要面貌，各種解釋經典的論著車載斗量不可勝數。

但是，正如我最近所說，這種源遠流長綿延不絕的儒家經典詮釋活動，其基本性質實是一種「實踐活動」，或者更正確地說，中國詮釋學是以「認知活動」爲手段，而以「實踐活動」爲其目的。「認知活動」只是中國詮釋學的外部形式，「實踐活動」才是它的實際本質。所謂「實踐活動」兼攝內外二義：（一）作爲「內在領域」（inner realm）的「實踐活動」是指經典解釋

---

[6] 余英時：〈古代知識階層的興起與發展〉，收入氏著：《中國古代知識階層史論：古代篇》（臺北：聯經出版事業公司，1980 年，1997 年），頁 4-108，尤其是頁 32-36。

者在企慕聖賢、優入聖域的過程中，個人困勉掙扎的修爲工夫。
經典解釋者常常在註釋事業中透露他個人的精神體驗，於是經
典註疏就成爲迴向並落實到個人身心之上的一種「爲己之學」。
（二）作爲「外在領域」（outer realm）的「實踐活動」，則是指
經典解釋者努力於將他們精神或思想的體驗或信念，落實在外
在的文化世界或政治世界之中。[7] 傳統的儒家學者常強調儒學是
「實學」，就可以從這個角度加以理解。

（2:2）爲什麼儒家經典的詮釋活動基本上是一種「實踐活
動」呢？這個問題導引我們思考儒家經典及其詮釋者的特質。

儒家經典數量甚多，卷帙浩繁，《詩》、《書》、《易》、《禮》
及《春秋》典籍等就其主要內容觀之固然都是具體的歷史經驗
或道德命題，吉川幸次郎（1914-）說：「《五經》記載內容充分
顯示出中國人的特性〔……〕記載內容全部是人類現實社會的
一切，超越感覺領域的記載十分貧乏」，[8] 這種說法固然可以成
立，但是，這種說法卻忽略了儒家經典的特質：**寓超越性於現
實性之中**。儒家經典雖然處處皆從人倫日用出發，但是儒者對
於現實事務卻抱持絕對嚴肅的態度，他們抱道守貞，以經世乃
至救世爲其生死以之的目標。因此，儒學雖然不是一種一般西
方宗教經驗定義下的「宗教」，但卻是具有強烈的「宗教性」的
思想傳統。這種宗教性既展現在時間性的歷史文化傳承之中，
又展現在空間範疇的無限推擴之上。這種宗教性存在於「個人

---

[7] 黃俊傑：《孟學思想史論・卷二》（臺北：中研院中國文哲研究所籌備處，1997
年），頁 481-482。

[8] 吉川幸次郎著，林景淵譯：《中國人之古典學術與現實生活》（臺北：寰宇出
版社，1996 年），頁 44。

性」的「體驗」工夫與境界之中；而且這種「宗教性」與「禮教性」溶滲而爲一體。儒家經典可以被視爲儒者企慕聖域的心路歷程的記錄。[9] 因此，儒家經典的內容固然不離日常生活人倫日用，但是卻又超乎人倫日用之上，而具有強烈的「實存性」（existential）的特質。

由於儒家經典具有上述特質，所以歷代東亞儒者對於儒家經典的詮釋就不能只是好像外科解剖的、與自己身心無關的純粹外在意義的知識活動。相反地，歷代東亞的大儒詮釋經典莫不是將經典中的內容與自己修心養性的困勉掙扎的體驗互相印證，所以，儒家經典詮釋工作是一種解釋者與經典互相滲透、互爲主體的一種解釋活動，使經典詮釋學成爲一種身心體驗之學，尤其宋明儒者之解經尤然。

爲了闡釋儒家經典詮釋學是一種體驗之學，我們可以以朱子（晦庵，1130-1200）與王陽明（守仁，1472-1529）的意見爲例進一步說明。朱子與陽明對儒學經典的內容之解釋，出入甚大，乃是人人皆知之事，無庸贅言。但朱子與陽明對於經典解釋是一種體驗之學這一點，卻持論一致。朱子曾告誡程允夫（程洵，號克庵，1135-1196）讀經應有踐履功夫，朱子認爲經典的研讀並不是「一詞一義」的問題，而是要付諸實踐，「將來踐履，即有歸宿」。[10] 朱子也告誡江德功（江默，生卒年不詳），研讀經典不應只是在書冊之間「穿鑿附會」，而應「就日用存主應接處

9　另詳黃俊傑：〈試論儒學的宗教性內涵〉，《臺大歷史學報》第 23 期（1999年 6 月），頁 359-410，收入本書第 4 章。

10　朱熹：《晦庵先生朱文公文集》（四部叢刊初編縮本，以下簡稱《文集》），卷 41，〈答程允夫〉，頁 701。

實下功夫」並「涵養德性本原」，才能「踏著實地」。[11] 在這個意義下，經典絕對不是在手術房裡等待解讀者加以解剖的屍體，而是活生生的一個思想世界，解讀者可以優游涵泳於其間，攜古人之手與古人偕行，親之味之，得其精神而舞之蹈之。

王陽明更近一步將這種經典與解讀者親切互動的解讀過程說得更明白，他說：「古人言語，俱是自家經歷過來，所以說得親切。遺之後世，曲當人情。若非自家經過，如何得他許多苦心處？」[12] 所謂讀經要「自家經過」，正是我所說的儒家經典詮釋學是一種體驗之學之意。王陽明更以他自己體認孟子「良知」之說為具體實例，說他從《孟子》這部經典中體認「良知」的內涵，是「百死千難中得來」，[13] 這真是石破天驚之語，將儒家經典詮釋是體驗之學這項特質完全和盤托出。

因為儒家經典具有強烈的「實存」的內涵，而經典詮釋活動也是一種「體驗」之學，所以，中國的儒家詮釋學就成為一種以「人格」為中心而不是以文字解讀為中心的活動。[14] 誠如范佐仁（Steven Van Zoeren）所說，中國儒家不問「何謂善惡」，而假定人對「善的內容」已有共識，因此只問人如何「身體力

---

[11] 朱熹：《文集》，卷 44，〈答江德功〉，頁 763-764。

[12] 陳榮捷：《王陽明傳習錄詳註集評》（臺北：臺灣學生書局，1993 年，以下簡稱《傳習錄》），第 296 條，頁 345。

[13] 《傳習錄拾遺》，第 10 條，收入《傳習錄》，頁 396。

[14] 這種中國詮釋學的特質，在《詩經》的詮釋學中表現得最為明顯。Steven Van Zoeren 最近的研究證實中國的《詩經》詮釋學確實以詩的作者以及解詩者的「人格」為中心。參考 Steven Van Zoeren, *Poetry and Personality: Reading, Exegesis, and Hermeneutics in Traditional China* (Standford: Standford University Press, 1991)；並參看 Robert Eno, "Towards a History of Confucian Classical Studies," *Early China,* No.17 (1992), p. 204.

行」，使人的情感「自然而然」符合規範，「從心所欲不逾矩」，而不去追究倫理學知識論上的問題。[15]中國式詮釋學的中心問題也不在於「如何瞭解文本」，而在「如何受文本感化」。知識上的領略，只是內化經典，實踐經義的前提之一。[16]換言之，中國儒家的經典詮釋活動，是經典作者與經典詮釋的人格境界的對話活動。

　　（2:3）儒家經典詮釋者都認為，儒家經典中所潛藏的抽象的並具有普遍必然性的道理，都是可以被詮釋者解讀出來的。誠如董仲舒（約 179-104B.C.）所說：「《春秋》記天下之得失，而見所以然之故，甚幽而明，無傳而著，不可不察也」，[17]但是，問題是：如何解讀出經典中的涵義？

　　經典成書時之時空環境與解讀者身處之時空條件迥然互異，常使後代解經者索解無由，王國維（靜安，1877-1927）在〈與友人論詩書中成語書〉中就指出如《詩》、《書》等經典：[18]

> 其難解之故有三：偽闕，一也；古語與今語不同，二也；古人頗用成語，其成語之意義，與其中單語分別之意義又不同，三也。

王國維在這封信中所說的是解經過程中所遭遇的「語言性」

15　Steven Van Zoeren, *op. cit*, p. 54, p. 111.
16　Steven Van Zoeren , *op. cit*, p. 112。關於此書的介紹，參看李淑珍：〈美國學界關於中國詮釋學的研究〉，《中國文哲研究通訊》第 9 卷第 3 期（1999 年 9 月）。
17　蘇輿：《春秋繁露義證》（臺北：河洛圖書出版社，清宣統庚戌刊本，1974 年臺景印一版），卷 2，〈竹林第三〉，頁 39。
18　王國維：〈與友人論詩書中成語書〉，收入氏著：《觀堂集林》（臺北：世界書局，1964 年），卷第 2，頁 75。

（linguisticality）[19]斷裂的問題，但是除此之外，尚有經典與解讀者所處的「脈絡性」（contextuality）斷裂的問題。

如何在解經過程中癒合經典與解經者之間「脈絡性」的斷裂？這個問題就涉及所謂經典解讀者的「歷史性」。[20]

所謂解讀者的「歷史性」，是指：任何經典解讀者都不是也不可能成為一個空白「無自性」[21]的主體。經典解釋者就像任何個人一樣地生存於複雜的社會、政治、經濟、歷史文化的網絡之中，他既被這些網絡所制約，又是這些網絡的創造者。經典解釋者所生存的這種複雜的網絡，基本上是一種具體的存在，也是一種歷史的存在，因為這些網絡因素都是長期的歷史的積澱所構成的，所以，我們簡稱為「歷史性」。經典解讀者的「歷史性」包括解經者所處的時代的歷史情境和歷史記憶，以及他自己的思想系統。在經典解讀的過程中，解釋者以他們自己的「歷史性」進入經典的思想世界，而開發經典的潛藏意義。

從這個角度看來，解釋者的「歷史性」不但不可能解消，而且也不應該被解消。解釋者「歷史性」之所以不可能被解消，正是因為人的存在是一種歷史的存在，人的「歷史性」的解構就等於人的「自我」之肢解。人的「歷史性」之不可能被解消，

---

[19] Cf. Hans-Georg Gadamer, "The Universality of the Hermeneutical Problem," in his *Philosophical Hermeneutics*, tr. and ed., by David E. Linge (Berkeley: University of California Press, 1976), pp. 3-17.

[20] 我使用「歷史性」一詞而不用「主體性」一詞，主要原因在於：「歷史性」較「主體性」更能說明人之存在是一種受時間與空間因素所決定的（tempro-spatially determined）的存在之特質。人的所謂「主體性」是在時空脈絡之中而被歷史所形塑、所積澱的。

[21] 《大方廣佛華嚴經金師子章・明緣起第一》云：「為金無自性，隨工巧匠緣，遂有師子相起」本文在此使用之「無自性」一詞涵義本此。

正如人自己不能跳出他的皮膚之外一樣。舉例言之，《中庸》第
一章有「天命之謂性，率性之謂道，修道之謂教。道也者，不
可須臾離也，可離非道也」一段經文，鄭玄（康成，127-200）
釋之曰：「天命，謂天所命生人者也，是謂性命。木神則仁，金
神則義，火神則禮，水神則信，土神則知」，[22] 呈現典型漢儒思
想傾向。朱子則釋之曰：「命，猶令也。性，即理也。天以陰陽
五行化生萬物，氣以成形，而理亦賦焉，猶命令也。於是人物
之生，因各得其所賦之理，以爲健順五常之德，所謂性也」，[23]
朱子以「性即理」以及「理氣論」解《中庸》。凡此皆顯示：解
釋者乃是本於他們的「歷史性」進行經典的詮釋活動。

　　將這種經典詮釋活動的特點說得最清楚的，仍是朱子。朱
子特別喜歡孟子在《孟子・萬章上・4》對咸丘蒙所說的「說
詩者，不以文害辭，不以辭害志。以意逆志，是爲得之」這句
話。朱子說：「此是教人讀書之法：自家虛心在這裏，看他書
道理如何來，自家便迎接將來。而今人讀書，都是去捉他，不
是逆志」，[24] 朱子所說的讀書法，所指的正是解經者以他的「歷
史性」去進入經典的世界。

---

[22] 孔穎達等撰：《禮記注疏》（臺北：藝文印書館，影印清嘉慶二十年江西南
　　昌府學刊本），卷52，頁1，前半頁，總頁879，上半頁。
[23] 朱子：《中庸章句》，收入氏著：《四書章句集註》（北京：中華書局，1983
　　年），頁17。
[24] 黎靖德編：《朱子語類》（北京：中華書局，1986年），卷58，頁1359。

三、解經者的「歷史性」是開發經典潛藏涵義的催化劑

在論述了儒家經典具有「實存的」特質而解經是體驗之學，並說明了解經者的「歷史性」不能也不應解消之後，我們在這一節要扣緊儒家經典詮釋史所見的經驗，進一步說明：（3:1）解經者的「歷史性」是開發經典中所潛藏的涵義的催化劑。（3:2）但是，解經者的「歷史性」卻也可能對經典詮釋造成扭曲或過度解釋的效應。（3:3）因此，如何既避免過度膨脹解經者的「歷史性」，又避免過度壓抑解經者的「歷史性」，而在兩極之間獲致動態的平衡，實在是經典詮釋者的重大挑戰。我們引用儒家經典詮釋的具體例證，闡釋以上三個論點。

（3:1）我們在本文中所謂的「歷史性」，可以分為兩種：經典作者的「歷史性」與解經者的「歷史性」。不論是前者或後者，對於開發經典中潛藏的意涵，都有其正面的作用。以「歷史性」開發經典中潛藏的意涵，就經典解釋史所見主要有兩種方法。第一種方法是將經典作者的歷史脈絡加以突顯化、具體化，使經典作者的意向（所謂「志」）昭然若揭。元儒許謙（益元，1199-1266）解讀《孟子·梁惠王上·6》「定於一」這句話時，所用的方法，就是一個典型的例證。許謙說：[25]

> 一之謂統天下為一家，正如秦漢之制，非謂如三代之王
> 天下而封建也。此孟子見天下之勢，而知其必至于此，
> 非以術數讖緯而知之也。蓋自太古立為君長，則封建之

---

[25] 許謙：《孟子叢說》，收入《無求備齋孟子十書》（臺北：藝文印書館，1969年），卷1，頁4。

> 法行。皇帝置大監，監于方國。夏會諸侯于塗山，執玉
> 帛者亦萬國。逮湯受命，其能存者三千餘國，時云千八
> 百國。至孟子時相雄長者，止七國稱，餘小國，蓋不足
> 道也。自萬國以至于七國，吞併之積，豈一朝一夕之故。
> 今勢既合，不可復分，終必又并而為一，舉天下而郡縣
> 之而後已。至于秦漢，孟子之言即驗，但秦獨嗜殺人，
> 故雖一而不能定，至漢然後定也。

許謙將孟子所說「定於一」這句話，置於戰國時代（403-222B.C.）的歷史脈絡中，使這句話的涵義為之豁然彰顯。

但是，更重要而更有催化作用的是第二種方法。第二種方法是經典解讀者以他自己的「歷史性」照映經典的文義，使經典中潛藏的涵義成為外顯的涵義。經典解讀者的時代背景及其思想氛圍等這些構成解讀者的「歷史性」因素，常常可以使他們在經典中「讀入」許多前人所未見的意涵。我們舉二例以說明解釋者的「歷史性」在經典解釋中的作用：（a）《論語》「雍也可使南面」章，以及（b）《孟子·盡心上·36》「形色，天性也」章。（c）最後再說明諸多解釋者的「歷史性」之交互作用問題。

（3:1a）孔子說：「雍也，可使南面。」（《論語·雍也第六·1》）[26] 這句話，明白曉暢，孔子認為仲弓才德兼備，可以居王者

---

[26] 木村英一考證此段文字，認為此語係孔子晚年之語，可以代表孔子晚年成熟的見解。見木村英一（1906-）：《孔子と論語》（東京：創文社，1971年），頁 300-303。西漢劉向解釋孔子的這句話說：「當孔子之時，上無明天子也。故言雍也，可使南面。南面者，天子也」，很能扣緊孔子說這句話的歷史情境。見劉向：《說苑》（四部叢刊初編縮本），卷19，頁92。

之位。孔子之時上無明君,下無道揆,諸侯奔走不得保其社稷,所以孔子說「雍也,可使南面」這句話在春秋時代的歷史情境中並不顯得特別突兀。但是,從漢代以降,歷代的《論語》解讀者常常是在大一統帝國的政治情境中閱讀《論語》,他們不免驚怖於孔子目無國君,而以他們被大一統帝國政治格局所塑造的「歷史性」解釋孔子的意涵,開發出原典中完全未見的意涵。舉例言之,東漢經學大師鄭玄(康成,127-200)對「南面」一詞的解釋是:「言任諸侯之治」;[27] 包咸(子良,6B.C.-A.D.65)也說:「可使南面者,言任諸侯可使治國政也」。[28] 這種說法爲晉代何晏(?-249)所繼承,直到宋人邢昺亦承此說,解釋「南面」爲諸侯。[29] 以上這些疏解很可以說明:在大一統的政治權威之下,儒者闡釋孔子的德治思想不免受到相當的壓力,以至於未把「南面」一詞,直依孔子原意釋爲「天子」,而必需解釋爲「諸侯」。[30] 以上這個例子可以充份說明,經典解釋者的「歷史性」——也就是解釋者所身處的時代政治氛圍或歷史背景,的確會影響他們對經典內容的詮釋。

---

[27] 程樹德:《論語集釋》(北京:中華書局,1990 年),卷 11,頁 362,見於《檀弓》正義引鄭注。

[28] 何晏:《論語集釋》(四部叢刊初編縮本),卷 3,〈雍也〉,頁 21,下半頁。

[29] 何晏集解,邢昺疏:《論語注疏》(臺北:藝文印書館,影印十三經注疏本),頁 51,上半頁。此說影響所及迄今日,例如錢賓四(1908-1990)釋此句意亦云:「南面,人君聽政之位。言冉雍之才德,可使任諸侯也。」見錢穆:《論語新解》(臺北:臺灣商務印書館,1965 年),上冊,頁 181。日人宮崎市定(1901-)亦襲此說,見宮崎市定:《論語 新研究》(東京:岩波書店,1975 年),頁 214。

[30] 徐復觀(1902-1982)最早揭出這個問題。見氏著:〈國史中人君尊嚴問題的商討〉,收入氏著:《儒家政治思想與自由民主人權》(臺北:八十年代出版社,1979 年),頁 161-170。

　　除了《論語》中的這個例子之外，趙岐（邠卿，？-210）註《孟子》也有類似的狀況。舉例言之，孟子曰：「大人者不失其赤子之心」，趙注云：「大人謂國君，國君視民，當如赤子，不失其民心之謂也。」[31]《孟子》書中的「大人」一詞實具有更普遍的涵義，所以孟子說：「大人者，言不必信，行不必果，惟義所在」，[32] 趙氏則專就特殊義言。再如孟子特尊孔子，推許爲「聖之時者也」，所重的是孔子的德業；但趙氏注《孟》則以孔子爲「素王」，重其事功。凡此皆可顯示，趙岐在東漢時代重視事功的時代氛圍中註《孟》，故不免特重經典中之政治意涵。

　　除了解經者的「歷史性」中的時代背景，會使他們開發經典中之潛藏意涵之外，解經者自己的思想傾向對經典解釋也有其催化作用。舉例言之，朱子解釋《孟子·梁惠王下·5》「人皆謂我毀明堂」章云：[33]

　　　　愚謂此篇自首章至此，大意皆同。蓋鐘鼓苑囿遊觀之樂，
　　　　與夫好勇好貨好色之心，皆天理之所有，而人情之所不
　　　　能無者。然天理人欲，同行異情。循理而公於天下者，

---

[31] 本文第一位審查人認爲：「前賢不釋『南面』爲『天子』，自有其理由。蓋依古禮，凡擁有『臣』者，自士人以上皆可稱爲『君』，其聽治皆南面，南面非天子所專有，此其一。《春秋》『尊王攘夷』，若釋『南面』爲『天子』，兩經之間如何自圓其說？此其二。前賢多以『諸侯』釋此處譽，此其三。朱注：『南面者，人君聽治之位，言仲弓寬洪簡重，有人君之度也。』用語雖較圓融，然而習慣上，古人所謂『人君』，亦多指『諸侯』也。」審查人對前賢不釋「南面」爲「天子」提出解釋，其說極具參考價值，敬申謝意。但本文旨在對前賢不釋「南面」爲「天子」之現象提出一種思想史之解釋，兩說似可互爲補充也。

[32] 《孟子》（四部叢刊初編縮本），卷8，〈離婁章句下〉，頁65，上半頁。

[33] 《孟子集註》，收入朱熹：《四書章句集註》（北京：中華書局，1983年），卷2，頁219。

> 聖人之所以盡其性也。縱欲而私於一己者,眾人之所以滅其天也。二者之間,不能以髮,而其是非得失之歸,相去遠矣。故孟子因時君之問,而剖析於幾微之際,皆所以遏人欲而存天理。其法似疏而實密,其事似易而實難。學者以身體之,則有以識其非曲學阿世之言,而知所以克己復禮之端矣。

這一段註文長達 179 字,與朱子自己所提倡的解經準則甚不相符,[34] 朱子在這裡以他的「天理人欲,同行異情」的思想立場解釋孟子,開發出《孟子》原典中所未見的意義。

(3:1b)《孟子・盡心上・38》孟子曰:「形色,天性也;惟聖人,然後可以踐形」,這句話言簡意賅,意蘊豐富,歷代儒者之詮釋頗能透露解經者之思想立場或傾向。趙岐解釋這一章說:「形,謂君子體貌尊嚴也;色,謂婦人妖麗之容,〔……〕聖人內外文明,然後能以正道履居此美形。不言居色,主名尊陽抑陰之義也」,[35] 趙岐以「尊陰抑陽之義」解「踐形」,實雜于漢儒之陰陽五行思想。趙岐本漢儒思想立場釋孟,隨處可見,《孟子・公孫丑上・2》有所謂「其為氣也,配義與道,無是,餒也」

---

34 朱子說:「大抵某之解經,只是順聖賢語意,看其血脈通貫處,為之解釋,不敢自以己意說道理」(《朱子語類》,卷 52),他又進一步說明解經方法云:「凡解釋文字,不可令注腳成文,成文則注與經各為一事,人唯看注而忘經。不然即須各做一番理會,添卻一項工夫。竊謂須只似漢儒毛孔之流,略釋訓詁名物,及文義理致尤難明者。而其易明處,更不須貼句相續,乃為得體。蓋如此,則讀者看注,即知其非經外之文,卻須將注再就經上體會,自然思慮歸一,功力不分,而其玩索之味,亦益深長矣。」(《文集》,卷 74,〈解經篇〉),但是朱子對《孟子・梁惠王下・5》的註解,實已逾越上述解經原則。

35 《孟子》(四部叢刊初編縮本),卷 13,頁 113。

之句，趙岐解釋說：「道，謂陰陽大道，無形而生有形，舒之則
彌六合，卷之不盈握，包落天地，稟授群生者也。」[36] 在《孟子》
原典中，「道」字出現一百四十次，涵義因場合或文脈而有所不
同，作名詞用時或作原理、或作學說、或作方法解，作動詞用
時或作言說解，但從無一例是指「陰陽大道」而言。趙岐顯然
是以漢儒通行的觀念解釋孟子。此外趙岐解釋《孟子·滕文公
上·4》「南蠻鴃舌之人」一句中的「鴃」字說：「鴃，博勞也。
《詩》云：『七月鳴鴃』，應陰而殺物者也。」[37] 趙岐認爲鴃鳥乃
「應陰而殺物」，實受漢儒陰陽五行說之影響。

但是，對於同樣的《孟子·盡心上·38》，朱子的解釋卻完
全不同，朱子說：「人之有形有色，無不各有自然之理，所謂天
性也。踐，如踐言之踐。蓋衆人有是形，而不能盡其理，故無
以踐其形，惟聖人有是形，而又能盡其理，然後可以踐其形而
無歉也」，[38] 朱子以「性即理」解孟子的「踐形」，顯示他從程子
所得之思想立場釋孟。朱子從他們的哲學立場出發以釋孟，他
的「歷史性」使他得以從《孟子》中開發出新的意涵。

（3:1c）現在，我們要問：儒家經典詮釋史上諸多異代的
解經者之間關係如何呢？諸多經典解釋者通過各自的「歷史性」
而對經典提出解釋，這些不同的解釋系統之間，關係複雜，但
至少可以歸納爲兩種：一是正面的的繼承與影響，一是反面的
對立或駁斥，但兩者都構成後代的解釋者與前代的解釋者對
話 （dialogical）關係，而成爲解釋者提出創造性的詮釋之內

---

[36] 《孟子》，卷3，頁24，下半頁。

[37] 《孟子》，卷5，頁45。

[38] 朱熹：《孟子集註》，卷13，頁360-361。

在動力。[39]

　　經典解釋者所提出的解釋系統，對後代解釋者的影響力常常決定於該解釋系統是否具有內在圓融性。說明這一點最好的例子是《朱子》對《四書》的解釋。朱子畢生理會《四書》，建立「孔子—曾子—子思—孟子」之道統順序，[40]並將《四書》義理融於一爐而冶之，並本《大學》以釋《孟》，例如：朱子解釋《孟子・盡心上・1》「知其心者，知其性矣」章說：[41]

> 愚謂：盡心知性而知天，所以造其理也。存心養性以事天，所以履其事也。不知其理，固不能履其事。然徒造其理，而不履其事，則亦無以有諸己矣。知天而不以殀壽貳其心，智之盡也。事天而能修身以俟死，仁之至也。知有不盡，固不知所以為仁。然智而不仁，則亦將流蕩不法，而不足以為智矣。

此類解釋通貫朱子對《孟子》[42]以及《大學》、《論語》、《中庸》等經典之解釋，皆以「理」之哲學一以貫之，自成圓融之體系。朱子所建構的這個自給自足的《四書》解釋系統，在元仁宗皇慶

---

[39] 伽達默爾回憶他自己研讀希臘哲學的經驗時就說，他對希臘哲學深受海德格對希臘哲學的解讀之影響，他說這種自我反省之所以可能，乃是因為他研讀過去學者關於希臘哲學的解釋所受的啟發。參看 Hans-Georg Gadamer, "Reply to My Critics," in Gayle L. Ormiston and Alan D. Schrift eds., *The Hermeneutic Tradition: From Ast to Ricour* (Albany: State University of New York Press.1990）, pp. 273-297, p. 283.

[40] 陳榮捷：〈朱子道統觀之哲學性〉，《東西文化》第 15 期（1968 年 9 月），頁 25-32。

[41] 朱熹：《孟子集註》，卷 13，頁 349。

[42] 參考黃俊傑：〈從朱子《孟子集註》看中國學術史上的注疏傳統〉，收入拙著：《儒學傳統與文化創新》（臺北：東大圖書公司，1983 年），頁 43-76。

二年（1313 年）之後隨著《四書集註》成爲科學考試的定本，而成爲十四世紀以後中國知識分子解釋儒家經典的典範。近世東亞儒者對儒學經典之解釋，莫不以朱子之解釋爲標竿，或闡朱、釋朱，或評朱、攻朱，在在顯示朱子的解經典範籠罩範圍之廣之強。宋末儒者趙順孫（和仲，1215-1276）《四書纂疏·序》中說：「朱子《四書》注釋，其意精密，其語簡嚴，渾然猶經也」，[43] 很能體顯朱子解經典範的權威地位。

因爲朱子解經典範十三世紀以後東亞儒學者奉爲圭臬，所以，後代儒者解經如果背離朱子典範，就會感受到無窮的壓力。王陽明將這種壓力表達得最爲傳神，他說：「平生於朱子之說，如神明蓍龜。一旦與之背馳，心誠有所未忍，故不得已而爲此。〔……〕蓋不忍牴牾朱子者，其本心也。不得已而與之牴牾者，道固如是」。[44] 王陽明的反省之言，很能說明作爲解經典範的朱子集註思想體系，的確成爲後代繼起者對話的對象。

（3:2）那麼，解經者的「歷史性」是否在經典詮釋中發生作用呢？從儒家經典詮釋史所見的許多個案看來，這個問題的答案是肯定的。

我們在上文（3:1b）所說趙岐以漢儒陰陽五行思想解釋《孟子》，是一個例子。南宋大儒朱子以其「性即理」之哲學立場通貫《四書》更是一個鮮明的例子。朱子解釋《孟子·告子上·6》時，甚至引用程子「性」「才」「氣」三分之說，推崇備至，認爲程子之說高於孟子，朱子說：「程子此說才字，與孟子本文小

---

[43] 趙順孫：《四書纂疏》（臺北：新興書局，影印 1947 年復性書院刻本）。

[44] 《傳習錄》，第 176 條，頁 253。參考陳榮捷：〈從朱子晚年定論看陽明之於朱子〉，收入氏著：《朱學論集》（臺北：臺灣學生書局，1982 年），頁 353-383。

異。蓋孟子專指其發於性者言之，故以爲才無不善。程子兼指
其稟於氣者言之，則人之才固有昏明強弱之不同矣。張子所謂
氣質之性是也。二說雖殊，各有所當。然以事理考之，程子爲
密。蓋氣質所稟，雖有不善，而不害性之本善。性雖本善，而
不可以無省察矯揉之功，學者所當深玩也。」[45]朱子引程子之說
釋孟，並主張程子之說較孟子爲密。這個例子很能說明：解經
者的「歷史性」確實會在經典解釋中發揮相當的作用。

（3:3）如上所述，解經者的「歷史性」是一把兩刃之劍，
它既可以被用來開發經典中潛藏的意涵，卻也可以對經典解釋
造成某種效果。因此，在經典解釋過程中如何適當安頓解經者
的「歷史性」，就構成一個嚴肅的方法論問題。我過去曾討論過，
經典的詮釋者透過他們思想系統的「歷史性」而對經典思想提
出解釋，常會造成一種所謂的「隧道效應」。這種所謂「隧道效
應」在經典詮釋者對經典的解釋上，也常出現類似「區隔化」
的現象，其實際表現方式有二：第一是對經典思想解釋的單面
化，其弊端是造成一種只見樹木、不見森林的結果。第二種情
況則是以詮釋者比較複雜的思想系統，來解釋經典中比較素樸
的思想，而形成一種以今釋古的現象。[46]我們在上節中所舉趙岐
與朱子之經典解釋，皆可例證經典解釋者的「歷史性」所造成
的「隧道效應」。從中國經典解釋史觀之，避免或減低解釋者的
「歷史性」對經典解釋所造成的「隧道效應」，至少有兩種方法：

第一種方法是將經典加以歷史化（historicize），使經典脫
離解釋者的時空情境，回歸到經典成書時的時空情境而被視爲

---

[45] 朱熹：《孟子集註》，卷 11，〈盡心上‧6〉，頁 329 。

[46] 黃俊傑：《孟學思想史論‧卷二》，頁 74-75。

當時歷史條件的產物來研讀。經由這種「歷史化」的過程，可以在相當程度內減低由於解釋者的「歷史性」所帶來的解釋上的問題。我想先引用陳寅恪（1890-1969）先生的意見：[47]

> 〔……〕中國古代史之材料，如儒家及諸子等經典，皆非一時代一作者之產物。昔人籠統認為一人一時之作，其誤固不俟論。今人能知其非一人一時之所作，而不知以縱貫之眼光，視為一種學術之叢書，或一宗傳燈之語錄，而斷斷致辯於橫切方面。此亦缺乏史學之通識所致。

陳寅恪先生在這段文字中所說的「縱貫之眼光」特別值得我們重視。陳先生之意大約認為應將經典放在時間脈絡中閱讀，探討經典的意涵在時間演變脈絡中的發展；他所批評的「斷斷致辯於其橫切方面」大約是指將經典抽離於時空情境之外，以去脈絡化的（de-contextualize）的方式閱讀。推衍陳先生之意，我們可以說，將經典「歷史化」正是使經典免於受到解讀者的「歷史性」所宰制的重要方法。

第二種方法是回歸原典，以解決由於解經者不同的「歷史性」而導致的互異的解經內容之衝突。宋明六百年的儒學傳統中，思潮起伏，相激相盪，其僵持不下者常須回歸原典，以解決雙方義理的爭執。王陽明撰寫《朱子晚年定論》、考證《大學》古本，就是回歸原典以解消諸多經典詮釋之衝突。清代考據學的發展，更是回歸原典運動的高潮。余英時（1930-）就從這個基本立場重新解釋清代思想史，他指出：清學之興起早可於宋明理學中覓其遠源，這就是宋明理學中知識主義與反知識主義

---

[47] 陳寅恪：〈馮友蘭中國哲學史上冊審查報告〉，收入氏著：《陳寅恪先生文集》（臺北：里仁書局，1981 年），第 2 冊，247-249，引文見頁 248。

者的對立。宋明儒「尊德性」與「道問學」兩派爭執不下，因此儒學之發展乃必然歸趨於義理是非取決於經典此一結論。[48] 陽明以後，明代儒學已漸轉向「道問學」，此一趨勢至清初而愈顯，顧炎武（亭林，1613-1682）倡「經學即理學」口號即蘊涵有其思想上之背景，十八世紀的戴震（東原，1723-1777）與章學誠（實齋，1738-1801）尤為清代中葉儒學理論的代言人，清代發展至東原、實齋，其「道問學」之涵意始全出，清代思想史中之中心意義正在於儒家知識主義的興起及其發展。[49] 余英時認為清代學術代表儒家知識主義的興起，儘管學界對彼所用「知識主義」一詞或有仁智之見，但是清學是回歸原典運動的高潮，殆無疑義。清儒所努力的方向，就是企圖經由回歸原典而解決經典詮釋上的爭執。

綜合本節所論，我們可以說，解釋者的「歷史性」是一把兩刃之劍，它既可以有效地開發潛藏在經典中的、未經明言的（tacit）的意涵，但卻也可能過度解釋經典的內容，如何執兩用中而使解經者的「歷史性」獲得適當的定位，就構成嚴肅的方法論課題。因應這項方法論挑戰的方法有二：一是將經典加以「歷史化」；二是回歸原典以解消諸多解經者的「歷史性」之衝突。

---

[48] 余英時：〈從宋明理學的發展論清代思想史〉，收入氏著：《歷史與思想》（臺北：聯經出版事業公司，1976 年），頁 87-119，尤其是頁 106；Ying-shih Yü, "Some Preliminary Observations on the Rise of Ch'ing Confucian Intellectualism," 《清華學報》新 11 卷第 1、2 期合刊（1975 年 12 月），（中國思想史專號），頁 105-136；idem, "Intellectualism and Anti-intellectualism in Chinese Intellectual History," pp. 137-144。

[49] 余英時：《論戴震與章學誠》（香港：龍門書店，1976 年），全書均發明此意。

四、經典與解釋者的對話是創造經典之永恆性的活水源頭

在這一節的論述裡，我想接著說明：（4:1）儒家經典之所以歷萬古而常新，主要原因在於經典與歷代經典詮釋者進行永無止境的對話。換言之，經典的「超時間性」（Supra-temporality）與「超空間性」（Supra-spatial）正是建立在時間性之中。（4:2）但是，經典之永恆性的這種建構方式，卻潛藏著兩個問題：（a）經典作者的心路歷程之可移轉性（transferability）問題；（b）經典中的抽象理則之「普遍性」與歷史敘述中的「特殊性」之間的緊張性問題。我們依序闡述這兩項論點。

（4:1）經典之所以為經典，正是因為它的永恆性——經典中的內容具有「超時間性」與「超空間性」之特質。王陽明在〈尊經閣記〉中就指出，人之存在的各個層面、各個時段、各個地域之上，有一個永恆而不滅的「常道」，它是超時間的、超空間的存在。經典正是傳遞這種「常道」的容器，儒家的不同經典所傳遞的正是「常道」在不同方面的展現。[50] 二十世紀儒家學者如熊十力（1885-1968）著《讀經示要》，馬一浮（1883-1967）著《復性書院講錄》、《爾雅臺答問》等書，也都一再重申經典內容的「超時間性」與「超空間性」。

經典的「超時間性」與「超空間性」是如何獲得的？儒家經典解釋史啟示我們：經典之所以永恆，正是因為在綿延不絕的時間之流中，歷代都有繼起的詮釋者，不斷地懷抱著他們的

---

[50] 王陽明：〈稽山書院尊經閣記〉，收入《王陽明全集》（上海：上海古籍出版社，1992年），上冊，頁254-256。

問題進入經典的世界之中，向古聖先賢追索答案。於是，解經者與經典作者及「文本」（text）之間永無止境的創造性的對話，賦予經典以萬古而常新的生命，使經典穿越時間與空間的阻隔，與異代之解讀者如相與對話於一室，而千年如相會於一堂。舉例言之，在《孟子・盡心上・1》中，孟子以四十字的篇幅，說明「心」、「性」與「天」三者間之連貫性，指出人的生命中之「既內在而又超越」的性格，言簡意賅，文有盡而意無窮，確爲中國古代思想史之重要文獻。孟子所循「盡心→知性→知天」之思路，就孟學之體系言，乃本乎孟子「擴充」之觀念。孟子思想中之「心」實無限量，惻隱、羞惡、恭敬、是非等價值判斷皆源自於「心」；但此心擴而充之，不僅可以撤除人我藩籬，足以保四海，甚至可以泯除天人界限，達到「上下與天地同流」之境界。此章實具體顯示孟子思想體系之基本性格及其內涵。歷代《孟子》的解讀者，對這一章的意蘊說解紛紛，莫衷一是。漢代趙岐的解釋較爲素樸，提出以心制性之說。[51] 但是，到了南宋朱子則本於他的「歷史性」並帶著他的問題進入孟子的思想世界，朱子的詮解 [52] 提出了兩個問題：[53]

---

51 趙岐註「孟子曰：『盡其心者，知其性也。知其性，則知天矣。』」云：「性有仁義禮智之端，心以制之。惟心為正。人能盡極其心，以思行善，則可謂知其性矣。知其性，則知天道之貴善者也。」

52 朱子《集註》云：「心者，人之神明，所以具眾理而應萬事者也。性則心之所具之理，而天又理之所從以出者也。人有是心，莫非全體，然不窮理，則有所蔽而無以盡乎此心之量。故能極其心之全體而無不盡者，必其能窮夫理而無不知者也。既知其理，則其所從出，亦不外是矣。以《大學》之序言之，知性則物格之謂，盡心則知至之謂也。」

53 關於這兩個問題的詳細討論，參考黃俊傑：〈孟子盡心上第一章集釋新詮〉，《漢學研究》第 10 卷第 2 期（1992 年 12 月），頁 99-122。

1. 「心」既爲「神明之主,所以具衆理而應萬事者也」,
   則「心」如何統攝衆「理」?換言之,「心」與「理」
   之關係如何?
2. 依朱子之解釋,「知性」即爲「物格」,「盡心」即爲「知
   至」,果如此,則「盡心」與「知性」孰先?

這兩個問題均不見於先秦孟子學,而是朱子的新問題。第
一個問題是朱子學的根本問題之一,朱子抱著他的問題求索於
孟子。第二個問題則直接觸及《孟子》文本中的詮釋問題:孟
子所謂「盡心」的「盡」作何解?是指數量意義的「盡」?或
是指本質意義的「盡」?朱子門人已經提出這個問題,[54]朱子明
確回答:「盡心」之對象指本質,非指數量言。[55]德川儒者中井
履軒(1732-1817)註孟處處與朱子標異,斥朱尤不遺餘力,然
中井氏此章註云:「盡,是悉盡之盡,非窮盡之盡,猶是詳與審
之分」,頗得朱註之精義。但是,朱子對《孟子・盡心上・1》
的意涵之詮釋及其所開發的問題,以其自身之「歷史性」之投

---

[54] 《孟子或問》云:或問:「心無限量者也,此其言盡心何也?」曰:「心之
體無所不統,而其用無所不周者也。今窮理而貫通,以至於可以無所不知,
則固盡其無所不統之體,無所不週之用矣。是以平居靜處,虛明洞達,固
無毫髮疑慮存於胸中。至於事至物來,則雖舉天下之物,或素所未嘗接於
耳目思慮之間者,亦無不判然迎刃而解,此其所以爲盡心,而所謂心者,
固未嘗有限量也」。朱子:《孟子或問》,收入《朱子遺書》5(臺北:藝文
印書館,影印清康熙中禦兒呂氏寶誥堂刊本),卷13,頁1,上半頁。

[55] 黎靖德編:《朱子語類》(北京:中華書局,1986年)卷60云:「盡心,如
何盡得?不可盡者心之事,可盡者心之理。理既盡之後,謂如一物初不曾
識,來到面前,使識得此物,盡吾心之理。盡心之理,便是『知性,知天』。」
又云:「盡心,就見處說,見理無所不盡,如格物、 致知之意。然心無限
量,如何盡得?物有多少,亦如何窮得盡?但到那貫通處,則纔拈來便曉
得,是爲盡也。存心,卻是就持守處說。」頁1425-1426。

影過深而引人疑竇，朱子之解釋以格物窮理解孟子之「盡心」「知性」，引起明代王陽明、德川日本的伊藤仁齋、中井履軒，以及李朝朝鮮儒者丁茶山（1762-1836）的批判。諸儒對朱註之批判在思想史上雖渺如滄海之一粟，然自點滴可以觀潮流，亦足以反映十六世紀以降東亞儒學史之變遷。朱註及其所激起的批判浪潮，使《孟子》文本中所潛藏的問題為之彰顯，並取得了具有「自主性」的生命，而被此後《孟子》的解讀者一再思考分析。

　　《孟子・盡心上・1》的詮釋，到了清代孟子學者手中又別創新局。清儒焦循（里堂，1763-1820）援《易》以入《孟》。焦里堂《孟子正義》釋本章云：「盡其心，即伏羲之『通德類情』，皇帝堯舜之『通變神化』〔……〕孟子此章，發《易》道也。」這一段文字具體顯示里堂本乎他所詮解之《易經》以解釋孟子思想。於是，如何本《易經》解《孟子》？乃成為焦循所開發之另一新問題。[56]

---

[56] 《孟子・告子上》第六章「乃若其情，則可以為善矣，乃所謂善也」一句，里堂《正義》疏解趙註之意云：「謹按：孟子『性善』之說，全本於孔子之贊《易》。伏羲畫卦，觀象以通神明之德，以類萬物之情，俾天下萬世無論上智下愚，人人知有君臣父子夫婦，此『性善』之指也。」里堂又疏解《孟子・告子上》第一章「子能順杞柳之性而以為桮棬乎」趙氏註之意曰：「蓋人性所以有仁義者，正以其能變通，異乎物之性也。以己之心通乎人之心，則仁也。知其不宜，變而之乎宜，則義也。仁義由於能變通，人能變通，故性善。物不能變動，性不善，豈可以草木之性比人之性？杞柳之性，必戕賊之以為桮棬，人之性，但順之即為仁義，故不曰戕賊性以為仁義。而戕賊人以為仁義也。比人性於草木之性，草木之性不善，將人之性亦不善矣。此所以禍仁義，而孟子所以辯也。杞柳之性可戕賊之以為桮棬，不可順之為仁義，何也？無所知也。人有所知，異於草木；且人有所知而能變通，異乎禽獸，故順其能變者而變通之，即能仁義也。杞柳為桮棬，在形

我們從《孟子・盡心上・1》的詮釋這個具體個案中,可以看出:經典的生命實寄寓於與異代解經者的對話之中。解經者對經典所提出的問題,正是賦經典以新生命的源頭活水,使經典取得了永恆性。

(4:2a)但是,經典通過與解經者對話而取得「非時間性」,卻潛藏的至少兩個方法論問題。第一個問題是:如本文第二節所說,儒家經典有其「實存的」的特質,而宋明時代儒家經典的詮釋學就是一種體驗之學。如此一來,經典作者的意旨或心路歷程經驗,是否可以傳遞?如果不能經由經典傳遞的話,那麼,經典解讀者與經典的對話豈不是變成獨白?

這樣的疑慮事實上並不是無的放矢。遠在戰國晚期韓非子(?-233B.C.)就懷疑經典不能完全傳遞作者所要表達的訊息《韓非子・顯學》,莊子(約 399?-295?B.C.)對這一點也有深刻的體會,《莊子・天道篇》中輪扁對桓公之言也質疑經典作者意旨之可言傳性。當代學者也有人倡言原典作者之意向渺不可尋,甚至宣稱「作者已死」。[57] 所以,解經者與經典的對話,必須首先面對兩者對話之可能性與合法性這個問題。

體不在性,性不可變也。人為仁義,在性不在形體,性能變也。以人力轉戾杞柳為桮棬,杞柳不知也。以教化順人性為仁義,仍其人自知之自悟之,非他人力所能轉戾也。」通觀里堂疏解孟子性善說之言論,可知里堂蓋取變通、旁通之義,以論證性善之所以可能。關於里堂釋孟,參考何澤恆:《焦循研究》(臺北:大安出版社,1990 年),頁 163-210。

[57] W.K. Wimsatt and Monroe C. Beardsley, "The Intentional Fallacy," in Alex Neil and Aaron Ridley eds., *The Philosophy of Art: Readings Ancient and Modern* (New York: McGraw-Hill, 1995);Roland Barthes, "The Death of the Author," in Roland Barthes, *Image-Music-Text*, tr. by Stephen Heath (Harper Collins, 1977).

（4:2b）第二個方法論的問題是：經典作者的心路歷程及其話語，常常是針對某一特殊事件或情境而發，有其時間與空間之特殊性。解經者如何從特殊性中抽離出義理的普遍性而避免兩者的矛盾？誠如徐復觀（1902-1982）所說，[58] 中國古典所觸及的常是「殊相」，而後代的解經者必須從「殊相」中提煉出經典中義理的「共相」，這是一個重要的方法論的挑戰。

這個方法論問題在儒家經典詮釋學中特別值得思考，乃是因為古代儒家經典中呈現相當強烈的「歷史思維方式」——這是中國文化中的「具體性思維方式」的一種表現。我過去曾嘗試歸納古代儒家思想方法，指出古代儒家歷史思維呈現兩種方式：（一）比興式思維方式。這是儒家從歷史經驗中創造當代意義的主要方法。（二）反事實性的（counter-factual）思考方式。儒家在評斷當前處境的諸般問題時，常常以美化了的「三代」經驗進行思考。相對於當前的「事實」而言，儒家所創造的「三代」是一種他們進行「反事實性思考」（counter-factual mode of thinking）的工具，他們透過將具有「反事實」色彩的「三代」與作為「事實」的當前實況的對比，突顯現實的荒謬性。經由這種「反事實性的思考」，儒家將回顧性與前瞻性的思維活動完全合為一體，並將「價值」與「事實」結合。[59] 簡言之，儒家經

[58] 徐復觀：〈如何讀馬一浮先生的書〉，收入馬一浮：《爾雅臺答問》（臺北：廣文書局，1973年），〈代序〉，頁1-6，引文見頁3-4。

[59] 黃俊傑：〈中國古代儒家歷史思維的方法及其運用〉，原刊於《中國文哲研究集刊》第3期（1994年3月），頁361-390，收入楊儒賓、黃俊傑編：《中國古代思維方式探索》（臺北：正中書局，1996年），頁1-34；Chun-chieh Huang, "Historical Thinking in Classical Confucianism: Historical Argumentation from the Three Dynasties," in Chun-chieh Huang and Erik Zürcher eds., *Time and Space in Chinese Culture* (Leiden: E. J. Brill, 1995), pp.

典的作者即具體性以論抽象性,例如在《論語》全書中,言「仁」者凡 58 章,「仁」字共 105 見,孔子應學生之問,隨機點撥,皆針對問話者之特殊狀況或情境而發,但是《論語》全書所見之「仁」卻又包括人類全部之美德,[60] 但是,後代的《論語》解讀者,對「仁」卻有不同的詮釋,鄭玄(康成,127-200)以「相人偶」釋「仁」,朱子則解爲「仁者,心之德,愛之理也」,相去甚遠。從這個例證,我們可以看到:經典的解讀者從經典中具體的歷史敘述中,歸納或抽離出抽象性的超越理則,這種詮釋過程實牽涉複雜的方法論問題,清代學術中的漢學與宋學之爭,一部分原因正是植根於這個方法論問題。爲避免行文過於枝蔓,關於這個問題的探討,必須留待他日另撰論文處理。

五、結論

　　這篇論文從儒家經典詮釋史的觀點,分析解經者的「歷史性」之方法論問題。我們首先說明儒家經典詮釋學是一種體驗之學,詮釋者與經典之間構成「互爲主體性」(inter-subjectivity)之關係,儒家經典詮釋活動既是「我註六經」亦是「六經註我」,因此詮釋者的「歷史性」就居於經典解釋之關鍵地位。

　　我們接著指出:經典解釋者的「歷史性」之所以重要,乃是因爲它是開發經典中之潛藏涵義的動力。但是,解釋者的「歷史性」卻又是一把「兩刃之劍」,它常常也會扭曲經典之意涵。

72-88。

[60] 參考屈萬里:〈仁字涵義之史的觀察〉,收入氏著:《書傭論學集》(臺北:開明書店,1969 年),頁 254-266,引文見頁 265。

因此，如何適當安頓解釋者的「歷史性」就成爲一個方法論問題。

本文接著說明：儒家經典之所以能夠穿越時空歷萬古而常新，主要原因乃是因爲歷代均有繼起之解讀者與它們展開對話。從這種現象，我們可以發現：經典的「超時間性」正是在時間性之中才能建構完成。但是經典以這種方式建構其「超時間性」，卻又涉及經典作者意旨是否可知，以及經典中的歷史敘述與普遍理則之間的緊張性問題。

終篇之際，我們再回歸本文開始所提出的方法論問題：解釋者的「歷史性」能否或應否被解消？從儒家經典詮釋史的角度看來，這個問題不是一個非此即彼的問題，而是一個程度的問題。換言之，解經者固然不應也不可能完全解消自己的「歷史性」，而以一個「空白主體」的姿態進入經典的世界；但也不可過度膨脹解經者的「歷史性」，以致流於以今釋古，刑求古人。因此，解經者必須在完全解消自己的「歷史性」與過度膨脹自己的「歷史性」之間，獲致一個動態的平衡，執兩用中，心平氣和地進入古典的世界，才能攜古人之手，與古人偕行，神入經典精神，出新解於陳編。

引用書目

中文原典：

《孟子》（四部叢刊初編縮本）。

《論語》（四部叢刊初編縮本）。

《論語注疏》（臺北：藝文印書館，影印十三經注疏本）。

王陽明：〈稽山書院尊經閣記〉，收入《王陽明全集》（上海：上
　　　　海古籍出版社，1992 年）。

朱　熹：《孟子或問》，收入《朱子遺書》（臺北：藝文印書館，
　　　　影印清康熙中禦兒呂氏寶誥堂刊本）。

＿＿＿＿：《孟子集註》，收入朱熹：《四書章句集註》（北京：中
　　　　華書局，1983 年）。

＿＿＿＿：《中庸章句》，收入朱熹：《四書章句集註》（北京：中
　　　　華書局，1983 年）。

＿＿＿＿：《晦庵先生朱文公文集》（四部叢刊初編縮本）。

何　晏：《論語集解》（四部叢刊初編縮本）。

許　謙：《孟子叢說》，收入《無求備齋孟子十書》（臺北：藝文
　　　　印書館，1969 年）。

陳榮捷：《王陽明傳習錄詳註集評》（臺北：臺灣學生書局，1993
　　　　年）。

程樹德：《論語集釋》（北京：中華書局，1990 年）。

鄭　玄：《禮記注疏》（臺北：藝文印書館，影印清嘉慶二十年
　　　　江西南昌府學刊本）。

趙順孫：《四書纂疏》（臺北：新興書局，影印 1947 年復性書院
　　　　刻本）。

劉　向：《說苑》（四部叢刊初編縮本）。

黎靖德編：《朱子語類》（北京：中華書局，1986 年）。

錢　穆：《論語新解》（臺北：臺灣商務印書館，1965 年）。

蘇　輿：《春秋繁露義證》（臺北：河洛圖書出版社，清宣統庚
　　　　戌刊本，1974 年臺景印一版）。

中文論著：

王國維：〈與友人論詩書中成語書〉，收入氏著：《觀堂集林》（臺
　　　　北：世界書局，1964 年）。

吉川幸次郎著，林景淵譯：《中國人之古典學術與現實生活》（臺
　　　　北：寰宇出版社，1996 年）。

余英時：〈唐、宋、明三帝老子注中之治術發微〉，收入氏著：《歷
　　　　史與思想》（臺北：聯經出版事業公司，1976 年）。

＿＿＿＿：〈古代知識階層的興起與發展〉，收入氏著：《中國古代
　　　　知識階層史論：古代篇》（臺北：聯經出版事業公司，
　　　　1980 年，1997 年）。

＿＿＿＿：〈從宋明理學的發展論清代思想史〉，收入氏著：《歷史
　　　　與思想》（臺北：聯經出版事業公司，1976 年）。

＿＿＿＿：《論戴震與章學誠》（香港：龍門書店，1976 年）。

何澤恆：《焦循研究》（臺北：大安出版社，1990 年）。

屈萬里：〈仁字涵義之史的觀察〉，收入氏著：《書傭論學集》（臺
　　　　北：開明書店，1969 年）。

徐復觀：〈如何讀馬一浮先生的書〉，收入馬一浮：《爾雅臺答問》
　　　　（臺北：廣文書局，1973 年）。

＿＿＿＿：〈國史中人君尊嚴問題的商討〉，收入氏著：《儒家政治
　　　　思想與自由民主人權》（臺北：八十年代出版社，1979

年）。

陳寅恪：〈馮友蘭中國哲學史上冊審查報告〉，收入《陳寅恪先生文集》（臺北：里仁書局，1981 年）。

陳榮捷：〈朱子道統觀之哲學性〉，《東西文化》第 15 期（1968 年 9 月）。

＿＿＿＿＿：〈從朱子晚年定論看陽明之於朱子〉，收入氏著：《朱學論集》（臺北：臺灣學生書局，1982 年）。

黃俊傑：〈中國古代儒家歷史思維的方法及其運用〉，原刊於《中國文哲研究集刊》第 3 期（1994 年 3 月），收入楊儒賓、黃俊傑編：《中國古代思維方式探索》（臺北：正中書局，1996 年）。

＿＿＿＿＿：〈孟子盡心上第一章集釋新詮〉，《漢學研究》第 10 卷第 2 期（1992 年 12 月）。

＿＿＿＿＿：〈從朱子《孟子集註》看中國學術史上的注疏傳統〉，收入氏著：《儒學傳統與文化創新》（臺北：東大圖書公司，1983 年）。

＿＿＿＿＿：〈試論儒學的宗教性內涵〉，《臺大歷史學報》第 23 期（1999 年 6 月）。

＿＿＿＿＿：《孟學思想史論‧卷二》（臺北：中研院中國文哲研究所籌備處，1997 年）。

日人漢文原典：

中井履軒：《孟子逢源》，收入關儀一郎編：《日本名家四書註釋全書》（東京：鳳出版，1973 年），第 10 卷。

伊藤仁齋：《孟子古義》，收入關儀一郎編：《日本名家四書註釋全書》（東京：鳳出版，1973 年），第 9 卷。

日文論著：

木村英一：《孔子と論語》（東京：創文社，1971 年）。
宮崎市定：《論語の新研究》（東京：岩波書店，1975 年）。

英文論著：

Barthes, Roland, "The Death of the Auther," in Roland Barthes, *Image-Music-Text*, tr. by Stephen Heath (Harper Collins, 1977).

Eno, Robert, "Towards a History of Confucian Classical Studies," in *Early China*, No.17 (1992).

Gadamer, Hans-Georg, "Reply to My Critics," in Gayle L. Ormiston and Alan D. Schrift eds., *The Hermeneutic Tradition: From Ast to Ricour* (Albany: State University of New York Press, 1990).

———, "The Universality of the Hermeneutical Problem," in his *Philosophical Hermeneutics*, tr. and ed., by David E. Linge (Berkeley: University of California Press, 1976).

Gardner, Daniel K, "Confucian Commentary and Chinese Intellectual History," *Journal of Asian Studies*,57:2 (May, 1998).

Hirsch Jr., E. D., *Validity in Interpretation* (New Haven: Yale University Press, 1967).

Huang, Chun-chieh, "Historical Thinking in Classical Confucianism: Historical Argumentation from the Three Dynasties," in Chun-chieh Huang and Erik Zürcher eds., *Time and Space in Chinese Culture* (Leiden: E. J. Brill, 1995).

Van Zoeren, Steven, *Poetry and Personality: Reading, Exegesis, and Hermeneutics in Traditional China* (Standford: Standford

University Press, 1911).

Wimsatt, W. K. and Monroe C. Beardsley, "The Intentional Fallacy," in Alex Neil and Aaron Ridley eds., *The Philosophy of Art: Readings Ancient and Modern* (New York: McGraw-Hill, 1995).

YÜ, Ying-shih, "Intellectualism and Anti-intellectualism in Chinese Intellectual History,"《清華學報》新 11 卷第 1、2 期合刊(1975 年 12 月)（中國思想史專號）。

———, "Some Preliminary Observations on the Rise of Ch'ing Confucian Intellectualism,"《清華學報》新 11 卷第 1、2 期合刊（1975 年 12 月）（中國思想史專號）。

參、

儒家論述中的歷史敘述與普遍理則

一、引言

在儒家經典詮釋史上，有所謂「漢學」與「宋學」兩大解釋傳統。「漢學」與「宋學」之壁壘分明，實乃清代學者學派意識下之產物，江藩（子屏，鄭堂，1761-1831）著《國朝漢學師承記》張大漢學門戶，而方東樹（植之，1772-1851）撰《漢學商兌》駁斥漢學力尊宋學，於是，漢宋之爭遂恍若水火。[1]但就其實際內容觀之，漢宋之對立並不若是之甚，朱子（晦庵，1130-1200）明言：「漢魏諸儒，正音讀，通訓詁，考制度，辨名物，其功博矣。學者苟不先涉其流，則亦何以用力於此」，[2]朱子集註《四書》也隨處引用漢註唐疏。清代漢學奠基人物之一的戴震（東原，1723-1777）雖然撻伐宋儒不遺餘力，但他對朱子學及宋明理學亦頗爲嫻熟。清代漢學與宋學之重大歧異在於其解經之方法。誠如清儒李兆洛（申耆，1769-1841）所說：「治經之途有二：一曰專家，確守一師之法，尺寸不敢越，唐以前諸儒類然。一曰心得，通之以理，空所依傍，惟求乎己之所安，

---

[1] 參考皮錫瑞（鹿門，1850-1908）：《經學歷史》（香港：中華書局香港分局，1961 年），頁 313-314。

[2] 朱熹：〈語孟集義序〉，《朱文公文集》（四部叢刊初編縮本），卷 74，頁 1390，下半頁。

唐以後諸儒類然。」[3]漢學家解經近乎「專家」之學，特重形聲訓詁名物制度，不談「理」、「道」等抽象普遍理則；宋學家則喜言性命天道，體神化不測之妙於人倫日用之間。漢學家認爲儒家經典中只有「道中庸」之面向，普遍理則如「理」、「道」、「心」、「性」等皆非六經所雅言；宋學家則認爲「理」、「道」等普遍理則皆見諸經典之中，儒學有其「極高明」之面向。雙方各執己見，莫衷一是。

　　這篇論文寫作的目的在爲漢宋學術之爭進一新解，全文主旨在於論證：在儒家經典中，具體性的歷史事實（特別是聖賢典範人物的行誼）之敘述，與抽象性的普遍理則（如「道」或「理」）之證立，兩者之間密切結合，有其互相滲透性，故儒家經典中所見的「普遍性」，實係一種「具體的普遍性」。爲了證立上述基本看法，本文環繞著以下四個問題展開討論：

（1）儒家中的歷史敘事是以歷史事實的建構爲目的？或是爲了其他目的？

（2）儒家經典中的敘述者之思考邏輯與史實之內在邏輯是否密合？如不密合，則可能產生何種問題？

（3）儒家學者透過何種管道從歷史敘事中求「道」？這種求「道」之管道會有何種方法上的問題？

（4）儒家經典中歷史敘述與普遍理則之關係，具有何種詮釋學的啓示？

　　本文第二節探討第一個問題，第三、四節分析第二及第三個問題，第五節針對第四個問題提出結論性的看法。本文第二

---

[3] 李兆洛：〈詒經堂續經解序〉，《養一齋文集》（汪筠齋叢書本），卷3，頁26。

節首先指出在儒家經典中，歷史敘述通常是一種手段，而以建立抽象的普遍理則為其目的。儒家的普遍理則並不是經由邏輯性的或抽象性的推理程序，而是經由對具體性的歷史經驗的敘述而建立。本文第三節及第四節探討儒家論述中「透過歷史敘述而建立普遍理則」的兩種方法，所潛藏的方法論問題。本文第五節則從儒家論述中所見的「具體的普遍性」，申論詮釋儒家經典必須扣緊其「寓抽象性於具體性」以及「即特殊性以論普遍性」之特質。

二、儒家的歷史敘述是證立普遍理則的手段

在中國思想史上，儒家諸子的歷史感最為深厚，他們守先以待後，溫故而知新，寓開來於繼往，在各家思想人物之中別具特色。在儒家典籍中歷史敘述基本上是抽取普遍理則的一種手段。（2:1）儒家的歷史意識表現在對聖賢行止以及「三代」德治的不勝其嚮往之情。（2:2）但是，儒家從事歷史敘述並不是為歷史而歷史，他們是為現在及未來而歷史。因此，儒家歷史學是一種道德學與政治學。（2:3）儒家將歷史學轉化為道德學與政治學的方法，就是即具體性以論抽象性，從歷史敘述中證立道德命題等普遍理則。我們闡釋以上三個主要論點。

（2:1）儒家諸子深厚的歷史意識表現在他們對「三代」的嚮往。「三代」是中國古代思想家的理想黃金時代，正如我過去所說，包括夏、商、周的「三代」這個概念在古代中國思想上具有強烈的「非事實性」，古代思想家常運用「三代」這個概念，注入他們想注入的意義內涵，企圖以這種賦「歷史」以新意的方式，使歷史經驗對「現在」產生撞擊並指引「未來」。這種歷

史思維方式,貫通古代中國的思想家,而以「言必稱堯舜」的
儒家諸子最為顯著。[4]孔子(551-479B.C.)讚嘆「周公之才之美」
(《論語‧泰伯》),以不夢見周公為衰老之徵候;孔子也推崇堯
之有天下「煥乎其有文章」(《論語‧泰伯》),對禹之行誼以「無
間然」表其崇敬之情(《論語‧泰伯》)。

　　孟子(371-289?B.C.)更是「道性善,言必稱堯舜」(《孟
子‧滕文公上‧1》),以「三代」為治世之典範。孟子宣稱「三
代之得天下也以仁,其失天下也以不仁」(《孟子‧離婁上‧3》),
又引孔子之言說:「道二,仁與不仁而已矣」(《孟子‧離婁上‧
2》)。孟子更以堯舜為君臣之典型,他說:「欲為君盡君道;欲
為臣盡臣道,二者皆法堯舜而已矣。不以舜之所以事堯事君,
不敬其君者也;不以堯之所以治民治民,賊其民者也。」(《孟
子‧離婁‧2》)

　　自孔孟以降,歷代儒家學者論證倫理命題或提出政治主
張,莫不以「三代」及堯舜等聖賢人物作為典範。舉例言之,
北宋王安石(1021-1080)勸勉宋神宗(在位於1067-1084)以
堯舜為典範說:「陛下誠能為堯舜,則必有皋、夔、稷,誠能
為高宗,則必有傅說〔……〕惟能辨四凶而誅之,此其所以為
堯舜也。若使四凶得肆其讒慝,則皋、夔、稷安肯苟食其祿以
終身乎?」(《宋史‧王安石傳》)王安石所說的堯舜相關的事

---

[4] 黃俊傑:〈中國古代儒家歷史思維的方法及其運用〉,收入楊儒賓、黃俊傑編:
　《中國古代思維方式探索》(臺北:正中書局,1996年),頁1-34;Chun-chieh
　Huang, "Historical Thinking in Classical Confucianism: Historical
　Argumentation from the Three Dynasties," in Chun-chieh Huang and Erik
　Zürcher eds., *Time and Space in Chinese Culture* (Leiden: E. J. Brill, 1995), pp.
　72-88。

蹟，是指《尚書・堯典》所說：「流共工于幽州，放驩兜于崇
山，竄三苗于三危，殛鯀于羽山，四罪而天下咸服」這一系列
史實。張載（橫渠，1020-1077），也以舜的典範作爲討論政治
運作的參考，他說：「萬事只一天理。舜舉十六相，去四凶，
堯豈不能？堯固知四凶之惡，然民未被其虐，天下未欲去之。
堯以安民爲難，遽去其君則民不安，故不去，必舜而後因民不
堪而去之也。」[5]通貫宋明清三代近千年之間，儒家諸子關於歷
史或政治有所論述，莫不從「三代」黃金時代或堯舜等聖賢典
範出發。

（2:2）但是，值得注意的是，儒家以「三代」或堯舜典範
進行歷史敘述，並不是爲「過去」而「過去」，他們是爲「現在」
及「未來」而「過去」。因此，從歷史敘述的目的來看，儒家歷
史學實在就是一種道德學與政治學。

爲了闡釋這項命題，我們可以從孟子一段關於歷史的話說
起：

> 孟子曰：「王者之迹熄而《詩》亡，《詩》亡然後《春秋》
> 作。晉之《乘》，楚之《檮杌》，魯之《春秋》，一也。其
> 事則齊桓、晉文，其文則史。孔子曰：『其義則丘竊取之
> 矣。』」（《孟子・離婁下・21》）

孟子認爲，在歷史敘述（所謂「其文則史」）中齊桓、晉文等史
事的敘述只是一種發掘史義的手段。換言之，在儒家歷史敘述
中，客觀史實的敘述並不是儒家歷史學的最終目的。反之，歷

---

5 見張載：《張載集》（臺北：里仁書局，1981 年影印中華書局新校標點本），
〈經學理窟〉，頁 256。

史敘述是證立道德教訓的一種手段。孟子對舜、傅說、管夷吾
等人的歷史事實的敘述，就是一個典型的範例，我們可以舉此
一例以概其餘：

> 孟子曰：「舜發於畎畝之中，傅說舉於版築之間，膠鬲舉
> 於魚鹽之中，管夷吾舉於士，孫叔敖舉於海，百里奚舉
> 於市。故天將降大任於是人也，必先苦其心志，勞其筋
> 骨，餓其體膚，空乏其身，行拂亂其所為，所以動心忍
> 性，增益其所不能。人恒過，然後能改；困於心，衡於
> 慮，而後作；徵於色，發於聲，而後喻。入則無法家拂
> 士，出則無敵國外患者，國恒亡。然後知生於憂患而死
> 於安樂也。」（《孟子・告子下・15》）

在孟子的歷史敘述裡，這些具體的歷史人物之所以獲得讀史者
（如孟子）的重視，乃是因為在這些古聖先賢的史實中，潛藏
著「生於憂患而死於安樂」這條抽象的道德命題。在儒家歷史
學裡，歷史敘述的目的正是在於建構儒家道德學。

　　漢代的司馬遷（子長，145-86B.C.）在《史記・太史公自
序》中曾說，他回答上大夫壺遂所提「昔孔子何為而作《春秋》
哉？」的問題時引述董仲舒（約 179-104B.C.）之言：「周道衰
廢，孔子為魯司寇，諸侯害之，大夫壅之。孔子知言之不用，
道之不行也，是非二百四十二年之中，以為天下儀表，貶天子，
退諸侯，討大夫，以達王事而已矣。」在漢代人的理解裡，孔
子的《春秋》史學絕對不是為「歷史」而「歷史」，而是為透過
歷史敘述而淑世乃至救世。太史公自己也明白表示他心目中所
繼承的孔子《春秋》學的精神在於：「夫《春秋》，上明三王之
道，下辨人事之紀，別嫌疑，明是非，定猶豫，善善惡惡，賢
賢賤不肖，存亡國，繼絕世，補敝起廢，王道之大者也」（《史

記‧太史公自序》)。這種作為道德學與政治學的歷史學,是中國史學傳統中最為突出的特質。

(2:3)我們再進一步分析儒家歷史敘述,就可以發現它所依循的是「具體性思維方式」。所謂「具體性思維方式」是指儒家諸子常常「即歷史以論哲學」,從具體而特殊的歷史人物的行誼之中,證立抽象而普遍的哲學或道德命題。這種「具體性思維方式」早見於先秦儒家,[6]尤其以宋儒為然。[7]在這種「具體性思維方式」下,儒家哲學論證的展開常常是將抽象命題或道德命題置於具體而特殊的時空脈絡中,引用古聖先賢、歷史人物或往事陳跡加以證明,以提昇論證的說服力。孟子就是最善於運用這種思維方式的古代儒家。人類的歷史經驗在孟子的處理中被當作一種「符號」,而不是被當作「劇場」。孟子不是將歷史人物當作是歷史舞臺上的「演出者」,而把自己當作「觀賞者」;他是把歷史經驗當作一種可以被後人注入「意義」(meaning)的「符號」。換句話說,過去的歷史經驗不是與讀史者疏離的「客觀的存在」,它與讀史者構成「互為主體性」的關係。因此,在孟子的論述裡,閱讀歷史是一種意義創造的活動。[8]儒家從具體性的歷史事實中抽離出抽象性的普遍理則。經由這種方法,儒家不僅將歷史學轉化為道德學,而且也使儒家論述中的所謂「共相」(universals)成為一種「具體的共相」

---

[6] 黃俊傑:《孟學思想史論‧卷一》(臺北:東大圖書公司,1991 年),第 1 章所討論。

[7] 參看拙作:Chun-chieh Huang, "The Philosophical Argumentation by Historical Narration in Sung China: The Case of Chu Hsi,"《臺大文史哲學報》第 51 期(1999 年 12 月),頁 55-78。

[8] 黃俊傑:《孟學思想史論‧卷一》,頁 13。

（concrete universals），而不是「抽象的共相」（abstract universals）。

三、儒家歷史敘述與普遍理則之間的緊張性：經典中的「道」與聖人

但是，所謂「歷史敘述」是由敘述者所進行的一種言說或文字論述行動，透過這種論述行動而對過去的歷史「事實」加以「再現」（representation），它不可避免地與一套特殊的語言、文法或措詞有關。[9]換言之，歷史敘述既涉及作為客體的被敘述的歷史事實，又涉及作為主體的敘述者。因此，我們可以問：在儒家歷史敘述中，被敘述的歷史事實的內在邏輯與敘述者儒家學者的思考邏輯之間是否吻合？這是本文所擬探討的第二個問題。

從許多儒家歷史敘述來看，（3:1）被敘述的歷史事實（reality）與儒家敘述者的思考邏輯之間如果不是互相矛盾，至少呈現巨大的落差而使兩者有其緊張性。（3:2）造成這種緊張性或甚至矛盾性的主要原因在於：儒者從經典中證立永恆之「道」或「理」，並認為這種「道」或「理」均具足於聖人行誼之中。（3:3）如此一來，儒家歷史敘述就出現一個重大問題：如何保證從經典中所提煉的「道」或「理」之普遍必然性？我們接著以最富於歷史意識的孔子、孟子及朱子為例，分析這三個論點。

（3:1）儒家諸子從事歷史敘述時所依循的思考邏輯是一種

---

[9] 參考 Hayden White, "The Question of Narrative in Contemporay Historical Theory," *History and Theory*, Vol. 23, No. 1 (1984), pp. 1-33。

屬於「應然」世界的邏輯，這種邏輯在儒家的論述中既是宇宙
的「自然」，又是人事之「必然」，當孔子說：「天何言哉！四時
行焉，百物生焉。天何言哉！」(《論語・陽貨》)時，孔子實已
隱涵「自然的一定是必然的」這個命題，朱子解釋孔子這句話
時說：「其所以『四時行，百物生』者，蓋以其合當如此便如此，
不待思維，此所以爲天地之道」，[10]頗得孔子「自然即必然」的
涵義。孔子從「應然」世界的思考邏輯出發，從事歷史敘述，
常以「應然」批判歷史的「實然」，以古今對比，指出「今」的
齟齬，例如孔子對他同時代的知識份子爲學的態度很不滿地
說：「古之學者爲己，今之學者爲人」(《論語・憲問》)。孔子對
古今社會風氣的變遷也有這樣的評論：「古者民有三疾，今也或
是之亡也。古之愚也直，今之愚也詐而已矣。」(《論語・陽貨》)
在孔子的言論中，他常用「古者」一詞來寄寓他的理想，而以
「今者」來指陳現實的齟齬。這是一種典型的常見於中國文化
中的「反事實思考方式」(counterfactual mode of thinking)，中
國人常常以「過去可能如此」的方式，來表達「現在應該如此」
的主張，其言若遠，然而意則極爲切近。中國人常借歷史經驗
以感發心志，這種思維習慣具體地展現中國古典文化生活中詩
教之溫柔敦厚的特質。[11]

---

[10] 黎靖德編：《朱子語類》(北京：中華書局，1981年新校標點本，以下簡稱
《語類》)，卷1，〈道夫錄〉，頁4。關於朱子對於孔子的「天」之解釋，參
考市川安司：〈論語集注に見える天の解釋〉，收入氏著：《朱子哲學論考》
(東京：汲古書院，1985年)，頁113-124。

[11] 參考黃俊傑：〈中國古代儒家歷史思維的方式及其運用〉，收入楊儒賓等編：
《中國古代思維方式探索》，頁1-34；關於中國思想傳統中的「反事實思維
方式」，參看 Kuang-ming Wu, "Counterfactuals, Universals, and Chinese
Thinking," *Tsing Hua Journal of Chinese Studies*, New Series, Vol. 19, No. 2

但是，當儒家諸子運用「應然的」思考邏輯敘述「實然的」歷史世界時，就遭遇到巨大的理想與現實之間的緊張性或矛盾性。說明這種儒家思考邏輯與現實歷史世界的運作邏輯的巨大落差，最好的例子仍是孟子。孟子也像孔子一樣稱美「三代」及周公等典範人物，所謂「言必稱堯舜」這句話，可以說明孟子對「三代」的不勝嚮往。孟子從事歷史敘述時的思考邏輯，是建立在道德理想主義之上的邏輯，他引用孔子的話之後說：「孔子曰：『道二：仁與不仁而已矣。』暴其民甚，則身弒國亡；不甚，則身危國削。名之曰『幽厲』，雖孝子慈孫，百世不能改也。《詩》云『殷鑑不遠，在夏后之世』，此之謂也。」(《孟子·離婁上·2》)，孟子認為歷史的「殷鑑」所呈現的教訓就是：合道德的就是合理的，所以孟子又說：

> 三代之得天下也以仁，其失天下也以不仁。國之所以廢興存亡者亦然，天子不仁，不保四海；諸侯不仁，不保社稷；卿大夫不仁，不保宗廟；士庶人不仁，不保四體。〔……〕(《孟子·離婁上·3》)

但是，歷史現實狀況又如何？讓我們引用孟子自己的觀察：

> 孟子曰：「五霸者，三王之罪人也；今之諸侯，五霸之罪人也；今之大夫。今之諸侯之罪人也。」(《孟子·告子下·7》)

不僅如此，孟子對當時「爭城以戰，殺人盈城；爭地以戰，殺人盈野」的歷史現象深感痛心，他迫於「不得已」而必須在曠野中呼喊，希望正人心，闢邪說，撥亂反正。

(Dec., 1989), pp. 1-43。

（3:2）以上所說這種早已存在於孔孟的歷史論述中的「應然」與「實然」的矛盾，到了南宋大儒朱子的歷史解釋中更是完全彰顯無遺。朱子的例子最能說明：上述矛盾性之所以不可避免，乃是由於儒者常運用從經典中所證立的「道」或「理」作爲思考邏輯，這種邏輯是普遍的、不受時間與空間因素所宰制的，誠如朱子明白宣示：[12]

> 世間事雖千頭萬緒，其實只一箇道理，「理一分殊」之謂也。到感通處，自然首尾相應。或自此發出而感於外，或自外來而感於我，皆一理也。

在朱子看來，這個超越而惟一的「理」，不受現實的歷史世界的干擾，他說：「若論道之常存，卻又初非人所能預，只是此箇自是亙古亙今常在不滅之物，雖千五百年被人做壞，終殄滅他不得耳。漢唐所謂賢君，何嘗有一分氣力，扶助得他耶？」[13]朱子歷史思考中的「理」，不但不受現實世界中的人或事所干預，而且更是超越歷史之上，他說：「夫人只是這個人，道只是這個道，豈有三代漢唐之別？」[14]朱子歷史思考中的超越之「道」，是主宰歷史現實世界運作的動力，朱子說：「亙古亙今只是一體，順之者成，逆之者敗，固非古之聖賢所能獨然；而後世之所謂英雄豪傑者，亦未有能舍此理而有所建立成就者也。」[15]朱子一再

---

[12] 黎靖德編：《語類》，卷 134，頁 3215。

[13] 朱熹：《晦庵先生朱文公文集》（京都：中文出版社，影印和刻近世漢籍叢刊本，以下簡稱《文集》），卷 36，頁 2306。

[14] 朱熹：《文集》，卷 36，頁 2315-2316。

[15] 朱熹：《文集》，卷 36，頁 2318-2319，並參考黃俊傑：〈朱子對中國歷史的解釋〉，收入鍾彩鈞編：《國際朱子學會議論文集》（臺北：中央研究院中國文哲研究所籌備處，1993 年），下冊，頁 1085-1114；Chun-chieh Huang, "Imperial Rulership in Cultural Change: Chu Hsi's Interpretation," in Frederick

強調，這種「理一」在「分殊」的現實歷史世界中的呈現，乃是極其自然之事，他用「流出來」一語形容，他說：「流出來底便是仁。仁打一動，便是義禮智信當來。不是要仁使時仁來用，要義使時義來用，只是這一箇『理』流出去，自然有許多分別。」[16] 朱子也一再說明，這種自然「流出來」的「理」在「三代」黃金時代及堯舜等典範人物的行誼中充分體顯。

（3:3）誠如布勞岱（Fernand Braudel）所說，歷史敘述就是一種歷史解釋，也是一種歷史哲學。[17]儒家歷史敘事更是夾敘夾議，求其理事圓融，在這種敘事行動中所依循的「道」或「理」是從各種經典中證立的，但是，經典卻也是特定時空條件的產物，因此，如何保證從經典中證立的「道」或「理」有其普遍必然性？這就構成一個問題。

本書第二章從儒家詮釋史觀點探討解經者的「歷史性」及其相關問題時曾說明：[18]儒家經典之所以歷萬古而常新，主要原因在於經典與歷代經典詮釋者進行永無止境的對話。換言之，經典的「超時間性」與「超空間性」正是建立在時間性之中。但是，經典之永恆性的這種建構方式，卻潛藏著一個問題：經典作者的心路歷程及其話語，常常是針對某一特殊事件或情境而發，有其時間與空間之特殊性。解經者如何從特殊性中證立

Brandauer and Chun-chieh Huang eds., *Imperial Rulership and Cultural Change in Traditional China* (Seattle: University of Washington Press, 1994), pp. 188-205。

[16] 黎靖德編：《語類》，卷 98，頁 2527，〈義剛錄〉。

[17] Fernand Braudel, "The Situation of History in 1950," in Sarah Matthews tr., *On History* (Chicago: University of Chicago Press, 1980), pp. 6-24, esp. p. 11.

[18] 黃俊傑：〈從儒家經典詮釋史觀點論解經者的「歷史性」及其相關問題〉，《臺大歷史學報》第 24 期（1999 年 12 月），頁 1-28，收入本書第 2 章。

義理的普遍性而避免兩者的矛盾？誠如徐復觀（1902-1982）所說，[19]中國古典所觸及的常是「殊相」，而後代的解經者必須從「殊相」中提煉出經典中義理的「共相」，這是一個重要的方法論的挑戰。

從更深一層來看，經典中所表述的以及典範人物（「聖人」）的行誼事跡中所體顯的永恆的真理（「道」或「理」），（a）潛藏在經典之中，（b）而且受時空因素所制約，因此有其偏狹性。這種偏狹性就使儒家歷史敘述中「道」的普遍必然性的證立遭遇方法論的困難。我們進一步考慮這個問題。

（a）「道」是宇宙萬物的運作邏輯，《韓非子·解老》：「道者，萬物之所然也，萬理之所稽也」，就是指「道」作為規律而言。但是，在儒家論述中的「道」既是規律，而又是規範。用朱子的話來說：「道者，天理之自然」，[20]是宇宙萬物之「所以然」；但是，朱子又說：「道者，人事當然之理」，[21]「道是物我公共自然之理」，[22]又是人倫世界中的「所當然」。「道」作為規律與規範這種雙重內涵在儒家論述中縮合為一，而且「道」的消息只有在經典中才能被窺見。從儒家觀點看來，欲求道者必先宗經。

但是，經典乃是古聖先賢所留下之文字，經典作者對「道」之體認未必能正確地被後代讀者所解讀，《韓非子·喻老》：「書者，言也。言生於知，知言者不藏書」，[23]《莊子·天道》：「世

---

[19] 徐復觀：〈如何讀馬一浮先生的書〉，收入馬一浮：《爾雅臺答問》（臺北：廣文書局，1973年），〈代序〉，頁1-6，尤其是頁3-4。

[20] 朱熹：《孟子集註》，卷3，頁231。

[21] 黎靖德編：《語類》，第4冊，卷52，頁1257。

[22] 同前註，頁1256。

[23] 陳奇猷說：「知下當有言字。『知言者不藏書』，與上『知時者無常事』相對

之所以貴道者書也，書不過語，語有貴也。語之所貴者意也，意有所隨。意之所隨者，不可以言傳也」，韓非子（？-233B.C.）與莊子（約399-295B.C.）都認識一項事實：經典作者的原始心意難以完全傳遞於後代讀者，這就是爲什麼劉勰（彥和，約464-522）要感嘆：「知音其難哉！音實難知，知實難逢。逢其知音，千載其一」（《文心雕龍‧知音》）。於是，如何正確地經由對經典的詮釋而接近經典作者的意旨？這就構成一個極爲嚴肅的課題。從這個方法論的角度來看，清代學術中的「漢學」與「宋學」之爭，就是導源於解決這個問題的不同進路，我們在下一節中將詳細討論。

（b）「道」既然具體而微地記載於經典之中，如董仲舒（約179-104B.C.）說：「《春秋》記天下之得失，而見所以然之故，甚幽而明，無傳而著，不可不察也」，[24]但是，經典乃是特定時代背景中所撰寫之作品，所以經典中所潛藏而可被後人解讀的「道」，也必然受到時空因素的宰制。

說明經典所載之「道」的時空性（temporality and spatiality）與特殊性（particularity），我們必須從儒家經典作者「即特殊性以論普遍性」的思維習慣說起。[25]孟子的歷史敘述可以視爲一個

為文。」今從其說。 見陳奇猷：《韓非子集釋》（臺北：漢京文化事業有限公司，1983年），第1冊，卷7，〈喻老〉，頁406。

[24] 蘇輿：《春秋繁露義證》（臺北：河洛圖書出版社，1974年臺景印清宣統庚戌刊本，一版），卷2，〈竹林第三〉，頁39。

[25] 關於中國人這種思維習慣，最全面的分析仍推日本前輩學者中村元。參看中村元：《東洋人の思惟方式》（東京：株式會社春秋社，1988年），第4卷《シナ人思の惟方法》。此書有簡編之英譯本：Hajime Nakamura, edited by Philip P. Wiener, *Ways of Thinking of Eastern People: India, China, Tibet, Japan* (Honolulu: University of Hawaii Press, 1964), Chap. 17, pp. 196-203。

具有代表意義的個案。本文第二節徵引《孟子・告子下・15》
一段文字中，當孟子要論證「天將降大任於是人也，必先苦其
心志，勞其筋骨」這一條普遍性的道德命題時，他敘述歷史上
所見的「舜發於畎畝之中，傅說舉於版築之間」等一系列古聖
先賢的特殊性事蹟，並由「特殊性」與「具體性」之中，建立
「普遍性」與「抽象性」。從這個角度看來，在儒家的歷史敘事
之中，「理」潛藏於在「事」之中，而且也只有從「事」中才能
解讀「理」的消息。

　　從上述看法出發，我們就必須承認：經典中的「道」受時
間與空間因素所決定，因此，「道」有其時間性，也因此有其偏
狹性。如何從經典中之「道」的時空性之中建立普遍必然性呢？
讓我們引用清儒章學誠（實齋，1738-1801）的話：[26]

> 「上古結繩而治，後世聖人易之以書契，百官以治，萬
> 民以察。」夫文字之用，為治為察，古人未嘗取以為著
> 述也；以文字為著述，起於官師之分職，治教之分途也。
> 夫子曰：「予欲無言。」欲無言者，不能不有所言也；孟
> 子曰：「予豈好辯哉？予不得已也。」後世載筆之士，作
> 為文章，將以信今而傳後，其亦尚念「欲無言」之旨與
> 夫「不得已」之情，庶幾哉！言出於我，而所以為言者
> 初非由我也。夫道備於六經，義蘊之匿於前者，章句訓
> 詁以發明之；事變之出於後者，六經不能言，固貴約六
> 經之旨而隨時撰述以究大道也。

揆章學誠之意，「道」並非一成不變，「道」實是與時俱進，隨

時而新其內容。[27]在這種「道」之更新的詮釋工程中，經典的解讀者實居於首出之地位。只有解者才能出新解於陳編，賦經典中的「道」以新意！

四、解經以求「道」的兩種方法及其問題

　　從上節的分析中，我們可以看出：在儒家透過歷史敘述以證立普遍理則的過程中，經典的解讀者實居於樞紐之地位，因為只有經典解讀者才能體認聖人的行誼，也只有經典解讀者才能開發出潛藏的「道」（或「理」）。但是，解讀者如何透過解經以求「道」呢？從儒家解經史來看，至少有兩種方法：（4:1）第一是孟子所謂「以意逆志」的解經方法，訴諸解經者個人生命的體認。（4:2）第二種方法是透過文字訓詁以疏證經典。（4:3）兩者之差異在於：前者持之過甚終不免流於「古為今用」，刑求古人。後者則多泥於字面主義（literalism），未能深入經典的深層意義結構。（4:4）但是，兩者的共同點則在於將經典工具化。我們闡釋這四項論點。

　　（4:1）儒家經典詮釋史所見的第一種解經以求「道」的方法是：訴諸解經者個人生命的體驗或心的喚醒，而遙契經典中

27　倪微遜對章學誠思想中「道」的演化的性格有所析論，參看 David S. Nivison,
　　The Life and Thought of Chang Hsüeh-ch'eng (1738-1801) (Stanford: Stanford
　　University Press, 1966), Chap. 6, pp. 139-180。余英時更進一步指出：章學誠
　　所謂「道在六經」是指關於「道」的抽象觀念，不是指「道之實體」而言。
　　參看余英時：《論戴震與章學誠》（香港：龍門書店，1976 年），頁 124-125，
　　註 13。

的「道」。這種方法是建立在所謂「興式思維方式」[28]之上的,《論語‧八佾》載孔子與子夏關於讀《詩》的對話,孔子說:「起予者商也!始可與言《詩》已矣」,「起」就是指經典對讀經者所激起的感發興起,也就是《文心雕龍‧比興》所謂:「興者,起也」之意。儒家這種解經以求「道」的方法,深深地浸潤在講求溫柔敦厚的《詩》教傳統之中,孔子之所以說:「《詩》,可以興」,就是有見於《詩》不質直陳述而曲折以言之,興發讀《詩》者的心志。孟子顯然對這種以情透理的《詩》教傳統有所會於心,所以孟子說:「說《詩》者,不以文害辭,不以辭害志。以意逆志,是為得之」(《孟子‧萬章上‧4》),對稱詩者而言,詩並不是對象性的存在,詩經過稱詩者的詮釋之後,與稱詩者所處的實存的情境兩相融合,而不斷湧現其常新之意涵。

這種源自先秦孔孟的解經方法,在宋明儒學中大為發展。北宋大儒程頤(伊川,1033-1107)與學生有這樣一段對話:[29]

> 或問:「窮經旨,當何所先?」子曰:「於《語》《孟》二書知其要約所在,則可以觀五經。讀《語》《孟》而不知道,所謂雖多亦奚以為?」

但如何讀《論語》、《孟子》呢?程伊川又說:「學者當以《論語》、《孟子》為本。《論語》、《孟子》既治,則六經可不治而明矣。讀書者,當觀聖人所以作經之意,與聖人所以用心,與聖人所

---

28 黃俊傑:〈中國古代儒家歷史思維的方式及其運用〉,收入楊儒賓等編:《中國古代思維方式探索》,頁 19-23。
29 《河南程氏粹言》,收入程顥、程頤:《二程集》(北京:中華書局,1981年),第 4 冊,卷第 1,〈論學篇〉,頁 1204。

以至聖人。」[30]但是，所謂「聖人所以作經之意」如何能解明呢？
且看這一段對話：[31]

> 問：「聖人之經旨，如何能窮得？」曰：「以理義去推索
> 可也。學者先須讀《論》《孟》，窮得《論》《孟》，自有
> 簡要約處。以此觀他經，甚省力。《論》《孟》如丈尺權
> 衡相似，以此去量度事物，自然見得長短輕量。」

伊川所謂「以理義去推索」經典，就是指以讀經者心中的一套
價值系統去推索經籍，上友古人。朱子說：「凡吾心之所得，必
以考之聖賢之書」，[32]又說：「讀六經時，只如未有六經，只就自
家身上討道理，其理便易曉」，[33]諸如此類的讀經方法都強調：
經典與解經者係互為主體性之關係。在這種關係中，經典中之
義理或「道」與解經者的生命溶滲而為一體。

　　這種訴諸解經者的生命體驗的解經方式，到二十世紀仍在
馬一浮（1883-1967）等當代儒家學者的教學法中餘波盪漾。馬
一浮說他所創立的復性書院：「所講習者要在原本經術，發明自
性本具之義理，與今之治哲學者未可同日而語，〔……〕若以今
日治哲學者一般所持客觀態度，視此為過去時代之一種哲學思
想而研究之，恐未必有深益。〔……〕何以故？因其求之在外也，
一任如何安排、如何組織，持之有故，言之成理，卻與自性了
無干涉。」[34]馬一浮持論與程伊川及朱子一脈相承，都強調讀經

---

[30] 《河南程氏遺書》，收入《二程集》，第 2 冊，卷第 25、伊川先生語十一，
頁 322。

[31] 同前註，卷第 18、伊川先生語四，頁 205。

[32] 朱熹：《文集》，卷 42，〈答吳晦叔〉，頁 2836。

[33] 黎靖德編：《語類》，第 1 冊，頁 188。

[34] 馬一浮：《爾雅臺答問》（臺北：廣文書局，1973 年），卷 1，〈答許君〉，頁

是一種浸透身心的（pervasive）、整體性的（holistic）的過程。

（4:2）第二種解經以求「道」的方法是：經由文字訓詁及名物制度之學以解明經典中之義理。十八世紀的戴震是這種解經方法的代表人物。戴東原說：「治經先考字義，次通文理，志存聞道，必空所依傍。〔……〕我輩讀書，原非與後儒競立說，宜平心體會經文，有一字非其的解，則於所言之意必差，而道從此失。」[35]戴東原主張欲求經典中之「道」，必先求其文理，欲求其文理，則又必先通其字義。他又進一步說他自己「自十七歲時有志聞道，謂非求之六經、孔、孟不得，非從事於字義、制度、名物，無由以通其語言。宋儒譏訓詁之學，輕語言文字，是欲渡江河而棄舟楫，欲登高而無階梯也。」[36]戴震明白主張：[37]

> 夫所謂理義，苟可以舍經而空憑胸臆，將人人鑿空得之，奚有於經學之云乎哉！為空憑胸臆之卒無當於賢人聖人之理義，然後求之古經。求之古經而遺文垂絕，今古縣隔也，然後求之故訓。故訓明則古經明，古經明則賢人聖人之理義明，而我心之所同然者，乃因之而明。賢人聖人之理義非它，存乎典章制度者是也。〔……〕理義不存乎典章制度，勢必流入異學曲說而不自知。

「故訓明則古經明，古經明則賢人聖人之理義明」這項解經方法，建立在一項命題之上：「道」存於語言文字之中，只有經由

---

33 下半頁-34 上半頁。

[35] 戴震：〈與某書〉，收入《戴震全集》（北京：清華大學出版社，1991 年），第 1 冊，引文見頁 211。

[36] 戴震：〈與段若膺論理書〉，收入《戴震全集》，第 1 冊，引文見頁 213。

[37] 戴震：《戴東原集》（四部叢刊初編縮本），卷 11，〈題惠定宇先生授經圖〉，頁 115。

語言文字才能解明「道」之消息。

（4:3）以上這兩種不同的解經方法，正是清代學術中漢宋之爭的關鍵，兩者有同有異，亦各有其得失。我們先從其異者說起。

第一種解經方法與第二種方法最大的差異在於解經者主體性之彰顯，強調只有經過解經者主體性的照映，經典中的義理或「道」才能豁然彰顯。反之，經典中的「道」也不是一個與讀經者無關的客觀的存在，「道」深深地浸透讀經者的精神世界。經典與讀經者之間是一種浸透身心的、整體的、「不可須臾離也」的互滲關係。

這種「互為主體性」的解經方法，一方面使經典中的「道」由於獲得異代解經者主體性的照映而不斷更新其內容，在「時間性」之中使經典獲得「超時間性」；[38]另一方面則使讀經行動成為「尋求意義」的活動，讀經者的生命不斷受經典中之「道」的洗禮而日益豐盈，「問渠那得清如許，為有源頭活水來」（朱子〈觀書有感詩〉），正是這種狀況的寫照。

但是，從中國儒家經典解釋史來看，解經者與經典之間常未能保持動態的平衡，而以解經者自己的生活體驗或思想系統契入經典的思想世界，有時不免扞格難通而構成一種解經者的「主體性的張力」。

關於這種解經者「主體性的張力」，我們可以以朱子與王弼

---

[38] 關於這一點，參看拙作：〈從儒家經典詮釋史觀點論解經者的「歷史性」及其相關問題〉，《臺大歷史學報》第 24 期（1999 年 12 月），頁 1-30，收入本書第 2 章。

（226-249）對經典的解釋為例加以說明。朱子畢生理會《四書》，本《大學》「格物窮理」之宗旨以貫通《四書》，乃人人皆知之事。朱子對《論》《孟》之詮釋處處可見其「理」之哲學的斧鑿痕跡，其最具代表性者當推他解釋《孟子・梁惠王下・5》「人皆謂我毀明堂」章時，[39]以一段長達 179 字之文字，從他的「天理人欲，同行異情」的思想立場出發以解釋孟子，開發出《孟子》原典中所未見的意義。

　　除了朱子之外，王弼是另一位展現「主體性的張力」的經典詮釋者。王弼註《論語・述而》第六章「子曰：志於道」一句云：「道者，無之稱也。無不通也，無不由也，況之曰道。寂然無體，不可為象。」，[40]這種解釋顯然援老莊而入孔子，與《論語》的思想世界相去甚遠。孔子論「道」極具倫理內涵，曾子就以「夫子之道，忠恕而已矣」，闡釋他對孔子所說「吾道一以貫之」的體認。孔子說：「君子務本，本立而道生。孝悌也者，其為仁之本歟？」（《論語・學而》），通貫《論語》所見的孔子之「道」，實無王弼以「無」釋「道」之涵義。王弼對《論語》的詮釋，具體展現「詮釋者之主體性的張力」，湯用彤（錫予，

---

[39] 朱熹：《孟子集註》（北京：中華書局，1983 年），卷 2，頁 219。

[40] 何晏：《論語集解》（臺北：藝文印書館，景印清嘉慶二十年江西南昌府學刊本），卷 7，〈述而第 7〉，頁 2，下半頁，邢昺疏引王弼語。據邢《疏》所引之上下文觀之，則邢昺此處乃引王弼對「道」之解釋，以解何晏《集解》所謂「道不可體，故志之而已」之義。故邢昺所引王弼之言當至「不可為象」止。此處王弼論「道」之語，疑非對《論語》之詮釋，僅係邢《疏》引之以釋何《注》爾。程樹德《論語集釋》「唐以前古注」此條並未收錄王弼說，似較嚴謹。但湯用彤《魏晉玄學論稿》所收〈王弼之周易與論語新義〉（見下註41）一文所引王弼說至「不可為象」止。但仍以為乃王弼《論語釋疑》之文。我採用湯用彤之說。關於此條資料，承張寶三先生指教，惠我良多，敬申謝意。

1893-1964）先生稱魏晉人這種解經方法爲「寄言出意」、「忘象志言」、「忘言得意」，此種方法皆深契於玄學之宗旨，並有以會通儒道二家之學。[41]以上所說朱子與王弼對《論語》的詮釋方法，可以具體地說明這種方法與第二種方法的主要差異。

　　相對於第一種解經方式，第二種方法則不訴諸解經者個人生命的心路歷程，因此，解經行動也就不再是一種「體驗的學問」。前引戴東原之言：「故訓明則古經明，古經明則賢人聖人之理義明，而我心之所同然者，乃因之而明。賢人聖人之理義非它，存乎典章制度者是也」，[42]戴震之言很可以說明：第二種解經方法基本上將詮釋學問題視爲一種訓詁學問題，認爲只要正確解明文字的涵義即可完全破解經典中之意涵。這種解經方式建立在「語言文字可以傳達作者心意」的前提之上，但這個前提卻隱涵兩個問題：（a）語言文字與「實在」（reality）之間的關係；（b）所謂「作者意旨」有兩種層次：表層意旨與深層意旨。我們再進一步分疏這兩個問題。

　　（a）語言與「實在」的關係不僅是現代語言哲學的重大問題之一，也是中國古代思想家早已觸及之問題。誠如張亨師所說：中國古代的重要哲學家中，不論其對語言所抱持的態度如何，向來沒有把語言跟實在視爲同一的思想。就以儒道二家而

---

[41] 湯用彤：《魏晉玄學論稿》（臺北：里仁書局，1984 年），頁 27-29。關於王弼之註《論語》，參看湯用彤：〈王弼之周易論語新義〉，收入氏著：《魏晉玄學論稿》，頁 87-106，此文有英譯本：T'ang Yung-t'ung, "Wang Pi's New Interpretation of the *I Ching* and *Lun Yü*," translated with notes by Walter Liebenthal, *Harvard Journal of Asiatic Studies*, Vol. 10, No. 2 (September 1947), pp. 124-161；並參考林麗真：《王弼老、易、論語三注分析》（臺北：東大圖書公司，1988 年），第 4 章，尤其是頁 125-127。

[42] 戴震：《戴東原集》，卷 11，〈題惠定宇先生授經圖〉，頁 115。

論，莊子希望解除語言對人的桎梏，荀子（約 298-238B.C.）則意圖把人納入語言更嚴密的控制之中；莊子懷疑言辯的效用，荀子則以爲有助於平治社會。這種相反的態度，並不妨礙他們對語言有某些共同的認識。例如他們都不承認語言與「實在」間有必然的關係，亦即代表事物的名並不即是事物的本身；而把語言看成爲傳達意義的工具。這是中國古代哲學家所普遍接受的觀念。[43]現代語言哲學的相關研究，也多不認爲語言與「實在」之間可以畫一等號。企圖經由語言文字的掌握以解明經典中的思想世界的「真實」訊息，毋寧是一種過度樂觀的看法。

（b）經典作者的意旨是否可經由訓詁學工具而解明，這個問題牽涉到經典的表層與深層意旨。[44]「表層意旨」可以經由文字的隸定或訓詁的釐清而確定其意蘊，但是「深層意旨」則牽涉甚多，至少可以再區分爲「言內之意」、「言外之意」及「言後之意」。[45]這三個層次的經典作者意旨，在不同程度之內均與

---

[43] 張亨：〈先秦思想中兩種對語言的省察〉，收入氏著：《思文之際論集——儒道思想的現代詮釋》（臺北：允晨文化實業股份有限公司，1997 年），頁 7-35，尤其是頁 30-31。

[44] 赫胥曾區分「文本」的「文意」（meaning）與「意義」（significance）。前者是指某一件「文本」（text）如《論語》、《孟子》等經典中的思想內容；後者是指這件「文本」之思想與某種情境（如清代學術環境）或思想氛圍（如宋明理學）之關係。參考 E. D. Hirsch Jr., *Validity in Interpretation* (New Haven and London: Yale University Press, 1967), p. 8ff。我在這裡所說的「文本」的「意旨」基本上近於赫胥所說的"meaning"而不是"significance"，但我更進一步細分爲「深層意旨」與「表層意旨」等兩個層次。

[45] 我所區分的這三個層次，略近於索爾（John R. Searle, 1932-）的「言說行動理論」中所謂的 locutionary intention、illocutionary intention 和 perlocutionary intention 三個層次的作者意旨。參看 John R. Searle, *Speech Acts: An Essay in the Philosophy of Language* (Cambridge: Cambridge University Press, 1969)；以及 John R. Searle, "A Taxonomy of Illocutionary Acts," in K. Gunderson ed.,

讀經者的心路歷程與生命體驗有所關涉，所謂「賢者識其大，
不賢者識其小」，所謂「少年讀書，如隙中窺月；中年讀書，如
窗下望月；晚年讀書，如庭上望月」，皆以人生境界高低而有不
同之體認。任何有深度的經典，必涉及上文所謂「文本」的「深
層意旨」，這種「深層意旨」未必可以完全通過文字訓詁而解明。
方東樹對這一點有深刻的論述，他說：[46]

> 若謂義理即在古經訓詁，不當歧而為二；本訓詁以求古
> 經，古經明，而我心同然之義理以明。此確論也。然訓
> 詁不得義理之真，致誤解古經，實多有之。若不以義理
> 為之主，則彼所謂訓詁者，安可恃以無差謬也！諸儒釋
> 經解字，紛紜百端。吾無論其他，即以鄭氏、許氏言之，
> 其乖違失真者已多矣，而況其下焉者乎！總而言之，主
> 義理者，斷無有舍經廢訓詁之事；主訓詁者，實不能皆
> 當於義理。何以明之？蓋義理有時實有在語言文字之外
> 者。故孟子曰：「以意逆志，不以文害辭，辭害意也。」

方東樹對清代漢學的批駁，用辭尖刻，持義峻烈，不能免於意
氣之爭，但是他以上這一段話卻值得深思，他說：「義理有時實
有在語言文字之外者」一語，尤為精當。對經典之體認，固有
所謂「默而識之」之境界，孔子嘆「予欲無言」（《論語‧陽貨》），
莊子說：「無言而心說」（《莊子‧天運》）、「得意而忘言」（《莊
子‧外物》）、「言無言。〔……〕終身不言，未嘗不言」（《莊子‧
寓言》），維摩詰「默然無言」，所謂：「一切言語道斷」（《維摩

Language, Mind, and Knowledge (Minneapolis: Minnesota University Press, 1975), pp. 344-369。
[46] 方東樹：《漢學商兌》，收入江藩、方東樹：《漢學師承記（外二種）》（北京：生活、讀書、新知三聯書局，1998年），卷中之下，引文見頁320-321。

詰所說不可思議經〉），都說明這種經典之「深層意旨」，並非文字訓詁等所謂「小學」所能完全掌握，方東樹說：「夫訓詁未明，當求之小學，是也。若大義未明，則實非小學所能盡。〔……〕漢、魏諸儒，無不通小學。而其釋經，猶多乖違者，非小學未深，政以大義未明故也」，[47]是一種可以成立的說法。從這個角度看來，清代漢學奠基人物之一的戴震，雖然較其後學有更鮮明的「求道」的方向感，[48]但是，考據學能否完全解決經典詮釋的問題，仍大有商榷的餘地。誠如余英時所說，戴震畢生努力的學術工作，有很大的用心在於向考證派學者證明他的義理之學有其扎實的考據作為礎石。[49]但是，考據學的戴震要將詮釋學的問題轉化為訓詁學的問題而為義理學的戴震服務，卻遭遇以上所說的方法論的困境。

（4:4）以上所說第一與第二種解經方法，共同之點就是都在不同意義上與不同程度之內將經典加以工具化。第一種方法認為經典之所以值得研究，乃是因為經典中乘載著「理」，朱子說：「學者必因先達之言，以求聖人之意，因聖人之意，以達天地之理。」[50]朱子又說：「經之有解，所以通經。經既通，自無事於解。借經以通乎理耳。理得則無俟乎經。」[51]在這個意義之下，經典只是載道的工具，一旦得「道」，經典就可以拋棄了。

---

[47] 方東樹：《漢學商兌》，卷中之下，頁 334。

[48] 章學誠（實齋，1783-1801）說：「凡戴君所學，深通訓詁，究於名物制度，而得其所以然，將以明道也。」見章學誠著，葉瑛校注：《文史通義校注》（北京：中華書局，1994 年），上冊，內篇三，附錄：〈書朱陸篇後〉，頁 275 -277，章學誠對戴震的觀察極為正確。

[49] 余英時：《論戴震與章學誠》，頁 98。

[50] 朱熹：《晦庵先生朱文公文集》，卷 42，頁 2836。

[51] 黎靖德編：《朱子語類》，卷 11，頁 192。

朱子又明言，經典中的「道」只有在聖人身上才獲得具體化，因為聖人的行誼皆從「天理」中流出。[52]因此，經典就成為通過聖人之行誼以求「道」的渡筏而被工具化了。

第二種解經方法雖取徑不同，但是也是將經典視為載道之書，戴震說：[53]

> 經之至者道也，所以明道者其詞也，所以成詞者字也。由字以通其詞，由詞以通其道，必有漸。求所謂字，考諸篆書，得許氏《說文解字》，三年知其節目，漸睹古聖人制作本始。又疑許氏於故訓未能盡，從友人假《十三經注疏》讀之，則知一字之義，當貫群經、本六書，然後為定。

從戴東原這一段關於解經方法的陳述，我們可以看出：在主張通過名物制度和文字訓詁以解經的戴東原看來，經典也是一種載「道」的工具，章學誠說：「《六藝》者，聖人即器而存道」，[54]所指即是此意。

五、結論：兼論儒家經典詮釋的關鍵點

本文的中心題旨在於分析儒家經典中的歷史敘述與普遍理則之間的辯證關係。根據本文的研究，我們發現：在儒家經典

---

[52] 朱子說：「道便是無軀殼底聖人，聖人便是有軀殼底道。學道便是學聖人，學聖人便是學道。」又說：「聖人行事，皆是胸中天理，自然發出來不可已者，不可勉強有為為之。」見《語類》，卷130，頁3117。

[53] 戴震：〈與是仲明論學書〉，收入《戴東原集》，卷8，頁98。

[54] 章學誠著，葉瑛校注：《文史通義校注》，卷2，內篇二，〈原道下〉，頁138。

中所見的對黃金古代或典範人格的敘述，都是以朝向建立普遍的道德理則或抽象命題為其目的。因此，儒家歷史學實質上是一種道德學或政治學。在這種特質之下，儒家歷史敘述是一種證立普遍理則的手段。但是，問題是：儒家經典中的普遍理則（「道」）及其具體化（聖人及其在歷史上的遭遇），卻又有巨大落差，而使兩者間恆存有緊張性。這種緊張性處處挑戰著經典中的「道」的普遍必然性。

　　為了確認經典中的「道」的真實內涵及其普遍必然性，儒家經典詮釋者或訴諸個人生命之學思體驗，而使經典詮釋學成為一種「體驗的學問」；或企圖經由名物制度，或文字訓詁的解明，以確認經典中的「道」之原始的或真實的意義，將經典詮釋學轉化為訓詁學。如果我們說宋明儒之解經大多採取第一種方法，那麼，清儒所採取的多半是第二種方法。清代學術史上所見的漢宋之爭，其實就是以上所說的這兩種不同的解經方法之爭。

　　從本文的分析中，我們可以提出這樣的看法：清代的漢宋之爭其實都忽略了一個事實——在儒家經典中，歷史敘述與普遍理則之間有其互相滲透性。在儒家傳統中，「述事而理以昭焉，言理而事以範焉」，[55]所謂「性與天道」皆寄寓於具體的前賢往聖之行誼之中，經典正是載「道」之器。在道器不二、理事圓融的儒家傳統中，普遍而抽象的理則，只有在特殊而具體的歷史經驗中才能覓得，所以，儒家思想傳統中的「普遍性」乃是一種「具體的普遍性」。用傳統的語彙來說，「經」、「史」原不歧而為二，所以，我們研讀儒家典籍應該：「先讀經，後讀

---

[55] 同前註。

史，則論事不謬于聖賢。既讀史，復讀經，則觀書不徒爲章句」，
只有「經」、「史」通貫，理事並觀，求「一貫」於「多識」之
中，我們才能掌握儒家經典中「寓抽象性於具體性」及「即特
殊性以論普遍性」之關鍵性特質。

引用書目

中文論著：

方東樹：《漢學商兌》，收入江藩、方東樹：《漢學師承記（外二
　　　　種）》（北京：生活、讀書、新知三聯書局，1998 年）。
皮錫瑞：《經學歷史》（香港：中華書局香港分局，1961 年）。
朱　熹：《孟子集註》（北京：中華書局，1983 年）。
＿＿＿＿：《晦庵先生朱文公文集》（和刻近世漢籍叢刊本）。
＿＿＿＿：《朱文公文集》（四部叢刊初編縮本）。
何　晏：《論語集解》（臺北：藝文印書館，景印清嘉慶二十年
　　　　江西南昌府學刊本）。
李兆洛：《養一齋文集》（汗筠齋叢書本）。
余英時：《論戴震與章學誠》（香港：龍門書店，1976 年）。
林麗真：《王弼老、易、論語三注分析》（臺北：東大圖書公司，
　　　　1988 年）。
徐復觀：〈如何讀馬一浮先生的書〉，收入馬一浮：《爾雅臺答問》
　　　　（臺北：廣文書局，1973 年）。
馬一浮：《爾雅臺答問》（臺北：廣文書局，1973 年）。
章學誠：《文史通義》（臺北：華世出版社，1980 年）。
張　載：《張載集》（北京：中華書局新校標點本）。
張　亨：《思文之際論集——儒道思想的現代詮釋》（臺北：允
　　　　晨文化實業股份有限公司，1997 年）。
黃俊傑：〈中國古代儒家歷史思維的方式及其運用〉，收入楊儒
　　　　賓等編：《中國古代思維方式探索》（臺北：正中書局，
　　　　1996 年）。

_____：《孟學思想史論・卷一》（臺北：東大圖書公司，1991年）。

_____：〈朱子對中國歷史的解釋〉，收入《國際朱子學會議論文集》（臺北：中央研究院中國文哲研究所籌備處，1993年）。

_____：〈從儒家經典詮釋史觀點論解經者的「歷史性」及其相關問題〉，《臺大歷史學報》第 24 期（1999 年 12 月）。

程顥、程頤：《二程集》（北京：中華書局，1981 年）。

湯用彤：《魏晉玄學論稿》（臺北：里仁書局，1984 年）。

黎靖德編：《朱子語類》（北京：中華書局，1981 年新校標點本）。

戴　震：《戴震全集》（北京：清華大學出版社，1991 年）。

_____：《戴東原集》（四部叢刊初編縮本）。

陳奇猷：《韓非子集釋》（臺北：漢京文化事業有限公司，1983年）。

蘇　輿：《春秋繁露義證》（臺北：河洛圖書出版社，1997 年景印清宣統庚戌刊本）。

日文論著：

中村元：《東洋人の思惟方式》（東京：株式會社春秋社，1988年）。

市川安司：〈論語集注に見える天の解釋〉，收入氏著：《朱子哲學論考》（東京：汲古書院，1985 年）。

英文論著：

Braudel, Fernand, "The Situation of History in 1950," in Sarah Matthews tr., *On History* (Chicago: University of Chicago Press, 1980).

Hirsch Jr., E. D., *Validity in Interpretation* (New Haven and London: Yale University Press, 1967).

Huang Chun-chieh, "Imperial Rulership in Cultural Change: Chu Hsi's Inter-pretation," in Frederick Brandauer and Chun-chieh Huang eds., *Imperial Rulership and Cultural Change in Traditional China* (Seattle: University of Washington Press, 1994).

Huang Chun-chieh, "The Philosophical Argumentation by Historical Narration in Sung China: The Case of Chu His,"《臺大文史哲學報》第 51 期（1999 年 12 月）。

Liebenthal, Walter, trans. T'ang Yung-t'ung, "Wang Pi's New Interpretation of the *I Ching* and *Lun Yü*," translated with notes, in *Harvard Journal of Asiatic Studies*, Vol. 10, No.2 (September, 1947).

Nivison, David S., *The Life and Thought of Chang Hsüeh-ch'eng (1738-1801).* (Stanford: Stanford University Press, 1966).

Searle, John R., *Speech Acts: An Essay in the Philosophy of Language* (Cambridge: Cambridge University Press, 1969).

Searle, John R., "A Taxonomy of Illocutionary Acts," in K. Gunderson ed., *Language, Mind, and Knowledge* (Minneapolis: Minnesota University Press, 1975).

White, Hayden, "The Question of Narrative in Contemporay Historical Theory, " *History and Theory*, Vol. 23, No. 1 (1984).

Wiener, Philip P., ed., Hajime Nakamura, *Ways of Thinking of Eastern People: India, China, Tibet, Japan* (Honolulu: University of Hawaii Press, 1964).

Wu Kuang-ming, "Counterfactuals, Universals, and Chinese Thinking," *Tsing Hua Journal of Chinese Studies*, New Series, Vol.19, No.2 (Dec., 1989).

肆、

試論儒學的宗教性內涵

一、引言

　　儒家思想傳統到底能否被視為一種「宗教」？這是二十世紀中外學術界關於儒學的重大爭議性課題之一。二十世紀中國知識界所理解的儒家思想是理性的、人文主義的、缺乏宗教內涵的思想傳統，舉例言之，民國八年（1919）二月，胡適（1891-1962）出版《中國哲學史大綱・卷上》，此書的第四篇就以孔子為「實行的政治家」。[1]民國五十八年（1969）一月，徐復觀（1902-1982）在他的《中國人性論史：先秦篇》第二章討論周初人文精神的躍動，第三章論以禮為中心的人文世紀（春秋時代）之出現，並討論宗教的人文化；第四章也是從宗教意識向道德意識的教化，論孔子在中國文化史上之地位。[2]這是五四以降中國人在崇拜「民主」與「科學」，追求理性的時代思想氛圍之下，所建構的孔子與儒學的現代形象。這種孔子及儒學的形象，以其將「宗教」與「人文」峻別為二，終不免啟人疑竇。

　　另一方面，儒學的宗教面向卻也常常受到中外學者的注

---

[1] 胡適：《中國古代哲學史》（臺北：遠流出版公司，1986 年），頁 61。
[2] 徐復觀：《中國人性論史：先秦篇》（臺北：臺灣商務印書館，1969 年），引文見頁 80。

意，舉例言之，遠在 1915 年韋伯（Max Weber, 1864-1920）出版《中國的宗教：儒教與道教》時，他是在「世界諸宗教的經濟倫理」的研究脈絡下，探討儒學作為宗教之諸般問題（如缺乏「聖」與「凡」之緊張性……等）。[3]日本漢學前輩池田末利（1910-）在 1981 年出版《中國古代宗教史研究——制度　思想》時，就全面分析中國古代思想的宗教性格，討論古代中國人崇拜之對象，祭祀之場所及禮儀等各方面問題。池田末利也討論與儒學傳統有深刻關係的春秋時代理性主義以及「天道」與「天命」等概念，認為中國古代並不是一個無神論的文化，認為儒家思想傳統具有很強的宗教意識，「天道」或「天命」的概念從早期的主宰的人格意義的天，轉化為原理性的、哲學性的存在。[4]池田末利分析的重點是中國古代宗教信仰的外顯行為，未及其內部思想。當代新儒家學者在 1958 年發表〈為中國文化告世界人士書〉時，更特別強調中國文化與儒家思想的「宗教性」，但可惜並未深入論證儒家的「宗教性」這個問題。[5]1971 年劉述先循田立克（Paul Tillich）將「宗教」定義為「終極關懷」

---

[3] Max Weber, *The Religion of China: Confucianism and Taoism* (New York: The Free Press, 1951, 1964).

[4] 池田末利：《中國古代宗教史研究》（東京：東海大學出版會，1981 年），尤其是頁 956-957。

[5] 牟宗三、徐復觀、張君勱、唐君毅等人說：「我們希望世界人士研究中國文化，勿以中國人只知重視現實的人與人間行為之外表規範，以維持社會政治之秩序，而須注意其中之天人合一之思想，從事道德實踐時對道之宗教性的信仰。」見牟宗三等：〈中國文化與世界〉，收入唐君毅：《說中華民族之花果飄零》（臺北：三民書局，1974 年，1989 年），引文見頁 145。牟宗三又說：「自事方面看，儒教不是普通所謂宗教，因它不具備普通宗教的儀式。它將宗教儀式轉化而為日常生活軌道中之禮樂。但自理方面看，它有高度的宗教性，而且是極圓成的宗教精神」。見牟宗三：《中國哲學的特質》（臺北：臺灣學生書局，1963 年），頁 99。

（Ultimate concern）之思路，認爲儒學對現世精神之注重未必一定違反宗教超越之祈嚮。孔子雖然不信傳統西方式的上帝，並不表示孔子一定缺少深刻的宗教情懷。[6]1990 年日本學者加地伸行（1936- ）也強調儒家重視生死問題，並特重葬禮，可以視爲一種宗教。但是，加地伸行所強調的是儒家的喪禮之儀式，他並未深入儒家思想的「宗教性」內涵。[7]在一般日本著作中，「儒教」一詞使用極爲普遍，泛指儒家思想傳統，但是，儒家的「宗教性」內涵，仍未獲得充分論證。[8]

　　這篇論文寫作的目的在於重新探討「儒學是不是宗教」這個問題。我在這篇論文中想要論述的基本看法是：儒學有強烈的「宗教性」（religiosity），也有強烈的「宗教感」（sense of religiosity），但不是西方傳統定義下的「宗教」（religion）。因此，「儒學是不是宗教」這個問題不是一個非此即彼的問題，而是

---

[6] Shu-hsien Liu, "The Religious Import of Confucian Philosophy: Its Traditional Outlook and Contemporary Significance," *Philosophy East and West*, Vol. 21, No. 2 (April, 1971), pp. 157-175；劉述先：〈由當代西方宗教思想如何面對現代化問題的角度論儒學傳統的宗教意涵〉，劉述先主編：《當代儒學論集：傳統與創新》（臺北：中央研究院中國文哲研究所籌備處籌備處，1995 年），頁 1-32。

[7] 加地伸行：《儒教とはなにか》（東京：中央公論社，1990 年）。

[8] 從德川時代（1603-1868）以降，尤其是 18 世紀以後，日本就習稱儒家傳統爲「儒教」，當代日本學人亦以「儒教」爲慣用語，例如：武內義雄：〈儒教の精神〉，收入《武內義雄全集》（東京：角川書店，1970 年），第 4 卷，儒教篇三，頁 7-137；板野長八：《儒教成立史の研究》（東京：岩波書店，1995 年）；荒木見悟：《佛教と儒教》（東京：研文出版，1993 年）；岡田武彥：《儒教精神と現代》（東京：明德出版社，1994 年）。小島毅最近對「儒教」與「儒者」之分際，曾有專文加以分疏，見小島毅：〈儒教與儒學涵義異同重探〉，收入劉述先編：《儒家思想在現代東亞：中國大陸與臺灣篇》（臺北：中央研究院中國文哲研究所籌備處，2000 年），頁 191-227。

涉及所謂「宗教」的定義的問題，對這個問題的重新思考有助於我們對「宗教」一詞定義的再反省。[9]

為了比較清楚地展開對這個問題的討論，本文第二節首先提出關於「宗教」一詞的兩種定義，釐清所謂「宗教性」一詞的涵義，並說明儒學的宗教性在於儒者對世俗事務（如修、齊、治、平）所抱持的絕對嚴肅的態度，這種虔敬之態度就是田立克所謂的「終極關懷」（"ultimate concern"），由此展現一種「內在超越性」，本節接著再說明儒家的宗教性之文化史及思想史的淵源；第三節進一步分析儒家的宗教性在時間與空間上的展現方式，前者表現儒者對古聖先賢的企慕與對傳統的繼承；後者表現在儒者個人與社會以及宇宙超越本體的互動關係。本文第四節則針對「儒學不是宗教」之兩種論點加以檢討，進一步指出：在儒家的宗教感之中，超越世界與現實世界之間是一種貫通而非斷裂的關係。本文第五節綜合全文論點，呼籲對於儒學的「極高明」的面向應加以重視，才能更深入地解讀儒家經典的深刻涵義。

二、儒家傳統中的宗教性：涵義與淵源

（一）涵義

我在這篇論文的第一節說，儒學有其「宗教性」之內涵，這

---

[9] 必須在此特別說明的是：今日我們站在學術的立場重估儒家的宗教性內涵，與清末康有為（1858-1927）及譚嗣同（1865-1895）等人，在興孔教以求中國之富強的脈絡中重估孔教之價值完全不同。參看康有為：《孔子改制考》（成書於 1897 年，北京：中華書局，1988 年）；譚嗣同：〈仁學〉，收入《譚嗣同全集》（北京：新華書店，1954 年），頁 3-90。

種說法中所謂的「宗教性」，並不是指具有嚴密組織的制度化宗教，而是指儒家價值的信仰者對於宇宙的超越的（transcendental）本體所興起的一種嚮往與敬畏之心，認爲人與這種宇宙的超越本體之間存有一種共生共感而且交互滲透的關係。這種信仰是一種博厚高明的宗教情操。

首先，我們必須先對「宗教」一詞賦予定義。正如韋伯所說，在未經實質研究之前，要爲「宗教」一詞下定義是極爲困難之事，[10]我想勉強爲「宗教」一詞提出兩種不同的定義：剛性的定義與柔性的定義。所謂剛性定義下的「宗教」，是指具有階層謹嚴的神職人員以及程序森嚴的祭祀儀式等外在形式的「宗教」。所謂柔性定義下的「宗教」，是指個人的或社群的、現在的或歷史上的對於超越性的本體的一種敬畏情操。前者基本上是宗教社會學研究的對象，[11]後者則是哲學、神學性以及思想史家特感興趣的領域，田立克所謂的「終極關懷」，[12]以及奧圖（Rudolf

---

[10] Max Weber, tr. by Ephraim Fischoff, *The Sociology of Religion* (New York: Beacon Press, 1963, 1967), p. 1.

[11] Emile Durkheim, *The Elementary Forms of the Religious Life* (London: George Allen & Unwin, 1915, and NY: The Free Press, 1965).

[12] Paul Tillich, *Systematic Theology*, Volumes 1-3 (Chicago: The University of Chicago Press, 1951-1963). 田立克曾闡釋「終極關懷」一詞說：「宗教關懷就是終極的關懷；它從終極的重大意義摒除所有其他關懷；使其他關懷成為附屬的準備者。終極關懷是不受約制的，不依附於性格、慾望或環境的任何狀態條件。此一無限制的關懷是整體底，吾人本身或吾人世界的任何部分，都不能自這整體除脫，也無「地」可自它逃避（《詩篇》一三九）。這整體的關懷是無限的，亦即，面對那終極的、無限制的、整體的以及無限的宗教關懷，而不許有片刻鬆弛與休息。「關懷」一語意示著宗教體驗的「實存底」（existential）性格，它是終極底、絕對底、全體底、無限底（ultimate, unconditional, total, infinite）關懷。」見田立克原著，龔書森、尤隆文譯：《系統神學》（臺南：東南亞神學院協會臺灣分會，1980 年），第 1 卷，頁

Otto, 1869-1937）所謂「莊嚴的事物」（the numinous），[13]都屬柔性定義下的「宗教」之範圍。但不論是以上這兩種定義中的哪一種定義下的「宗教」，他一定是如田立克所說的「整體性的」（holistic）、浸透性的（pervasive）一種敬畏情操。這種宗教性的敬畏情操，常常滲透到倫理生活、習俗及社會政治秩序之中。儒學正是具有深厚的宗教感的一種思想傳統。

　　儒家從先秦時代起，對於宇宙的超越本體就充滿了敬畏之心。這種「宗教感」表現在他們對「道」的無限嚮往，孔子（551-479B.C.）欣夕死於朝聞，顏子嘆欲從而末由，孟子（371？-289？B.C.）以「誠」作為「天道」與「人道」之中介物，1973 年湖南長沙馬王堆出土的漢墓帛書《五行篇》更以「聖人知天道」作為嚮往的目標。[14]此外，孟子的心學更肯定人的「心」具有「自我立法」的能力，是價值意識的創發者，而且這種特質更有其超越性的根據。在思孟系統中，天道觀與心性論構成一個「存在的大鏈鎖」。總而言之，在古代儒家思想世界裡，人間秩序與宇宙秩序不但不是斷裂的，而且是連續的關係，所以孔子自述他的心路歷程說：「五十而知天命」（《論語‧為政》），孟子也說：「盡其心者，知其性也。知其性，則知天矣」（《孟子‧盡心上‧1》），這種說法都建立在「人之存在有其超越性之依據」這項前提之上。

　　儒家傳統中的「宗教性」到了宋代儒者中更獲得了充分的

17，我將原譯文中的「究極」修訂為「終極」。

[13] Rudolf Otto, *The Idea of the Holy*, translated by J. Harvey (NY: Oxford University Press, 1926).

[14] 我在拙著《孟學思想史論‧卷一》（臺北：東大圖書公司，1991 年）第三章對《五行篇》有所討論。

發揮。公元十一世紀的周敦頤（濂溪，1017-1073）說：「誠者，聖人之本。『大哉乾元，萬物資始』，誠之源也。『乾道變化，各正性命』，誠斯立焉」，[15]強調做為聖人的本質的「誠」源出於宇宙最終實體（「乾元」）。周敦頤又說：「聖人定之以中正仁義（聖人之道，仁義中正而已矣），而主靜（無欲故靜），立人極焉。故『聖人與天地合其德，日月合其明，四時合其序，鬼神合其吉凶』」，[16]更將人之存在與宇宙秩序合而為一。自周敦頤以降，宋明儒者在思考生命本源問題時特別強調「誠」，展現一種以「誠」為核心的「宗教感」。

在這種「宗教感」裡，雖然沒有從教皇到教士的神職人員，也沒有供膜拜的神祇，但是，儒者面對永恆的「道」時那種生死以之的絕對嚴肅的態度正是一種宗教情操。布萊德雷（F. H. Bradley）說：「宗教其實就是在人之存在的每個面向中，體顯善之全貌的一種努力」，阿諾德（Matthen Arnold）也說：「宗教就是一種由感情加以昇華了的德行」，[17]儒者所展現的宗教感，正是上述這種充滿人文精神的宗教情操。

（二）淵源

儒家思想何以有其宗教性內涵？這個問題固然因為牽涉多方，難有簡單的答案，但從文化史和思想史的角度來看，也許

---

[15] 周敦頤：《周敦頤集》（北京：中華書局，1990 年），卷 2，〈通書〉，〈誠〉上第一，頁 12。

[16] 周敦頤：《周敦頤集》，〈太極圖說〉，頁 6。

[17] Bradley 及 Arnold 之定義，皆轉引自 William P. Alston, "Religion," 收入 Paul Edwards, ed., *The Encyclopedia of Philosophy* (New York: The Mcmillan Company & the Free Press, 1967), Vol. 7, pp. 140-145.

可以獲得一些線索。

　　首先，從文化史角度觀之，從新石器時代以降中國文化可以稱爲所謂「連續性文明」。張光直曾研究中國古代文明形成時期之特徵，他指出：中國古代文明所表現出來的財富之集中，並不是藉生產技術與貿易上的革新這一項公認造就財富的增加與流通方式而達成的。中國古代文明幾乎全然是藉生產勞動力的操縱而建立的。生產量的增加是靠勞動力的增加（由人口增加和戰俘掠取而造成的）、靠將更多的勞動力指派於生產活動和靠更有效率的經理技術而產生的。換言之，財富之相對性於絕對性的積蓄主要是靠政治程序而達成的。中國古代的貿易主要是限於實貨的範圍之內，而戰略性物資的流通常以戰爭方式加以實現。由於財富的集中是靠政治的程序（即人與人之間的關係上），而不藉技術與或商業的程序（即人與自然之間的關係上）造成的，連續性文明的產生不導致生態平衡的破壞，而能夠在連續下來的宇宙觀的框架中實現。[18]在中國的連續性文明中，人對自然或超自然充滿了孺慕情懷。儒學的「宗教性」或許與這種連續性文明有關。

　　其次，從思想史角度來看，儒學的宗教內涵的另一個淵源可能是中國的聯繫性思維方式。本書第十二篇論文指出：所謂「聯繫性思維方式」，是具有中國文化的特殊性的一種思維方式，這種思維方式是將個人、世界、宇宙的諸多部分之間，建構緊密的聯繫性關係的一種思維方式。這種所謂「聯繫性思維

---

[18] 張光直：〈連續與破裂：一個文明起源新說的草稿〉，《九州學刊》第 1 期（1986年 9 月），收入氏著：《中國青銅時代》（臺北：聯經出版事業公司，1990年），第 2 集，頁 131-143，尤其是頁 139-140。

方式」基本上認爲在宇宙間的部分與部分之間，以及部分與全
體之間是一種有機的而不是機械的關係，牽一髮而動全身。因
此，整個宇宙各個部門或部分互相滲透、交互影響，並且互爲
因果。這種「聯繫性思維方式」在中國古代的儒家與道家思想
傳統中固然以深切著明的方式呈現出來，但是在中國佛教的緣
起觀中也相當明確的表現聯繫性思維方式。[19]

　　在這種聯繫性思維方式之下，儒家認爲不僅「自然」與「人
文」、人的「身」與「心」、「個人」與「社會」等兩個範疇之間
具有聯繫性，他們更認爲自己的生命與宇宙的本體之間也有其
聯繫性關係。《論語‧爲政》孔子自述心路歷程有「五十而知天
命」一語，清儒劉寶楠（楚楨，1791-1855）《論語正義》解釋
這句話說：「知天命者，知己爲天所命，非虛生也。蓋夫子當衰
周之時，賢聖不作久矣。及年至五十，得《易》學之，知其有
得，而自謙言『無大過』。則知天之所以生己，所以命己，與己
之不負乎天，故以天知命自任。『命』者，立之於己而受之於天，
聖人所不敢辭也。他日桓魋之難，夫子言『天生德於予』，天之
所生，是爲天命矣。惟知天命，故又言『知我者其天』，明天心
與己心得相通也」，[20]劉寶楠的解釋最能說明：在儒家思想傳統
中，在己心與天命之間確實存在著聯繫性的關係。儒家的宗教
感，就是源自於這種聯繫性思維方式。

[19] 黃俊傑：〈傳統中國的思維方式及其價值觀〉，《本土心理學研究》第 11 期
（1999 年 6 月），收入本書第 12 章。
[20] 劉寶楠：《論語正義》（北京：中華書局，1982 年），卷 2，頁 44-45。

三、儒學的「宗教性」之特質

現在，我們可以進一步討論儒學的「宗教性」在時間與空間上的展現方式。

根據上節的討論，所謂儒學的「宗教性」就是一種「整體性」的「互滲性」的情操，也就是將宇宙秩序與人文秩序視為可以相互溝通的整體。這種意義下的儒學的「宗教性」，在時間脈絡與空間範疇中展開，我們依序論釋。

首先，儒學的「宗教性」在時間脈絡中表現而為對歷史文化傳統以及古聖先賢的崇敬之情。關於這一點，我們可以舉儒學教育中的祭祀行為為例加以說明。高明士的研究指出，傳統儒學的教育場所包括以孔廟為中心的祭祀空間與以講堂為中心的教學空間，這種「廟學制」起源於遠古社會中生活與宗教結合的傳統。自從西漢（206B.C.-A.D.8）以來，祭祀等禮儀就成為學校生活的重要活動；東晉（317-420）以後，學校開始有孔廟的建立；唐太宗（在位於626-649）以後，除中央國子監及地方州學以外，「廟學制」並擴及縣學，直至晚清仍維持不變。宋代（960-1279）以後興起的書院教育，以及佛門的寺院教學之院區規模，仍不脫儒家的「廟學」之形制。在中國教育史上，東晉以後所建立的「廟學」制，綿延至於晚清仍為設學的通制。不但中國如此，東亞諸國如韓國、日本、越南，以及清代的臺灣等地區，都有這種的校園形制，構築了東亞共同的「教育圈」。[21]在這種儒家「廟學制」

---

21 參考高明士：〈傳統中國教育的理想與實際對現代通識教育的意義〉，收入《「傳統中國教育與現代大學通識教育」研討會論文集》（臺北：臺大歷史系，1995 年），尤其是頁 22。

的教育傳統中，每個學生都參與祭祀儀式，但是並不是膜拜祈求神祇的庇佑，而是以孔子等聖賢為典型，以提昇自己的生命境界。每個人面對孔子的人格典範，祭祀行為成為一種迴向自己，促使自己成聖成賢的過程。我們可以說，儒家的祭祀行為是一種個人性的宗教、[22]體驗的宗教，它超越組織化的神職人員。從儒學的「宗教性」是一種個人的體驗的「宗教」而言，儒家經典就是儒者企慕聖境的心靈記錄。

除了經由以「廟學制」為中心的教學體制之外，儒者個人也常經由向先聖（尤其是孔子）的虔敬祈禱而使個人生命的志業接續上時間悠久的道統傳承，朱子（晦庵，1130-1200）的宗教生活就是一個例子。陳榮捷（1901-1994）曾詳考朱子之宗教實踐指出，朱子常撰寫謁先聖文，懇求先聖來格：覺之佑之，又誠懇自罪。朱子與孔子之關係，不止在道統之傳承，而亦在情感之深厚。朱子祭禮稟告先聖，不是例行公事或為樹立傳統，而實係對孔子嚮往之情不能自已，所以朱子一生功業大事，必告先聖，朱子立經史閣，復修白鹿洞書院，刊四子書，成立滄洲精舍，為其一生傳道之大端者，均為文稟告孔子。[23]歷代儒者經由對古聖先賢與道學傳統的祭祀等途徑，而創造個人生命的超越性內涵，它不是訴諸外在神祇的庇祐，而是迴向自己並使自己在時間序列中上承古聖先賢，這是一種「內在超越性」[24]的

---

22 關於「個人的宗教」與「制度的宗教」的區分，參考 William James, *The Varieties of Religions Experience* (3rd ed., 1963), p. 48。

23 陳榮捷：〈朱子之宗教實踐〉，收入氏著：《朱學論集》（臺北：臺灣學生書局，1982年），頁181-204。

24 余英時：〈從價值系統看中國文化的現代意義〉，收入氏著：《中國思想傳統的現代詮釋》（臺北：聯經出版事業公司，1987年），全書各處均發揮這項論點。

宗教情操。

　　其次，儒學的「宗教性」也在空間範疇中展開。《大學》所謂「三綱八目」，強調個人自我生命的實踐，必須格、致、誠、正、修、齊、治、平循序漸進，從個人、家庭、社會、國家、天下逐層推擴，使人的個體性（individuality）以及個人生命的意義在逐層展開的社會性（sociality）脈絡中獲得彰顯。因此，在儒家傳統中，「宗教性」融入於「禮教性」之中，徹底展現中國文化中「宗教」的「人文化」的性質。關於儒學的宗教性與禮教性的融合這一點，加地伸行的說法很有啓發性。加地氏認爲，漢武帝罷黜百家獨尊儒術，使在此之前曾經混合在一起的禮教性和宗教性分裂。儒學的禮教性作爲政治體制的意識型態而得到發展，其宗教儀式行爲只作爲普通家庭的個人行爲而保留了下來。換言之，禮教性分裂出來並獲得社會化，取得了強烈的「公」的性質。宗教儀式行爲依然以其「私」的性質保留下來了。禮教性因其「公」的性質而在理性上被理解，宗教儀式行爲以其「私」的性質，在感情上被信仰。但是，禮教性和宗教性二者絕非斷爲兩橛而互不聯屬。在禮的規範裡，二者以喪禮爲連接點而聯繫在一起。進一步說，這種「宗教性」與「禮教性」的結合是以家族倫理，特別是以「孝」爲中心而聯繫在一起。[25]地加伸行的說法很有說服力。《禮記‧祭統》：「禮有五經，莫重於祭」，而祭的目的不是爲了祈求神祇的庇佑，而是爲了未死者的繼志述事。《禮記‧祭統》云：

　　　　祭者所以追養繼孝也。〔……〕是故孝子之事親也，有三

---

[25] 加地伸行：《儒教とはなにか》，中譯本：于時化譯：《論儒教》（濟南：齊魯書社，1993年），頁96-97。

道焉。生則養，沒則喪，喪畢則祭。養則觀其順也，喪
則觀其哀也，祭則觀其敬而時也。

我們可以說，儒學的宗教性在空間範疇的開展，使它融入在禮
教性之中。

四、兩項質疑及其回應

討論至此，「儒學有其宗教性」這種論述可能遭遇兩項質
疑，我們有必要進一步加以釐清。

第一項質疑認為：儒家傳統一向反對神祕主義，所以「子
不語：怪、力、亂、神」（《論語・述而》），儒家一向主張修德
以俟天命，子曰：「天生得於予，桓魋其如予何？」（《論語・述
而》），孔子（551-479B.C.）對人本身之德行努力充滿信心。自
從孔子以降，中國歷代儒者雖然對「道」的追求，不勝其企慕
嚮往之情，因而有其宗教情操（如本文第二節所說），但是，儒
家深信「人能弘道，非道弘人」（《論語・衛靈公》），而且深信
儒者個人修道的體證，可以經由語言或文字傳遞給後學，所謂
「文以載道」即指此而言。在儒家的「原道→宗經→徵聖」的
過程，並沒有神祕主義的空間，所以儒家並無所謂「宗教性」。

第二項質疑則認為：儒家浸潤在深厚的時間意識與歷史感
之中，儒者所念茲在茲的是文化傳統的綿延發展問題（如本文
第三節所說），他們都以道自任，甚至宣稱「朝聞道，夕死可矣」
（《論語・里仁》）。儒者勇敢的面對現實，勇於承擔人間的苦難
並思以其學易天下，他們並不冀望逃離「三界火宅」，也不企求
往生西方極樂淨土。儒學以經世濟民的健動精神，面對現實世

界並力求淑世救世，實無所謂「宗教性」之可言。

　　以上這兩項質疑「儒學有其宗教性的內涵」的論點，個別觀之皆持之有故，言之成理，但卻不足以否定儒學之具有「宗教性」。第一項質疑意見所強調的儒學的人文主義內涵，這一點自然是毫無爭議的。但是這一點並不足以完全否定儒學之有其宗教性內涵。誠如陳榮捷（1901-1994）所說，孔子既不是一個舊宗教的傳襲者，也不是一個新宗教的創立者。孔子建立天人之間的平衡，而將一個舊宗教提昇到較高的層次，爲儒家天人合一的悠久傳統著其先鞭。兩千年來，這個傳統歷久不衰。[26]自孔子以降的儒者，反對命定論的神祕主義或啓示性的宗教，儒者將人之存在提昇到一個既是人文的而又具有宇宙意義的（Homo-cosmological）高度，這是一種宗教感。

　　其次，第二項質疑所強調的儒學具有深層的歷史意識，自然是毫無疑問可以成立的論點，但是這項論點不能導致「儒學無宗教性」這項結論。我們可以以儒學與佛教作對比，以彰顯儒學的特質。在佛教的世界觀中，超越世界與現實世界因截然二分而恆存有緊張性，例如《文殊師利所問經》中對「住家」與「出家」有如下的對比：

> 住家者失內思維，出家者得內思維；
> 住家者多有瞋恚，出家者多行慈悲；
> 住家者流轉生死，出家者有其期限；
> 住家者財物爲寶，出家者功德爲寶；
> 住家者隨流生死，出家者逆流生死；

---

[26] 陳榮捷著，廖世德譯：《現代中國的宗教趨勢》（臺北：文殊出版社，1987年），頁37。

　　　住家者增長煩惱，出家者出離煩惱；

在佛教的世界觀中，「在家迫迮猶如牢獄，一切煩惱因之而生，
出家寬廓猶如虛空，一切善法因之增長」(《涅槃經》)，因此，
人應「乘法身船，至涅槃岸」(《八大人覺經》)；但是，在儒家
的世界觀中，超越世界與現實世界並不是斷裂或對抗的關係。
正如本文第二節所說，儒家的宗教性融入於禮教性之中，儒者
的超越世界只有在人倫日用的現實世界中才能安頓，誠如余英
時所說：「中國的超越世界與現實世界〔……〕是互相交涉，離
中有合、合中有離的。而離或合的程度則又視個人而異。我們
如果用『道』來代表理想的超越世界，把人倫日用來代表現實
的人間世界，那麼『道』即在『人倫日用』之中，人倫日用也
不能須臾離『道』的。」[27]正因為儒者具有強烈的經世取向，他
們改善現實世界的熾熱抱負與生死以之的奉獻精神，使他們的
現實事業取得了宗教性的涵義。

五、結語

　　從上文的討論，我們可以獲得兩項結論性的意見：

　　第一、我們可以說，儒學是一種不屬於一般西方宗教經驗
定義下的「宗教」的範疇之內，但卻是具有強烈的「宗教性」
的傳統。這種宗教性既展現在時間性的歷史文化傳承之中，又
展現在空間範疇的無限推擴之上。這種宗教性存在於「個人性」
的「體驗」工夫與境界之中；而且這種「宗教性」與「禮教性」

---

[27] 余英時：《中國思想傳統的現代詮釋》，引文見頁 10。

溶滲而爲一體。

　　第二、如果儒學傳統確實有其博厚高明的宗教性內涵，那麼，我們研究儒家經典的方法就可以另闢蹊徑。儒家經典可以被視爲儒者企慕聖域的心路歷程的記錄。蔡彥仁最近從比較宗教學的角度，建議研究儒家經典可以從其神聖性、註解傳統、「正典化」過程、角色與功能、口語與儀式等方面著手。這些多面向問題的探討，即意味著方法學的擴充與多元，幾可涵蓋人文與社會科學各領域。[28]小島毅也從儒學的宗教性著眼，主張應運用人類學的研究文獻或方法以研究中國儒學史。[29]這些建議都具有可行性。我相信對儒家經典的宗教性面向的深入研究，既可彌補五四時代以降中國人文學界的儒學研究中忽略其宗教性面向的缺憾，而且也可以爲儒者經典的研究開啓嶄新的境界。

---

[28] 蔡彥仁：〈比較宗教經典與儒學研究──問題與方法學芻議〉，《漢學研究》15 卷 2 期（1997 年），頁 239-253。

[29] 小島毅：〈儒教是不是宗教？──中國儒教史研究的新視野〉，收入周博裕編：《傳統儒學的現代詮釋》（臺北：文津出版社，1994 年 ），頁 29-44；小島毅：〈中國儒教史の新たな研究視角について〉，《思想》805 號（1991 年 7 月號），頁 79-98。

引用書目

中日文論著：

小島毅：〈儒教與儒學涵義異同重探〉，收入劉述先編：《儒家思想在現代東亞：中國大陸與臺灣篇》（臺北：中央研究院中國文哲研究所籌備處，2000 年）。

_____：〈儒教是不是宗教？——中國儒教史研究的新視野〉，收入周博裕編：《傳統儒學的現代詮釋》（臺北：文津出版社，1994 年）。

_____：〈中國儒教史の新たな研究視角について〉，《思想》805號（1991 年 7 月號）。

田立克原著，龔書森、尤隆文譯：《系統神學》（臺南：東南亞神學院協會臺灣分會，1980 年）。

加地伸行：《儒教とはなにか》（東京：中央公論社，1990 年），中譯本：于時化譯：《論儒教》（濟南：齊魯書社，1993年）。

牟宗三等：〈中國文化與世界〉，收入唐君毅：《說中華民族之花果飄零》（臺北：三民書局，1974 年，1989 年）。

_____：《中國哲學的特質》（臺北：臺灣學生書局，1963 年）。

余英時：《中國思想傳統的現代詮釋》（臺北：聯經出版事業公司，1987 年）。

池田末利：《中國古代宗教史研究》（東京：東海大學出版會，1981 年）。

周敦頤：《周敦頤集》（北京：中華書局，1990 年）。

武內義雄：〈儒教の精神〉，收入《武內義雄全集》（第四卷：儒

教篇三）（東京：角川書店，1970 年）。

板野長八：《儒教成立史の研究》（東京：岩波書店，1995 年）。

岡田武彥：《儒教精神と現代》（東京：明德出版社，1994 年）。

胡　適：《中國古代哲學史》（臺北：遠流出版公司，1986 年）。

徐復觀：《中國人性論史：先秦篇》（臺北：臺灣商務印書館，1969 年）。

高明士：〈傳統中國教育的理想與實際對現代通識教育的意義〉，收入《「傳統中國教育與現代大學通識教育」研討會論文集》（臺北：臺大歷史系，1995 年）。

張光直：〈連續與破裂：一個文明起源新說的草稿〉，《九州學刊》第 1 期（1986 年 9 月），收入氏著：《中國青銅時代》（臺北：聯經出版事業公司，1990 年），第二集。

黃俊傑：《孟學思想史論・卷一》（臺北：東大圖書公司，1991 年）。

_____：〈傳統中國的思維方式及其價值觀〉，《本土心理學研究》第 11 期（1999 年 6 月）。

康有為：《孔子改制考》（成書於 1897 年，北京：中華書局，1988 年）。

荒木見悟：《佛教　儒教》（東京：研文出版，1993 年）。

劉述先主編：《當代儒學論集：傳統與創新》（臺北：中央研究院中國文哲研究所籌備處，1995 年）。

劉寶楠：《論語正義》（北京：中華書局，1982）。

陳榮捷：〈朱子之宗教實踐〉，收入氏著：《朱學論集》（臺北：臺灣學生書局，1982 年）。

_____ 著，廖世德譯：《現代中國的宗教趨勢》（臺北：文殊出版社，1987 年）。

蔡彥仁：〈比較宗教經典與儒學研究──問題與方法學芻議〉，

《漢學研究》15 卷 2 期（1997 年）。

譚嗣同：〈仁學〉，收入《譚嗣同全集》（北京：新華書店，1954年）。

英文論著：

Alston, William P., "Religion," in Paul Edwards, ed., *The Encyclopedia of Philosophy* (New York: The Mcmillan Company & the Free Press, 1967), Vol. 7.

Durkheim, Emile, *The Elementary Forms of the Religious life* (London: George Allen & Unwin, 1915, and NY: The Free Press, 1965).

Edwards, Paul, ed., *The Encyclopedia of Philosophy* (New York: The Mcmillan Company & the Free Press, 1967), Vol. 7.

James, William, *The Varieties of Religions Experience* (3rd ed., 1963).

Liu, Shu-hsien, "The Religious Import of Confucian Philosophy: Its Traditional Outlook and Contemporary Significance," *Philosophy East and West*, Vol. 21, No. 2 (April, 1971).

Otto, Rudolf, *The Idea of the Holy*, translated by J. Harvey (NY: Oxford University Press, 1926).

Tillich, Paul, *Systematic Theology* (Chicago: The University of Chicago Press, 1951-1963).

Weber, Max, *The Religion of China: Confucianism and Taoism* (New York: The Free Press, 1951, 1964).

———, *The Sociology of Religion,* translated by Ephraim Fischoff (New York: Beacon Press, 1963, 1967).

《日本儒學與經典詮釋》

伍、

伊藤仁齋對孟子學的解釋：
內容、性質與涵義

漢唐崇古訓，濂洛重新義，
斯事亦前定，隨時各為貴。
如何末學徒，與奪其攘臂。
————廣瀨淡窗[1]

一、背景與問題

　　《孟子》這部經典在德川時代（1600-1868）日本思想史上，[2]常發揮某種思想的溫度計的作用，許多儒者的思想立場乃至政治態度，都可以從他們對孟子學的解釋而窺其消息。《孟

---

[1] 廣瀨淡窗（1782-1856）：《讀孟子》，收入關儀一郎編：《日本名家四書註釋全書》（東京：鳳出版，1973 年），第 9 卷，孟子部一，頁 18-19。

[2] 《孟子》書傳入日本的年代，各家說法不一，據井上順理考證，其事約當奈良朝初期，當在公元第九世紀左右。天長四年（公元 827 年），滋野貞所撰之《經國集》中已引用《孟子》書之文句，至寬平年間（公元 890 年代）《孟子》書已著錄於《日本國見在書錄》，此下經鎌倉、南北朝時代及室町時代，《孟子》書在日本流傳甚廣，不僅地方學者研習《孟子》，朝廷幕府及博士家亦講讀傳授（參看井上順理：《本邦中世までにおける孟子受容史の研究》〔東京：風間書房，1972 年〕，頁 214）。逮乎德川時代，儒學研究大興，派別流衍不可勝數，有朱子學派、折衷學派、陽明學派……等等，朱子學派尤為其大宗，朱子之《四書集註》影響尤大。

子》之所以在德川思想史中發揮溫度計的作用，除了由於諸多思想學派之間的學術爭辯之外，最重要的因素是孟子政治思想是一套以「民本」與「德治」爲中心的權力結構論述[3]，這一套論述在德川封建政治體制的脈絡中被解讀時，不但引起德川統治者的敏感，[4]而且也在儒者之間激起各種不同的反應。個別儒者的思想傾向與政治立場，常常從他們對孟子學的反應中透露無遺。

伊藤仁齋（維楨，1627-1705）是十七世紀古學派的大師，寬永四年（1627）生於京都堀川，十一歲開始從師句讀及作詩，

---

[3] 參考黃俊傑：《孟學思想史論・卷一》（臺北：東大圖書公司，1991 年），第 6 章，頁 161-180；Chun-chieh Huang, *Mencian Hermeneutics: A History of Interpretations in China* (New Brunswich and London: Transaction Publishers, 2001), Chap. 4, pp. 80-102.

[4] 舉例言之，德川時代日本皇太子和天皇皆須研讀《論語》、《孟子》。但《孟子》書中凡與皇帝專制不合者，講官在進講之際均刪除不講。京都大學總圖書館清家文庫所藏《清原宣賢自筆自點本趙注孟子》（第 14 卷第 7 冊），就保留了永正 13 年（1516）10 月 17 日至翌年 10 月 21 日，宣賢爲知仁親王講《孟子》時的註記。例如《孟子・公孫丑下》：「古者棺槨無度，中古棺七寸，槨稱之。自天子達於庶人，非直爲觀美也，然後盡於人心。」在這句話中，「自天子」三字之旁，宣賢就註曰：「『自天子』三字御讀除之。」參考井上順里：《本邦中世までにおける孟子受容史の研究》，頁 513；關於所謂「清家本」《孟子》之版本問題，參考小林俊雄：〈清家本孟子てきすと考〉，《日本中國學會報》第 31 集（1979 年 10 月），頁 239-263；關於孟子之東傳日本，參考井上順理：〈孟子傳來考〉，《鳥取大學學藝學部研究報告（人文・社會・科學）》第 15 卷（1964 年 12 月），頁 211-232；關尾富太郎：〈孟子の傳來とその普及〉，《漢文教室》第 43 號（1959 年 7 月），頁 1-9；小林俊雄：〈孟子傳來とその周邊——井上順理著本邦中世までにおける孟子受容史の研究を讀みて〉，《就實論叢》第 3 號（1973 年 11 月），頁 1-12。此類所謂「御讀禁忌」與朱元璋時的《孟子節文》頗有異曲同工之妙。1997 年 8 月 15 日，我赴京都大學總圖書館欲觀《清原宣賢自筆自點本趙注孟子》而未能如願，憾甚！

寬永十九年（1642）十六歲，開始讀朱子《四書集註》、《朱子語類》、《四書或問》、《近思錄》、《性理大全》等宋明理學典籍，頗爲尊崇宋儒。正保二年（1645），仁齋購得《李延平答問》，反覆誦讀，心向伊洛之學。萬治元年（1658），仁齋三十二歲，撰〈仁說〉一文，並以仁齋爲別號。從寬文二年（1662）起，在堀川自宅開帳授徒，組同志會，撰〈同志會籍申約〉等文，從事社會教育工作，並開始起草《論語古義》、《孟子古義》、《中庸發揮》等書，時年三十六歲。仁齋對宋學（尤其是朱子學）批判不遺餘力，所撰論述孟子思想的著作有《語孟字義》（1683年，時年五十六歲）、《童子問》（1692年，時年六十五歲）及《孟子古義》（卒後 15 年，1720 年出版）等書，隨處就孟子大義加以發揮、推衍，並藉釋孟而回歸孔孟原始教義，駁斥朱子學，[5]卓然自成一家之言，伊藤仁齋的孟子學是德川初期儒學史的重要組成部分，值得加以探究。

---

[5] 關於伊藤仁齋的傳記爲數至夥，對仁齋思想發展析論較爲深入的論著有：子安宣邦：《伊藤仁齋：人倫の世界の思想》（東京：東京大學出版社，1982年）；關於仁齋的教育事業及其在德川教育史的地位，較詳盡的論著有：加藤仁平：《伊藤仁齋の學問と教育：古義堂即ち堀川塾の教育史的研究》（京都：第一書房，1940 年，1979 年）；相良亨：《伊藤仁齋》（東京：株式會社ぺりかん社，1998 年）。德川時代古學派所代表的反朱子學思想，也出現於清代（1644-1911）的中國以及李朝時代（1392-1910）的朝鮮。就其思想的性質而言，東亞近世儒學史上反朱子學的興起不僅在空間上廣及中日韓三地區，在時間上也涵蓋十七、十八及十九世紀三百年。就其所表現的思想內容而言，則反朱子學者多循經典疏解之途徑以達其反朱子學之目的。其中尤以清儒戴震（東原，1723-1777）、德川儒者伊藤仁齋及李朝晚期儒者丁若鏞（茶山，1762-1836）最足爲代表。關於這個問題，另詳：黃俊傑：〈東亞近世儒學思潮的新動向——戴東原、伊藤仁齋與丁茶山對孟學的解釋〉，收入拙著：《儒學傳統與文化創新》（臺北：東大圖書公司，1983 年），頁 77-108。

　　爲了比較全面地探討仁齋的孟子學，這篇論文擬扣緊下列三個問題，進行探討：

　　　　1.伊藤仁齋如何重新詮釋孟子學？
　　　　2.仁齋孟子學的基本性質何在？方法如何？
　　　　3.仁齋孟子學有何思想史之涵義？

全文論述的展開，除了第一節交代本文宗旨之外，第二、三、四節分別針對這三個問題加以分析，指出仁齋釋孟以「王道政治」爲中心，以攻排宋學回歸孔孟爲目標，其性質是「護教學」（apologetics），其所運用的是以訓詁學之方法企圖澄清他心目中的孟子「原意」，其所得在此，所失亦在此。仁齋之孟子學一方面批判宋學，拒斥宋儒之超絕的（transcendent）「理」，另一方面則展現十七世紀日本古學派回歸孔孟基本教義之思想趨勢。本文第五節則綜合上述各節論述，提出結論。

二、仁齋孟子學之內涵

（一）孟子學以王道政治論為本

　　孟子學廣大悉備，面向甚多，具體表現而爲「顯微無間」之思維方法、「天人合一」之生命觀、「內外交輝」、「身心一如」之身體觀、「群己和諧」之社會觀與「人民本位」之政治觀。東亞儒學史上闡孟釋孟之各國儒者所見不一，賢者識其大，不賢者識其小，各是其所是，而非其所非。就其大體觀之，（1）伊

藤仁齋認爲孟子學的基本重心（他所謂的「血脈」[6]）在於「王道」政治；（2）仁齋解孟子「王道」，特重實踐，展現德川古學派的「實學」性格；（3）仁齋對孟子王道政治的論釋，（a）特重「王者之心，以民爲天」，（b）肯定湯、武放伐論，頗能掌握孟子政治思想之肯綮。我們依序闡釋這三項論點。

（1）仁齋論孟子學之重心說：

> 孟子之學，孔門之大宗嫡派也。其學以仁義爲宗，而所謂王道者，亦由仁義而行，非外仁義而有所謂王道者矣；而至所以求仁義，則以惻隱、羞惡、辭讓、是非之心爲之端，以功利邪說爲之害。所謂性善者，明仁義之有於己也；浩然之氣者，明仁義之功用也。存心者，存此也；養性者，養此也；盡心者，盡此也；求放心者，求此也，皆莫非所以求仁義也。故孟子之學，莫要於求仁義，而求仁義莫先於擴充四端之心，可謂一本矣，非若朱子泛論錯說，而無所本也。[7]

---

[6] 仁齋說：「學問之法，予歧爲二：曰血脈，曰意味。『血脈』者，謂聖賢道統之旨，若孟子所謂仁義之說是也。『意味』者，即聖賢書中意味是也。蓋意味本自血脈中來，故學者當先理會血脈；若不理會血脈，則猶船之無柁，宵之無燭，茫乎不知其所底止。然論先後，則血脈爲先，論難易，則意味爲難，何者？血脈猶一條路，既得其路程，則千萬里之遠，亦可從此而至矣。若意味，則廣大周遍，平易從容，自非具眼者，不得識焉。予嘗謂，讀《語》、《孟》二書，其法自不同，讀《孟子》者，當先知血脈，而意味自在其中矣；讀《論語》者，當先知其意味，而血脈自在其中矣。」見伊藤仁齋：《語孟字義》，收入井上哲次郎、蟹江義丸編：《日本倫理彙編》（東京：育成會，1901 年），卷之五，古學派の部（中），卷下，頁 50。

[7] 伊藤仁齋：《孟子古義》，收入關儀一郎編：《日本名家四書註釋全書》（東京：鳳出版，1973 年），孟子部一，頁 3。

又說：

> 愚謂孟子之學，以仁義為本，而王道為要。若一則因陰
> 陽消長之變，已是吉凶悔吝之象。雖夫子以義理斷之，
> 而當時未至與《詩》、《書》並行，故屢屢稱《詩》、《書》，
> 論《春秋》，而未嘗有一語及《易》者也。趙氏云：孟子
> 通五經，長《詩》、《書》。其言之固淺，非所以論孟子也。
> 程子因仕止久速之言，而曰知《易》者莫如孟子，亦不
> 免乎牽強。孟子意極忠厚，其學以王道為主，以仁義為
> 宗。勸人君，以仁為先，救民為急。至於誨人，則專以
> 反求其身為務，滋味可搊。其以孟子為發越，為無可依
> 據，為有些英氣者，豈知孟子者乎哉？[8]

揆仁齋之意，「王道」乃孟學之中心關懷，是孟子學「血脈」之
所在。

　　進一步來說，仁齋認為孟子學特見精神之重心在「王道」，
而不在「性善」，最明顯的是他註解《孟子・離婁上・1》說：

> 或曰：「人心本然之善，不可添一物，而孟子何以不專主
> 仁心，而還以行先王之道為言耶？」曰：「四端之心雖美，
> 而不知充之，則父母至近，由不能事之，況於保四海乎？
> 明性之善不可恃，而學問之益，不可限量也。故曰：『苟
> 能充之，足以保四海；苟不充之，不足以事父母。』可
> 知雖有愛人之心，然不行先王之道，則所謂徒善，而不
> 可以行也必矣。其解《孟子》，不以王道為主，而專倡性善

8　《孟子古義》，總論，頁 4-5。

之說者，不善讀《孟子》者也。」[9]

仁齋認爲「王道」較「性善」更爲重要，更是孟子學之根本重心。

（2）在仁齋的解釋之下，孟子的「王道政治」以「仁」爲其核心，尤其是以王者之「仁」心爲其根本基礎。仁齋註《孟子・離婁下・15》云：

> 若孟子之論王道，橫說豎說，千變萬化，出之而愈不竭。然而要其歸，亦不出於一「仁」字，斯之謂說約。後之學者，動欲以言論著述，益廣其說，不亦左乎？[10]

仁齋所謂的作爲「王道」基礎的「仁」，特重統治者之以「仁」存心，即所謂「王者之心」，他註《孟子・盡心下・14》說：

> 民爲重，君爲輕。知王者之心，而後可爲此論。朱氏曰：「以理言之則民貴，以分言之則君貴。」蓋不然也。君貴民輕，天之所敍，雖以理言之，然民未必重於君。惟王者之心，以民爲天，而不以崇高爲樂，凡其所行，一無非爲民。故知王者之心，而後可爲此論也。[11]

---

[9]　《孟子古義》，卷4，頁138。

[10]　《孟子古義》，卷4，頁171。但是我們必須強調：仁齋所說的「仁」，指愛人等具體行動。《童子問》卷上第45章云：「問：『仁畢竟止於愛歟？』曰：『畢竟止於愛。愛，實德也，非愛則無以見其德也。苟有一毫殘忍刻薄恔害之心，則不得爲仁。故學至於仁，便爲實德。』」（見伊藤仁齋：《童子問》，收入《近世思想家文集》〔1966年，1988年〕，頁216-217）。仁齋以作爲具體行動的「愛」釋「仁」，此與朱子以「心之德，愛之理」釋「仁」相去懸絕。古學派之「實學」取向，亦由此顯透。

[11]　《孟子古義》，卷7，頁324。

　　我們必須掌握仁齋釋《孟》之「王道」政治以「王者之心」為基礎這項事實，才能理解何以仁齋對於「孟子不尊周王」這件事提出不同的看法。我在《孟學思想史論・卷二》第四章[12]，曾分析宋代儒家學者對於孟子政治思想的爭辯，並探討在爭辯往返之中所蘊含的問題。北宋以降，部分宋儒對孟子政治思想爭辯的引爆點在於孟子不尊周王並遊說諸侯以統一天下的行為。孟子不尊周王之所以成為引爆點，實有其北宋政治史的特殊背景在焉。從北宋（960-1127）建國以來的大環境來看，孟子不尊周王這件事所潛藏的王霸異質論與君臣相對說，對北宋以降中央集權的政治體制，以及尊王的政治思想，均形同水火。就王安石（1021-1086）變法特別標榜孟子作為精神標竿而言，孟子無形中為王安石新法運動背書，遂不免激起反新法的人士的批判。在這兩大政治使因素的輻輳作用之下，孟子的不尊周王終於成為眾矢之的，引爆宋儒的孟子學爭議。其中王霸之辨隱涵著理想主義與現實取向兩種政治態度的對立。擁護孟子尊王黜霸的宋儒，大致都抱持理想主義，以理想中的「三代」作為論政的標準，以堯舜作為取法的對象，王安石就是典型的代表。反之，批判孟子的宋儒傾向於將三代、秦、漢、隋、唐一體視之，從現實角度論政，司馬光（君實，1019-1086）即為代表人物。伊藤仁齋在元祿四年（1692）辛未秋八月初五日六十五歲時，曾撰〈孟子勸諸侯行王道論〉乙文，提出對「孟子不尊周王」的看法：

　　　　或曰：「孔子之時，周室雖微，遺澤尚存，故春秋以尊周

---

[12] 黃俊傑：《孟學思想史論・卷二》（臺北：中央研究院中國文哲研究所籌備處，1997 年），第 4 章，頁 127-190。

為義。至孟子時，王靈掃地，誰復知有周。當是時，諸侯能行王道，則可以王矣，此孟子勸齊、梁之君也。孔、孟惟視天命之改與未改耳，其心未初異也。」

予曰：「子論甚正矣，然於孟子之本旨，則未盡也。夫王者本以德而言，未必斥位言之，吾子之意，亦將以廢周天王，自踐天子位，號令諸侯，而後方可。〔……〕齊、梁之君，若能聽孟子，得行王道而王焉，則當尊周之天王，以自修方伯職，號令諸侯，聘享以待，始終無逾臣節矣。若天下朝覲者，不之周之天王，而之齊、梁之君；訟獄者不之周之天王，而之齊、梁之君；謳歌者，不謳歌周之天王，而謳歌齊、梁之君，天子亦不自安其位，使其卿士持節奉冊，禪以天子位。然後不得已，而受王命，奉周之天王，以一侯國，如山陽公、鄖國公例，永使周祀不絕，而後之中國踐天子位焉，是王者之心，而孟子所謂王道者如此。若不然，則曰：『天命已改，遽廢天子』，以為庶人已自抗然，敢居天子位，是篡也，王者不為。」[13]

　　仁齋在這篇文章所駁斥的孟子「天命」說是指程頤（伊川，1033-1107）的說法。《二程集》有以下一段文字：

或謂：「孔子尊周，孟子欲齊王行王政，何也？」先生曰：「譬如一樹，有可栽培之理則栽培之，不然須別種。聖

---

[13] 伊藤仁齋：《古學先生詩文集》，收入相良亨等編：《近世儒家文集集成》（東京：株式會社ぺりかん社，1985 年），第 1 卷，卷 2，〈孟子勸諸侯行王道論〉，頁 26 下-29 上，總頁 50 下-52 上。

賢何心，視天命之改與未改爾。」[14]

程頤所說孟子「欲齊王行仁政」，見於《孟子・梁惠王上・7》孟子以「保民而王」對齊宣王（在位於 319-301B.C.）之問。程子認爲孟子之所以不尊周，乃是「視天命之改與未改」。伊藤仁齋批判這種說法，他引舜避禹之子之史實而指出：

> 寧我棄天下，而天下不我棄焉，而後敢從天下之心，此王者之心也。若謂天命在我，遽登天子之位，行天子之事，豈其本心乎哉？嗚呼！王道之義，隱於天下久矣，雖被服儒者，扭世俗之恆見，而不識王道之正大，故於孟子之言，或詆、或斥、或非、或疑之，又或得其皮膚，而遺其真髓。孟子之旨，鬱乎不著於後世也寥矣。[15]

伊藤仁齋對「孟子不尊周王」這件事，所強調並不是在周王之上存有一個位階更高而且普遍性的「天命」，以認定周王是否可尊；他特別重視的是王者之以「仁」存心，恭謹敬慎。換言之，伊藤仁齋所重視的是王者的特殊性的德行，而不是普遍性的「天命」或「天理」。正如溝口雄三所說，中國的「天理」，亦即是道德或理法之「天」，它遵循一種客觀的條理。日本的「理」與自然的「天」，與其說是客觀的 條理，毋寧說是純粹主觀的東西，是個人內在的心境，兩者差異極大[16]。僅此一端，可顯示

---

[14] 《二程集》（北京：中華書局，1981 年），〈河南程氏外書〉，卷 11，頁 145。

[15] 伊藤仁齋：《古學先生詩文集》，頁 29 下，總頁 52。

[16] 溝口雄三著，趙士林譯：《中國的思想》（北京：中國社會科學出版社，1995 年），頁 9。其實，不僅「天命」概念在中、日思想史上有普遍性與特殊性之差異，「公」、「私」概念也是如此。溝口指出，在平安時代，日本思想中所謂的「公」是指天皇，鎌倉時代以後「私」更是指自己的第一人稱；但是中國思想史的「公」則是指原理性或道德性的公正等觀念，「私」是指利

中日思想史在表面的近似性之下所潛藏的重大差異。

　　由於仁齋認爲孟子學之「血脈」在於「王道」而不是在性
善論，所以，他認爲《孟子》一書意趣之所在是〈梁惠王〉、〈公
孫丑〉、〈滕文公〉這三篇（「上孟」），其餘四篇（「下孟」）則是
前三篇的根據。仁齋說：

> 讀書要知作者之意所在。此書前三篇，備記孟子事業出
> 處，至於〈離婁篇〉，始及議論。故今定以前三篇為「上
> 孟」，後四篇為「下孟」。蓋古人之學，以經世為務，而
> 修身以為之本，明道以為之先，皆所以歸夫經世也。故
> 讀孟子之書者，當於前三篇觀其歸趣，而於後四篇知其
> 所本也。[17]

　　在「上孟」之中，仁齋認爲〈梁惠王篇〉尤其是孟子王道
論之根本肯綮，因爲「此篇總論王道之要，本末兼該，巨細殫
舉，可謂聖門之要法，學問之本領矣。蓋王道之學，儒者之專
門，其說雖散見疊出於七篇之中，然其提綱挈領，推本開端，
千變萬化，使人易曉者，莫深切明細於此篇。故以此篇爲七篇
之首，其意微矣。」[18]因此，《孟子・梁惠王》各章，凡是孟子
談到具體的養民措施，仁齋都特別加以稱讚、推衍、發揮，仁
齋在《孟子古義》中對《孟子・梁惠王》各章闡釋甚多，具體
展現德川時代古學派的「實學」取向。

　　己、偏私，中、日之間差異甚大。參考溝口雄三：〈日本的近代化及其傳統
　　因素：與中國比較〉，收入李明輝編：《儒家思想在現代東亞：總論篇》（臺
　　北：中央研究院中國文哲研究所籌備處，1998 年），頁 195-216。

[17]　《孟子古義》，總論，頁 1-2。
[18]　《孟子古義》，卷 1，頁 1。

（3a）仁齋對孟子「王道」政治論的闡釋，涉及「王」之定義以及「王道」之內涵，我們接著依序加以分析。仁齋強調孟子所謂「王」者之判準在德不在位，並本此標準批駁宋儒。他解釋《孟子・梁惠王・3》說：

> 此章詳論王道，本末兼該，最為明白。學者信能熟讀焉，則其於王道，猶指諸掌。而先儒疑孟子者，以勸諸侯王為罪。殊不知孟子所謂王者，本以德稱之，而不必以居天子位為王也。齊、梁之君，苟能行仁政，而得天下之心焉，則雖為諸侯，皆可以稱為王者也。何者？文王三分天下，有其二以服事殷，則實諸侯也，而孟子論王道，每必以文王為法。又嘗云：「天無二日，人無二王。」而觀其告宋牼，秦、楚二王各悅仁義，則皆可以為王也，然則是人有二王也。由是觀之，孟子不必以踐天子位為王，而苟能行仁政，則秦、楚二王，亦皆可以稱王者也。其以孟子為勸諸侯王者，非也。[19]

在這一段註解中，仁齋強調孟子心目中之「王」者指成德而行仁政之諸侯，並非指居天子之位的「王」。他認為宋儒主張孟子勸諸侯為王是錯誤的解讀。仁齋此解就其表面觀之，與孟子尊王黜霸之說微有出入，[20]但究其實質涵義，則與孟子政治思想並

---

[19] 《孟子古義》，卷1，頁7-8。

[20] 孟子心目中之「王」是指將來一統天下實行仁政之新「王」，並非如仁齋所說不居天子之位之「王」。蕭公權師說：「孟子黜霸，其意在尊王而促成統一。然所尊者非將覆之周王而為為出之新王，所欲促成者非始皇專制天下之統一而為先秦封建天下之統一。簡言之，孟子之意在乎立新政權以復舊制度。」見師著：《中國政治思想史》（臺北：聯經出版事業公司，1980年），上冊，頁102；並參看拙著：《孟學思想史論・卷一》，第6章，頁161-180。

無歧出。仁齋一再強調「王」者以仁存心，例如他解釋「子曰：
『民可使由之，不可使知之。』」這句話說：「不可使知，王者
之心也；欲使知之，霸者之心也，此王霸之所以分歟？」[21]仁齋
明白指出王者之心必「以民為天」，他解釋孟子「民為貴，社稷
次之，君為輕」這句話說：

> 民為重，君為輕。知王者之心，而後可為此論。朱氏曰：
> 以理言之則民貴，以分言之則君貴，蓋不然也。君貴民
> 輕，天之所敘，雖以理言之，然民未必重於君。惟王者
> 之心，以民為天，而不以崇高為樂，凡其所行，一無非
> 為民。故知王者之心，而後可為此論也。[22]

討論至此，可能滋生一種疑問：如果「王者之心」偏離了人民
的福祉，人民應如何處置？伊藤仁齋對這個問題的態度，至為
明確，他正面肯認孟子的革命論。我們接著轉入仁齋對孟子的
革命論之解釋。

　　（3b）伊藤仁齋在解釋《孟子・梁惠下・7》「聞誅一夫紂
矣，未聞弒君者也」一句時，寫了一篇文字申論湯、武之放伐
並非弒君，而是「天下放伐之也」，仁齋說：

> 孟子論征伐，每必引湯、武明之。及其疑於弒君也，乃
> 曰：「聞誅一夫紂矣，未聞弒君也。」蓋明湯、武之舉，
> 仁之至，義之盡，而非弒也。然而後世異議之徒猶置其

仁齋所謂「王者」不必以踐天位的觀點，亦見於六十五歲時所作的〈孟子
勸諸侯行王道論〉一文，見《古學先生詩文集》，卷2，頁51。
[21] 伊藤仁齋：《論語古義》，卷4，頁122。
[22] 《孟子古義》，卷7，頁323-324。

喙者，何哉？徒就其跡辨之，而未有直得孟子之意，而
極論明辨，是非分明，歸於至當而止之說也。何者？道
也者，天下之公共，人心之所同然，眾心之所歸，道之
所存也。傳曰：桀放於南巢，自悔不殺湯於夏臺；紂誅
於牧野，悔不殺文王於羑里。夫天下非一湯、武也，向
使桀、紂曰悛其惡，則湯、武不必征誅，若其惡如故，
則天下皆為湯、武，不在彼則在此，不在此必在彼。縱
令彼能於南巢牧野之前，得殺湯、武，然不改其惡，則
天下復必有如湯、武者，出而誅之，雖十殺百戮，而卒
無益。故湯、武之放伐，天下放伐之也，非湯、武放伐
之也。天下之公共，人心之所同然，於是可見矣。孟子
之言，豈非萬世不變之定論乎？宋儒以湯、武放伐為權，
亦非也。天下之同然之謂道，一時之從宜之謂權。湯、
武放伐，即道也，不可謂之權也。[23]

仁齋這一段解釋，相當強調天下民意之重要，肯定政權之轉移
以民意為依歸，但更值得注意的是他所說「道也者，天下之公
共，人心之所同然，眾心之所歸，道之所存也」這句話。這句
話顯然與宋明理學中的「道」之超越意義與形上內涵有所不同，
而從人民的現實生活（所謂「人倫日用」）去掌握「道」，而提
出「天下之同然之謂道」的觀點。伊藤仁齋在解釋《論語》「子
曰：麻冕禮也。今也純儉，吾從眾」時又說：

---

[23] 《孟子古義》，卷1，頁35-36。仁齋的解釋受到荻生徂徠的批判，參看野口
武彥：《王道と革命の間：日本思想と孟子問題》（東京：筑摩書房，1986
年），頁59-250；河村義昌：〈江戶時代における尊孟非孟の爭論について〉，
《都留文科大學研究記要》第5集（1968年6月），頁21-40。

> 君子之道，造端於夫婦。故堯、舜授禪，從眾心也；湯、
> 武放伐，順眾心也。眾心之所歸，俗之所成也。故惟見
> 其合於義與否，可矣。何必外俗而求道哉？若夫外俗而
> 求道者，實異端之流，而非聖人之道也。[24]

仁齋在這裡提出一種「道在俗中」的觀點，認爲「何必外俗而求道哉？」他所批評的「先儒」就是程子，程子之言見於朱子《論語集註》所引。仁齋以「道在俗中」解構宋儒的「超絕」之「道」，具體展現德川古學派從人倫日用層面掌握「道」之思想的實學取向。

　　在解釋了仁齋思想中「道」的「人民性」之後，我們就可以進而分析他對孟子的湯、武放伐論的解釋。仁齋說：

> 齊、梁之君，若能聽孟子，得行王道而王焉，則當尊周
> 之天王，己自修方伯職，號令諸侯，聘享以時，始終無
> 渝臣節矣。若天下朝覲者，不之周之天王，而之齊、梁
> 之君；訟獄者不之周之天王，而之齊、梁之君；謳歌者，
> 不謳歌周之天王，而謳歌齊、梁之君，天子亦不自安其
> 位，使其卿士持節奉冊，禪以天子位。然後不得已，而
> 受天命，奉周之天王以一侯國，如山陽公、酇國公例，
> 永使周祀不絕，而後之中國踐天子位焉，是王者之心，
> 而孟子所謂王道者如此。若不然，而曰天命已改，遽廢
> 天子，以為庶人，己自抗然，敢居天子位，是篡也，王
> 者不為。[25]

---

[24] 《論語古義》，卷之五，頁130。
[25] 伊藤仁齋：〈孟子勸諸侯行王道論〉，頁50。

　　仁齋反對以「天命」論作爲革命之依據，可能是生於德川封建體制的歷史背景之下，深恐各地諸侯假「天命」之名而行奪權之實，陷人民於水深火熱之中，但仁齋堅持人民主體性這一點是毫無疑問的。試看他這一段雄渾有力的宣示：

> 夫天下者，天下之天下，非長為漢氏之物。苟可興焉，則興之可矣，否則唯當安吾民焉耳，是王者之心也。[26]

　　「天下者，天下之天下」，這是典型的孟子學精神。仁齋出身町人，從未出仕，他從民間教育入手，組織「同志會」，以普及民智作爲改造社會之手段。仁齋戮力於社會教育事業，並堅持能安民者始能爲王，主張「道在俗中」，因此，「王道」即是安民之道。這類行動與主張對德川封建體制誠有其潛在威脅。總而言之，誠如渡邊浩所說，伊藤仁齋是近世日本儒者之中以暴君放伐爲「道」之呈現的第一人。[27]故仁齋之政治思想與孟子政治思想理路近似，血脈相通。

（二）「孟子性善之說本就氣質論之」[28]

　　伊藤仁齋的孟子學解釋中另一個極具指標意義的面相，就是他對孟子人性論的解釋。仁齋詮釋孟子性善說的言論散見於《孟子古義》、《語孟字義》及《童子問》等書，而以「孟子性

---

[26] 伊藤仁齋：〈論諸葛孔明非王佐之才〉，收入《古學先生集》，引文見頁 52。

[27] 渡邊浩：《近世日本社會と宋學》（東京：東京大學出版社，1985 年），頁 239。

[28] 伊藤仁齋：《語孟字義》，卷中，「性」，頁 34。牟宗三曾區分中國哲人所說的兩種性論；一是屬於氣之自然之性，一是屬於理之超越的、道德性之性（見牟宗三：《心體與性體》〔臺北：正中書局，1968 年〕，第 2 冊，頁 327），仁齋所說之性屬於前者。

善之說本就氣質論之」一語，最能綜括其基本論旨。（1）伊藤
仁齋認爲孟子性善說乃是在人之作爲有形的具體存在的脈絡中
而說，而不是在超越而普遍的宇宙秩序的脈絡中論述；（2）從
思想史角度觀之，仁齋對孟子性善說的解釋，基本上（a）遙契
於告子（約公元前 420-350？）與漢儒之即「生」以論「性」之
傳統，（b）而與十八世紀中國的戴震（東原，1723-1777）的釋
孟言論極其神似；（3）仁齋就所謂「氣質」論述孟子性善說，
於孟子性論頗有歧出，未可稱爲善解。我們依序析論上述三項
論點。

（1）仁齋詮釋孟子性善說的言論甚多，但持論一貫，《語
孟字義》這一段文字最具有代表性：

> 性，生也，人其所生，而無加損也。〔……〕而孟子又謂
> 之善者，蓋以人之生質雖有萬不同，然其善善惡惡，則
> 無古今無聖愚，一也，非離於氣質而言之也。

> 孔子曰：「性相近也，習相遠也。」此萬世論性之根本準
> 則也。而孟子宗孔子，而願學之，其旨豈有二也乎哉？
> 孟子故言：「物之不善，物之情也。」可知其所謂性善也
> 者，即述孔子之言者也。然後儒以孔子之言為論氣質之
> 性，孟子之言為論本然之性。信如其言，則是非孔子不
> 知有本然之性，孟子不知有氣質之性者乎？非惟使一性
> 而有二名，且使孔、孟為同一血脈之學，殆若涇渭之相
> 合，薰蕕之相混，一清一濁，不可適從，其言支離決裂，
> 殆不相入若此。夫天下之性，參差不齊，剛柔相錯，所
> 謂性相近是也。而孟子以為人之氣稟雖剛柔不同，然其
> 趨於善則一也，猶水雖有清濁甘苦之殊，然其就下則一
> 也。蓋就相近之中而舉其善而示之也，非離乎氣質而言。

故曰：「人性之善也，猶水之就下也。」蓋孟子之學，本
無未發、已發之說。今若從宋儒之說，分未發、已發而
言之，則性既屬未發而無善惡之可言，猶水之在於地中，
則無上下之可言。今觀謂之猶就下也，則其就氣質言之，
明矣。又曰：「乃若其情，則可以為善矣，乃所謂善也。」
其意以為，雞犬之無知，故不可告知以善。若人之情，
雖若盜賊之至不仁，然譽之則悅，毀之則怒，知善善而
惡惡，則足與為善。是乃吾所謂善者也，非謂天下之性
盡一而無惡也。以此觀之，則孟子所謂性善者，即與夫
子「性相近」之旨無異，益彰彰矣。〔……〕孟子性善之
說，本就氣質論之，而非離乎氣質而言之也。其他若曰
動心忍性，曰形色天性也，曰口之於味也，目之於色也，
耳之於聲也，鼻之於臭也，四肢之於安佚也，皆以氣質
論之，益分曉矣。[29]

這一段詮釋的中心論旨在於：孟子所謂「性善」之說，乃就氣
質而論，並非離乎氣質而言之。因此，為了正確了解上引仁齋
這段話的涵義，我們必須首先解讀「氣質」二字的涵義。

正如朱子（晦庵，1130-1200）所說，「氣質」之說起於張
載（橫渠，1020-1077）與程頤，[30]特別是張載在《正蒙・誠明

---

[29] 《語孟字義》，卷上，「心」，頁33-34。

[30] 黎靖德編：《朱子語類》（北京：中華書局，1983年新校標點本），卷4，頁
70：道夫問：「氣質之說，始於何人？」曰：「此起於張、程。某以為極有
功於聖門，有補於後學，讀之使人深有感於張、程，前此未曾有人說到此。
如韓退之《原性》中說三品，說得也是，但不曾分明說是氣質之性耳。性
那裡有三品來！孟子說性善，但說得本源處，下面卻不曾說得氣質之性，
所以亦費分疏。諸子說性惡與善惡混，使張、程之說早出，則這許多說話

篇》說：「形而後有氣質之性。善反之，則天地之性存焉。故氣
質之性，君子有弗性者也。」[31]這句話中所謂的「氣質之性」，
誠如勞思光所說，是指：人既有形而成為一具體存在，則必有
其具體化之條件；這種條件稱為「氣質」，而「氣質」本身又有
另一種「性」，此即「氣質之性」。「氣質之性」只表示作為具體
存在所有之殊別性，而不表得自「天」之共同性，故說「君子
有弗性者也」。[32]在程朱學派用語習慣中，所謂「氣質之性」與
「本然之性」對舉，指處於具體時空條件下的人之存在之條件
或狀況，不是指在抽象而普遍的「理」或「天」的本體論意義
下的人性。伊藤仁齋解釋孟子人性論時所說的「性善本就氣質
而論」，是將人性下降到日常生活或所謂「人倫日用」層面中加
以思考，而不是將人性上升到超越的「理」的層面來思考。伊
藤仁齋基本上認為：「人之性善」這項事實只有在具體的日常生
活中才能被發現，而拒絕在具體的世界之上另立一個超越的形
而上的世界。[33]仁齋對於人性問題所採取的基本立場，與前文所
分析仁齋從人倫日用解釋「道」之觀點互相呼應。

　　自不用紛爭。故張、程之說立，則諸子之說泯矣。」

[31]　《張載集》（臺北：里仁書局，1981 年），頁 23。

[32]　勞思光：《新編中國哲學史》（臺北：三民書局，1983 年，1993 年），三上，
　　　頁 181-182。

[33]　當代日本學者對仁齋學的反形上學性格，均有共識。例如石田一良就說，
　　　仁齋學是一種「絕對的人間學」，反對「天中心主義」的宋學，主張從人的
　　　立場來理解人。參看石田一良：《伊藤仁齋》（東京：吉川弘文館，1960 年，
　　　1973 年），頁 140；並參考相良亨：〈人倫日用における超越——伊藤仁齋
　　　の場合〉，收入《相良亨著作集》（東京：株式會社ぺりかん社，1996 年），
　　　第 2 冊，頁 220-300。子安宣邦稱仁齋的思想世界是一種「人倫的世界」，
　　　其說極是。見子安宣邦：《伊藤仁齋：人倫的世界の思想》，尤其是第 1 章，
　　　頁 27-60。

　　但是，仁齋對孟子性善論所提出的這種解釋，對孟子學的超越面向之掌握頗有違失。舉例言之，《孟子・盡心上》第一章是《孟子》全書中義蘊極爲豐富的一章。孟子以四十字的篇幅，說明「心」、「性」與「天」三者間之連貫性，指出人的生命中之「既內在而又超越」的性質，言簡意賅，文有盡而意無窮，確爲中國古代思想史之重要文獻。孟子所循「盡心→知性→知天」之思路，就孟學之體系言，乃本乎孟子「擴充」之觀念。孟子思想中之「心」實無限量，惻隱、羞惡、恭敬、是非等價值判斷皆源自於「心」；但此心擴而充之，不僅可以撤除人我藩籬，足以保四海，甚至可以泯除天人界限，達到「上下與天地同流」之境界。伊藤仁齋對這一章的解釋，特別著重批判朱子的「性即理」[34]之說，他說：

> 或曰：「性即理也，非窮理，則無以盡乎心之量，如何？」
> 曰：「孟子之書，自首至終，通貫一意，別無他說。所謂知性者謂知性之善，養性者謂養性之善，皆以性之善而言，一無知性之理之說。所謂心者，皆指仁義之良心而言，又無以心之量而言者也。大凡欲讀孟子之書者，當以孟子之言相證，不可以己之意解之。凡舊解所說者，

---

[34] 朱子對孟子之「盡心」、「知性」、「存心」、「養性」之解釋，可歸納爲以下幾項命題：(1)性即理，具有普遍性，所謂「知性」即探索此普遍性之理。(2)作爲認知活動之「知性」，在發生程序是先於作爲德行活動之「盡心」。(3)「心」既「具眾理而應萬物」，故「心」是認知心，而非道德心。以上三項命題均受到朱子以後儒者之批判。另詳黃俊傑：《孟學思想史論・卷二》，第 5 章，頁 191-252。關於朱子對《孟子・盡心上・1》之解釋，較爲深入的分析可參：市川安司：〈孟子集註「盡心」の解釋について〉，收入氏著：《朱子哲學論考》（東京：汲古書院，1985 年），頁 125-142。

> 皆臆度之見，非孟子之旨也。」[35]

又說：

> 盡心者，謂擴充四端之心，而至於其極也。知性者，謂
> 自知己性之善而無惡也。言自能盡其心者，知其性之善
> 可以擴充也；苟能知其性之善，則知天亦在其中矣。蓋
> 性則天之所命，善而無惡，故曰知性則知天矣。[36]

伊藤仁齋批駁朱子「性即理」之說，固然雄渾有力，但是，
他拒絕在具體而特殊的「人倫日用」層面之上，另立一超越而
普遍的形上世界，如此一來，使他對孟子「盡心→知性→知天」
的超越進路，難以確切掌握。

說明這一點，最有代表性意義的是伊藤仁齋對《孟子·公
孫丑上·6》「惻隱之心，仁之端也；羞惡之心，義之端也；辭
讓之心，禮之端也；是非之心，智之端也」這句話的解釋。伊
藤仁齋說：

> 端，本也。言惻隱、羞惡、辭讓、是非之心，乃仁義禮
> 智之本。能擴而充之，則成仁義禮智之德，故謂之端也。
> 先儒以仁義禮智為性，故解端為緒，以為仁義禮智之端
> 緒見於外者，誤矣！[37]

他反對朱子將「端」解為「緒」，他將「端」解為「本」，認為
四端之心乃仁義禮智之本。這種說法略近於趙岐（邠卿，？-210）

---

[35] 《孟子古義》，卷7，頁284。

[36] 《孟子古義》，卷7，頁283。

[37] 《孟子古義》，卷2，頁69。

古註:「端者,首也。人皆有仁義禮智之首,可引用之」,皆未
能適當地掌握孟子心學中「心即理」之特質。在孟子學解釋上,
陸九淵（象山,1139-1193）的〈與李宰〉書頗能遙契孟子精神。
此信透顯孟子心學之要義有三:(一)心對五官具有優先性。象
山云:「心於五官最尊大。」此語與《孟子・告子上》「大體」、
「小體」之區分,以及帛書《五行篇・經 22》云:「耳目鼻口手
足六者,心之役也」,思路一脈相承;(二)作為價值自覺的心
具有普遍性。象山曰:「四端者,即此心也。天之所以與我者,
即此心也。」象山又云:「心只是一箇心,某之心,吾友之心,
上而千百載聖賢之心,下而千百載復有一聖賢,其心亦只如此。
心之體甚大,若能盡我之心,便與天同。」皆與《孟子・告子
上》「至於心,獨無所同然乎?」之說血脈相通;(三)心與理
具有同質性。象山明白揭示:「人皆是心,心皆具是理,心即理
也。」亦與孟子所持「盡心、知性、知天」之說契合。[38]伊藤仁
齋對四端之心的解釋,使孟子心學原有的博厚高明的超越面向
為之失落,不免有將孟子學扁平化的危險。誠如李明輝所說,
陸、王一系思想家將四端之心上提到本心之層面,本心即具仁、
義、禮、智之理。此「具」並非在認知關係中的「具」,而是在
道德立法中的「具」。四端之心為本心所發,仁、義、禮、智之
理為本心所立,所以心與理為一。[39]伊藤仁齋的解釋於孟子心學
頗有歧出。

　　(2)從東亞儒學史立場觀之,仁齋對孟子性善論的解釋,

---

[38] 參看黃俊傑:《孟學思想史論・卷二》,附錄 11,陸九淵:〈與李宰〉,頁
536-538。

[39] 李明輝:〈孟子的四端之心與康德的道德情感〉,收入氏著:《儒家與康德》
(臺北:聯經出版事業公司,1990 年),頁 143-144。

基本上繼承漢儒論性之傳統。仁齋說：

> 性，生也，人其所生，而無加損也。〔……〕而孟子又謂
> 之善者，蓋以人之生質雖有萬不同，然其善善惡惡，則
> 無古今無聖愚，一也，非離於氣質而言之也。[40]

正如上文所說，仁齋從人之作為具體存在之角度論人性。

　　（2:a）仁齋的說法，走的是即「生」以言「性」的思想路
數，與告子（約 420？-350？B. C.）及漢儒的傳統可謂遙相契合。
《孟子・告子上・3》「告子曰：『生之謂性』」，告子是就人之知
覺運動等生物事實以言性，與孟子就人之作為價值自覺之主體
以言性，可謂南轅北轍，兩者如冰炭之不相容。自告子以降，
在「生之謂性」這一條思路上，代有其人。《荀子・正名篇》云：
「生之所以然者，謂之性。」漢代董仲舒（約 179-104B. C.）在
《春秋繁露・深察名號篇》說：「如其生之自然之資，謂之性。」
《白虎通・性情篇》也說：「性者，生也。」王充（27-？）《論
衡・初稟篇》說「性，生而然者也。」許慎（叔重，？-121）《說
文解字・心部》云：「性，人之陽氣，性善者也。從心，生聲。」
以上漢儒種種關於人性之言論，皆持「生之謂性」之立場。伊
藤仁齋說：「性者，生之本，以所存而言；情者，生之欲，以好
惡而言；而才者，所以行之者也。三者皆由氣質而得名。」[41]又
說：「四端之端，古注疏曰：端，本也，為仁義禮智之端本起於
此也。〔……〕孟子之意以為，人之有四端也，猶其身之有四體，
人人具足，不假外求。苟能擴充之，則猶火燃泉達，竟成仁義

---

[40]　《語孟字義》，卷上，「性」，頁 33。
[41]　《孟子古義》，卷 6，頁 242。

禮智之德，故以四端之心爲仁義禮智之端本。此孟子之本旨，而漢儒之所相傳授也。」[42]凡此種種論點，均與漢儒意見一脈相承。

（2:b）伊藤仁齋所持這種即「生」以言「性」的立場，在東亞比較思想史的視野中，特具歷史意義。年代晚於伊藤仁齋約一世紀的十八世紀中國戴震，對孟子學的解釋就與伊藤仁齋之說若合符節。我最近以《孟子字義疏證》爲中心，分析戴震對孟子的解釋，發現：戴震進行古典新詮這項工作時依恃的理論基礎是「一本論」，即將「自然」與「必然」視爲同源循環之關係。在「一本論」照映之下，戴震將人性理解爲人的生物性的生存本能，並斬斷宇宙秩序（孟子所謂「天道」）與人間秩序（孟子所謂「人道」）的聯繫，從而解構孟子學之超越性層面。在戴震解釋下的孟子性善論由於欠缺博厚高明的超越性依據，所以顯得扁平化，人不免成爲「一度空間的人」。戴震解釋孟子學所採用的是訓詁學的方法，他將詮釋學問題轉化爲訓詁學的問題。由於這種方法論上的翻轉，使他在清儒中別樹一幟，自成體系。但是，他從孟子學與宋儒的思想脈絡中脫逸出去，不僅未能掌握孟子學的思想內涵，他對宋儒的攻擊雖雄渾有力卻不致命，因爲他並未進入宋儒思想的「詮釋之環」。在這個範圍之內，也在這個意義上，我們可以說，戴震的孟學雖然有心於經由釋孟以駁宋儒，但是方法論的限制使他未能進入孟子學與宋儒的思想系統，遂使他的孟子學變成不成功的護教學。[43]

伊藤仁齋的孟子學解釋，不論在主要論點（尤其是即「生」

---

[42] 《語孟字義》，卷上，「四端之心」，頁 36。
[43] 黃俊傑：《孟學思想史論‧卷二》，第 8 章，頁 327-368。

以言「性」這一點）上，或是在方法論上（另詳下節），都與戴
東原取徑相近。這種現象可以反映公元十七世紀以降中日儒學
史的一個共同趨勢，值得加以注意。

（3）伊藤仁齋對孟子性善論的解釋之所以從孟學的大經大
脈中逸脫出去，除了方法論的理由（說詳下節之析論）之外，
更重要的內在原因則在於仁齋對孟子心學的誤解。仁齋解釋孟
子的「心」概念說：

> 心者，人之所運用思慮。本非貴，亦非賤，凡有情之類，
> 皆有之。故聖人貴德，而不貴心。《論語》中說心者，纔
> 有「其心三月不違於仁」，及「從心所欲，不逾矩」，及
> 「簡在帝心」三言而已，然皆不以心為緊要。至於孟子
> 多說心，然亦皆指仁義之良心而言，不特說心，曰本心，
> 曰存心是也。大凡佛氏及朱子盛言心者，本不知德之為
> 可貴，而妄意杜撰耳，與孔、孟之旨實霄壤矣。橫渠曰
> 「心統性情」，非也。孟子曰「存心養性」，又曰「動心
> 忍性」，以此觀之，心自是心，性自是性，所指各殊。若
> 以心為統性情，則單言心而可。既言「存心」，而又言「養
> 性」，則其言豈非贅乎？而偏言「養性」，而遺「情」字，
> 則其言亦偏矣。蓋養性則情自正，不別用修情工夫也。[44]

這一段論述中，有兩項論點最關重要：（一）「心」是發揮「思
慮運用」等功能的認知心（「心者，人之所運用思慮」）；（二）「心」
與「性」是二物而非一（「心自是心，性自是性，所指各殊」）。
諸如此類的論斷，與孟子心學相去甚遠。

---

[44] 《語孟字義》，卷上，「心」，頁31-32。

　　我最近曾歸納孟子心學的要義有三：（1）普遍必然性；（2）超越性；（3）連續性。第一項特質是就「心」之作爲價值意識的創發者而言，有其普遍必然性，不因時因人因地而有所不同。第二項特質是就「心」之價值判斷能力有其宇宙論根源而言，「心」有其超越性。第三項特質則是就「心」的價值意識之實踐而言，「心」可以從個人、社會、至宇宙不斷地「擴充」（用孟子語）而不斷裂，因而構成一種「連續性」。就孟子心學之整體而言，不論從「心」之開創價值意識的普遍必然性觀之，或就「心」之價值根源的超越性觀之，或就其實踐之連續性觀之，孟子的「心」都因爲具有價值判斷的能力，所以是規範性的，而不是中性的。伊藤仁齋說「心」「本非貴，亦非賤，凡有情之類皆有之，故聖人貴德，而不貴心」，與孟子視「心」爲「大體」之思想，頗有歧出。所謂「心」的普遍必然性，是指在孟子思想中，「心」作爲一個價值意識的創發者這項事實，不因人因地而改變，具有普遍必然性。在《孟子・告子上・15》孟子與公都子的對話中，孟子認爲作爲「大體」的「心」具有「思」的能力，而作爲「小體」的「耳目之官」則欠缺「思」的能力。孟子指出，一切的價值意識都源自於內，「仁義禮智，非由外鑠我也，我固有之也。」（《孟子・告子上・6》）又說：「君子所性，仁義禮智根於心。」（《孟子・盡心上・21》）「心」之作爲人的價值意識的來源，有其普遍必然性，故孟子說：「心之所同然者何也？謂理也、義也。聖人先得我心之所同然耳。故理義之悅我心，猶芻豢之悅我口。」（《孟子・告子上・7》）孟子思想中的「心」是一切價值（如仁、義、禮、智）的根源。「心」不是一張白紙，因而也不是一切價值意識的接受器（如荀子所主張者）。因爲「心」之價值判斷能力乃係普遍而必然的事實，所以，孟子認爲「心」可以支配「身」，而不受「身」的拖累。孟子從

「心」的普遍必然性導出了「性善」的命題。

　　孟子的「心」的超越性是孟子心學的第二項特質。孟子認為，「心」的價值判斷能力有其宇宙論的根源。《孟子》全書多處涉及人的生命與宇宙同步同質的命題。孟子認為，人生而具有惻隱、羞惡、恭敬、是非之心（《孟子・告子上・6》），此種道德心為四體之主。人之生命雖可分為「心」、「氣」、「形」三層次，但人如能以集義之工夫養氣，即能寓理帥氣（所謂「志，氣之帥也」），培成「浩然之氣」，以轉化形體（所謂「氣，體之充也」），一面使氣志合一，一面使「形」為「氣」所滲透，而達到「踐形」之境界。人經由養氣之工夫，可以知心知性而躍入宇宙大化之本源（所謂「盡其心者，知其性也；知其性，則知天矣」），而與宇宙之最終實在（ultimate reality）同步互動。職是，孟子思想中人的「超越性」實涵有兩層意義：一是指人有其內在之善性，所謂「四端之心」人皆有之；二是指人之內在善苗有其宇宙論之根源，亦即人性實根源於天命。

　　孟子心學的第三項特質就是連續性。這裡所謂的「連續性」包括兩個涵義。第一個意義的「連續性」是指：人從「個人」到「社會、政治」到「宇宙」，是一個連續開展的階段性歷程。每一個階段都是下一個階段的基礎，孟子稱之為「本」（所謂「天下之本在國，國之本在家，家之本在身」），三個階段連續展開而不可切斷。任何一個階段的斷裂，在孟子看來都是生命的欠缺。「個人」的充實，是「社會、政治」健全的基礎；而「個人」及「社會、政治」福祉的提昇，都有其宇宙論的根源。從一方面看，「天命」下貫而為人性；從另一方面看，民心在政治上的向背，也反映而為「天命」的移轉。孟子思想中這種將「個人」、「社會、政治」及「宇宙」視為連續性發展歷程的特質，可以

具體地展現中國文化中的「天人合一」或當代學者所說的「既內在又超越」的特質。這個意義下的「連續性」可以稱爲「發展的連續性」。第二個意義的「連續性」是指:「個人」、「社會、政治」及「宇宙」等三個層次之間,存有一種互相滲透、交互作用的關係。具體地說,「個人」在孟子思想中並不是如告子所說的與「社會」切斷聯繫的孤獨的個體,而是與「社會」密切互動,與「社會」中的每一個個體共生共榮共感的整全的人。在這種「個人」與「社會」或「政治」共生共感的連續性中,當然會有某種「私人領域」與「公共領域」之間的緊張性,但是孟子認爲這種表面上的緊張性,可以通過「心」之作爲價值主體所具有的普遍必然性,加以泯除於無形之中。孟子心學的精義,也於此透露無遺。其次,「社會、政治」層次與「宇宙」層次,也因同具道德之質素,而存有感應關係。孟子引用《尚書》,在「天聽」、「天視」與「民聽」、「民視」之間建立連續性。凡是切斷這種連續性的統治者,孟子斥之爲「一夫」。復次,孟子思想中的「個人」與「宇宙」之間也存有一種感通的連續性。所謂「盡心」→「知性」→「知天」,在孟子思想中是一個連續的發展歷程,「天道」與「人道」透過「誠」而取得互動關係(《孟子·離婁上·12》:「誠者,天之道也;思誠者,人之道也。至誠而不動者,未之有也。不誠,未有能動者也。」),人應該敬其在我,實踐「天道」(《孟子·盡心下·24》:「聖人之於天道也,命也,有性焉,君子不謂命也。」)。孟子從日常生活所見的具體事實,如人見孺子之將入於井而生「怵惕惻隱之心」(《孟子·公孫丑上·6》),見人牽牛過堂下就死地而「不忍其觳觫」

（《孟子・梁惠王上・7》），而論證人具有「四端之心」或「良心」，這種「心」並有其超越性的根源。[45]

伊藤仁齋將孟子的「性」解釋爲「生之本，以所存而言」，又將「心」解釋爲「人之所思慮運用，本非貴，亦非賤」，完全切斷了孟子思想世界中人的存在的超越性根據，而且與孟子心學中「心」的普遍必然性、超越性與連續性，均有重大歧出。仁齋孟子學之歧出之所以不可避免，乃係決定於他的方法論取徑。所以，我們轉而分析仁齋孟子學的性質及其方法論。

三、仁齋孟子學的性質與方法

（一）仁齋孟子學是護教學

我們要衡定仁齋孟子學的性質，最好的策略是將它置於中國孟學詮釋史的背景中加以比較考察。

我最近以孟學詮釋史爲中心，建構中國儒家詮釋學的類型學，[46]指出通過悠久的經典註疏傳統所見的中國詮釋學，在儒、釋・道各家有其互異之面貌，其中以儒家詮釋學最具有經世致用之取向，亦即所謂「實學」之涵義特別顯著。儒家詮釋學至少有三個突出的面相：（一）作爲解經者心路歷程之表述的詮釋學：許多儒者透過註經以表述企慕聖賢境界之心路歷程，如朱子（1130-1200）集註《四書》以建立一己之哲學，解釋《孟子》

---

[45] 黃俊傑：《孟學思想史論・卷二》，第 7 章第 2 節，頁 290-294。

[46] 同前註，頁 471-479；Chun-chieh Huang, *Mencian Hermeneutics: A History of Interpretations in China* (New Brunswick and London: Transaction Publishers, 2001), pp. 255-267.

「知言養氣」說以表詮個人對生命之體認；王陽明（1472-1529）
在其「百死千難」的心路歷程中所得之「心即理」與「致良知」
之精神體驗中，重新解釋孟子學，都是具有代表性的例證。（二）
作爲政治學的儒家詮釋學：由於帝制中國的政治體制是以君主
爲主體，而儒家政治理想是以人民爲主體，儒家之價值理想難
以在現實世界中實踐，於是，許多儒家學者在有志難伸之餘，
以經典註疏之學術事業寄寓其經世濟民之政治理想。這種詮釋
學是一種道德學，而且其中「治道」遠多於「政道」，如康有爲
（1859-1927）著《孟子微》於二十世紀列強對中國鯨吞蠶食之
危機年代，皆寄託其救世宏圖於名山事業之中。（三）作爲護教
學的儒家詮釋學：歷代儒者以經典註疏作爲武器，批駁佛、老
而爲儒學辯護者代不乏人，如王陽明通過對孟子的「盡心」與
「集義」等概念的重新解釋以批駁朱子學；清儒戴震在公元 1777
年撰《孟子字義證疏》駁斥宋儒及佛、老之思想，也是這種類
型的中國詮釋學的代表作品。在以上這三種類型的儒家詮釋學
中，所謂「作爲護教學的詮釋學」尙可細分爲兩種類型：（a）
就思想體系內部來看，重新詮釋經典常常是批駁同門而異調之
「非正統」解釋之重要手段；（b）從不同思想體系之間的互動
情況來看，許多詮釋者常常重新解釋經典以攻排本門以外之「異
端」思想。

　　扣緊上述背景來看，伊藤仁齋的孟子詮釋學可以說是一種
護教學。更精確地說，伊藤仁齋是透過詮釋孟子以反駁宋儒，
並澄清（他心目中的）先秦孟子學之原意；但是，仁齋的護教
學是一種不成功的護教學，其主要原因是他並未進入宋儒的思
想系統。我們接著闡釋這兩項論點。

　　伊藤仁齋以註《孟》爲手段，所欲完成之目標在於對宋儒

思想遺產之駁斥，誠所謂「項莊舞劍，志在沛公」。舉例言之，仁齋主張氣一元論，隨處駁斥宋儒理氣二元之說。仁齋說：「蓋天地之間，一元氣而已。或爲陰，或爲陽，兩者只管盈虛消長往來感應於兩間，未嘗止息，此即是天道之全體。」[47]又說：「非有理而後生斯氣。所謂理者，反是氣中之條理而已。」[48]仁齋反對宋儒在「人倫日用」的現實世界之上另立一個「理」的超越世界。他主張超越世界只能在現實世界之中覓求，並指出宋儒的「理」受禪學之影響。[49]

　　伊藤仁齋也藉釋《孟》以批駁宋儒對孟子「王道」論的解釋。他在《童子問》中卷第八至二十三章，反覆駁斥宋儒從「存天理，去人欲」立場論「王道」。仁齋說：

> 王道雖固不出仁義兩者，然約而論之，則一「仁」字盡之矣。荀子所謂「粹而王，駁而霸」，及「諸侯有盡天理之極，而無一毫人欲之私」等論，皆議論可聞，而非實知王道者也，不善讀《孟子》故也。[50]

仁齋明白駁斥宋儒未能掌握孟子「王道」之現實性格。他又設問並作答如下：

---

[47] 《語孟字義》，卷上，「天道」，頁 11。

[48] 同前註，「天道」，頁 12。

[49] 同前註，「理」，頁 24。許多日本學者析論伊藤仁齋之反宋學，常從江戶社會中大名、武士、庶民階級森嚴的社會背景入手，指出仁齋未曾出仕，故與主流思想朱子學保持距離（參看：阿部吉雄：〈日鮮中三國の新儒學の發展と比較して〉，《東京支那學報》第 12 號〔1996 年〕，頁 1-20），這種說法有其社會史之理據，但本文從思想史立場分析仁齋反朱子學之思想原因與方法論根據，期為此一問題進一新解。

[50] 《童子問》，中卷，第 8 章，頁 222。

問：「先儒論王道，必曰：『盡天理之極，而無一毫人欲
之私。』此語甚善，無可以加焉。何故不與王道相稱？」
曰：「聖人之治天下也，以天下大同之道，治天下大同之
人。建大中之道，而不為過高之行。故中庸曰：『君子以
仁治人，改而止。』蓋盡天理之極，非人人之所能，無
一毫人欲之私，亦非具形骸、有人情者之所能為。聖人
不以此自治，亦不以此強人。由仁義行，非行仁義也。
孟子曰：『先王有不忍人之心，斯有不忍人之政。』又曰：
『文王視民如傷。』聖賢之論王道如此，未聞以盡天理
之極而無一毫人欲之私為王道者也。蓋無一毫人欲之
私，即所以盡天理之極，而盡天理之極，便所以無一毫
人欲之私也。少林曹溪之徒，可以當之，而若吾聖人，
則不以此為道，故不可以此論王道也。宋儒之意，必謂
達摩、惠能所以不免為異端者，以其棄人倫也。若使彼
不棄人倫，則於盡天理之極而無一毫人欲之私，殆無餘
功也。[51]

仁齋認為孟子的「王道」政治是指平實而具體的為民創造福祉
的措施（我們在本文第二節第一小節已有詳細討論），不是如宋
儒所說的嚴「天理」、「人欲」之辨的「王道」。仁齋顯然是針對
朱子與陳亮（同甫，1143-1194）之間的「漢唐王霸」之辯而發。
扣緊《孟子·梁惠王》中孟子所陳述的「王道」之具體措施而
言，仁齋確實亦言之有據。但是，仁齋過度強調「王道」的現
實性格，卻也可能遺落了孟子「王道」政治的超越性之根據。
這種遺落之所以不可避免，固然與仁齋的樸素實在論的思想立

---

[51] 《童子問》，中卷，第8章，頁222。

場有關，但是更重要則是由於仁齋的方法論所導致的。

（二）訓詁學方法及其問題

　　仁齋以及其他古學派儒者重新詮釋孔孟以駁斥宋儒，常採取的方法是：（1）以訓詁學方法解決詮釋學問題；（2）這種方法未能深入掌握孟子思想的超越層面，遂使仁齋的孟子詮釋學成爲不成功的「護教學」。

　　（1:a）仁齋的方法在他解釋古典儒學兩大重要概念「理」與「道」之時，展現得最爲清楚。我們首先討論仁齋對「理」的解釋，他說：

> 若「理」字本死字，從玉里聲，謂玉石之文理，可以形容事物之條理，而不足以形容天地生生化化之妙也。〔……〕理是有條而不紊之謂，義是有宜而相適之謂。河流派別，各有條理之謂理。[52]

又說：

> 「理」字與「道」字相近，道以往來言，理以條理言。故聖人曰「天道」、曰「人道」，而未嘗以「理」字命之。〔……〕可見以理字屬之事物，而不係之天與人。[53]

仁齋所採取的是一種樸素實在論的哲學立場，他以「條理」解釋「理」，而不在超越層面解釋「理」（「以『理』字屬之事物，而不係之天與人」）。

---

[52] 《語孟字義》，卷上，「理」，頁22。
[53] 同前註，頁21。

　　仁齋廣泛引用字書，從訓詁學立場掌握「理」之「古義」係「條理」，企圖由此解構宋儒所說的「理」。仁齋的方法與十八世紀的戴東原如出一轍。戴東原說：「理者，察之而幾微必區分以別之名也，是故謂之分理；在物之質，曰肌理，曰腠理，曰文理；得其分則有條而不紊，謂之條理。」[54]日本古學派與中國清儒治學方法取徑相近，由此一端亦可窺其端倪。伊藤仁齋對「理」字的解釋，基本上係漢儒舊義。《淮南子・原道訓》：「夫能理三苗，朝羽民。」高誘注：「理，治也。」[55]《白虎通》卷八〈瑞贄〉亦以珪爲「其理具備」。[56]許慎《說文解字》：「理，治玉也。」大抵漢儒多以「分理」解「理」，仁齋之說即本此而來。

　　但是，仁齋以「條理」解釋「理」，將「理」之存有論層面及價值判斷內涵完全剔除，則與孟子對「理」的用法不免有所扞格。《孟子》書中「理」字共七見，固有四例作「條理」解（如〈萬章下〉：「金聲也者，始條理也。」），但是〈告子上・7〉：「心之所同然者何也？謂理也，義也」之「理」字，則有強烈之道德判斷涵義。仁齋所持之實在論立場，實難以掌握孟子學之價值論面向。再進一步來看，仁齋之實在論立場亦使他難以進入宋儒的「詮釋之環」。周敦頤（1017-1073）《通書・禮樂》云：「萬物各得其理，然後和。」此下經二程以至朱子，「性即理」之說大暢，朱子之「理一分殊」尤爲其思想之理論基礎。大抵言之，宋儒之「理」多指超越性之原理而言，宋儒正是在仁齋

---

[54]　戴震：《孟子字義疏證》，收入《戴震全集》（北京：清華大學出版社，1991年），第1冊，卷上，「理」，頁151。

[55]　《淮南子》（四部叢刊初編縮本），卷1，頁4下。

[56]　陳立：《白虎通疏證》（北京：中華書局，新編諸子集成本），上冊，頁350。

所謂「係之天與人」[57]的脈絡中講「理」。仁齋對宋儒「理」學之批判，未能進入宋學之殿堂直搗核心，故就宋學之觀點言，仁齋之批判實未能得其肯綮。

（1:b）其次，我們再考察仁齋對「道」之解釋。在《語孟字義》「道」條，仁齋說：

> 道，猶路也，人之所以往來也。〔……〕大凡聖賢與人說道，多就人事上說。〔……〕凡聖人所謂道者，皆以人道而言之。〔……〕道者，人倫日用當行之路。[58]

仁齋之詮釋誠有其訓詁學之依據，可謂甚得「古義」。《說文解字》：「道，所行道也，一達謂之道。」《釋名・釋道》：「道，蹈也；路，露也，言人所踐蹈而露見也。」甚至《尚書・洪範》：「王道蕩蕩，無黨無偏。王道平平，無反無側。王道正直，會其有極，歸其有極。」均以「路」釋「道」。仁齋說：「道，猶路也」，確有所本。

（2）但是，仁齋本訓詁學之方法，能否正確詮釋孟子學？這個問題的答案恐怕是否定的。且不論早在公元前 524 年（昭公十八年），子產（見於公元前 543 年記載；死於公元前 522 年）已有「天道遠，人道邇」之說（《左傳》昭公十八年），《易・繫辭傳》有「形而上者謂之道」之說法，均以「道」字指抽象之理或秩序言；孟子的「道」的用法，也多指抽象之價值而言。《孟子・盡心下・16》：「仁也者，人也。合而言之，道也。」即以「道」指人對仁之踐履。《孟子・離婁上・12》：

---

[57] 《童子問》，中卷，第 8 章，頁 222。
[58] 《語孟字義》，卷上，「道」，頁 18-19。

> 孟子曰：「〔……〕是故誠者，天之道也；思誠者，人之
> 道也。至誠而不動者，未之有也；不誠，未有能動者也。」

這一段話更顯示孟子思想世界中的「仁」具有超越性，人可以
把宇宙的本然（孟子所謂「天之道」）加以內在化，使它轉化爲
人日常生活的當然（孟子所謂「人之道」）。孟子更指出，「誠」
是溝通「天道」與「人道」的動力。

由此可見，伊藤仁齋所解釋的孟子的「道」顯然抖落了孟
子學的超越性內涵，將孟子思想中的「人」加以扁平化而成爲
「一度空間的人」。凡此種種缺失，都是由於伊藤仁齋以訓詁學
方法解決詮釋學問題有以致之，其結果則是仁齋的孟子學成爲
一種不成功的「護教學」。

四、仁齋孟子學的思想史涵義

（一）回歸原典運動的新動向

現在，我們的問題是：在東亞近世儒學史上，仁齋的孟子
學有何思想史之涵義？針對這個問題，我想提出兩項思想史的
涵義：（一）伊藤仁齋的孟子學解釋，透露了十七世紀以降東亞
儒者回歸原典運動的新動向；（二）也代表日本古學派對宋學批
判思潮的濫觴。我們先探討前者。

伊藤仁齋嘗序其《語孟字義》云：

> 予嘗教學者以熟讀精思《語》、《孟》二書，使聖人意思
> 語脈，能了然於心目間焉，則非惟能識孔、孟之意味血
> 脈，又能理會其字義，而不至於大謬焉。〔……〕一一本

之於《語》、《孟》，能合其意思語脈而後方可，不可妄意
遷就，以雜己之私見，所謂方枘圓鑿，北轅適越者，固
不虛矣，故著《語孟字義》一篇。[59]

又說：

> 欲為孔、孟之學者，不可以不讀孔、孟之書。欲讀孔、
> 孟之書者，不可以不識孔、孟之血脈。讀孔、孟之書，
> 而不識孔、孟之血脈者，猶船之無柁，夜行之無燭，
> 瞽者之失杖，而莫識其所嚮方也。其可乎？苟讀孔、
> 孟之書，而識孔、孟之血脈，天下何書不可讀？何理
> 不可辨？[60]

　　伊藤仁齋主張《論語》、《孟子》二書是儒家思想之淵源，
他推崇《論語》爲「最上至極宇宙第一書」，[61]而《孟子》則爲
「《論語》之義疏」，[62]兩者之價值均高出於六經之上。仁齋教誨
學生，詮釋儒學必須回歸孔、孟之原始教義，「慎勿踏近世學者
之故轍」。[63]

　　伊藤仁齋主張回歸孔、孟之書以釐清儒學「古義」，其實是
近世中日儒學史共同的新動向。伊藤仁齋藉註釋《論》、《孟》
以重建儒學原貌，代表日本古學派之興起。戴東原寫《孟子字
義疏證》以反朱子及宋儒，則代表中國乾嘉考據學之初興。從
比較思想史的觀點來看，仁齋及東原皆代表儒家思想從「尊德

59　《語孟字義》，卷上，頁 11。
60　《語孟字義》，卷下，頁 64。
61　《童子問》，頁 204。
62　同前註。
63　同前註。

行」轉入「道問學」的發展。[64]中、日儒者遙相呼應,展現類似
之回歸原典運動新動向。[65]但日本古學派與清代學術,尚有同中
之異。清代學者的學術工作有二:一是儒家經典的全面整理;
二是儒家觀念的還原。[66]但是,日本古學派由於學術環境與條件
的限制,多半集中在儒學觀念的還原這項工作之上。

(二) 對宋學的批判

伊藤仁齋的孟子學解釋所透露的另一項思想史涵義是:德
川時代古學派對宋學的反動與批判。古學派對宋學的批判,尤
其集中在 (a) 對宋儒所立超絕的「理」世界之拒斥;(b) 進而
主張於「人事」中覓「天理」的消息。本文第二節及第三節的
論述,已隨處就仁齋對宋儒之「理」之批判與拒斥有所論述,
茲不再贅及。現在僅就第二項再略事申論。

仁齋在重建儒學「古義」時,堅定地拒斥宋儒在現實世界
之上所立的超越的「理」的世界,這一點在上文中已詳加說明。
但是,值得注意的是,伊藤仁齋進而主張超越世界的訊息只能
覓之於具體的現實世界中,這就是本文第二節第一小節所分析
的「道在俗中」的觀點,也是仁齋所謂的「人外無道,道外無
人」的說法。仁齋說:

---

[64] 余英時:《從戴震到章學誠——清代中期學術思想史研究》(香港:龍門書局,1976 年),頁 15-30 及 185-196。

[65] 參考 Wm.Theodore de Bary, "Some Common Tendencies in Neo-Confucianism," in David S. Nivison et. al., eds, *Confucianism in Action* (Stanford: Stanford University Press, 1959), p. 4.

[66] 參看余英時:〈從宋明儒學的發展論清代思想史〉,收入氏著:《歷史與思想》(臺北:聯經出版事業公司,1976 年),頁 87-120,尤其是頁 106。

人外無道，道外無人。以人行人之道，何難知難行之有！
夫雖以人之靈，然不能若羽者之翔，鱗者之潛者，其性
異也。於服堯之服，行堯之行，誦堯之言，則無復甚難
者，其道同也。故孟子曰：「夫道一而已矣。」若夫欲外
人倫而求道者，猶捕風捉影，必不可得也。〔……〕天地
之間，唯一實理而已矣。[67]

　　仁齋所謂「實理」就是指具體的社會政治事務，而不是超
越的形而上的世界。他說：「聖人所謂知者，與後儒所謂知者，
亦夐然不同。所謂知也者，自修己而及乎治人，自齊家而及于
平天下，皆有用之實學。」[68]仁齋強調「實學」，強調在「人道」
中覓「天道」之消息，與十八世紀的戴震所持於「人欲」中覓
「天理」的主張，[69]亦遙相呼應。

　　最後，仁齋對宋儒之批判到底在德川思想史中是否意味著
朱子學思維方式的崩潰？這是一個學界爭議紛紜的問題。丸山
真男在 1952 年主張，德川思想史的發展歷程可視爲以朱學思維
模式爲中心的自然法思想解體的過程，[70]但後來在 1974 年他自
己也修正了他在1952年所持古學派興起意味朱子學思維方式崩
潰的說法。[71]渡邊浩[72]及田原嗣郎[73]也都認爲朱子學在德川社會

---

[67] 《童子問》，頁 205。

[68] 《語孟字義》，卷之上，「仁義禮智」，頁 30。

[69] 參考黃俊傑：《孟學思想史論‧卷二》，第 8 章，頁 331-372。

[70] 參考丸山真男：《日本政治思想史》（東京：東京大學出版會，1952 年）。

[71] Masao Maruyama, tr. by Mikiso Hane, *Studies in the Intellectual History of Tokugawa Japan* (Princeton: Princeton University Press, 1974), p. XXXIV.

[72] 渡邊浩：〈日本德川時代初期朱子學的蛻變〉，《史學評論》第 5 期（1983 年），頁 191。

[73] 田原嗣郎：〈伊藤仁齋における朱子學批判の意味──德川思想史構成の原

的影響力不應被過度誇大。職是，這個問題的確解，有賴於對
德川思想史中朱子學的角色與分量進行全面的釐清，謹俟諸異
日。

五、結論

　　這篇論文的目的在於探討伊藤仁齋對孟子學的解釋內容，
釐清仁齋的孟子學之性質，並說明其思想史的涵義。我們發現：
伊藤仁齋對孟子學的解釋兼顧內外二面，並以「王道」政治論
爲孟子學「血脈」之所在。仁齋析論孟子之「王道」政治論，
以王者之仁心爲其基礎，頗見慧識，亦切中孟子政治思想之肯
綮。仁齋對孟子的暴君放伐論的肯認，頗能得孟子政治思想之
精義。但是，仁齋對孟子性善論之解釋，於孟子即心善以言性
善之宗旨卻頗有違失。仁齋就「氣質」以論性善，特重從「人
倫日用」等具體性與特殊性之脈絡論人性，對孟子性善說中「人」
所同具之普遍必然性、超越性及連續性均有逸脫，殊可惋惜。
凡此種種均顯示德川古學派在詮釋古典儒學時之局限性。

　　伊藤仁齋詮釋孟子學時之所以出現局限性，主要原因在
於：仁齋企圖以訓詁學之方法解決詮釋學之問題。仁齋釋《孟》，
廣泛參考字書及漢儒訓釋，以重建孔、孟之「古義」爲職志，
然以方法論之限制，使仁齋未能悠遊涵泳於孟子學之思想世
界，亦未能進入宋儒之思想世界之中，終不免使其孟子詮釋學
所展現者爲孟子精神者少而爲漢儒觀點者多；而仁齋對宋儒之

理事實再檢討をめぐる問題〉，《日本史研究》第 72 號（1964 年 5 月），頁
64-74。

批判則雖有力卻不致命，良足浩嘆！

　　從東亞近世儒學史之視野觀之，伊藤仁齋之孟子詮釋學深具思想史之意義。仁齋所倡導之回歸孔孟原典運動，早於十八世紀的戴東原約百年，開啓了東亞近世儒者回歸經典運動之新聲。此種新動向也同時展現對宋代儒學之強力批判，尤集中在對宋儒所立的超絕之「理」之拒斥，以及強調於人事中覓「天理」之主張。凡此種種新動向，皆顯示伊藤仁齋在東亞近世儒學史之重要地位。

引用書目

中日文論著：

《淮南子》（四部叢刊初編縮本）。

小林俊雄：〈孟子傳來とその周邊──井上順理著本邦中世までにおける孟子受容史の研究を讀みて〉，《就實論叢》第 3 號（1973 年 11 月）。

_____：〈清家本孟子てきすと考〉，《日本中國學會報》第 31 集（1979 年 10 月）。

丸山真男：《日本政治思想史》（東京：東京大學出版會，1952 年）。

子安宣邦：《伊藤仁齋：人倫的世界の思想》（東京：東京大學出版會，1982 年）。

井上順理：〈孟子傳來考〉，《鳥取大學學藝學部研究報告（人文・社會・科學）》第 15 卷（1964 年 12 月）。

_____：《本邦中世までにおける孟子受容史の研究》（東京：風間書房，1972 年）。

田原嗣郎：〈伊藤仁齋における朱子學批判の意味──德川思想史構成の原理事實再檢討をめぐる問題〉，《日本史研究》第 72 號（1964 年 5 月）。

石田一良：《伊藤仁齋》（東京：吉川弘文館，1960 年，1973 年）。

市川安司：〈孟子集註「盡心」の解釋について〉，收入氏著：《朱子哲學論考》（東京：汲古書院，1985 年）。

加藤仁平：《伊藤仁齋の學問と教育：古義堂即ち堀川塾の教育史的研究》（京都：第一書房，1940 年，1979 年）。

伊藤仁齋：《語孟字義》，收入井上哲次郎、蟹江義丸編：《日本
　　　倫理彙編》（東京：育成會，1901 年）。

_____：《孟子古義》，收入關儀一郎編：《日本名家四書註釋全
　　　書》（東京：鳳出版，1973 年）。

_____：《童子問》，收入《近世思想家文集》（東京：岩波書店，
　　　1966 年，1988 年）。

_____：《古學先生詩文集》，收入相良亨等編：《近世儒家文集
　　　集成》（東京：株式會社ぺりかん社，1985 年）。

_____：《論語古義》，收入關儀一郎編：《日本名家四書註釋全
　　　書》（東京：鳳出版，1973 年）。

牟宗三：《心體與性體》（臺北：正中書局，1968 年）。

李明輝：〈孟子的四端之心與康德的道德情感〉，收入氏著：《儒
　　　家與康德》（臺北：聯經出版事業公司，1990 年）。

余英時：《從戴震到章學誠——清代中期學術思想史研究》（香
　　　港：龍門書局，1976 年）。

_____：〈從宋明儒學的發展論清代思想史〉，收入氏著：《歷史
　　　與思想》（臺北：聯經出版事業公司，1976 年）。

相良亨：《伊藤仁齋》（東京：株式會社ぺりかん社，1998 年）。

_____：《相良亨著作集》（東京：株式會社ぺりかん社，1996
　　　年）。

河村義昌：〈江戸時代における尊孟非孟の爭論について〉，《都
　　　留文科大學研究記要》第 5 集（1968 年 6 月）。

野口武彥：《王道と革命の間：日本思想と孟子問題》（東京：
　　　筑摩書房，1986 年）。

黃俊傑：《孟學思想史論・卷一》（臺北：東大圖書公司，1991
　　　年）。

_____：《孟學思想史論・卷二》（臺北：中央研究院中國文哲

　　　　　　研究所籌備處，1997 年）。

＿＿＿＿：《儒學傳統與文化創新》（臺北：東大圖書公司，1983
　　　　　　年）。

張　載：《張載集》（臺北：里仁書局，1981 年）。

勞思光：《新編中國哲學史》（臺北：三民書局，1983 年，1993
　　　　　　年），三上。

程頤、程灝：《二程集》（北京：中華書局，1981 年）。

渡邊浩：《近世日本社會と宋學》（東京：東京大學出版社，1985
　　　　　　年）。

＿＿＿＿：〈日本德川時代初期朱子學的蛻變〉，《史學評論》第 5
　　　　　　期（1983 年）。

阿部吉雄：〈日鮮中三國の新儒學の發展と比較して〉，《東京支
　　　　　　那學報》第 12 號（1996 年）。

溝口雄三著，趙士林譯：《中國的思想》（北京：中國社會科學
　　　　　　出版社，1995 年）。

＿＿＿＿：〈日本的近代化及其傳統因素：與中國比較〉，收入李
　　　　　　明輝編：《儒家思想在現代東亞：總論篇》（臺北：中
　　　　　　央研究院中國文哲研究所籌備處，1998 年）。

廣瀨淡窓：《讀孟子》，收入關儀一郎編：《日本名家四書註釋全
　　　　　　書》（東京：鳳出版，1973 年）。

黎靖德編：《朱子語類》（北京：中華書局，1983 年新校標點本）。

陳　立：《白虎通疏證》（北京：中華書局，新編諸子集成本）。

戴　震：《孟子字義疏證》，收入《戴震全集》（北京：清華大學
　　　　　　出版社，1991 年）。

蕭公權著：《中國政治思想史》（臺北：聯經出版事業公司，1980
　　　　　　年），上冊。

關尾富太郎：〈孟子の傳來とその普及〉，《漢文教室》第 43 號
（1959 年 7 月）。

英文論著：

de Bary, Wm. Theodore, "Some Common Tendencies in Neo-Confucianism,"
in David S. Nivison et. al., eds, *Confucianism in Action* (Stanford:
Stanford University Press, 1959).

Huang, Chun-chieh, *Mencian Hermeneutics: A History of Interpretations
in China* (New Brunswick and London: Transaction Publishers,
2001).

Maruyama, Masao, tr. by Mikiso Hane, *Studies in the Intellectual History
of Tokugawa Japan* (Princeton: Princeton University Press,
1974).

陸、

中井履軒的孟子學：
善性的「擴充」與「道」之人間性的重建

一、引言

　　中國朱子學約在公元十四世紀初傳入日本，後醍醐天皇即位之元應元年（1319），《南山編年錄》在元應元年十月條云：「四書集註始來」，到元亨二年（1322）七月二十七日已有皇帝與僚屬討論宋學的紀載。[1] 進入十七世紀以後的德川時代（1600-1868）初期，朱子學在德川幕府提倡之下，成為德川封建體制的意識型態。但是，也是從十七世紀開始，批判朱子學的聲音開始出現，古學派大師伊藤仁齋（維楨，1627-1705）與古文辭學派的荻生徂徠（1666-1728）就是批判朱子學的重要儒者，丸山真男（1914-1996）甚至主張十七世紀徂徠學的興起瓦解了作為德川封建體制之意識型態基礎的朱子學思維方式，奠定日本的近代意識。[2] 這種說法雖然受到許多學者的質疑，[3] 但是朱子學在德

---

[1] 井上哲次郎：《日本朱子學派之哲學》（東京：富山房，1905-1921 年），頁608-609。

[2] 丸山真男：《日本政治思想史研究》（東京：東京大學出版會，1976 年）；英譯本：Masao Maruyama, translated by Mikiso Hane., *Studies in the Intellectual History of Tokugawa Japan* (Tokyo: University of Tokyo Press, 1974)。

[3] 批判丸山學說的學者中比較重要的有以下諸家：
　1)田原嗣郎：《德川思想研究》（東京：未來社，1967 年）。
　2)守本順一郎：《東洋政治思想史研究》（東京：未來社，1967 年）。

川初期具有影響力殆爲不爭之事實。

　　十七世紀以後日本儒者對朱子學的批判，較常見的方式是透過重新詮釋《四書》，以瓦解以《四書集註》爲中心所建構的朱子學系統，其中《孟子》這部經典居於指標性之地位，因爲許多儒者的思想傾向或社會政治立場，常能從他們對《孟子》的詮釋中透露消息。舉例言之，伊藤仁齋解釋孟子學以「王道」政治論爲孟子學「血脈」之所在。仁齋析論孟子之「王道」政治論，以王者之仁心爲其基礎。仁齋對孟子的暴君放伐論的肯認，頗能得孟子政治思想之精義。但是，仁齋對孟子性善論之解釋，於孟子「即心善以言性善」之宗旨卻頗有違失。仁齋就「氣質」以論性善，特重從「人倫日用」等具體性與特殊性之脈絡論人性，對孟子性善說中「人」所同具之普遍必然性、超然性及連續性均有逸脫。仁齋之孟子學拒斥宋儒所立的超絕之「理」，以及強調於人事中覓「天理」之主張。凡此種種之動向，皆顯示東亞近世儒學史之新動向。[4]

　　這篇論文探討十八世紀大阪懷德堂儒者中井履軒（1732-1817，享保十七年～文化十四年）對孟子學的解釋。中

3)松本三之介：《國學政治思想史の研究》（東京：未來社，1957 年）。

4)源了圓：《德川合理思想の系譜》（東京：中央公論社，1972 年）。

5)相良亨：《近世日本儒教運動の系譜》（東京：弘文堂，1955 年）。

6)吉川幸次郎：《吉川幸次郎全集》（東京：筑摩書房，1981 年），第 17 冊。

7)平石直昭：〈戰中・戰後徂徠論批判─初期丸山・吉川兩學說の檢討を中心に─〉，《社會科學研究》（東京：東京大學社會科學研究所出版），第 39 卷第 1 號。

[4] 黃俊傑：〈伊藤仁齋對孟子學的解釋：內容、性質與內涵〉，收入黃俊傑編：《儒家思想在現代東亞：日本篇》（臺北：中央研究院中國文哲研究所籌備處，1999 年），頁 135-180。

井履軒名積德，字處叔，號履軒，與其兄中井竹山（1730-1804）均爲懷德堂講師，一般被歸類爲「大阪朱子學派」儒者。[5]懷德堂原是大阪的一家私塾，後來在五位商人（所謂「五同志」）的資助之下，從私塾轉化爲公開性質的講學場所，[6]這些十八世紀大阪地區的商人活躍於都市地區及財經領域，但他們也論述國家政治運作之道，尤其著眼於將經濟視爲政治問題的核心。從懷德堂儒者中井履軒與其兄竹山身上，可以看到他們政治思想的新觀點及其對德川武士貴族階級的摧枯拉朽的作用，爲日本的明治維新進行思想上的奠基工作。[7]中井履軒在十八世紀中晚期隱居市井在私人書房水哉館，對於存在於公共空間的以《四書集註》爲中心的儒家經典解釋中的一套朱子學論述，展開批判性的論述，經由這種批判而完成經典詮釋典範的轉移。[8]

　　中井履軒學問廣博，隱居水哉館遍註群經，撰成《七經雕題》共 36 冊，以卷帙浩繁而節其概要成爲《七經雕題略》共 20 冊，晚年在此基礎上撰成《七經逢原》共 32 卷。中井履軒撰寫

---

[5] 例如三蒲藤作：《日本儒理學史》（東京：中興館藏版，1928 年）即將中井兄弟歸爲「大阪朱子學派」。

[6] 「五同志」是：三星屋武右衛門（1673-1732，中村良齋）、道明寺屋吉左衛門（1684-1739，富永芳春）、備前屋吉兵衛（1693-1768，吉田可久）、舟橋屋四郎右衛門（生卒年不詳，長崎克之）、及鴻池又四郎（1692-1755，山中宗古）。關於懷德堂的研究論著較爲晚近的有：Tetsuo Najita, *Visions of Virtue in Tokugawa Japan: The Kaitokudo Merchant Academy of Osaka* (Chicago: University of Chicago Press,1987), p. 8。此書有日譯本，子安宣邦譯：《懷德堂：18 世紀日本の「德」の諸相》（東京：岩波書店，1992 年，1998 年）；陶德民：《懷德堂朱子學の研究》（大阪：大阪大學出版會，1994 年）。

[7] Tetsuo Najita, *Visions of Virtue in Tokugawa Japan: The Kaitokudo Merchant Academy of Osaka*, p. 220.

[8] 子安宣邦：《江戶思想史講義》（東京：岩波書店，1998 年），第 7 章：〈近世儒者知識人の存在と知の位相〉，頁 209。

上述解經之作，皆以朱子《四書集註》爲底本，在朱註之後對朱註施以批判，頗能體顯懷德堂的經典詮釋的學風。從中井履軒透過重新詮釋古典儒學而批判朱子學，我們可以看到十八世紀中期以降日本朱子學的內部危機已然暴露。在朱子學的旗幟之下，反朱攻朱的思想伏流業已隱然成形。

本文論述的中心課題在於中井履軒如何在朱子學解釋系統籠罩之下對孟子學提出新的詮釋。關於中井履軒透過經典詮釋而諍朱反朱的部分，本文雖因行文脈絡之需求而隨文涉及，但這一部分問題另待將來專文清理。本文結構除第一節說明中井履軒相關背景以及本文宗旨之外，第二節討論中井履軒詮釋孟子學的方法在於「歷史的解讀方法」；第三節分析中井履軒對孟子人性論的新解釋，指出中井履軒認爲孟子人性論主旨在於本善之心性由內向外的「擴充」，而不需如朱子所說由外向內之克治工夫。第四節分析中井履軒對孟子學中的「道」的再定義，指出中井履軒將孟子的「道」定義爲「人道」，切斷「道」的超越性根據，並以此反朱子及宋儒所建構的超絕之「道」或「理」，顯示十八世紀東亞儒學思潮的新動向。第五節從孟子學立場探討中井履軒孟子學的短長得失。第六節則綜合上述五節之論述，提出結論性的看法。

二、中井履軒釋孟的方法：歷史的解讀方法

中井履軒解讀《孟子》及其他儒家經典，（2:1）所採取的是一種「歷史的解讀方法」）（Historical approach），這種方法的運用方式有二：（a）將孟子的話語置於（中井履軒所理解的）歷史脈絡中加以解讀；（b）重建古典儒學傳承之歷史線索，並

在這種歷史線索中解讀《孟子》。（2:2）這種「歷史的解讀方法」雖強調文獻的依據，但是卻並不等同於「文獻的解讀方法」（Documentary approach），這是作爲所謂「大阪朱子學派」的中井履軒與作爲古學派的伊藤仁齋的解經方法差異之所在。（2:2）中井履軒企圖用「歷史的解讀方法」瓦解宋儒對孔孟思想的解讀，其所得不償其所失。我們詳細闡釋這兩項主要論點。

　　（2:1）中井履軒重新詮釋《孟子》，最常用的方法就是將孟子及其書置於中國戰國時代（403-222 B.C.）的歷史背景之中以開發孟子的話語之涵義。我試舉數例加以說明。《孟子‧梁惠王上‧1》「孟子見梁惠王」章，中井履軒一開始就將「孟子見梁惠王」一事置於歷史脈絡中解讀說：[9]

> 孟子生于孔子之後百有餘歲，是時東周既分，更爲東西周矣。兩周公有之，周王乃轉側寄食于兩周。無寸土，無一民，僅存民號而已矣。天下諸侯孰敢臣屬焉？是周亡既久矣。於是諸侯各自稱王，猶南北五季，皇帝眾多也。後之帝古之王也。雖不合於禮，未可以僭號痛貶焉。後儒或援孔子尊王之義以規孟子，或以僭號爲齊梁之大罪，大謬。皆不識周之已亡故也。

中井履軒指出孔子（551-479 B.C.）與孟子（371？-289？ B.C.）所處之歷史環境不同，所以孔子尊周，孟子見梁惠王，各有所當。中井履軒在這種歷史脈絡中理解孟子，並批判「後儒或援孔子之義以規孟子，或以僭號爲齊梁之大罪，大謬」。他所批評

---

[9] 中井履軒：《孟子逢原》，收入關儀一郎編：《日本名家四書註釋全書》（東京：鳳出版，1973 年），第 10 卷，孟子部 2，頁 11。

的「後儒」就是指宋儒。自北宋（960-1127）以降，孟子不尊周王頗引起宋儒之質疑，如李覯（泰伯，1009-1059）、鄭厚叔（叔友，約1135）、司馬光（君實，1019-1086）、葉適（水心，1159-1223）等均有非孟斥孟之作；尊孟者如余允文（約1163）、張九成（子韶，1092-1159）、朱熹（晦翁，1130-1200）、張栻（南軒，1133-1180）等亦起而爲孟子辯護。我在《孟學思想史論》第二卷曾說明：宋儒所處的歷史背景相對於五代季世而言，乃係一皇權高漲之時代。政治之現實是中央集權，是君主獨裁，是相權隳落，是君視臣如犬馬，是尊王之呼聲甚囂塵上。然而他們所反省鑽研的則是孟子政治思想之領域，他們的理想世界是使黎民不飢不寒的仁政，是以德行仁的王道精神，是發於「不忍人之心」的「不忍人之政」。簡言之，宋儒所處的政治現實是以君主爲政治之主體，然其所醉心者係以人民爲主體之理想政治。在這種雙重主體性的矛盾之下，宋儒閱讀《孟子》，自然爲《孟子》書中的王霸之別、君臣之分等議題所深深吸引，起而爲之爭辯不已。但是，孟子學的諸多論點之中，最受部分宋儒注意的，無疑就是與當時中央集權的政治現實，以及與《春秋》尊王思想扞格不入的孟子不尊周王問題，因爲孟子之不尊周對當時政治體制的確具有某種顛覆體制的潛在危險性。孟子不尊周王之所以引起宋儒質疑，理由在此。[10]中井履軒將孟子置於孟子時代歷史脈絡（contextualization）之中解讀孟子的話語及其行誼，以瓦解宋儒將孟子去脈絡化（de-contextualization）後對孟子施以批判之策略。

---

[10] 黃俊傑：《孟學思想史論・卷二》（臺北：中央研究院中國文哲研究所籌備處，1997年），第4章，頁127-190。

　　中井履軒所採取的「歷史的解讀方法」，尤其強調孔子與孟子所處歷史背景之差異，例如《孟子・公孫丑下・10》「孟子致為臣而歸」，中井履軒就這樣解釋：[11]

> 孟子之時，何如時也哉？天下之塗炭比之孔子之時，更加倍蓰。下距秦政之一統，不出百年矣。諸國皆有危亡之勢，聖賢憂世之念宜日益切，實如救焚拯溺，安得恬靜無事，優游高談，如治世儒先？故齊王之尊奉縱令出實心，孟子必不留也。此雖文外之義。讀者宜存是意。

中井履軒上文中所說的「文外之義」就是指經典文本的歷史脈絡而言。中井履軒又解釋《孟子・離婁下・21》「孟子曰：王者之跡熄。而《詩》亡。然後《春秋》作」一語說：[12]

> 王跡熄，謂王業滅絕也，不特政教號令也。詩云：「赫赫宗周，褒姒滅之」是也。周實亡於幽王矣。東遷以後，名號存焉而已，是未有代德故也。孔子周世之人，故不敢顯稱其亡。後世從承，亦無敢斷其亡矣，故言議模糊，卻疑於孟子之言，謬也。孟子之時與孔子之時，事勢又大異。齊取燕，在于王赧元年。王赧死而不得諡，名號亦絕矣。時事可知已。

以上所舉這類解釋都是他的「歷史的解讀方法」的具體運用。

　　中井履軒也將孟子的行誼脈絡化於歷史背景之中，以解讀孟子行誼之意義。《孟子・告子下・5》記載「孟子居鄒，季任

---

[11] 《孟子逢原》，頁 128。
[12] 《孟子逢原》，頁 246。

爲任處守，以幣交，受之而不報。處於平陸，儲子爲相，以幣
交，受之而不報」，中井履軒解釋孟子的行誼說：[13]

> 是時七雄分割天下，舊國多滅亡。然鄒魯滕任等往往猶
> 存者，何也？曰：舊國稍有力量者能與七雄爲敵，故先
> 亡矣。其小國則服役之不暇，何敢與爲敵？故後亡。蓋
> 七雄皆萬乘有餘矣，小國多者數百乘，少者僅僅三五十
> 乘，其勢懸絕。且七雄稱王，則小國皆應稱臣服從焉，
> 乃與其縣邑大夫無異。故七雄視之蔑如，無意於滅之耳。
> 蓋周之封國已滅，而爲七雄之有也。彼已奉貢職，服徭
> 役，何必滅之而後爲快哉？非七雄尚有慈惠也。

中井履軒從當時具體而特殊的歷史脈絡，解釋孟子所處之歷史
情境。

不僅如此，甚至於孟子作爲一個普遍命題而提出的論述，
中井履軒也置於特殊的歷史脈絡中加以解釋，最有代表性的例
子就是《孟子・盡心下・13》「孟子曰：不仁而得國者，有之矣。
不仁而得天下，未之有也」。中井解釋說：[14]

> 後人多以秦始皇疑於是章，謬矣。夫秦何足言哉？求之
> 古，猶后羿寒浞矣。比之後，則王莽是已。但夏漢既絕
> 而復繼，故羿浞與莽不列於王代。周亡而不復興，故秦
> 閒於曆數。此所以生後人之惑耳。羿浞篡夏，至少康復
> 興，中間五六十年矣。莽篡漢至滅，亦二十年內外矣。
> 秦并天下，至其亡僅十有六年矣。是實不足言者。今除

---

[13] 《孟子逢原》，頁 362。
[14] 《孟子逢原》，頁 443-444。

秦數得天下者，唯晉隋與漢唐宋而已。元以下姑舍之，
如三國南北朝五季，是國已，非天下。正與周季七雄同，
不足數也。晉隋之初，雖未合乎仁道，頗脩飾結民心。
未可以不仁棄之。又遭乎敵國昏迷衰亡之期，所以致混
一矣。如晉惠之愚闇，隋煬之凶虐，古今所希，焉得不
亡哉？不必係於國初之淑慝也。設令伊尹不放太甲以致
滅亡，豈得以為成湯之累哉？少康若不復舊物，則夏之
亡在禹之孫世。豈亦大禹之累也哉？故不得以晉惠隋
煬，疵瑕於武文也。若謂武文未仁與，唐宋之祖豈能合
於仁道乎哉？其假仁義正與晉隋同，而傳世獨長，亦賴
後嗣之能負荷耳。唐若使建成元吉等嗣位與？其必一再
傳而失之者，此等甚有曲折，亦有幸有不幸。鄒氏不細
推之，輒作一概論，以湊合乎經文，不亦汰乎？此以為
舉子呈文則可，不當采入于經解中。所謂不仁，猶言暴
虐也。與未仁大有間。不仁哉梁惠王，天子不仁，不保
四海，皆與此同。所謂未之有，以前事為證也，非謂後
世亦必無之也。讀書粗略者，往往不曉此等語氣，妄生
議論，慎勿聽。

中井敘述中國史所見歷代王朝之史實，其作用是爲了以具體的
歷史敘述，印證孟子的抽象的道德政治命題。[15]

---

[15] 中井履軒有時也對歷史脈絡有所誤解，例如《孟子・梁惠王下・11》孟子
在齊伐燕後與齊宣王之對話，朱子註以為孟子之意是說：「齊之取燕，若能
如湯之征葛，則燕人悅之，而齊可為政於天下矣。」中井刻意駁斥朱註說：
「註：齊可為政於天下。此是大早計，非本文所及。上文稱湯者，是善惡
相照，以為說耳。非以此為標的而勉齊王也。」（《孟子逢原》，頁 63）中
井之說與孟子政治思想脈絡頗有出入。誠如蕭公權師云：「孟子黜霸，其意

　　（2:1b）中井履軒的「歷史的解讀方法」的第二種運用方式就是「重建」古典儒學的學統。他認為孔孟思想之所以遭受「後儒」誤解或曲解，乃是因為古代儒家學統鬱而不彰之故。中井履軒說：[16]

> 夫子晚年緒正六經，固非無垂教之意。然秦漢以降，禮樂已泯滅矣。詩書缺亡紛亂，無以見夫子之功。《易經》雖存矣，亦無功。《春秋》亦非孔子之筆，故傳孔子之道者，唯《論語》、《孟子》、《中庸》三種而已矣，皆後人之績，而非宰我所知。豈容据此等說哉？是故夫子垂教之績，皆泯於秦火，而後世無傳也。此頗吾一家之言，人或不之信，仍信用《易傳》、《春秋》者，則塵塵亦唯有是二事而已。學者試取《易傳》、《春秋》。通讀一過以評之，何處是傳堯舜之道者？

中井履軒認為：只有《論語》、《孟子》、《中庸》等三部經典，才能傳孔子之道，其餘如《易傳》及《春秋》均不足為據。[17]

　　中井履軒進而指出，《孟子》義理與《論語》、《中庸》一脈

在尊王而促成統一。然所尊者非將覆之周王而為未出之新王，所欲促成者非始皇專制天下之統一而為先秦封建天下之統一。簡言之，孟子之意在乎立新政權以復舊制度。」（見蕭公權：《中國政治思想史》〔臺北：聯經出版事業公司，1982年〕，頁100）孟子之意實是鼓勵齊王行仁政為天下一統之王。野口武彥認為中井履軒將孟子話語還原到戰國時代政治之現實，乃是為切斷道德與政治之關係，亦有待商榷。見野口武彥：《王道と革命の間：日本思想と孟子問題》（東京：筑摩書房，1986年），頁41。

16　《孟子逢原》，頁96。

17　《孟子逢原》，頁246。中井又說：「孔氏《春秋》，蓋亡於秦火矣，永絕其傳。若左穀所傳之經，是舊《春秋》之殘編矣，非孔氏之書。左穀獲之，謬以為孔氏《春秋》，遂穿鑿附會，大惑後學。」

相承。他認爲孟子性善說乃淵源於古聖賢，他說：[18]

> 性善二字，孟子始定之云爾。亦以世上有異言，故特作
> 是語也。其意義則古聖賢所言皆如此，《管子》等書間能
> 言之。《論語》、《中庸》諸書，皆與孟子合。蓋楊墨及五
> 行家未作之前，天下之言性無他岐也。至于楊墨固舛，
> 而五行家尤滅裂矣。後人迷于他岐，乃指孟子性善為一
> 家之言矣。貶者固非，褒者亦未允。在後世唯程張論性
> 最優。然亦自五行家一轉而來者，且不全廢五行，故其
> 理氣、本然氣質、天理人欲等，猶帶泥曳水，未脫洒耳。

他用他所重建的古代儒家學說來駁斥朱子引程子說孟子性善是
「擴先聖之所未發」。

　　（2:2）但是，值得注意的是：中井履軒的「歷史的解讀方
法」，固然極爲強調文獻之真偽，但是並不等同於德川初期十七
世紀古學派大師伊藤仁齋的「文獻的解讀方法」。這種差異正可
以顯示十七世紀古學派大阪懷德堂朱子學學風之不同。

　　中井履軒一再強調「有爲之言，不可以解經」，[19]伊藤仁齋
也說：「大凡欲讀孟子之書者，當以孟子之言相證，不可以己之
意解之。凡舊解所說者，皆臆度之見，非孟子之旨也。」[20]但是

---

[18] 《孟子逢原》，頁 141-142。中井履軒在解釋《中庸》時，也表達相同意見，
他說：「《中庸》之率性中和，正與孟子之性善合矣。是知性善之言，定於
孟子，而其義則非肇於孟子也。」見中井履軒：《中庸逢原》，收入關儀一
郎編：《日本名家四書註釋全書》，第 1 卷，頁 23。

[19] 《孟子逢原》，頁 40，類似說法亦見於頁 58、66 及 453。

[20] 伊藤仁齋：《孟子古義》，收入關儀一郎編：《日本名家四書註釋全書》，第
9 卷，卷 7，頁 284。

仁齋解釋經典常常不免拘泥於「字義主義」（literalism），仁齋釋
《孟》廣泛參考字書及漢儒訓釋，以重建孔、孟之「古義」為
職志，但是在方法論上，仁齋企圖以訓詁學之方法解決詮釋學
之問題，這種方法論上的限制，使仁齋未能悠遊涵泳於孟子學
之思想世界，亦未能進入宋儒之思想世界中，終不免使其《孟
子》詮釋學所展現者，屬孟子精神者少而屬漢儒觀點者多；而
仁齋對宋儒之批判則雖有力卻不致命。[21] 與伊藤仁齋比較之下，
中井履軒注重的是「脈絡」（context）而不是「字義」（literal
meaning）。

（2:3）那麼，中井履軒如何以「歷史的解讀方法」瓦解宋
儒的解讀呢？我們舉《孟子・告子下・7》為例加以說明。孟子
說：「五霸者，三王之罪人也，〔……〕是故天子討而不伐，諸
侯伐而不討。」朱子解釋這段話說：[22]

> 討者，出命以討其罪，而使方伯連帥帥諸侯以伐之也。
> 伐者，奉天子之命，聲其罪而伐之也。摟，牽也。五霸
> 牽諸侯以伐諸侯，不用天子之命也。自入其疆至則有讓，
> 言巡狩之事；自一不朝至六師移之，言述職之事。

中井履軒駁斥朱註說：[23]

> 凡註中屢稱天子者，似回護齊桓之僭踰，恐闇於時勢，
> 且霸元類於僭踰，夫諸侯而行天子之權，未有代德，不
> 得已也。毀之者曰僭踰，譽之者曰大業，故僭踰非所以

---

[21] 黃俊傑：〈伊藤仁齋對孟子學的解釋：內容、性質與涵義〉，本書第 5 章。

[22] 朱熹：《四書章句集注》（北京：中華書局，1982 年），頁 344。

[23] 《孟子逢原》，頁 368。

> 病霸者也，亦何回護之為？時勢有古今，持論亦有古今，
> 不可弗精擇焉。

中井是以「歷史的」＝「具體的」＝「特殊的」＝「現實的」（他所謂的「時勢」）解讀方法，瓦解朱子的「道德的」＝「抽象的」＝「普遍的」＝「理想主義的」解讀及其論述。

　　中井履軒與朱子的差異在於：中井相信孟子及其行止的意義，都是可以經由歷史的還原而重新建構；朱子所採取的近於拉卡普拉（Dominick LaCapra）所謂的「對話的研究途徑」（Dialogical approach）。宋儒包括朱子常常帶著他們的問題進入經典世界，與經典作者進行對話；中井履軒則採取一種觀察者（而不是參與者）的立場，企圖經由「歷史的解讀方式」而重構經典的原意。相對於朱子而言，中井履軒採取拉卡普拉所謂的「概要式的閱讀」（Synoptic reading），企圖從文本中獲取可靠而固定的訊息。[24]

---

[24] 參考 Dominick LaCapra, "Rethinking Intellectual History and Reading Texts," *History and Theory*, XIX: 3 (1980), pp. 245-276。此文後來收入 Dominick LaCapra, *Rethinking Intellectual History: Texts, Contexts, Language* (Ithaca and London: Cornell University Press, 1983)，pp. 23-71。LaCapra 最近對於他所謂的「對話式的閱讀」（Dialogic reading）以及「概要式的閱讀」，有進一步的討論，參考 Dominick LaCapra, "History, Reading, and Critical Theory," *American Historical Review*, Vol. 100, No. 3 (June, 1995), pp. 799-828。

三、中井履軒對孟子性善論的再詮釋:「擴充」而不是「克治」

中井履軒採取上述「歷史的解讀方法」,進入孟子的思想世界,(3:1)他認為孟子性善論要義在於將固有之善性由內向外「擴充」,而不是如宋儒所說向外覓「理」並由外向內「克治」己身之私慾。(3:2) 他對孟子的「心」之解讀,基本也是採取「心」是價值之源的看法。(3:3) 他對孟子心性論的詮釋,顯示他內在一元論的思想立場。我們闡釋這三項論點。

(3:1) 中井履軒釋孟,於性善乙節發揮特多,《孟子逢原》全書一再申說孟子性善論乃指人所固有之善性,因此其要義在培養以「擴充」,中井說:[25]

> 凡孟子論性,每揭固有之善,輒繼之以養之之方。若曰:人皆可以為堯舜,謂有可為堯舜之種子存焉,非謂赤子之心全與堯舜之德同也。養性養氣,其義一也。宋諸賢主張固有之善大過,諸善眾德皆歸之復初,是故克治之功勤而擴充之旨微矣。雖未倍於大道,而亦與孟子異矣。及其理氣之說,與孟子不相符者,皆坐于此。

中井履軒認為孟子性善論要義在「擴充」,因為人人皆有生而俱有之善性,所須努力者僅在於由內向外擴充而已。

中井是在朱子學的傳統之下,重新解釋孟子,他特重「擴充」之旨明顯地係針對朱子「復初」之說而發。《論語・學而》載孔子之言,「學而時習之,不亦悅乎?」朱子集註曰:「人性

---

[25] 《孟子逢原》,頁84。

皆善，而覺有先後，後覺者必效先覺之所爲，乃可以明善而復
其初也。」[26]朱子所謂「復初」之說語出《莊子・繕性篇》：「繕
性於俗學，以求復其初。〔……〕心與心識知而不足以定天下，
然後附之以文，益之以博。文滅質，博溺心，然後民始惑亂，
無以反其性情而復其初」，「復初」意指克去後天之雜質以回歸
本然之性。《淮南子・俶真訓》：「是故聖人之學也，欲以反性於
初」，高誘注云：「人受天地之中以生。孟子曰：性無不善，而
情欲害之，故聖人能反其性於初也」，朱子以「復初」解孟子性
善之旨，與他解釋《論語・顏淵》子曰：「克己復禮爲仁」一語
持論一貫。朱子說：[27]

　　仁者，本心之全德。克，勝也。己，謂身之私欲也。復，

---

[26] 《四書章句集註》，頁 47。

[27] 同前註，頁 131。《論語・顏淵》子曰：「克己復禮為仁。一日克己復禮，
天下歸仁焉。為仁由己，而由人乎哉？」一句，極具關鍵，係宋代以後歷
代註家聚論之焦點。從歷代註家對「克己復禮」一詞之解釋，頗可見思想
史之轉折。孔子答顏淵問仁時所說「克己復禮」和「為仁由己」這兩句話，
言簡意賅地暗示了「仁」與「禮」的複雜關係。朱子以「勝」解「克」即
本此而言。朱子註《孟子・梁惠王下・5》所云「克己復禮之端」，蓋指「克
去己私，復此天理」之功夫而言。自從朱子將「克己」解釋為去除「己身
之私欲」以後，引起了明、清兩代儒者的批判，如明末陽明門下的鄒守益
（1491-1562）、王龍溪、羅近溪、清初的顏元（習齋，1635-1704）、李塨
（恕谷，1659-1733）、戴震（東原，1723-1777），對朱子的「克己復禮」
的解釋，均有強烈批判。他們都反對宋儒所持的存天理、去人欲的人性論，
也反對所謂「本然之性」、「氣質之性」二分的人性論，而主張性一元論。
戴震將朱註中之「私欲」，分解為「私」與「欲」，主張「私」故當去之，
但「欲」則不可去。宋儒「存天理、去人欲」之思想，至戴震而一大轉折，
並以「欲」為首出。「克己復禮」解釋之變化，具體而微地顯示明清思想史
之轉折，日人溝口雄三論此節最精，參見溝口雄三：《中國前近代思想的屈
折と展開》（東京：東京大學出版會，1980 年），第 3 章，〈清代前葉にお
ける新しい理觀の確立──克己復禮解の展開からみて〉，頁 283-311。

> 反也。禮者，天理之節文也。為仁者，所以全其心之德
> 也。蓋心之全德，莫非天理，而亦不能不壞於人欲。故
> 為仁者必有以勝私欲而復於禮，則事皆天理，而本心之
> 德復全於我矣。

朱子所強調的人努力於「克」去己身之「私慾」，他所走的不是
「率性」或「由己」的路。

　　中井履軒完全不能接受朱子的解釋，中井註《論語・學而》
第一章明白指出朱註不可取，他說：「性善復初，及先後覺，
此章不必言」。[28] 中井解釋《孟子・梁惠王上・1》也反對朱子
所持「仁者，心之德，愛之理。義者，心之制，心之宜也」之
說，他認為：「若心之德，心之制，是宋代復初之說矣，非所
以解七篇。」[29] 中井履軒主張孟子所說之善性無待後天之矯揉
克治。他說：[30]

> 性善也，惟有擴充而已，無所施矯揉耳。矯揉必俟習蔽
> 之敗壞而後可施，不得淆雜作解。人有少壯無過失，將
> 老而迷亂于聲色者，是類不少，豈氣稟之由哉？昏明強

---

[28] 中井履軒：《論語逢原》，收入關儀一郎編：《日本名家四書註釋全書》，第6卷，論語部4，頁10。

[29] 《孟子逢原》，頁12。

[30] 《孟子逢原》，頁328-329。中井履軒解釋朱子所訂《中庸》第21章「故君子尊德性」一句也說：「德性。猶言善性也。〔……〕崇奉善性，而率由焉。〔……〕合首章天命率性觀之，與孟子性善之說吻合無間，孰謂孟子創立乎性善之說哉？〔……〕大抵宋代復初之說盛矣，故克治之功勤，而擴充之旨微矣。以自治，亦無所大失，以解經，則其失弗細。」見《中庸逢原》，頁78-79。中井履軒將《中庸》與《孟子》貫而通之，正與朱子本《大學》解《孟子》構成強烈對比。

弱，究竟氣質之優劣而已。優劣者百人而百級，千人而千等，猶身材之長短，膂力之多少，豈可一之哉？然優劣者，愚夫愚婦皆能知之，不俟識者之辨矣。但以此為性，而意其一定不可移，遂自畫而無遷善希賢之心，所以孟子有性善之說，使人擴充焉。遷善希賢，日進而弗息焉。若氣質優劣，有不足恤者。且愚夫愚婦所知，故舍而弗論焉。孰謂之不備哉？

中井履軒也從這個觀點解釋孟子所說：「天下知言性也，則故而已矣。故者以利為本。」這句話說：[31]

> 利是利導之利，本猶主也，謂以此為本事也。是定主意之義，是本幹之本，非原本之本。宜利導之，不當有所害，亦是率性擴充之意。

他將孟子這句話中的「本」解為「本幹之本」而不是「原本之本」，這與他對孟子性善說的詮釋一脈相承，互為發明。

　　中井履軒分析宋儒之所以未能正確掌握孟子性善論之確解，乃是因為「宋之諸賢循古昔俗論，先自立言，乃欲據以解經，豈可得哉？」[32]因為宋儒已先有一套學說橫亙胸中，所以「凡註娓娓敘說者，皆宋代理氣之說，而未吻合於孔孟之言者。是別自立言可也，未可主張用解孔孟之書也。」[33]因此，他強烈反

---

[31] 《孟子逢原》，頁 252。
[32] 《孟子逢原》，頁 453。
[33] 《孟子逢原》，頁 319。中井履軒又說：「人之於性，猶鐵之於利也。用鐵為刀，利自存焉。人生而呱呱，性自存焉。然鍛鍊之功，正在於鐵離山之後。擴充養性之功，亦在於人生呱呱之後。後儒主張性太過，譬如視鍛成之刀，所以唯有磨礪之工夫，而無鍛鍊之術。其與孟子不吻合者，皆坐於此。復

對朱註，他宣稱：[34]

> 復性之本，殊非孔孟之旨。若孟子唯有擴充而已矣。擴
> 充者，進往也。復初者，還家也。其道猶陰陽矣。凡復
> 初諸說，並不得采入于七篇解中。

揆中井之意，蓋以為「擴充」之由內向外推擴，即所謂「擴充
者，進往也」；宋儒所說的「復初」，則是外在於己身之「理」
克治「心」，所謂「復初者，還家也」，他認為宋儒這種說法不
合孟子性善說原旨。

　　（3:2）　中井履軒以「擴充」釋孟子性善之要義，必然涉
及對孟子的「心」之解釋。中井認為孟子的「心」乃是一切價
值意識如仁義忠信之源頭，他解釋《孟子・盡心下・1》「孟子
曰：『盡其心者，知其性也。知其性，則知天矣。』」說：[35]

> 盡心者，是仁義忠信，所以自持而應物，十分備具，心
> 之用無欠闕也。此非知性固具是道理者弗能也。皆切人
> 身而言，非窮物理無不知之謂。盡，是悉盡之盡，非窮
> 盡之盡，猶是詳與審之分。悉盡似詳，窮盡似審。審義
> 在淺深，其位直遂。詳義在多少，其位橫列。自親義別
> 序信，以至乎子惠萬民，其品節亦多矣。然其道理，皆
> 具於心德。乃詳盡之，非小可之事。

中井認為孟子所說之「心」已具備一切價值意識，所以「心之
用無欠闕」。這種意義下的「心」不必向外求「理」以保證「心」

初與養性，猶出入往還，義不相容。」同前書，頁 387。
[34]　《孟子逢原》，頁 385。
[35]　《孟子逢原》，頁 385。

的運用之正確無誤。

　　中井對孟子「盡心」一詞的解釋，與朱子的解釋出入甚大，朱子說：「心之體無所不統，而其用無所不周者也。今窮理而貫通，以至於可以無所不知，則固盡其無所不統之體，無所不週之用矣」，[36] 又說：「盡心，如何盡得？不可盡者心之事，可盡者心之理。理既盡之後，謂如一物初不曾識，來到面前，使識得此物，盡吾心之理」，[37] 朱子基本上將孟子學中的德性問題轉化為知識問題，朱子對「盡心」的解釋與他以「窮理」詮釋「知言」及「養氣」二概念一樣，基本上是以《大學》「格物致知」觀念解《孟子》，違失孟學宗旨實極明顯。[38] 相對於朱子之本《大學》釋孟子，中井履軒思想本於《中庸》的「誠」的哲學，並意圖以「誠」的哲學貫通《四書》。[39] 履軒之學大致走的是以主攝客的進路，以達到內外一體、顯微無間的境界。

---

[36] 朱子：《孟子或問》，收入《朱子遺書》（臺北：藝文印書館，影印清康熙中禦兒呂氏寶誥堂刊本），第 5 冊，卷 13，頁 1，上半頁。

[37] 黎靖德編：《朱子語類》（北京：中華書局，1983 年），卷 60。

[38] 我在《孟學思想史論・卷二》第五章有詳盡討論。

[39] 參考相良亨：《近世の儒教思想──「敬」と「誠」について》（東京：塙書房，1966 年，1977 年），頁 200-206；相良亨：〈近世儒教の特色──誠の倫理〉，收入古川哲史、石田一良編：《日本思想史講座 4：近世の思想 1》（東京：雄山閣，1976 年），頁 55-65。相良亨曾撰專文論德川儒學中的「誠」，他指出：中國宋明儒學是以「敬」為中心，而日本儒學則是以「誠」為中心而展開。他認為，德川初期朱子學籠罩全局，中江藤樹、熊澤蕃山、山鹿素行、伊藤仁齋等人，都曾進出朱子學然後才逐漸建構以「誠」為中心的儒學體系。在這條思潮發展過程中，中井履軒正是為以「誠」為中心的儒學奠定文獻學基礎的人物。見相良亨：〈德川時代の「誠」〉，收入相良亨：《日本の儒教 II》（《相良亨著作集》第 2 卷）（東京：ぺりかん社，1996 年），頁 121-136。

（3:3）從以上所論述的這二點看來，中井履軒可以說是站在內在一元論的立場重新詮釋孟子並批判朱子學。他的思想立場在他註釋《孟子》「萬物皆備於我」一語最能透露其消息。中井說：[40]

> 備於我，謂我之應接乎萬物，處置乎萬事者，無假於外也。父子君臣，亦皆物也；親義別信，亦皆事也。此「物」字通事物而言也，

履軒持內在一元之觀點，認爲宇宙萬物及人事儀則皆爲一錯綜複雜的意義之網，故其意義必待我之主體性之觀照而彰顯，這種說法可視爲孟子「萬物皆備於我」一詞之確解。

從這種內在一元論出發，中井履軒當然不能同意宋儒理氣二元、心物二分、體用二分、義理之性與氣質之性二分等說法。他說：

（1）凡宋代言語，喜二物對說，本然氣質、理氣、體用、清濁之類亦皆然，其實由舉業文字而生焉。是癖既成，而宋代之人，不自知覺焉。[41]

（2）宋代理氣之說〔……〕未吻合於孔、孟之言者，是別自立言可也，未可主張用解孔、孟之書也。[42]

（3）古人孟子以上，未有體用之說。[43]

---

40 《孟子逢原》，頁 390。
41 《孟子逢原》，頁 328。
42 《孟子逢原》，頁 319。
43 《孟子逢原》，頁 106。

所以，中井履軒認為孟子所說的「心」就是指「本心」，他批評朱註說：「秉彝之良心，禮義之心，羞惡之本心，紛紛錯出。心豈有三四哉？既曰本心，則夫數者皆在焉，何勞分釋」，[44] 他也認為：「凡孔孟論性，時有汎切之分，曾無本然氣質之別」，[45]這些都是他所持的內在一元論所自然提出的解釋。

四、中井履軒對孟子的「道」的解釋：「道」的人間性的重建

中井履軒的孟子學的第二個突出面相，是他對於孟子思想中「道」的人間性的「重建」。(4:1) 所謂「重建」是指中井履軒瓦解朱子為孔孟思想中的「道」所建構的形上學層面，並「恢復」「道」的人間性格。(4:2) 從這種孟子學中「道」的人間性之「重建」工程之中，我們可以看到十八世紀大阪朱子學者所承受於十七世紀古學派之思想遺產，也可以窺見十八世紀東亞「實學」思潮的一斑。我們闡釋以上這兩項論點。

（4:1）我們首先看看中井履軒如何「重建」孟子思想中「道」的涵義。我說「重建」，是因為中井履軒是在朱子學籠罩之下思考孟子學，他從方法論上批判宋儒的理氣二元論，從而瓦解朱子所立的超絕之「理」，重新「恢復」他認為的孟子學中「道」的原始面貌——人間性。這項「重建」雖然有效地完成了批判朱子學的任務，但卻未能全面掌握孟子學之內涵，所得或不能償其所失。

---

44 《孟子逢原》，頁 341。
45 《孟子逢原》，頁 381。

中井履軒在解釋《孟子・公孫丑上・2》「其爲氣也,配義與道,無是餒也」一句時,明白宣示孟子思想中「道」的人間性:[46]

> 道元假往來道路之名,人之所宜踐行,故謂之道也。所謂聖人君子之道,堯舜文武之道,皆弗離乎人矣。《易傳》諸書乃更假論易道天道,及陽陰鬼神莫不有道焉,並離乎人而為言矣。至于異端之言則又已甚,蓋立言之不同,隨言而著解斯可矣。孔孟之言,道弗離乎人。乃以離乎人之言作解,焉可也?若天理之自然,不可謂弗離乎人也。乃推求敷演,三鍛五鍊,廛入乎人道者,豈可用此解釋古文哉?夫解者解也,是解結,使人易曉者也。今世學者,弗苦經之難讀,而苦乎集註難曉。

中井這一段詮釋,顯然是針對朱子的解釋而發。朱子集註解釋這句話說:「義者,人心之裁制。道者,天理之自然」,[47]朱子在「人道」之上另立一個超絕的「天理」,以統轄人間事事物物之運作與變化。朱子也解釋孟子的「知言」說:「知言者,盡心知性,於凡天下之言,無不有以究極其理。而識其是非得失之所以然也」,[48]朱子主張人應即天下之萬事萬物而窮究其「理」。中

---

[46] 《孟子逢原》,頁 87。中井履軒認為孔孟之「道」皆是「人倫日用」之「道」,他解釋《論語・述而》「子曰:志於道」一語說:「道,如君子之道,堯舜之道,夫子之道,吾道之道,此與人倫日用當行者,非兩事。〔……〕集注解道字,或云:『事物當然之理』,或云:『人倫日用之間所當行者』,如判然兩物,不知其義果經乎?竊恐不若用一意解之。」見《論語逢原》,收入《日本名家四書註釋全書》,第 6 卷,頁 127。

[47] 《四書章句集註》,頁 234。

[48] 同前註。

井履軒棄絕朱子所建構之理氣二元之說，主張「道」「皆弗離乎人」，他經由對「道」的重新解釋而重建「道」的人間性格，瓦解宋儒所賦予的「道」之超越性。

中井履軒對「道」之人間性的重建，不僅見之於他的孟子學詮釋，也見之於他對《論語》與《中庸》的解釋，持論一貫。舉例言之，《論語‧里仁》孔子有「吾道一以貫之」之語，朱子集註釋之曰：[49]

> 夫子之一理渾然而泛應曲當，譬則天地之至誠無息，而萬物各得其所也。自此之外，固無餘法，而亦無待於推矣。曾子有見於此而難言之，故借學者盡己、推己之目以著明之，欲人之易曉也。蓋至誠無息者，道之體也，萬殊之所以一本也；萬物各得其所者，道之用也，一本之所以萬殊也。以此觀之，一以貫之之實可見矣。

朱子以其「理一分殊」之命題詮釋孔子一貫之「道」，中井履軒反對這種以超絕之「理」下貫之「道」，他宣稱：「夫子之道，仁而已矣，非別有道」，他並指出朱子所說「渾然一理，用處體一等，皆空論」。[50]

中井履軒也以同樣觀點解釋《中庸》「道也者，不可須臾離也」一句，他說：[51]

> 道字繳上文也，此宜不須別解。若必下解，宜言人所當踐行之條路也。註乃言日用事物當行之理，是理屬于事

---

[49] 《四書章句集註》，頁 72。

[50] 《論語逢原》，頁 74。

[51] 《中庸逢原》，頁 20。

> 物，而不屬于人。失之。又以道為性之德，大無分辨，
> 不可曉，且道何具於心之有？

中井將古典儒家思想中的「道」解爲「人所當踐行之條路」，可
說是襲漢儒之故智，《說文》：「道，所行道也〔……〕一達謂之
道」，《釋名‧釋道》：「道，一達曰道路。道，蹈也。路，露也，
言人所踐蹈而露見也」。在這種解釋之下，宋儒及朱子所建構的
「道」之超越性完全崩解。

　　中井履軒所「重建」的孟子學中「道」的人間性，從文獻
學上言之，尚不爲無據。在《孟子‧告子下‧2》中，孟子不也
說：「夫道，若大路然」嗎？事實上，中井履軒就解釋這句話並
批朱註說：「孟子明言，道非難知者。而註乃舉性分內難知之事，
是結之也，非解之也。可知宋人所謂道與孟子所謂，稍有不同
也。」[52] 再者，《孟子‧盡心下》孟子也說：「仁也者，人也，合
而言之，道也」，甚至《中庸》也有孔子說：「道不遠人，人之
爲道而遠人，不可以爲道」的話，中井履軒認爲孔孟的「道」
是指「人道」而言，並且切斷「人道」與「天道」的任何可能
聯繫，確實也有其文獻上的依據。

　　但是，中井履軒爲解構朱子學的「天理」而重建「道」或
「理」之人間性，這種詮釋是否孔孟思想的確解呢？我們在下
一節中將分析這個問題，在此暫時存而不論。

　　（4:2）從中井履軒對「道」的再定義，我們可以看出他與
十七世紀古學大師伊藤仁齋之間的思想聯繫。

52　《孟子逢原》，頁 356。

　　伊藤仁齋在解釋《論語》「子曰：麻冕禮也。今也純儉，吾從眾」時說：[53]

> 君子之道，造端於夫婦。故堯、舜受禪，從眾心也；湯、武放伐，順眾心也。眾心之所歸，俗之所成也。故惟見其合於義與否，可矣。何必外俗而求道哉？若夫外俗而求道者，實異端之流，而非聖人之道也。

仁齋在這裡提出一種「道在俗中」的觀點，認為「何必外俗而求道哉？」。仁齋以「道在俗中」解構宋儒的「超絕」之「道」，具體展現德川古學派從人倫日用層面掌握「道」之思想的實學取向。伊藤仁齋進一步闡釋孟子的「道」概念說：「道也者，天下之公共，人心之所同然；眾心之所歸，道之所存也。」[54]伊藤仁齋詮釋孟子學，認為「人之性善」這項事實只有在具體的日常生活界中才能被發現，而拒絕在具體的世界之上另立一個超越的形而上的世界。[55]仁齋對於人性問題所採取的基本立場，與仁齋從人倫日用解釋「道」之觀點互相呼應。[56]從這些具體論點看來，中井履軒與伊藤仁齋必有其思想上的相承關係。

　　再擴大視野來看，時代與中井履軒相近的戴震（東原，1723-1777）也是從「人倫日用之所行」解釋「道」。戴震說：「人道，人倫日用身之所行皆是也。在天地，則氣化流行，生生不息，是謂道；在人物，則凡生生所有事，亦如氣化之不可已，

---

[53] 《論語古義》，卷5，頁130。

[54] 《孟子古義》，卷1，頁35-36。

[55] 子安宣邦稱仁齋的思想世界是一種「人倫的世界」，其說極是。參見子安宣邦：《伊藤仁齋：人倫的世界的思想》，尤其是第1章，頁27-60。

[56] 黃俊傑：〈伊藤仁齋對孟子學的解釋：內容、性質與涵義〉，頁155。

是謂道。」[57]戴震主張即人倫日用之「人道」以覓「天道」之流行，不應另立超絕的、超乎時空之上的形上學原理以為「天道」。戴震的論點，與伊藤仁齋及中井履軒互相呼應，均反映十七、十八世紀中日儒學思潮的新動向。

　　這種思想新動向在方法論上均取徑於一元論並拒斥朱子的理氣二元之說。朱子註《孟子・滕文公下・2》說：「一治一亂，氣化盛衰，人事得失，反覆相尋，理之當也」[58]就遭受中井履軒的嚴厲駁斥，中井說：[59]

> 註以氣化人事解治亂，有未圓。又以反覆相尋為理之常，尤不可從。又推其說，氣化中每帶人事，人事中每帶氣化也，不能判然明亮，使人疑惑滿腹。何以解為？凡天變地妖，水旱霜蝗疫癘，皆氣化也。唯堯之洚水，非氣化也。蓋水道壅塞以致汎濫已積年之弊，人不知其由則不能治之，是人事有關也。唯禹明其理，隨而治之，是人事完也，皆非循環之常理。氣化，唯有一時之變，而無一定之盛衰，盛衰唯由人事而已。

中井履軒批判朱子的理氣二元互動之說，主張「理在事中」（雖然中井並未使用這個名詞），不可離人事而求「道」。

　　中井履軒這種方法論的傾向也與伊藤仁齋極其接近。誠如楊儒賓所指出，伊藤仁齋從倫理性、社會性及道德意識的角度

---

[57] 戴震：《孟子字義疏證》，收入《戴震全集》（北京：清華大學出版社，1991年），第 1 冊，卷下，〈道〉，頁 194。

[58] 《四書章句集註》，頁 271。

[59] 《孟子逢原》，頁 184。

解釋「道」的涵義，再運用「語義的」、「文獻學的」方法分析
朱熹「然——所以然」的思考模式之謬誤，也指出朱子對儒學
重要語彙之解釋不合「古義」，以及他注釋經典與安排經典位置
之錯誤。[60]仁齋解構朱子理氣二元論的方法就是一元論的論述方
法。舉例言之，伊藤仁齋說：「蓋天地之間，一元氣而已。或為
陰、或為陽，兩者只管盈虛消長往來感應於兩間，未嘗止息，
此即是天道之全體。」[61]又說：「非有理而後生斯氣。所謂理者，
反是氣中之條理而已。」[62]伊藤氏之說係以一元論代二元論，他
對宋儒所云「天理」「人欲」之說法當然一併而揚棄之。這種一
元論的論述方法也見於十八世紀中國的戴震，他說：「一陰一
陽，流行不已，夫是之謂道而已。」[63]又說：「六經、孔、孟之
書不聞理氣之辨，而後儒創言之，遂以陰陽屬形而下，實失道
之名義也。」[64]這種一元論的論述是十八世紀中日儒者批判宋儒
並棄置宋儒所建構的超絕之「理」的思維方法。

五、中井履軒孟子學的思想史定位

現在，我們可以為中井履軒的孟子學進行思想史的定位。
履軒孟子學的定位可以從以下幾個角度加以思考：(5:1) 履軒對

[60] 楊儒賓：〈人倫與天理——伊藤仁齋與朱子的求道歷程〉，收入黃俊傑編：《儒
家思想在現代東亞：日本篇》（臺北：中研院中國文哲研究所籌備處，1999
年），頁 87-134。

[61] 伊藤仁齋：《語孟字義》，收入井上哲次郎、蟹江義丸編：《日本倫理彙編》
（東京：育成會，1901 年），卷之五，古學派の部（中），頁 11。

[62] 同前註，頁 12。

[63] 戴震：《孟子字義疏證》，卷中，〈天道〉，頁 173。

[64] 同前註。

孟子心性論的詮釋，扣緊內在善性之「擴充」，確能探驪得珠，
頗得孟子內聖之學的精神。《孟子逢原》全書隨處發揮孟子「仁
義內在，性由心顯」之精義，勝義紛披，履軒所說：「孟子之擴
充，工夫在外。程朱之擴充，工夫在內。」[65]語雖精簡，但指出
孟子之性善乃由內向外擴充之工夫，而程朱之性論卻是向外覓
理以「克治」本性，這項判斷確是灼見。（5:2）履軒將孟子的「道」
釋爲「人道」，完全抖落其與「天道」之關係，（a）其原初用意
係爲拒斥並瓦解朱子學中超絕的「理」，（b）但是卻遺落孟子學
中「道」之超越性層面，於孟學博厚高明之內涵尚有一間未達。

　　（5:1a）在本文第四節論述中，我們已經對中井履軒以「人
道」釋孟子的「道」有所解明，現在我們再進一步說明履軒透
過「道」的人間性的重建以瓦解朱子學中「道」之超越性。

　　正如上文所說，中井履軒承十七世紀古學派伊藤仁齋學問
的餘澤，正如仁齋主張「道在俗中」及「人倫日用之道」，履軒
也主張在日常的具體生活之中尋覓「道」的消息，外此皆屬「瞑
搜妄索，徒費精神而已矣」。[66]但因爲朱子本《大學》解《孟子》，
「格物致知」尤其是朱子持以釋孟並將《四書》融於一爐而冶
之的關鍵命題，所以，中井履軒也必須重新解釋「格物致知」
之內涵，才能登堂入室，「拔趙幟立漢赤幟」（《史記・項羽本
紀》）。我們且看中井履軒如何重新定義《大學》的「格物」「致
知」：[67]

　　　致知，謂求覓明智，使其來至爲我之有也。夫智之本源，

---

[65] 《孟子逢原》，頁 139。

[66] 中井履軒：《大學雜議》，收入《日本名家四書註釋全書》，第 1 卷，頁 15。

[67] 《大學雜議》，頁 14-15。

固在于我也。然智未明，則明智無有於我也。及其智既明也，如自外來至者，故曰致也，至也。致字，究竟是招來取納之義。

格物，謂躬往踐其地，涖其事，執其勞也。譬欲知稼穡之理，必先執耒耜，親耕耘，然後其理可得而知也。若欲知音樂之理，必先親吹竽擊鐘，進退舞蹈也。乃厭其煩惱，徒在家讀譜按節，夢想於金石之諧和，鳳皇之來儀，終世弗可得已。學算之牙籌，學書之筆墨，皆然。故欲孝欲弟欲信者，弗親涖其事而得焉哉？此知行並進之方也。若夫瞑搜妄索，徒費精神而已矣。

在中井履軒上述的解釋之下，「普遍性」的「理」只有在「特殊性」的事物之中才能覓得。透過這種新解釋，中井履軒實際上已經否定了宋儒及朱子的「理」所駕御的世界，履軒處處主張孟子學中「性」專指「人性」，而不涉「物性」，[68]他也強力主張孔孟論性無「氣質之性」與「本然之性」之區分。[69]凡此種種之說法，均是對朱子學的有力批判。

（5:1b）但是，中井履軒將孟子的「道」只局限在一度空間的「人倫日用」層次，是否可稱對孟子學之確解？這個問題的答案可能是否定的，或者至少是不完整的。我們可以說：履軒未能全面掌握孟子學的多層次性。

正如我在《孟學思想史論・卷一》所說，[70]在孟子思想中，

---

[68] 《孟子逢原》，頁 242-252、317-319。

[69] 《孟子逢原》，頁 381、452。

[70] 參看黃俊傑：《孟學思想史論・卷一》（臺北：東大圖書公司，1991 年），

「人道」尙未從「天道」中分化出來，「人」在擴充感通的工夫中，通過自我超越而可以與宇宙最終實體合一。孟子思想中人的本質，有其整體性與複雜性。人不僅僅是社會人或政治人，也不僅僅是生物人，人是整體的人。而且，更重要的是，人更有其超越性。人透過存心養氣的工夫，不但可以「踐形」，以道德生命轉化自然生命，而且可以從「有限」躍入「無限」，進入孟子所說的「上下與天地同流」（《孟子・盡心上・13》）的境界。就人的超越性而言，孟子思想中的人，仍具有部分宇宙人的性格。孟子思想中的人，是一種多層次、多面向的存在。人的本質，表現了自然秩序與人文秩序之間的連續性，心理層與生理層之間的連續性，以及宇宙的無限性（所謂「天命」）與經驗世界的有限性之間的連續性。孟子思想中的人，並不是宇宙中孤伶伶的存在，人的最高本質是可以與宇宙的本體感應互通的。這種對於人的概念，是以遠古以來中國文明薩滿教（或巫教）的文化胎盤作爲其公分母的。這種具有超越性的「人」，可以把宇宙的本然（孟子所謂「天之道」），加以內在化，使它轉化爲人日常生活的當然（孟子所謂「人之道」）。孟子更指出，「誠」是溝通「天道」與「人道」的動力。

孟子論「道」時所顯示的源自遠古中國文化的超越性思想因素，到了《五行篇》獲得了進一步的發展。《五行篇》〈經第一〉明白指出，「德之行，五和胃（謂）之德，四行和，胃（謂）之善。善，人道也；德，天道也。」「人道」指「仁義禮智」四種德行達到和諧之境界；「天道」指「仁義禮智聖」達到和諧的境界。〈經第九〉云：「聖，天道也」，確實與《孟子・盡心下・

25》所說的「大而化之之謂聖」一樣，同樣具有強烈的超越思想傾向。在孟學體系中，「道」既「內在化」於人「心」之中，而有「四端」；「道」也「超越化」而存在於宇宙之中。「人道」與「天道」原係互動互滲之關係。

中井履軒為了解構宋儒所立的超絕的「道」（或「理」），而將孟子的「道」也解釋成世俗中的「道」，可謂得其小而遺其大，遂使孟子學中的「道」之超越性內涵為之晦而不彰，終至失去其博厚高明之依據，良足浩嘆！

再從孔孟思想中的「宗教性」內涵而言，[71] 孔子的「一貫之道」確實是「下學而上達」，人心與天心相感通。孔子這種天人貫通的「道」與《孟子》、《大學》、《中庸》、《易傳》血脈貫通。宋明儒學乃至當代新儒學對孔子之學的繼承與改造，也都有一定的根據。[72] 孟子的「道」確有其孔學淵源，具有極明顯的「天人合一」的性格。[73] 中井履軒之詮釋所得實不償其所失。

---

[71] 參看黃俊傑：〈試論儒學的宗教性內涵〉，《臺大歷史學報》第 23 期（1999 年 6 月），頁 395-410，收入本書第 4 章。

[72] 參看劉述先：〈論孔子思想中隱涵的「天人合一」一貫之道—— 一個當代新儒學的闡釋〉，《中央研究院中國文哲研究集刊》第 10 期（1997 年 3 月），頁 1-24，並參考 Shu-hsien Liu, "Confucius," in *Chinese Thought*, edited by Donald H. Bishop (Delhi, Motilal Banarsidass, 1985), pp. 14-31；劉述先：〈「兩行之理」與安身立命〉，《理想與現實的糾結》（臺北：臺灣學生書局，1993 年），頁 211-219。

[73] 我對於孟子思想的這項特質有所探討，見 Chun-chieh Huang, *Mencian Hermeneutics: A History of Interpretations in China* (New Brunswick and London: Transaction Publishers, 2001), part 1, chap. 2.

六、結論

　　在近世東亞儒學思想史上，十八世紀是傳統與近代之間的轉型年代。在這一百年之內，從十一世紀的程頤（伊川，1033-1107）到十二世紀的朱子（1130-1200）苦心孤詣所建構以超絕的「理」作爲基礎的形上學世界，遭受到來自清代（1644-1911）中國、德川時代（1600-1868）日本以及李朝（1392-1910）朝鮮等東亞儒者無情的攻擊與批判，其中較爲雄渾有力的當推德川初期十七世紀古學派大師伊藤仁齋、十八世紀中國的戴震（1723-1777），以及十八世紀下半葉的中井履軒。這一股東亞儒學史上的反朱思潮，從儒者所標榜的口號來看，一般稱爲「實學」思潮；[74] 從思維方法來看，是一元論思維方法興起並取代理氣二元論的舊說；從思想主要內容來看，是從本體論與宇宙論轉向社會學與政治經濟學。十八世紀東亞儒學界不滿並起而批判宋學與朱子學，其原因至爲複雜，一隅不足以舉之，但是恐怕與朱子學之成爲官學，以致不免流爲爲現行權力結構背書的意識型態有關。從這個角度來看，十七世紀的伊藤仁齋、十八世紀的戴東原以及中井履軒這種民間學者，所批判的是作爲官學的朱子學，而未必是十三世紀的朱子思想。他們都是站在他們身處的德川封建體制以及清代官方壟斷「理」的解釋權以致「以理殺人」的歷史脈絡之中，思考並批判朱子

---

[74] 但是，晚近中文學術界若干研究明清思想史學者常常將「實學」一詞的涵義與範圍過度擴張，以致缺乏明確之指涉，亟應加以修正。關於這個問題的討論與反省，可以參看姜廣輝、詹海雲、張壽安、劉君燦、林慶彰：〈明清實學研究的現況及展望座談會記錄〉，《中國文哲研究通訊》第 2 卷第 4 期（1992 年 12 月），頁 9-26。

學，皆是所謂「有爲言之」。[75]

　　值得注意的是，東亞近世儒者之批判朱子學常是通過對《四書》的重新詮釋而進行的，特別扣緊朱子所建構的《四書章句集註》的思想系統而發，因此，儒學經典詮釋學可以說是東亞儒學史發展的內在動力。本文所探討的中井履軒對孟子學的新解釋，伊藤仁齋對《論語》與《孟子》中「道」的新解及其對《孟子》這部經典的解釋，石田梅岩解釋下儒學之「理」不僅具有倫理性質，也具有市場規律的內涵。凡此種種都一再顯示：儒學傳統之所以歷經世變而能保持活力，不斷創新，乃是由於歷代儒者不斷地出新解於陳編之中。這種對儒學的詮釋與再詮釋，構成東亞思想史的重要現象。從這個角度來看，儒學經典如《論語》或《孟子》，實在是詮釋的原點（Locus classicus），正因爲江山代有才人出，奮力出新解於陳篇，才使經典取得了「不廢江河萬古流」的地位。

　　本文基於以上的想法，首先分析中井履軒孟子學中的方法論傾向。我們的研究顯示：中井履軒釋孟所採取的「歷史的進路」，使他必然走上一條平正踏實的思路，他解釋《孟子》的方法顯然從伊藤仁齋的古學派學術遺產中獲得養分。中井履軒的

---

[75] 關於德川封建體制與朱子學關係，參看石田一良：〈德川封建社會と朱子學派　思想〉，《東北大學文學部研究年報》第 13 號（下），頁 72-138；阿部吉雄著，龔霓馨譯：〈中國儒學思想對日本的影響──日本儒學的特質〉，《中外文學》8 卷 6 期（1979 年 11 月），頁 164-177。關於戴震反宋儒之外緣歷史背景，通讀《孟子字義疏證》即可瞭然，無待贅言。勞思光先生對戴震反「理欲說」之外緣旨趣有深入之說明，參看勞思光：《新編中國哲學史》（臺北：三民書局，1989 年），三下，頁 876-877。

「歷史的進路」，使他對朱子的「歷史性」[76] 具有敏銳的嗅覺，他一再指出朱子集註所建構的經典解釋系統有其時代之局限性，從而爲他的批朱工作奠定合理化的基礎。

本文第三節與第四節分別探討履軒孟子學的主要內容。我們指出：中井履軒強烈批判朱子學之向外覓「理」以「克治」心性的理論，他「重建」孟子心性論的內在善性的論據，他尤其強調孟子內聖之學的要義在於由內在善性之向外「擴充」。這種新詮釋均有其可以成立的理據。

我們的分析也指出：中井履軒將孟子學中的「道」，「還原」爲「人道」，固然是他批判朱子學的超絕之「理」的世界，所必然逼出的結論，在中井履軒的思想系統中有其內在理路。但是，以「人道」解釋孟子學中「道」的複雜內涵，卻不免有化繁爲簡，甚至買櫝還珠的遺憾。整體而言，中井履軒的孟子學瑕瑜互見，得失並存。他摧毀了宋學的形而上的天國，而在世間建立了一個「道在俗中」的新世界。

---

[76] 關於解經者的「歷史性」及其分析，參考黃俊傑：〈從儒家經典詮釋史觀點論解經者的「歷史性」及其相關問題〉，《臺大歷史學報》第 24 期（1999年 12 月），收入本書第 2 章。

引用書目

中日文論著：

三蒲藤作：《日本儒理學史》（東京：中興館藏版，1928 年）。

子安宣邦：《江戶思想史講義》（東京：岩波書店，1998 年）。

_____：《伊藤仁齋：人倫的世界の思想》（東京：東京大學出版會，1982 年）。

_____ 譯：《懷德堂：18 世紀日本の「德」の諸相》（東京：岩波書店，1992 年，1998 年）。

丸山真男：《日本政治思想史研究》（東京：東京大學出版會，1976 年）

中井履軒：《大學雜議》，收入關儀一郎編：《日本名家四書註釋全書》（東京：鳳出版，1973 年）。

_____：《論語逢原》，收入關儀一郎編：《日本名家四書註釋全書》。

_____：《孟子逢原》，收入關儀一郎編：《日本名家四書註釋全書》。

_____：《中庸逢原》，收入關儀一郎編：《日本名家四書註釋全書》。

井上哲次郎：《日本朱子學派之哲學》（東京：富山房，1905-1921 年）。

石田一良：〈德川封建社會と朱子學派の思想〉，《東北大學文學部研究年報》。

平石直昭：〈戰中・戰後徂徠論批判──初期丸山・吉川兩學說の檢討を中心 ──〉，《社會科學研究》39 卷 1 號（東

　　　京：東京大學社會科學研究所）。

田原嗣郎：《德川思想史研究》（東京：未來社，1967 年）。

伊藤仁齋：《論語古義》，收入關儀一郎編：《日本名家四書註釋
　　　全書》。

＿＿＿：《孟子古義》，收入關儀一郎編：《日本名家四書註釋全
　　　書》。

＿＿＿：《語孟字義》，收入蟹江義丸編：《日本倫理彙編》（東
　　　京：育成會，1901 年）。

朱　熹：《孟子或問》，收入《朱子遺書》（臺北：藝文印書館，
　　　影印清康熙中禦兒呂氏寶誥堂刊本）。

＿＿＿：《四書章句集注》（北京：中華書局，1982 年）。

吉川幸次郎：《吉川幸次郎全集》（東京：筑摩書房，1981 年）。

守本順一郎：《東洋政治思想史研究》（東京：未來社，1967 年）。

松本三之介：《國學政治思想史の研究》（東京：未來社，1957
　　　年）。

阿部吉雄著，龔霓馨譯：〈中國儒學思想對日本的影響——日本
　　　儒學的特質〉，《中外文學》8 卷 6 期（1979 年 11 月）。

相良亨：《近世日本儒教運動の系譜》（東京：弘文堂，1955 年）。

＿＿＿：《近世の儒教思想——「敬」と「誠」について》（東
　　　京：塙書房，1966 年，1977 年）。

＿＿＿：〈近世儒教の特色——誠の倫理〉，收入古川哲史、石
　　　田一良編：《日本思想史講座 4：近世の思想 1》（東京：
　　　雄山閣，1976 年）。

＿＿＿：〈德川時代の「誠」〉，收入相良亨：《日本の儒教 II》（《相
　　　良亨著作集》第 2 卷）（東京：ぺりかん社，1996 年）。

姜廣輝等：〈明清實學研究的現況及展望座談會記錄〉，《中國文
　　　哲研究通訊》第 2 卷第 4 期（1992 年 12 月）。

野口武彥：《王道と革命の間：日本思想と孟子問題》（東京：筑摩書房，1986 年）。

黃俊傑：《孟學思想史論・卷一》（臺北：東大圖書公司，1991年）。

_____：《孟學思想史論・卷二》（臺北：中央研究院中國文哲研究所籌備處，1997 年）。

_____：〈伊藤仁齋對孟子學的解釋：內容、性質與內涵〉，收入黃俊傑編：《儒家思想在現代東亞：日本篇》（臺北：中央研究院中國文哲研究所籌備處，1999 年）。

_____：〈試論儒學的宗教性〉，《臺大歷史學報》第 23 期（1999年 6 月）。

楊儒賓：〈人倫與天理——伊藤仁齋與朱子的求道歷程〉，收入黃俊傑編：《儒家思想在現代東亞：日本篇》（臺北：中央研究院中國文哲研究所籌備處，1999 年）。

勞思光：《新編中國哲學史》（臺北：三民書局，1989 年）。

源了圓：《德川合理思想の系譜》（東京：中央公論社，1972 年）。

溝口雄三：《中國前近代思想の屈折と展開》（東京：東京大學出版會，1980 年）。

黎靖德編：《朱子語類》（北京：中華書局，1983 年）。

劉述先：〈論孔子思想中隱涵的「天人合一」一貫之道——一個當代新儒學的闡釋〉，《中國文哲研究集刊》第 10 期（1997 年 3 月）。

_____：〈「兩行之理」與安身立命〉，收入氏著：《理想與現實的糾結》（臺北：臺灣學生書局，1993 年）。

陶德民：《懷德堂朱子學の研究》（大阪：大阪大學出版會，1994年）。

戴　震：《孟子字義疏證》，收入《戴震全集》（北京：清華大學

出版社，1991 年）。

蕭公權：《中國政治思想史》（臺北：聯經出版事業公司，1982
　　　年）。

英文著作：

Huang, Chun-chieh, *Mencian Hermeneutics: A History of Interpretations in China* (New Brunswick and London: Transaction Publishers, 2001).

LaCapra, Dominick, "Rethinking Intellectual History and Reading Texts," *History and Theory*, XIX: 3 (1980).

―――, *Rethinking Intellectual History: Texts, Contexts, Language* (Ithaca and London: Cornell University Press, 1983).

―――, "History, Reading, and Critical Theory," *American Historical Review*, Vol. 100, No. 3 (June, 1995).

Liu, Shu-hsien, "Confucius," in *Chinese Thought*, edited by Donald H. Bishop (Delhi, Motilal Banarsidass, 1985).

Maruyama, Masao, translated by Mikiso Hane., *Studies in the Intellectual History of Tokugawa Japan* (Tokyo: University of Tokyo Press, 1974).

Najita, Tetsuo, *Visions of Virtue in Tokugawa Japan: The Kaitokudo Merchant Academy of Osaka* (Chicago: University of Chicago Press, 1987).

柒、

中井履軒對朱子學的批判：
從《四書》的再詮釋出發

一、引言

朱子（晦庵，1130-1200）是東亞思想史的巨擘，他進《四書》而退《五經》，[1]以「理」之哲學通貫《四書章句集註》，所建構的新儒學思想，[2]對近七百年來東亞思想史影響至深且鉅。中國從南宋（1127-1279）末年政局的變化，如韓侂冑（節夫，？-1207）的逝世、宋代皇帝繼位的風潮、宮廷的黨爭、蒙古南侵的危機以及蒙古與南宋政權的文化競爭等因素，都共同促成了朱子《四書集註章句》地位之上升，[3]到了元朝（1271-1368）仁宗皇慶二年

---

[1] 宇野精一認為，《五經》是中世社會的產物，而《四書》則因其文簡意賅，極具有近代之性格，所以《四書》能輕易地取代《五經》之地位。參看宇野精一：〈五經から四書へ──經學史覺書〉,《東洋の文化と社會》第1輯（京都，1952年），頁 1-14。

[2] 關於朱子之融《四書》為一體，參考 Wing-tsit Chan, "Chu Hsi's Completion of Neo-Confucianism," in *Études Song in Memoriam Étienne Balazs*, Editées par Françoise Aubin, Serie II, #I (Paris: Mouton & Co., and École Practique de Haute Études, 1973), pp. 60-90；邱漢生：《四書集註簡論》（北京：中國社會科學出版社，1980年）。

[3] 劉子健教授對使朱子學成為正統之外部歷史因素曾著文分析，參看 James T. C. Liu, "How Did a Neo-Confucian School Become the State Orthodoxy?" *Philosophy East and West*, 23: 4 (Oct., 1973), pp. 483-505, esp. pp. 501-504.

（1313），朱子《集註》成爲科學考試之定本。[4]朱子學通過科舉
制度而對近六百年來中國知識分子思想產生重大影響。除了中國
之外，朱子學東渡日本爲時甚早，鎌倉初期正治二年（1200）已
有人引用《中庸章句》的記載，如果此事屬實，則遠在朱子學者
藤原惺窩（1561-1619）以儒服見德川家康（時在慶長五年，1600）
之前四百年，朱子學已傳入日本。[5]此後德川時代（1600-1868）
三百年間，朱子學對日本影響深遠。至於李朝（1392-1910）朝
鮮，儒學學派雖然紛陳，有主治主義學派、性理學派、禮學派、
陽明學派、經濟學派以及實學派等，[6]但以研究朱子學爲中心的性
理學派最具影響力。韓國朱子學之流衍，首推李滉（退溪，
1507-1570）、李珥（栗谷，1536-1584），踵其後者則爲宋時烈（尤
菴，1607-1689）與韓元震（南塘，1682-1751）。彼輩所究心之哲
學問題如「理」「氣」、「本然之性」與「氣質之性」、「四端」「七
情」、「已發」「未發」、「人心」「道心」等，均爲朱子學之主要問
題。[7]準此以觀，朱子學可視爲塑造東亞近世思想圖像的主流思想
系統。

但是，在朱子學成爲東亞學術與思想的正統之後，諍朱反
朱批朱的思潮也逐漸形成。東亞各國儒者之批判朱子學，雖有
時間先後之不同，但是所採取的途徑都是通過對《四書》的再

---

[4] 宋濂：《元史》（四部備要本），卷81，頁2下半頁-3上半頁。

[5] 參看阿部吉雄：《日本朱子學と朝鮮》（東京：東京大學出版會，1965 年，
1975 年），頁 1。

[6] 參看 Key P. Yang and Gregory Henderson, "An Outline History of Korean
Confucianism," *Journal of Asian Studies*, XVIII: 2 (Feb., 1959), pp. 259-276.

[7] 參看錢穆：〈朱子學流衍韓國考〉，《新亞學報》第 12 卷（1976 年 8 月），頁
1-69。

詮釋，以批判朱子學以《四書章句集註》爲基礎所建構的思想系統；反朱學者所關懷的問題也是都是朱子學的核心課題。東亞近世儒者對朱子學的批判，循朱子思想之軌跡，以《四書》之再詮釋爲手段而展開，基本上仍不出朱子學傳統的矩矱。

本文的寫作以十八世紀下半葉日本大阪懷德堂著名儒者中井履軒（名積德，字處叔，號履軒，1732-1817）爲個案，分析德川時代批判朱子學的思潮之中心議題，批判之途徑、方法與內容，並爲它進行思想史的定位。我們的討論將以「心與理之關係」這個朱子學核心問題爲中心，以中井履軒對《四書》的再解釋爲基礎，觀察十八世紀下半葉德川時代日本思想界反朱思潮之一斑。

二、朱子學脈絡中「心」與「理」之關係

朱子學門庭寬闊，朱子所提出的許多哲學命題如：「心」與「理」之關係如何？如何「格物致知」？「致中和」如何可能？等，都成爲東亞近世思想家關心的中心問題，其中尤以「心」與「理」之關係最居關鍵地位。（2:1）「心」與「理」係先秦時代中國思想史上之重要概念，但到孟子（371-289B.C.？）與荀子（約 298-238B.C.）手中，「心」與「理」之關係才獲得較爲充分的論述。（2:2）逮乎南宋，朱子主張「心」與「理」二分，並強調「心」對「理」之鑑知能力。朱子建立一個以「理」爲基礎的形上學世界，成爲繼起的思想家批判的眾矢之的。我們在本節論證以上兩項看法。

（2:1）中國古代思想史中的「心」與「理」：「心」與「理」

是中國思想傳統中的重要概念，唐君毅（1908-1978）曾歸納中國思想史中「心」概念的四種類型：孟子的「性情心」或「德性心」，墨子（約 479-438B.C.）的「理智心」或「知識心」，莊子（約 399-295B.C.）的「情識心」或「靈臺心」，荀子的「統攝心」或「自作主宰心」。[8]唐君毅也歸納「理」的六種類型：（1）文理之「理」，這是先秦思想家所重之「理」；（2）名理之「理」，指魏晉玄學中所重之玄理；（3）空理之「理」，指隋唐佛學家所重之「理」；（4）性理之「理」，這是宋明理學家所重之「理」；（5）事理之「理」，這是王夫之（船山，1619-1692）以至清代儒者所重之「理」；（6）物理之「理」，這是現代中國人受西方思想影響後特重之「理」。[9]唐君毅先生的分類，大致可以綜括「心」與「理」這兩個概念在中國思想史中所展現的諸多類型。

但是，從思想史的進程來看，這兩個概念也各經歷不同之變化。首先，我們討論「心」的概念之變化。早期經典如《詩經》中的「心」，多指心理意義的感性心，如「未見君子，憂心忡忡」（〈召南・草蟲〉）、「亂我心曲」（〈秦風・小戎〉）、「我心傷悲兮」（〈檜風・素冠〉）、「我心憂傷」（〈檜風・羔裘〉）等，均指心理狀態如喜、怒、哀、樂等情緒而言。在《論語》書中的「心」，雖多與「慍」、「愛」、「悱」、「憤」等情緒性字彙有關，但是孔子所說「七十而從心所欲，不踰矩」（〈為政篇〉）、「回也，其心三月不違仁」（〈雍也篇〉），都已含有明顯的價值意義，是指某種道德心之自覺狀態而言。到了孟子宣稱「人皆有不忍人

---

[8] 唐君毅：《中國哲學原論：導論篇》（香港：新亞研究所，1966 年，1974 年），頁 74。

[9] 同前註，頁 4。

之心」(《孟子・公孫丑上・6》)時，孟子思想中的「心」已成爲惻隱、羞惡、辭讓、是非等價值意識的根源。這種價值意識內在於「心」的事實（孟子說：「仁義禮智，非由外鑠我也，我固有之也。」〈告子上・6〉)，並不因人而異。孟子說：「君子所性，仁義禮智根於心」(《孟子・盡心上・21》)，強調的正是「心」之作爲價值意識來源的普遍必然性。孟子的「心」在本質上與宇宙的「理」是同步同質的，「心」具有「思」的能力，所以不會爲「心」以外的存在所劫奪，這是孟子所峻別的「大體」（心）與「小體」（耳目口鼻）的根本區別之所在。孟子說：「心之官則思，思則得之，不思則不得也。」(《孟子・告子上・15》)就是指「心」的自律性——「心」能「自我立法」，所以可以自作主宰，「心」的活動自由而無待於「物」，因爲「心」就是「理」。孟子思想中的心學，到 1973 年馬王堆漢墓出土帛書《五行篇》作者手中，有了進一步的發揮。《五行篇・說 23》：「耳目鼻口手足六者，心之役也」，又說：「心也者，悅禮義者也」，《五行篇》作者更將「心」區分爲「中心」與「外心」(〈經 14〉及〈經 16〉)。《五行篇》作者所提出的「中心」的概念，正是繼承孟子的心學而來。這種「心」之作爲價值意識的來源，有其普遍必然性，因此《五行篇》的作者可以宣稱：「以其中心與人交悅也，中心悅焉。」(〈經 14〉)另一方面，《五行篇》所謂的「外心」，是指社會習俗或禮儀傳統制約下已經受到矯治了的「心」，略近於荀子所謂「禮義師法之化」以後的「心」。

其次，我們再看「理」這個概念的進展。誠如溝口雄三（1932-）所說，早期文獻《書經》、《論語》、《易經》中均無「理」之用例，《詩經》四例及《左傳》五例均指負責裁定地界等的官職之名稱，並不含有後代所見抽象的涵義。到了《孟子》、《莊

子》、《荀子》、《韓非子》,「道」字的用例大增。荀子說:「大道
者所以變化遂成萬物也」(《荀子‧哀公篇》)、「夫義者內節于人,
外節于萬物者也」(《荀子‧彊國篇》),韓非子(?-233 B.C.)
說:「道者萬物之所然也,萬理之所稽也。理者成物之文也,道
者萬物之所以成也」(《韓非子‧解老篇》)。到戰國時代(403-222
B.C.),用以標示宇宙的根源與自然界的條理性的概念是「道」
與「義」。換言之,作為哲學概念的「道」與「義」居於「理」
之上。[10]《孟子‧萬章下‧1》之「條理」,作秩序解,但是,在
《孟子‧告子上‧7》「心之所同然者何也?謂理也,義也」,就
具有普遍理則之涵義。

　　古代儒學殿軍荀子強調「心」的自主性,《荀子‧解蔽》:「心
者,形之君也,而神明之主也。出令而無所受令。自禁也,自
使也,自奪也,自取也,自行也,自止也」,但是,孟荀論「心」
卻有極其重大的差異。孟子思想中的「心」具有強烈的超越性,
孟子認為人邁向「知心→知性→知天」是一個絕對可能的途徑。
在孟子思想中,人的宇宙人性格仍相當強烈,人具有無限的超
越性,而可以躍入宇宙大化之流;但是荀子思想中的「心」則
相對地具有較為明顯的「社會性」,誠如唐君毅所說,荀子的「心」
是一個「統類之心,以建立社會政治之禮法制度而成文理」。[11]孟
荀言「心」的另一項重大差異是:孟子的「心」是諸般價值與
意義的創發者,因此,「心」與「理」(或「道」)並不乖離,兩
者是同質同步的;但是荀子的「心」則是意義或價值的接受者,

---

[10] 溝口雄三著,趙士林譯:《中國的思想》(北京:中國社會科學文獻出版社,
　　1995 年),頁 18-19。
[11] 唐君毅:《中國哲學原論:導論篇》,頁 123。

因此，荀子思想中的「心」與「理」（或「道」）析而爲二，前者必須透過種種途徑或步驟才能理解或趨近於後者。

荀子生於戰國季世，目睹當時社會變局，犯分亂理之事屢見不鮮。他認爲，社會上的種種亂事必有待於「衡」之揣其輕重使「眾異不得相蔽以亂其倫」。但這個「衡」是什麼呢？荀子說：「何謂衡？曰道」（《荀子・解蔽》）。那麼，這個所謂「禮義之道」的內容又是什麼呢？荀子說：「夫義者，所以限禁人之爲惡與姦者也。〔……〕內外上下節者，義之情也。」（《荀子・彊國》）「義」是一種外在的強制性力量。荀子所謂的「禮義之道」，充滿了強烈的社會政治色彩。[12]所以，荀子強調「心」應理解「道」（「心知道，然後可道。可道，然後能守道以禁非道。」《荀子・解蔽》），其所理解的是社會政治之「道」，而不是超越的「道」。我們可以說，荀子的「道」是在時空之中的道，具有強烈的「人間性格」；孟子的「道」則除了「人間性格」之外，也有某種「超越性格」。荀子的「心」是承載、受容這種「人間性格」強烈的「道」的容器，因爲：「心何以知？曰：虛壹而靜。心未嘗不臧也，然而有所謂虛；心未嘗不滿也，然而有所謂一；心未嘗不動也，然而有所謂靜。〔……〕虛壹而靜，謂之大清明。」（《荀子・解蔽》）荀子的「心」不是「是非」、「惻隱」、「羞惡」、「辭讓」等價值意識的泉源，荀子的「心」更不能「上下與天地同流」，它沒有超越性。[13]

---

[12] 參考唐君毅：〈荀子言「心」與「道」之關係辨義〉，《香港中文大學中國文化研究所學報》4卷1期（1971年9月），頁1-22，收入唐君毅：《中國哲學原論：原道篇》（卷一）（香港：新亞研究所，1976年），頁442-453。

[13] 以上參考黃俊傑：《孟學思想史論・卷二》（臺北：中央研究院中國文哲研

在古代思想史文獻中所見的,「心」與「理」之關係,尚處於一個潛藏的狀態,必待宋儒才將這個問題顯題化,而成為思想史的重大課題。

（2:2）朱子學脈絡中的「心」與「理」:公元十一世紀以後,「理」作為宇宙萬事萬物之原理的涵義逐漸彰顯。周敦頤（1017-1073）和邵雍（1012-1077）已開始以「理」作原理解。至程顥（明道,1032-1085）;程頤（伊川,1033-1107）更大暢「理」學。程頤說:「天下物皆可以理照,有物必有則,一物須有一理」,[14]已經很明確地以「理」萬物之普遍理則。到了十二世紀,朱子對「心」與「理」關係的處理更是極具關鍵性,東亞近世儒者之是否可歸屬為朱子學派,常以他們對這個問題所持之立場以為判。朱子所撰〈大學格物補傳〉是關於這個問題的重要文獻:

> 右傳之五章,蓋釋格物、致知之義,而今亡矣。閒嘗竊取程子之意以補之曰:「所謂致知在格物者,言欲致吾之知,在即物而窮其理也。蓋人心之靈莫不有知,而天下之物莫不有理,惟於理有未窮,故其知有不盡也。是以《大學》始教,必使學者即凡天下之物,莫不因其已知之理而益窮之,以求至乎其極。至於用力之久,而一旦豁然貫通焉,則眾物之表裏精粗無不到,而吾心之全體大用無不明矣。此謂物格,此謂知之至也。」

究所籌備處,1997 年）,頁 113-114。

[14] 程顥、程頤:《二程集》（北京:中華書局,1981 年,1984 年）,〈河南程氏遺書〉,卷 18,「伊川先生語」,（一）,頁 193。

　　朱子在這一篇文字中所提出「格物窮理」的主張，當代中外學人論述至夥，[15]無庸重複，但這篇文字中有兩項命題值得注意：（一）一切的存在都有一理則（「天下之物，莫不有理」）；（二）人的心均有認知的能力（「人心之靈，莫不有知」）。這兩項命題使「心」對「理」的認知與統攝成為可能。於是，「心」與「理」這兩項不同質（heterogeneous）之物，乃又可以取得互動。更精確地說，「心」、「理」兩分正是「心」、「理」互動的基礎，這是朱子學中「心」與「理」關係的兩個面向。朱子在〈大學格物補傳〉中所提出的兩項命題，也出現在他對《孟子‧公孫丑上‧2》「知言」這句話的解釋之中。朱子認為：「心」具有「知」的能力，[16]「心」之體用顯微無間，可以「窮理而貫通」，[17]而其極致可以達到於「天下事物之理，知無不到」。[18]朱子又明言：「知言，便是窮理」，[19]一旦「心」對「理」洞察無礙，那麼，對社會上種種「言」自然也就無所不「知」了。朱子透過他對孟子

---

[15] 參考唐君毅：《中國哲學原論：導論篇》，頁 278-347，尤其是頁 284-290，312-323；牟宗三：《心體與性體》（臺北：正中書局，1968 年），第 3 冊，頁 384-406；楊儒賓：〈朱子的格物補傳所衍生的問題〉，《史學評論》第 5 期（1983 年），頁 133-172；市川安司：〈朱子哲學に見える〈知〉の一考察──《大學章句》「致知」の注を中心にして──〉，收入市川安司：《朱子哲學論考》（東京：汲古書院，1985 年），頁 29-68；大濱皓：《朱子の哲學》（東京：東京大學出版會，1983 年），第 7 章，頁 239-267；麓保孝：〈大學を中心としてたる宋代儒學〉，《支那學研究》3（1949 年），頁 269-309；戶田豐三郎：〈宋代大學篇表章始末〉，《東方學》21（1961 年），頁 46-56。
[16] 黎靖德編：《朱子語類》（北京：中華書局，1994 年，1999 年），第 1 冊，卷 15，頁 300。
[17] 朱熹：《孟子或問》，收入《朱子遺書》（臺北：藝文印書館，影印清康熙中禦兒呂氏寶誥堂刊本），第 5 冊，卷 13，頁 1，上半頁。
[18] 朱熹：《孟子或問》，卷 13，頁 1，上半頁。
[19] 《朱子語類》，第 4 冊，卷 52，頁 1241。

「知言」的解釋，而透露朱子學中「心」與「理」既分離而又結合的關係。用朱子自己的話來說，「心」與「理」正是所謂「不離不雜」的關係。

朱子思想中的「心」與「理」及其關係，至少有三點值得提出討論：

（2:2a）「心」是一種「認知心」：朱子〈大學格物補傳〉說：「人心之靈莫不有知」，這種具有認知事物之「理」的「心」，是衡鑑事物之理的「準則」，朱子說：[20]

> 儒者之學，大要以窮理為先。蓋凡一物有一理，須先明此，然後心之所發，輕重長短，如有準則。若不於此先致其知，但見其所以為心者如此，識其所以為心者如此，泛然而無所準則，則其所存所發，亦何自而中於理乎？

朱子認為，「心」之所以可以成為「準則」，乃是以「致知」為其前提。朱子又說：「事事物物皆有箇道理，窮得十分盡，方是格物。不是此心，如何去窮理？」[21]朱子思想中的「心」與事物之「理」並不是一體之兩面，所以如何使「心」鑑知「理」，就構成必須嚴肅思考的問題，正如朱子在《大學或問》所說：「人之所以為學，心與理而已矣。心雖主乎一身，而其體之虛靈，足以管乎天下之理。理雖散在萬物，而其用之微妙，實不外乎一人之心。」[22]

---

[20] 《朱子文集》（臺北：財團法人德富文教基金會，2000 年，以下引用均用此版本），第 3 冊，卷 30，〈答張敬夫〉，頁 1156。

[21] 《朱子語類》，第 8 冊，卷 121，頁 2940。

[22] 朱熹：《大學或問》（京都：中文出版社，影印和刻近世漢籍叢刊本，1977

　　（2:2b）「理」是宇宙萬物的普遍理則：十一世紀以後，「理」成爲思想家的普遍概念，宋代新儒家對「理」的哲學之建立厥功最偉，[23]朱子更將「理」細分爲「自然之理」、「本然之理」、「必然之理」、「所以然之理」、「當然之理」……等等。簡言之，朱子思想中的「理」包括「自然」、「所以然」、「所當然」等普遍理則。[24]這種普遍理則皆有待「心」發揮認知功能加以認識，「理」並不即等於「心」，「心」必須講求認識「理」之功夫與程序。

　　朱子思想中這種意義下的「理」，如果最終能與「心」爲一，必然經過艱難的「格物」功夫，得來不易。朱子的「理」與陸象山（九淵，1139-1193）的「理」完全不同。陸象山說：「此理本天所以與我，非由外鑠，明得此理，即是主宰。真能爲主，則外物不能移，邪說不能惑。」[25]又說：「心，一心也；理，一理也；至當歸一，精義無二。此心此理，實有不容有二。」[26]象山的「理」內在於「心」中，朱子的「理」是「心」外向尋覓所得之宇宙萬物普遍理則。朱子「理」學到了明代初期程朱學

年），頁 40。

[23] Wing-tsit, Chan, "Neo-Confucianism: New Ideas in Old Terminologies," *Philosophy East and West*, 17:1-4 (Jan, 1967), pp.15-35; Wing-tsit Chan, "Chu Hsi's Completion of Neo-Confucianism," in *Études Song in Memorian Étienne Balazs*, editées par Françoise Aubin, pp. 73-80, "The Evolution of the Neo-Confucian Concept of *Li* as Principle," *Tsing-hua Journal of Chinese Studies*, N.S. 2 (Feb., 1962), pp. 123-149.

[24] 參考陳榮捷：〈理的觀念之進展〉，《崇基學報》第 4 卷第 1 期 (1964 年 11 月)，頁 1-9；Wing-tsit Chan, *Chu Hsi: Life and Thought* (Hong Kong: The Chinese University Press, 1987), p. 49；陳榮捷：《宋明理學之概念與歷史》（臺北：中央研究院中國文哲研究所籌備處，1996 年），頁 135。

[25] 陸象山：《陸九淵集》（臺北：里仁書局，1981 年），卷 1，〈與曾宅之書〉，頁 4。

[26] 同前註。

者如吳與弼（康齋，1391-1469）及胡居仁（敬齋，1434-1484）等人手上，才出現逐漸轉化爲「心學」的發展。吳與弼說：「五倫各有其理，而理具於吾心」，[27]胡居仁說：「天地萬物之理，即吾心所具者」，[28]都顯示明初朱子學的轉向。[29]

（2:2c）「心」與「理」之間是一種「不離不雜」之關係：在朱子思想中，「理」與「心」並不同質（此之謂「不雜」），兩者雖然可以經由「格物窮理」之複雜功夫合而爲一（此之謂「不離」），但先天上並不必然爲一。以朱子〈大學格物補傳〉言之，「吾心之全體大用」實有賴於「即物而窮其理」以達到「眾物表裏精粗無不到」之境界。朱子在《四書章句集註》中，隨處發揮這項主張。

總結本節所論，朱子思想脈絡中的「心」是認知心，「理」是存在於宇宙萬物之中的普遍理則，有待「心」加以認知。「心」與「理」雖然在最後可以合而為一，但兩者既不同質，亦不混淆。以上所分析朱子學中「心」與「理」之關係，極爲重要，不僅朱子以後六百年來東亞儒者之是否可歸屬爲朱子學派，可據此以爲衡斷，而且，東亞近世儒者之反朱、諍朱、翼朱、闡朱，均與此一問題密不可分。

---

[27] 吳與弼：《吳康齋集》（四庫全書珍本），卷8，〈吳節婦傳〉，頁27，上半頁。

[28] 胡居仁：《居業錄》（正誼堂全書本），卷2，〈學問第二〉，頁9。

[29] 參考 Wing-tsit Chan, "The Ch'eng-Chu School in Early Ming," in Wm. Theodore de Bary et. al. eds., *Self and Society in Ming Thought* (New York: Columbia University Press, 1970), pp. 29-52. 此文中譯本見陳榮捷：《朱學論集》（臺北：臺灣學生書局，1982年），頁331-351。

三、中井履軒批判朱子學的途徑與方法

現在，我們可以在上節論述的基礎上，分析中井履軒對朱子學的批判言論。（3:1）中井履軒批朱的途徑循朱子之舊軌，從《四書》的再解釋出發，（3:2）但與朱子不同的是，他（a）探取「歷史的」方法，（b）對《四書》進行「概要式」閱讀（相對於朱子的「對話式閱讀」而言），企圖還原古典儒學之（他所認知的）原意。（3:3）中井履軒批判朱子學，聚焦在「心與理之關係」此一核心問題，主張「心」即「理」，並特重「誠」這個古典儒學之概念。我們接著詳細探討這三項主要論點。

（3:1）途徑

（a）朱子學的基礎建立在《四書》的再詮釋之上：朱子對《四書》推崇不遺餘力，他說：「《大學》、《中庸》、《論》、《孟》四書道理粲然。〔……〕何理不可究？何事不可處」，[30]朱子畢生理會《四書》，從三十四歲撰《論語要義》（1163 年）到六十歲完成《大學章句》、《中庸章句》（1189 年）止，寫作《四書》集註長達三十年。他對《四書章句集註》充滿信心地說：「某於《論》《孟》四十餘年理會。中間逐字稱等，不教偏些子。」[31]又說：「某《語孟集註》添一字不得，減一字不得。」[32]他甚至宣稱他解《孟子》「知言養氣」章：「若與孟子不合者，天厭之！天厭之！」[33]從公元十三世紀以後東亞思想的發展史環繞著《四書章

---

[30] 黎靖德編：《朱子語類》，卷 2，〈讀書〉，頁 397。
[31] 同前註，卷 19，頁 437。
[32] 同前註。
[33] 同前註，卷 52，頁 1250-1251。

句集註》而展開來看，朱子對他自己的《四書章句集註》的信心，確實有先見之明。誠如陳榮捷（1901-1994）所說：《四書章句集註》的完成意義深遠，使此後東亞知識分子脫離《五經》權威地位之羈絆，直探孔孟基本義理之教，並引介合理之治學方法。[34]宋末儒者趙順孫（和仲，1215-1276）在《四書纂疏・序》中說：「朱子《四書》注釋，其意精密，其語簡嚴，渾然猶經也」，[35]這句話最能顯示朱子的四書解釋學的權威地位。

趙順孫說朱子《四書》註釋「渾然猶經也」，是指朱子以通過重新詮釋《四書》這條途徑，所建立的新思想系統，已經取得了「典範」（paradigm）的地位。從朱子之後，任何東亞儒者不論對朱子系統採取正面支持或反面批駁，都必須重新思考朱子的四書解釋學中所潛藏的諸多哲學課題。舉例言之，《孟子・盡心上・1》「孟子曰：『盡其心者，知其性也。知其性，則知天矣』」一句，朱子《集註》云：[36]

> 人有是心，莫非全體，然不窮理，則有所蔽，而無以盡乎此心之量。故能極其心之全體而無不盡者，必其能窮夫理而無不知者也。既知其理，則所從出亦不外是矣。

朱子在這一段集註中，讀入了「心與理的關係如何？」這個新問題，我們也可以說：朱子將原來潛藏在孟子學中的這個問題

---

[34] 陳榮捷：〈朱熹集新儒學之大成〉，收入氏著：《朱學論集》，特別是頁19。

[35] 趙順孫：《四書纂疏》（臺北：新興書局，影印1947年復性書院刻本），〈序〉，頁3；關於元代以降朱子《四書》集註的影響，參考佐野公治：《四書學史の研究》（東京：創文社，1988年），頁347。

[36] 朱子：《孟子集註》，收入《四書章句集註》（臺北：臺灣中華書局，1982年），卷13，頁49。

加以顯題化。

自從朱子之後，後代儒者要批判或弘揚朱子學或四書學，都必須從朱子的四書學「典範」出發，如王守仁（陽明，1472-1529）將「盡」解釋爲「盡性」，因爲「無心外之理，無心外之物」；黃宗羲（梨洲，1610-1695）將孟子的「擴充」解釋爲「盡心」，[37] 由此而顛覆朱子的解釋系統。

（b）中井履軒通過重新解釋《四書》之途徑以批朱：作爲一個朱子學的批判者，中井履軒也從《四書》及其他經典的再解釋出發，以批判朱子四書解釋學的「典範」。中井履軒畢生浸淫儒學經典，早年就撰成《七經雕題詳略》及《七經逢原》稿本，此後三十年續有修訂，晚年定稿爲《七經逢原》與《大學雜議》共計 32 卷。中井履軒在懷德堂以「助講」身分協助長兄中井竹山擔任部分授課工作，但因不滿其兄有意將懷德堂官學化之企圖，而自己另開私塾水哉館，與其兄竹山保持一定距離。[38] 中井履軒教授學生甚多，但獲准閱讀《七經逢原》的門人，據說只有三人而已，因爲中井履軒規定學生必須「年踰四十而通朱學者，獨得閱覽」。[39]

中井履軒之所以規定只有年過四十並通朱子學的學生，才能閱讀他的手稿，主要原因是他解釋《四書》及其經典時，完

---

[37] 關於王陽明與黃宗羲對朱子對《孟子·盡心上·1》詮釋之批判，參看拙著：《孟學思想史論·卷二》，頁 278、281、364、316。

[38] 此點承陶德民教授提示，敬申謝意。

[39] 據中井天生在大正十一年（1922）之說，見中井天生：〈刊大學雜議中庸論孟逢原序〉，刊於中井履軒：《大學雜議》，收入關儀一郎編：《日本名家四書註釋全書》（東京：鳳出版，1973 年），第 1 卷，學庸部 1，頁 1。

全針對朱子《集註》而發，逐點駁斥，學生如果不能掌握朱子
學的脈絡，幾乎無法理解中井履軒論述的脈絡性與針對性。

（3:2）方法

　　中井履軒通過解經之途徑以批判朱子，所採取的方法是「歷
史的解讀方法」（Historical approach），這種方法的運用方式有二：
（a）將《四書》的話語置於（中井履軒所理解的）歷史脈絡中
加以解讀；（b）重建古典儒學傳承之歷史線索，並在這種歷史線
索中解讀《四書》。這種「歷史的解讀方法」雖強調文獻的依據，
但是卻並不等同於「文獻的解讀方法」（Documentary approach），
這是作為所謂「大阪朱子學派」的中井履軒與作為古學派的伊藤
仁齋的解經方法差異之所在。中井履軒企圖用「歷史的解讀方法」
瓦解宋儒對孔孟思想的解讀。[40]

　　中井履軒所採取「歷史的解經方法」，非常強調解經要以經
典作者所使用之語言與概念，不應以解經者自己的語言或概念
強入經典，刑求古人。中井履軒這類說法俯拾皆是，茲列舉如
下：

1. 明道先生嘗自言：「天理人欲之說，是其獨見。無所據本
也。」其說之是耶？籠罩《詩》、《書》、《易》、《論語》，
證其一歸，可也。集註乃用孔子所未嘗言而後人所筆之
語，分析解釋孔子之言，強求其合，烏可也？天理人欲

---

[40] 參看本書第6章，〈中井履軒的孟子學：善性的「擴充」與「道」之人間性
的重建〉，以下簡稱〈中井履軒的孟子學〉。

復初之說熾，而孔孟之言失其純粹。可歎夫。[41]

2. 道體二字，是後儒之杜撰，當否姑舍之，殊非可以解古經者，他並倣之。[42]

3. 凡註娓娓敘說者，皆宋代理氣之說，而未吻合於孔孟之言者，是別自立言可也，未可主張用解孔孟之書也。[43]

4. 註：「全盡天理」，縱令其義無所差，三代未有「全天理」等語，如之何其以此作古語之解釋？斷斷不可從。[44]

中井履軒在他重新解釋《四書》的各書中，一再重申宋儒對古典之詮釋去古聖之意甚遠，實因宋儒常以他們自己時代的語言如「理」、「氣」、「天理」、「人慾」等，讀入古典之中，曲解孔孟。因此，中井履軒對朱子四書學的批評，就採取回到（中井所理解的）孔孟之歷史脈絡的方法，企圖在歷史脈絡中解讀古典的真意。

正如我最近所說，中井履軒與朱子的差異在於：中井相信孔孟及其行止的意義，都是可以經由歷史的還原而重新建構；朱子所採取的方法則近於拉卡普拉（Dominick LaCapra）所謂的「對話的研究途徑」（Dialogical approach）。宋儒包括朱子常常帶著他們的問題進入經典世界，與經典作者進行對話；中井履軒則採取

---

[41] 中井履軒：《論語逢原》，收入關儀一郎編：《日本名家四書註釋全書》，第6卷，論語部4，頁262。

[42] 《論語逢原》，頁404。

[43] 中井履軒：《孟子逢原》，收入關儀一郎編：《日本名家四書註釋全書》，第10卷，孟子部2，頁319。

[44] 《孟子逢原》，頁404。

一種觀察者（而不是參與者）的立場，企圖經由「歷史的解讀方式」而重構經典的原意。相對於朱子而言，中井履軒採取拉卡普拉所謂的「概要式的閱讀」（Synoptic reading），企圖從文本中獲取可靠而固定的訊息。[45]中井履軒一再指摘：「宋之諸賢，循古昔俗論，先自立言，乃欲据以解經。豈可得哉？」[46]又說：「大抵宋代復初之說盛矣，故克治之功勤，而擴充之旨微矣。以自治，亦無所大失；以解經，則其失弗細。」[47]他認爲宋儒之所以犯這種錯誤，就是因宋儒所處的時代思想氛圍所造成的，他說：「此南宋之時有爲之言矣。**有爲之言，不可以解經。**」[48]中井履軒上述有關解經方法的言論，涉及所謂解經者的「歷史性」，至爲複雜，其間利弊得失不易一言以蔽之，本書第二章有專文探討，在此不贅。[49]

---

[45] 參考拙作：〈中井履軒的孟子學〉，本書頁 171-208。關於拉卡普拉的思想史方法論，參考 Dominick LaCapra, "Rethinking Intellectual History and Reading Texts," *History and Theory*, XIX: 3(1980), pp. 245-276。此文後來收入 Dominick LaCapra, *Rethinking Intellectual History: Texts, Contexts, Language* (Ithaca and London: Cornell University Press, 1983)，pp. 23-71。LaCapra 最近對於他所謂的「對話式的閱讀」（Dialogic reading）以及「概要式的閱讀」，有進一步的討論，參考 Dominick LaCapra, "History, Reading, and Critical Theory, " *American Historical Review*, Vol. 100, No. 3 (June, 1995), pp. 799-828。

[46] 《孟子逢原》，頁 453。

[47] 中井履軒：《中庸逢原》，收入關儀一郎編：《日本名家四書註釋全書》，第 1 卷，學庸部 1，頁 78。

[48] 《孟子逢原》，頁 66；頁 44 及頁 58 亦有同樣意見。

[49] 本書第 2 章,〈從儒家經典詮釋史觀點論解經者的「歷史性」及其相關問題〉。

四、中井履軒批判朱子學的內容：「心」、「理」及其關係的重建

本文第二節曾說，朱子通過對《四書》的新解釋所建立的思想世界，以「心與理的關係」最居核心。中井履軒批判朱子學，也必須以這個問題為核心而展開。在中井履軒的新四書學裡，（4:1）「心」是價值意識的創發者（4:2）「理」內在於「心」，不需向外「格物」以求「理」，（4:3）因此，「心」與「理」為一，聖人與道為一，「誠」之境界乃自然由內流出。中井履軒從以上三項命題出發，對朱子的四書學進行有力的檢討。我們詳細分析中井對朱子的批判。

（4:1）「心」是道德心：中井履軒在朱子學籠罩之下重構古典儒學中的心學，最具指標意義的是他對《孟子・盡心上・1》的解釋。孟子曰：「盡其心者，知其性也。知其性，則知天矣。」中井履軒解釋這句話說：[50]

> 盡心者，是仁義忠信，所以自持而應物，十分備具，心之用無欠闕也。此非知性固具是道理者弗能也，皆切人身而言，非窮物理無不知之謂。〔……〕自親義別序信〔俊傑按：「自親義別序信」五字疑有誤脫？〕，以至乎子惠萬民，其品節亦多矣，然其道理，皆具於心德。乃詳盡之，非小可之事。但事親而孝者，必能友于兄弟，事君而忠者，必能事于官長，和于僚友，凡事頗有一貫之理，則不必以多事為患矣，要在知性而矣。

---

50 《孟子逢原》，頁 385。

　　中井這一段解釋的要點是，「心」具有仁義忠信等價值意識，「自持而應物，十分備具」，不待向外覓「理」。這種解釋與朱子解釋完全針鋒相對。我們看看朱子如何解釋孟子？朱子說：[51]

> 心者，人之神明，所以具眾理而應萬事者也。性則心之所具之理，而天又理之所從以出者也。人有是心，莫非全體，然不窮理，則有所蔽，而無以盡乎此心之量。故能極其心之全體而無不盡者，必其能窮夫理而無不知者也。既知其理，則其所從出亦不外是矣。以大學之序言之，知性則物格之謂，盡心則知至之謂也。

　　朱子說：「心者，〔……〕所以具眾理而應萬事者也」，是境界語，指「心」經過「格物致知」的功夫而與「理」為一之最高境界。朱子主張「窮理」是「盡心」的根本前提。因此，關鍵在於：如何理解孟子所謂「盡心」的「盡」字？《孟子或問》，有以下這段對話：[52]

> 或問：「心無限量者也，此其言盡心何也？」〔朱子〕曰：「心之體無所不統，而其用無所不周者也。今窮理而貫通，以至於可以無所不知，則固盡其無所不統之體，無所不週之開矣。是以平居靜處，虛明洞達，固無毫髮疑慮存於胸中。至於事至物來，則雖舉天下之物，或素所嘗接於耳目思慮之間者，亦不判然迎刃而解，此其所以

51　朱熹：《孟子集註》，收入朱熹：《四書章句集註》（北京：中華書局，1983年），頁349。
52　朱熹：《孟子或問》，卷13，頁1，上半頁。

為盡心，而所謂心者，固未嘗有限量也。」

朱子主張「窮理而貫通，以至於可以無所不知」，洞達「心」之體與用。朱子顯然強調人要發揮「心」之認知與察識作用，以燭知「理」之結構。朱子又進一步解釋說：[53]

（1）　盡心，謂事物之理皆知之而無不盡；知性，謂知君臣、父子、兄弟、夫婦、朋友各循其理；知天，則知此理之自然。

（2）　盡心，如何盡得？不可盡者心之事，可盡者心之理。理既盡之後，謂如一物初不曾識，來到面前，便識得此物，盡吾心之理。盡心之理，便是「知性，知天」。

朱子將「心」與「理」歧而為二，所以將「盡心」之「盡」解釋為「事物之理皆知之而無不盡」。為什麼必須將「事物之理皆知之而無不盡」才是「盡心」呢？依朱子之見，這是由於「心」會受到人慾的主宰，有所蔽因而不盡。朱子說：[54]

「盡其心者知其性也，知其性則知天矣」，言人能盡其心，則是知其性，能知其性，則知天也。蓋天者，理之人之所由以生者也。性者，理之全體，而人之所得以生者也。心則人之所以主于身，而具是理者也。「天大無外」，而性稟其全，故人之本心，其體廓然，亦無限量。惟其梏于形器之私，滯于聞見之小，是以有所蔽而不盡。

53　黎靖德編：《朱子語類》，卷 60，兩段引文均見於頁 1426。
54　朱熹：《朱子文集》，第 7 冊，卷 67，《雜著》，〈盡心說〉，頁 3384。

人能即事即物，窮究其理，至於一日會貫通澈而無所遺焉，則有以全其本心廓然之體，而吾之所以為性，與天之所以為天者，皆不外乎此，而一以貫之矣。

朱子解釋中的「盡心」的「盡」是數量義的「盡」，與他本《大學》解《孟子》的基本思路相應，這種解釋與孟子差距甚大，誠如牟宗三（1909-1995）所說：「無論以『知至』說『盡心』，或以『誠意』說『盡心』，皆非孟子『盡心』之義。『物格而后知至』，以『知至』說『盡心』，是認知地『盡』。『知至而后意誠』，以誠意說『盡心』，是實行地『盡』。但此實行地盡卻是依所知之理盡心而為之，心成虛位字，是他律道德，非孟子『盡心』之義。孟子說『盡心』是充分實現（擴充）本心之謂，既非『知至』之認知地『盡』，亦非『依所知之理、盡心力而為之』之他律式的實行地盡。」[55]其說切中肯綮。我們可以說，朱子對孟子「盡心」一語的解釋完全未能掌握孟子學中「擴充」之涵義。

正是在「盡心」一語的解釋上，中井履軒的批朱顯得雄渾有力，中井說：[56]

盡，是悉盡之盡，非窮盡之盡，猶是詳與審之分。悉盡似詳，窮盡似審，審義在淺深，其位直遂；詳義在多少，其位橫列。

中井對「盡心」的新解釋，完全針對朱子而發。但是，中井如此解釋「心」的理論基礎何在？這個問題引導我們進一步思考

---

[55] 牟宗三：《心體與性體》，第3冊，頁444。

[56] 《孟子逢原》，卷7，頁385。

他對「理」的解釋。

（4:2）「理」在我而不在物：與朱子之向外覓「理」正好針鋒相對，中井履軒主張「理」在內不在外。我最近曾說，[57]中井履軒可以說是站在內在一元論的立場重新詮釋孟子並批判朱子學。他的思想立場在他註釋《孟子》「萬物皆備於我」一語最能透露其消息。中井說：[58]

> 備於我，謂我之應接乎萬物，處置乎萬事者，無假於外也。父子君臣，亦皆物也；親義別信，亦皆事也。此「物」字通事物而言也。

履軒持內在一元之觀點，認為宇宙萬物及人事儀則皆為一錯綜複雜的意義之網，故其意義必待我之主體性之觀照而彰顯，這種說法可視為孟子「萬物皆備於我」一詞之確解。

中井履軒這一段解釋也是針對朱子而發，朱子曾解釋「萬物皆備於我」一語說：「此言理之本然也。大則君臣父子，小則事物細微，其當然之理，無一不具於性分之內也」，[59]朱子明顯是走程頤「性即理」一路，與中井履軒主張「心即理」構成對比。

（4:3）「心即理」觀點下的「致知」與「誠」新解：從上文所說中井履軒對「心」與「理」的再定義，我們可以看到，他對於朱子學中最核心的概念已一舉而摧廓之，他主張「心」

---

[57] 拙作：〈中井履軒的孟子學〉。
[58] 《孟子逢原》，卷 7，頁 390。
[59] 朱熹：《孟子集註》，收入《四書章句集註》，頁 350。

與「理」有其同質性，他對孟子「盡心」一詞的解釋，與十七世紀中國的黃宗羲（梨洲，1610-1695）實前後呼應。黃宗羲說：「窮理者盡其心也，心即理也，故知性知天隨之矣，窮理則性與命隨之矣。〔……〕天下之理，皆非心外之物，所謂存久自明而心盡矣。」[60]與中井履軒在內在一元論的思想立場上是相近的。

中井履軒站在「心即理」立場，對於朱子對《大學》的解釋，也有所批判，其較爲重要的有「致知」與「誠」這兩個概念的解釋。首先，朱子解釋《大學》「致知」一語云：[61]

> 致，推極也。知，猶識也。推極吾之知識，欲其所知無不盡也。格，至也。物，猶事也。窮至事物之理，欲其極處無不到也。〔……〕物格者，物理之極處無不到也。知至者，吾心之所知無不盡也。知既盡，則意可得而實矣，意既實，則心可得而正矣。

朱子顯然採取認知義理解「致知」，是一種向外覓「理」的知識活動。中井履軒以「招來取納」「爲我之有」理解「致知」，他說：[62]

> 致知，謂求覓明智，使其來至爲我之有也。夫智之本源，固在于我也。然智未明，則明智無有於我也。及其智既明也，如自外來至者，故曰致也，至也。致字，究竟是

---

[60] 黃宗羲：《孟子師說》，收入《黃宗羲全集》（杭州：浙江古籍出版社，1985年），頁 148。關於黃宗羲的「內在一元論」立場，參看劉述先：《黃宗羲心學的定位》（臺北：允晨文化實業股份有限公司，1986 年），頁 97-103。

[61] 朱熹：《大學章句》，收入《四書章句集註》，頁 4。

[62] 中井履軒：《大學雜議》，收入關儀一郎編：《日本名家四書註釋全書》，第 1 卷，頁 14。

招來取納之義。格物，謂躬往踐其地，蒞其事，執其勞
也。譬欲知稼穡之理，必先執未耜，親耕耘，然後其理
可得而知也。

中井主張「智之本源，固在于我」，是從他所持「心即理」的主
張出發的，他主張「天下事物之理，與我無干涉者，不必講求
也」，[63]因爲「理也者，在我之應而不在物矣」。[64]

　　中井履軒從內在一元論立場出發，對朱子的四書學隨處加
以批駁，皆見新意，例如朱子註孔子「予一以貫之」一語認爲
「此以知言」，[65]中井駁之曰：「註以此一貫，專屬于知，不可從。
夫子之德行，應事接物，無所滯，莫不達。時人睹之。」[66]再如
孟子「反身而誠樂莫大焉」一語，朱子註曰：「誠，實也。言反
諸身，而所備之理，皆如惡惡臭，好好色之實然，則其行之不
待勉強而無不利矣，其爲樂孰大於是。」[67]中井則這樣解釋：[68]

　　此誠字，是子思《中庸》以後之言，然以其所爲善之實，
　　爲義也，非以誠一字爲美德。人之爲善，或以智數安排
　　焉，或有爲而爲之，則皆非其德也，今自點檢之，其善
　　一一由心胸而出焉，無外假者，則皆吾之德矣，豈不可
　　樂哉，此即仁德之形狀矣。

　　朱子以「誠」爲得「理」之「實」；中井履軒以「誠」爲「由

[63] 中井履軒：《大學雜議》，頁 16。
[64] 同前註。
[65] 朱熹：《論語集註》，頁 161。
[66] 《論語逢原》，頁 302。
[67] 朱熹：《孟子集註》，頁 350。
[68] 《孟子逢原》，頁 391。

心胸而出」的「吾之德」。朱子向外覓「理」，中井以爲「理」內在於「心」中。中井對古典儒學的解釋本於《中庸》「誠」的哲學，對此下德川儒學之發展影響深遠。[69]

綜合本節論述，我們可以發現：中井履軒對朱子學的批評扣緊「心與理之關係」此一問題，可謂擒賊先擒王。中井主張以《四書》爲中心的古典儒學中的「心」是道德心而不是朱子式的「認知心」；「理」在「心」中並與「心」爲一，故不假外求，所謂「誠」並非指求「理」得其「實」（朱子以「實」解「誠」），而是由內「心」自然流出之善德。凡此種種詮釋，確可視爲十八世紀反朱言論之代表作。

五、結論：丸山論旨的再思考

本文以十八世紀大阪懷德堂儒者中井履軒爲中心，探討中井履軒對朱子的批判。我們的研究發現：中井履軒的朱子學批判扣緊「心與理之關係」此一朱子學中心課題，他循朱子建構形上學世界之舊軌，通過重新註解《四書》而對朱子學造成重擊。中井履軒在歷史脈絡中解讀古典，對古典採取「概要式」閱讀，而不是朱子及宋儒的「對話式」閱讀，從而將朱子思維

---

[69] 相良亨曾撰專文論德川儒學中的「誠」，他指出：中國宋明儒學是以「敬」爲中心，而日本儒學則是以「誠」爲中心而展開。他認爲，德川初期朱子學籠罩全局，中江藤樹、熊澤蕃山、山鹿素行、伊藤仁齋等人，都曾進出朱子學然後才逐漸建構以「誠」爲中心的儒學體系。在這條思潮發展過程中，中井履軒正是爲以「誠」爲中心的儒學奠定文獻學基礎的人物。見相良亨：〈德川時代の「誠」〉，收入相良亨：《日本の儒教 II》（《相良亨著作集》第 2 卷）（東京：ぺりかん社，1996 年），頁 121-136。

世界中的「認知心」轉爲「道德心」，主張「理」的內在性，放棄朱子向外覓「理」之「格物致知」的支離事業。由於對「心與理之關係」這個問題的大翻轉，中井履軒很具說服力地對朱子學施以批評。

十八世紀的東亞思想世界中，朱子學受到強烈的批評。從十一世紀的二程兄弟到十二世紀的朱子苦心孤詣所建構以「理」作爲基礎的形上學世界，遭受到來自清代（1644-1911）中國、德川時代（1600-1868）日本以及李朝（1392-1910）朝鮮等東亞儒者無情的攻擊與批判，其中較爲雄渾有力的當推德川初期十七世紀古學派大師伊藤仁齋（維楨，1627-1705）、十八世紀中國的戴震（東原，1723-1777），以及十八世紀下半葉的中井履軒。從本文所探討的中井履軒反朱這個個案，可以看出不論是從反朱的途徑(重新註解《四書》)或反朱所扣緊之中心問題(「心與理之關係」)，皆在朱子學影響之下。由此可以辨證地反映朱子學在東亞近世儒學史上無可取代的地位。

從本文所探討的這個個案，我們可以進一步反省丸山真男（1914-1996）關於日本近代思想史的論旨。丸山真男有心於從德川思想史的發展脈絡，解釋日本的現代性的本土思想根源，他特別重視荻生徂徠（1666-1728）把朱子學中的「道德性」轉化爲「政治性」，並峻別個人道德和國家政治的不同，認爲徂徠學的興起及其對朱子學的批判，代表了日本近代思想從「自然」向「人爲」的發展軌跡，奠定日本近代性的思想動因。[70]這項所謂「丸山論旨」（Maruyama thesis）深具洞見，但也引起甚多修

---

[70] 丸山真男：《日本政治思想史研究》（東京：東京大學出版會，1976 年），第 1 章。

正乃至批評意見。從本文所探討的中井履軒批評朱子學的內容看來，日本朱子學思維模式的解體可能比「從自然到人為」這條以西歐近代思想發展作類比的軌跡更為複雜，包括中井履軒在內的東亞儒者，直探朱子學的核心命題「心與理之關係」，並從朱子學內部顛覆朱子學，恐怕也是值得注意的另一個面向。

引用書目

中日文論著：

大濱皓：《朱子の哲學》（東京：東京大學出版會，1983 年）。

丸山真男：《日本政治思想史研究》（東京：東京大學出版會，1976 年）。

中井履軒：《大學雜議》，收入關儀一郎編：《日本名家四書註釋全書》（東京：鳳出版，1973 年），第 1 卷。

_____ ：《中庸逢原》，收入關儀一郎編：《日本名家四書註釋全書》，第 1 卷，學庸部 1。

_____ ：《論語逢原》，收入關儀一郎編：《日本名家四書註釋全書》，第 6 卷。

_____ ：《孟子逢原》，收入關儀一郎編：《日本名家四書註釋全書》，第 10 卷。

中井天生：〈刊大學雜議中庸論孟逢原序〉，刊於中井履軒：《大學雜議》，收入關儀一郎編：《日本名家四書註釋全書》，第 1 卷，學庸部 1。

戶田豐三郎：〈宋代大學篇表章始末〉，《東方學》21（1961 年）。

市川安司：《朱子哲學論考》（東京：汲古書院，1985 年）。

朱　熹：《朱子文集》（臺北：財團法人德富文教基金會，2000 年）。

_____ ：《大學章句》，收入《四書章句集註》（北京：中華書局，1983 年）。

_____ ：《論語集註》，收入《四書章句集註》。

_____ ：《孟子或問》，收入《朱子遺書》（臺北：藝文印書館，

影印清康熙中鐍兒呂氏寶誥堂刊本）。

_____：《大學或問》（京都：中文出版社，1977 年影印和刻近世漢籍叢刊本）。

_____：《孟子集註》，收入朱熹：《四書章句集註》（北京：中華書局，1983 年）。

牟宗三：《心體與性體》（臺北：正中書局，1968 年）。

吳與弼：《吳康齋集》（四庫全書珍本）。

宇野精一：〈五經から四書へ──經學史覺書〉，《東洋の文化と社會》第一輯（京都，1952 年）。

佐野公治：《四書學史の研究》（東京：創文社，1988 年）。

宋　濂：《元史》（四部備要本）。

胡居仁：《居業錄》（正誼堂全書本）。

相良亨：《日本の儒教 II》（《相良亨著作集》第 2 卷）（東京：ぺりかん社，1996 年）。

邱漢生：《四書集註簡論》（北京：中國社會科學出版社，1980 年）。

阿部吉雄：《日本朱子學と朝鮮》（東京：東京大學出版會，1965-1975 年）。

趙順孫：《四書纂疏》（臺北：新興書局，影印 1947 年復性書院刻本）。

唐君毅：《中國哲學原論：導論篇》（香港：新亞研究所，1966 年，1974 年）。

黃宗羲：《孟子師說》，收入《黃宗羲全集》（杭州：浙江古籍出版社，1985 年）。

黃俊傑：〈從儒家經典詮釋史觀點論解經者的「歷史性」及其相關問題〉，《臺大歷史學報》第 24 期（1999 年 12 月），收入本書第 2 章。

_____：《孟學思想史論・卷二》（臺北：中央研究院中國文哲研究所籌備處，1997 年）。

_____：〈中井履軒的孟子學：善性的「擴充」與「道」之人間性的重建〉，中央研究院第三屆國際漢學會議論文，2000 年 6 月 29 日-7 月 1 日，收入本書第 6 章。

程顥、程頤：《二程集》（北京：中華書局，1981 年，1984 年）。

楊儒賓：〈朱子的格物補傳所衍生的問題〉，《史學評論》第 5 期（1983 年）。

溝口雄三著，趙士林譯：《中國的思想》（北京：中國社會科學文獻出版社，1995 年）。

劉述先：《黃宗羲心學的定位》（臺北：允晨文化實業股份有限公司，1986 年）。

錢　穆：〈朱子學流衍韓國考〉，《新亞學報》第 12 卷（1976 年 8 月）。

陳榮捷：〈理的觀念之進展〉，《崇基學報》第 4 卷第 1 期（1964 年 11 月）。

_____：《宋明理學之概念與歷史》（臺北：中央研究院中國文哲研究所籌備處，1996 年）。

_____：《朱學論集》（臺北：臺灣學生書局，1982 年）。

黎靖德編：《朱子語類》（北京：中華書局，1994 年，1999 年）。

陸象山：《陸九淵集》（臺北：里仁書局，1981 年）。

麓保孝：〈大學を中心としてたる宋代儒學〉，《支那學研究》3（1949 年）。

英文論著：

Chan, Wing-tsit, "Neo-Confucianism: New Ideas in Old Terminologies,"

Philosophy East and West, 17:1-4 (Jan., 1967).

—————, *Chu Hsi: Life and Thought* (Hong Kong: The Chinese University Press, 1987).

—————, "The Ch'eng-Chu School in Early Ming," in Wm. Theodore de Bary et. al. eds., *Self and Society in Ming Thought* (New York: Columbia University Press, 1970).

—————, "The Evolution of the Neo-Confucian Concept of *Li* as Principle," *Tsing-hua Journal of Chinese Studies*, N.S. 4:22 (Feb., 1962).

—————, "Chu Hsi's Completion of Neo-Confucianism," in *Études Song in Memoriam Étienne Balazs*, Editées par Françoise Aubin, Serie II, #I (Paris: Mouton & Co., and École Practique de Haute Études, 1973).

LaCapra, Dominick, "Rethinking Intellectual History and Reading Texts," *History and Theory*, XIX: 3 (1980).

—————, *Rethinking Intellectual History: Texts, Contexts, Language* (Ithaca and London: Cornell University Press, 1983).

—————, "History, Reading, and Critical Theory," *American Historical Review*, Vol. 100, No. 3 (June, 1995).

Liu, James T. C., "How Did a Neo-Confucian School Become the State Orthodoxy?" *Philosophy East and West*, 23: 4 (Oct., 1973).

Yang, Key P. and Gregory Henderson, "An Outline History of Korean Confucianism," *Journal of Asian Studies*, XVIII: 2 (Feb., 1959).

捌、

山田方谷對孟子養氣說的解釋

一、引言

　　《孟子・公孫丑上・2》在東亞儒學史上佔有重要的地位，是近世東亞儒學史發展的思想淵源之一。這種現象的形成，主要有兩個原因：第一，東亞近世儒學史的發展，主要動力在於對古代儒家經典尤其是《四書》的再解釋。近一千年來，中、日、韓等地區儒家學者，都通過對《四書》的再詮釋而建立自己的思想體系。這是由於建立在《四書》的新解釋之基礎上的朱子學，在公元十三世紀以後，成為東亞儒學的主流思想，因此，反朱或翼朱的各派學者，都必須從《四書》的再解釋出發，以支持或反駁朱子的系統。[1]第二，在《四書》各篇章中，《孟子》「知言養氣」章義蘊豐富，東亞儒者開發或讀入甚多思想課題，尤以朱子（晦庵，1130-1200）對《孟子》「知言養氣」章的解釋，引發朱子以後中、日、韓儒者正反兩面的討論，[2]成為東亞近世儒學史中值得注意的現象。

---

[1] 例如十八世紀日本德川儒者中井履軒（1732-1817）就是通過對《四書》的再詮釋，而對朱子學提出有力的批判。參看本書第7章，〈中井履軒對朱子學的批判：從《四書》的再詮釋出發〉，此文初稿曾發表於「朱子學與東亞文明研討會」（臺北市：2000年11月16日-18日）。

[2] 參看黃俊傑：《孟學思想史論・卷二》（臺北：中央研究院中國文哲研究所籌備處，1997年），第5章，頁191-252。

山田方谷（名球，字琳卿，號方谷，1805-1877）是十九世紀日本的陽明學者，受學於佐藤一齋（1772-1859），著有《方谷遺稿》三卷，[3]著述雖然不多，但是，他對《孟子》「知言養氣」章卻別創新解，以「氣一元論」闡釋孟子知言養氣之學，在孟子學詮釋史上，誠屬別開生面，在東亞儒學史上也饒富意義。

本文主旨在於介紹山田方谷對孟子知言養氣說的解釋（第二節），並擬在孟子學詮釋史（第三節）與日本儒學史（第四節）的思想史脈絡中，爲山田方谷的孟子學解釋加以定位。

二、山田方谷的孟子學解釋：以孟子「知言養氣」說為中心

山田方谷（2:1）從「氣一元論」之立論，解釋孟子的「知言養氣」說，（2:2）他認爲「氣」兼具宇宙論與倫理學之特質，（2:3）這種「氣」論不僅見於孔門，而且可上溯《易經》，亦見於《中庸》，至孟子而粲然大備，而爲古今中外四方萬國所共具。（2:4）這種以「氣一元論」爲基礎的孟子學解釋，於孟子之說頗有歧出。本節闡述以上這四項論點。

（2:1）「氣一元論」解釋下的孟子學：山田方谷在明治六年（1873 年，癸酉）冬，在閑谷黌爲門生講《孟子》「知言養氣」章，「專奉餘姚王子之旨，而不遵朱註，恐聽者多疑也，作之圖

---

[3] 山田準編：《山田方谷全集》（東京：明德出版社，2000 年），共三冊。關於山田方谷的傳記，參看矢吹邦彥：《炎の陽明學──山田方谷傳──》（東京：明德出版社，1996 年）。

解，以明其旨」，[4]撰成《孟子養氣章或問圖解》，將《孟子・公孫丑上・2》之思想內涵，製成圖解十四幅，並撰成「或問」七條，闡釋圖解之精華。

山田方谷解釋孟子「知言養氣」說的基本立場是「氣一元論」。所謂「氣一元論」是指：山田方谷認爲「氣」乃是宇宙一切存在所共同具有的最根本而且是最重要的物質。這種意義下的「氣」，是宇宙萬物得以生存運行最重要之物，自有天地即有「養氣之道」，孟子只是將這種未經明言的「養氣之道」賦以名稱而已。山田方谷說：[5]

> 天地萬物一大氣耳，而氣者活物也。萬物有心，自能知覺。有心，自能運動。知覺運動，頃刻不息，所以養其氣也。一日弗養，何以能生活焉？不唯人為然，飛走動植，莫不皆然，故養氣之道，與天地俱在，萬物同有焉，豈特孟子而後發哉？孟子所發，特枒其名，以戒養之害道者耳。

上文所謂「天地萬物一大氣耳」，正是山田方谷釋孟的基本立場。他以下圖說明孟子養氣說的內涵：[6]

---

[4] 山田球：《孟子養氣章或向圖解》（大阪：惟明堂大阪支店據東京弘道書院藏版刊印，1902 年，以下引用此書簡稱《圖解》），頁 6，上半頁。

[5] 《圖解》，頁 6，下半頁。

[6] 《圖解》，頁 15，上半頁。

　　山田方谷解釋孟子所說「養浩然之氣」的方法中,「以直養而無害」一語的涵義說「直養」是「養氣之道」的根本方法,因為:[7]

> 萬物化生,同一大氣,然人物流形,各有不同,知覺運動,亦從而異,於是乎自然有條理矣。縱其自然,而無害條理,則與大氣合一,謂之「直養」。不縱自然,而條理背戾,謂之不直。

---

[7] 《圖解》,頁7,上半頁。

山田方谷將孟子所說「以直養而無害」一語，解釋為「從其自然而無害條理」，這是山田方谷晚年講學之宗旨，誠如他的門人岡本巍所說，山田教學宗旨在「從一氣自然」。山田方谷將「直養」連讀，釋為「從一氣自然」，而不是將「直養」斷句為「以直，養而無害」，他強調養氣之道必須「盡從自然」，[8]這一點與孟子養氣之學的涵義頗有歧出，待我說明山田方谷「氣一元論」的實質內涵及其發展之後，再進一步探討。

（2:2）「氣」的雙重性格：在山田方谷思想中，作為宇宙萬物最根本而唯一的質素的「氣」，實兼具宇宙論與倫理學之雙重性格。他認為，孟子揭立的「養氣之道」，即為遠古時代的「事神之道」。山田方谷說：[9]

> 神者，造化之氣也。氣者，人身之神也，其為物一也。
> 二帝三王，以敬事鬼神為人道之要。《詩》、《書》所載，
> 歷歷可觀矣。而事神之道，以正直為要，其為道一也。

推衍山田方谷之意，「氣」是「造化之氣」，又是「人身之神」，既是宇宙論意義下的創生之源，又是倫理學意義下的修身之法。換言之，山田方谷思想中的「氣」，既是朱子所說的「天理之自然」，又是「人事當然之理」，既是「宇宙的所以然」，又是人事的「所當然」，既是「事實判斷」，又是「價值判斷」，兩者融貫為一。

（2:3）「養氣」說的古代淵源及其普世性：山田方谷進一

---

8 《圖解》，頁7，下半頁。
9 《圖解》，頁7上半頁-8下半頁。

步指出，這種「養氣之學」實已見於先秦孔門。他說：[10]

> 孔子教人，不出《詩》、《書》、《禮》、《樂》，民生日用之
> 外矣。《詩》、《書》、《禮》、《樂》者，使氣直之具；而民
> 生日用者，養氣之實地也。一部《論語》實非養氣之道。

不僅孔門，這種兼具宇宙論與倫理學雙重性格的「養氣之道」
亦早已發軔於《易》，山田方谷說：[11]

> 然至於說神氣合一之蘊，則發之於《易》。易者，古之神
> 道也，故其傳易，因神道而昭人事，皆不出於陰陽二氣
> 之自然。縱其自然，而與鬼神合其吉凶，是即上承事神
> 之道，而下開養氣之學。

山田方谷認為，這種源遠流長的「養氣之學」，亦見於《中庸》，
至《孟子》而大備。[12]

　　這種「養氣之道」，雖源自遠古中國，但卻有其普世性。山
田方谷說：[13]

> 茫茫宇宙，大氣無間，事神養氣，何國無之？何時無之？
> 我皇國上古事神之道，冠于萬國者，固不須論焉。後奉
> 其道，以教國人，亦以正直為宗，則其為道，不假於漢
> 土，而自然吻合。西洋諸州，〔……〕亦於人身之氣與造
> 化之神合一者，有所見焉〔……〕由此觀之，事神養氣

10　《圖解》，頁8，下半頁。
11　《圖解》，頁9，上半頁。
12　《圖解》，頁9，下半頁。
13　《圖解》，頁13，上半頁-下半頁。

之道，度天地，貫古今，而莫有異同者蓋驗矣。

山田方谷認爲，這種「養氣之學」即「事神之道」，有其超時間性與超空間性，是永恆而常存之物。

（2:4）山田方谷對孟學的歧出：山田方谷以上對孟子學的解釋，對孟子「養氣」之學頗有歧出，其違失之關鍵處尤在於：孟子的「浩然之氣」說強調將「自然」加以「人文化」，所以孟子峻別不同的養氣方法，明白指出告子與孟子之不同，並暢論「配義與道」、「集義所生」等工夫論之程序問題。但是，山田方谷則將孟子養氣之學解釋爲「從一氣自然」，[14]抖落了孟子學中人文化成之內涵。

更進一步說，正如我在《孟學思想史論・卷一》所歸納的，[15]在孟子之前的「氣」論有「二氣感應說」、「望氣」或「占氣」說、「行氣」或「食氣」說以及從兵家者流手中發展出來的「激氣」、「利氣」、「延氣」說等四種主要思潮，都著重在將「氣」理解爲「自然」。到了孟子提出「浩然之氣」說，暢談「氣」在經過「配義與道」的工夫，「集義」而充實其「至大至剛」的道德內涵後，才賦予「氣」以充分的道德論或倫理學意義。孟子養氣說的這項人文意涵，在山田方谷的解釋中失落了。我們在下節詳論這個問題。

---

[14] 《圖解》，頁2，上半頁。
[15] 黃俊傑：《孟學思想史論・卷一》（臺北：東大圖書公司，1991年），頁41-46。

三、從孟子學詮釋史脈絡看山田方谷的孟子學

現在，我們將山田方谷置於孟子學詮釋史的脈絡中加以衡量，就可以發現：（3:1）山田方谷以「氣一元論」釋孟頗有違失，但確有其創新性，（3:2）他以新解中所蘊涵的「理在氣中」的新觀點，批駁朱子學的「理在氣上」的舊說，也擊中朱子學要害，（3:3）但是，他的新解卻有其方法論的問題在焉。我們接著闡釋這三項看法。

（3:1）山田方谷以「氣一元論」解釋《孟子・公孫丑上・2》，雖於孟子學有所歧出，但在孟子學詮釋史上有其創新性。所謂「創新性」，不僅指在山田方谷之前無人以「氣一元論」釋孟（當然也有其問題，說詳下），而且，更是指他堅持「氣一元論」而有效地跳出朱子學的藩籬，別創新解。

山田方谷的解釋對於孟子養氣之學的歧出，集中在兩個關鍵性的概念上：

（3:1a）「義」與「道」之解釋：孟子說「浩然之氣」的特質在於：「其為氣也，配義與道；無是，餒也」，這句話中的「義」與「道」作何解釋，是孟子學詮釋史之一大問題。山田方谷持「氣一元論」之立場，強調「從一氣之自然」，他解釋孟子這句話：[16]

> 所謂「義」與「道」，即理之自直而生者矣。配者，合一自然之謂，而非以義與道制氣之謂也。

---

[16] 《圖解》，頁 10 下半頁-11 上半頁。

山田方谷因爲將孟子的「義」與「道」解釋爲「理之自直而生者」，[17]所以，他也必須將「配」字理解爲「合一自然之謂」。

　　山田方谷上述的解釋，在孟學詮釋史上頗爲特殊，在他之前無人作此解。朱子解釋孟子這句話說：「配者，合而有助之意。義者，人心之裁制。道者，天理之自然。餒，飢乏而氣不充體也。言人能養成此氣，則其氣合乎道義而爲之助，使其行之勇決，無所疑憚；若無此氣，則其一時所爲，雖未必不出於道義，然其體有所不充，則亦不免於疑懼，而不足以有爲矣。」[18]朱子明確地認爲，「無是」的「是」指「氣」而言，他在《語類》裡有進一步解釋發揮。[19]

　　朱子這種解釋很有問題，在當時就引起他的論敵呂子約（？-1200）[20]的懷疑。呂子約認爲，孟子「其爲氣也，配義與道；無是餒也」句中的「是」字：「指道義而言。若無此道義即氣爲餒。」[21]但朱子不以爲然，朱子認爲：「所謂是者，固指此氣而言。若無此氣，則體有不充而餒然矣。」[22]朱子的立場亦與其《孟子集註》互相呼應，朱子在《集註》中說：「若無此氣，則其一時所爲雖未必不出於道義，然其體有所不充，則亦不免

---

[17] 在山田方谷思想中，「理」是「氣中之條理」。

[18] 朱熹：《孟子集註》，收入氏著：《四書章句集註》（北京：中華書局，1982年），卷3，頁231-232。

[19] 黎靖德編：《朱子語類》（北京：中華書局，1980年），卷52，頁1258。

[20] 關於呂子約事蹟，詳陳榮捷：《朱子門人》（臺北：臺灣學生書局，1982年），頁103-104。

[21] 朱熹：《朱文公文集》，卷48，〈答呂子約書〉，頁835，下半頁。

[22] 同前註。

於疑懼，而不足以有爲矣。」[23]

　　朱子以「是」爲「氣」的說法，也與趙岐（？-210）不合，趙岐云：「言能養此道氣，而行義理，常充滿五臟，若其無此，則腹腸饑虛，若人之餒餓也。」[24]趙氏蓋以爲，「是」指「義與道」而言。焦循（里堂，1763-1820）《孟子正義》引毛奇齡（1623-1716）云：「無是者，是無道義；餒者，是氣餒，道義不能餒也。」[25]又引全祖望（1705-1755）《經史答問》云：「配義，則直養而無害矣。苟無是義便無是氣，安能免於餒。然配義之功，則直養而無害矣。苟無是氣，安能免於餒，然配義功在集義。集義者，聚於心以心待其氣之生。曰生，則知所謂配者，非合而有助之謂也，蓋氤氳而化之謂也。」[26]毛奇齡與全祖望均以「是」指「道義」而言，這種說法是可以接受的，因爲必須如此講，才能使孟子的文意順暢。朱子解「是」爲「氣」，則孟子之「無是餒也」就被理解爲：「氣」是充實生命內涵的力量。與《孟子》「知言養氣」章特重原始生命之理性化此一主題不合。至於孟子這句話中的「道」，朱子解釋爲「天理之自然」，「義」則解釋爲「人心之裁制」，朱子認爲「道」、「義」對言，「道」具普遍性，「義」具有特殊性，[27]大致可取。

　　從以上所說孟子學詮釋史的脈絡來看，山田方谷將「義」與「道」解爲「理之自然而生者」，並將「配」解爲「合一自然

---

[23]　《孟子集註》，卷3，頁232。

[24]　趙岐注：《孟子》（四部叢刊初編縮本），卷3，頁24，下半頁。

[25]　焦循：《孟子正義》（四部備要本），第1冊，卷6，頁16，下半頁。

[26]　同前註。

[27]　朱子說：「『其爲氣也，配義與道；無是，餒也。』配，合也。義者，人心節制之用；道者，人事當然之理。」見《朱子語類》，卷52，頁1257。

之謂」，完全以他的「氣一元論」作爲根據，但卻使得孟子學中強烈的價值判斷意涵爲之晦而不彰，的確不能視爲孟子的知音。

（3:1b）「直養」：山田方谷將「直養」二字連讀，解爲：「從其自然而無害條理，則與大氣合一，謂之直養」，[28]山田方谷的解釋也與孟學詮釋使所見歷代儒者的共識相去甚遠。

最早爲《孟子》作註的東漢趙岐解釋孟子「以直養而無害」這句話說：「言此至大至剛正直之氣也。然而貫洞纖微，洽於神明，故言之難也。養之以義，不以邪事干害之，則可使滋蔓，塞滿天地之間，布施德教，無窮極也。」[29]南宋朱子說：「至大初無限量，至剛不可屈撓。蓋天地之正氣，而人得以生者，其體假本如是也。惟其自反而縮，則得其所養；而又無所作爲以害之，則本體不虧而充塞無間矣。」[30]清代焦循說：「云至大至剛正直之氣者，惟正直，故剛大。下言養之以義解以直養三字，直即義也。緣以直養之，故爲正直之氣；爲正直之氣，故至大至剛。」[31]從趙岐、朱子到焦循，都將孟子所說「以直養」的「直」理解爲「義」，亦即具有價值內涵的道德判準，並不是如山田方谷所理解的「從其自然」謂之「直」。

關於孟子所謂「以直養而無害」一句，清儒李紱（穆堂，1675-1750）撰〈配義與道解〉云：[32]

> 心之裁制爲義，因事而發，即羞惡之心也。身所踐履爲

28　《圖解》，頁 7，上半頁。

29　趙岐注：《孟子》，卷 3，頁 24，上半頁-下半頁。

30　朱熹：《孟子集注》，頁 231。

31　焦循：《孟子正義》（北京：中華書局，1987 年新校標點本），卷 6，頁 200。

32　李紱：《穆堂初稿》（1740 年），轉引自焦循：《孟子正義》，卷 6，頁 201-202。

> 道，順理而行，即率性之謂也。未嘗集義養氣之人，自
> 反不縮，嘗有心知其是非而不敢斷者，氣不足以配義也。
> 亦有心能斷其是非而身不敢行者，氣不足以配道也。吾
> 性之義，遇事而裁制見焉，循此裁制而行之，乃謂之道。
> 義先而道後，故曰配義與道，不曰配道與義也。

李紱強調人之所以「心知其是非而不敢斷」，就是因爲「氣不足
以配義」，他從這個角度來解釋孟子所謂「以直養而無害」的涵
義，可謂切中肯綮。

與上述中國儒者的共識對照之下，山田方谷對「直養」的
理解，顯然於孟子學尚有一間未達。山田方谷對孟子學的解釋，
雖然頗有岐出，有很大的侷限性，但是，從儒學思想史脈絡來
看，他的解釋的確能夠從朱子學的藩籬中掙脫而出，有其一定
之創新意義。

我在這裡所謂「朱子學的藩籬」，是指：自從公元十三世紀
朱子以《四書章句集註》爲中心，建構一個對古典儒學的解釋
傳統之後，東亞儒者籠罩在朱子學的典範之下，不論翼朱、諍
朱、闡朱或批朱，都必須從《四書》的再詮釋出發，並重新思
考朱子所提出的諸多問題。就以孟子學爲例，朱子本《大學》
解《孟子》，[33]特重「格物窮理」的必要性，因此，朱子在解釋

---

[33] 朱子基本上是站在他所重編的《大學》的「格物致知」思想體系的立場，
詮釋孟子哲學。牟宗三曾對這一點有所析論，參看牟宗三：《心體與性體》
（臺北：正中書局，1969 年，1971 年），第 3 冊，頁 439-447。朱子以「窮
理」貫穿「知言」與「養氣」；朱子站在他的「理」的哲學的立場上，把孟
子學的道德主體活動解釋為知識活動。關於朱子對孟子學的解釋中的這一
項思想傾向，另詳拙作：Chun-chieh Huang, "The Synthesis of Old Pursuits

《孟子・公孫丑上・2》時，讀入了諸多新問題，尤以下列二者最具關鍵性：

（1）「知言」與「養氣」孰先？何以故？
（2）「心」如何知「言」？

朱子對上述兩個問題，都提出新見。朱子在解釋孟子時，明白指出「知言」先於「養氣」，因為不「知言」就不知如何養，[34]他也強調人的「心」有鑑知並肯斷外在事物（包括「言」）的能力，所以，朱子認為孟子所謂「知言」，就是一種格物致知的知識活動。[35]朱子將孟子學中的德行問題，轉化成知識問題，從而建構了一個新的解釋典範。朱子的典範解釋力很強，而且在科舉考試制度的推波助瀾之下，成為極具支配性的解釋系統。

在上述思想史脈絡中，山田方谷以「氣一元論」解釋《孟子》「知言養氣」章，就跳脫了朱子學的藩籬，不必再糾纏於朱

---

and New Knowledge: Chu His's Interpretation of Mencian Morality," *New Asia Academic Bulletin*, No. 3 (Hong Kong, 1982), pp. 197-222。

[34] 朱子〈與郭沖晦〉云：「熹竊謂孟子之學蓋以窮理集義為始，不動心為效。蓋唯窮理為能知言，唯集義為能養浩然之氣。理明而無可疑，氣充而無所懼，故能當大任而不動心。考於本章次第可見矣。」見朱子：〈與郭沖晦〉，收入《朱文公文集》（四部叢刊初編縮本），卷 37，頁 601-602。朱子註解《孟子》又說：「人之有言，皆本於心。其心明乎正理而無蔽，然後其言平正通達而無病；苟為不然，則必有是四者之病矣。」見《孟子集註》，卷 3，頁 233。

[35] 朱子說：「知言，知理也」見《朱子語類》，第 4 冊，卷 52，頁 1241，又說：「知言正是格物、致知。苟不知言，則不能辨天下許多淫、邪、詖、遁。將以為仁，不知其非仁；將以為義，不知其非義，則將何以集義而生此浩然之氣？」見《語類》，頁 1261。朱子在《集註》中又引程子的話：「心通乎道，然後能辨是非，如持權衡以較輕重，孟子所謂『知言』也。」見《孟子集註》，卷 3，頁 233。

子所提出的知識論的問題。就這點而言，山田方谷的解說有其相對於朱子而言的創新性。山田方谷的「氣一元論」，預設了一個「理在氣中」的觀點，他強調：所謂抽象的「理」（山田用「條理」一詞[36]）正是從具體的「氣」（山田說「氣者，活物也」[37]）中滲透出來的。「氣」不是因「理」而創生。

（3:2）山田方谷對朱子學的批判：山田方谷從「理在氣中」這個哲學立論出發，對於朱子對《孟子‧公孫丑‧2》的解釋展開強有力的批判，他說：[38]

> 朱子所註，於文義已覺明了，然其學以理為主。理制氣，而理氣判矣。孟子唯曰直，而不曰理。所謂義與道，即理之自直而生者矣。配者，合一自然之謂，而非以義與道制氣之謂也。朱註氣上加理，本文所無，故往往與本旨抵悟，而況其理者，人之所思索構成，而非氣本自然之條理。

山田方谷主張，「理」是從「氣」中滲透出來的「自然之條理」，而不是如朱子所說的「人所思索構成」的「理」。

山田方谷進一步批判朱子，指出朱子解釋孟子之錯誤，乃是因為朱子本《大學》解孟子，山田說：[39]

> 若夫以《大學》致知為良知，固非其書之本旨，而不免其為牽強，然其學以誠意為頭腦，以致知為工夫，故有

---

36 《圖解》，頁11，上半頁。
37 《圖解》，頁6，下半頁。
38 《圖解》，頁10下半頁-11上半頁。
39 《圖解》，頁11下半頁-12上半頁。

> 此說也。然今以《大學》說《孟子》，不若以《孟子》說
> 《孟子》。

山田方谷指出朱子以《大學》解《孟子》，誠有見地。他認爲朱
子的錯誤在於身心二分以及知覺運動二分，他又說：[40]

> 朱子之解《大學》也，以致知格物爲窮理，以誠意以上
> 爲力行，是否分裁心身以爲二物；以知覺運動爲二項工
> 夫也，不唯於《大學》本旨無關係而已，與孟子養氣之
> 旨扞格不相容，王子知行合一之論所由起也。

從山田方谷所批判（他心目中的）朱子學的二元論之言論中，
很清楚地顯示他自己的「氣一元論」的立場。關於山田方谷的
朱子學批判在日本儒學史上的意義，我們在下節將繼續探討。

（3:3）**山田方谷新解的方法論問題**：從孟子學詮釋史脈絡
來看，山田方谷從「氣一元論」立場解釋《孟子》「知言養氣」
章，雖是別開生面，另立新解，誠如宮城公子所說，方谷晚年
思想別創新境，他強調人倫之道是一種實踐無作爲（即無虛僞）
的自然性，宮城公子稱之爲「人倫之道的自然哲學」。[41]但是，
他的解釋卻會遭遇到一種方法論上的困難，這就是：依照山田
方谷之說，「氣」是具體性之物（他說：「氣者，活物也」），而
且兼具宇宙論與倫理學之雙重性格，並強調「從一氣自然」，如
此一來，則產生以下問題：

40　《圖解》，頁 12，上半頁。
41　宮城公子：〈山田方谷の世界〉，收入岸俊男教授退官紀念會編：《日本政治
　　社會史研究》（東京：塙書房，1985 年），下冊，頁 474-494。

1.如何從具體性（「氣」）之中透析出抽象性（「理」）？

2.如何在「氣一元論」中安頓人文化成之精神？

對於第一個問題，山田方谷並未提出答案。誠如山田方谷門人岡本巍所說，山田教學宗旨是：「宇宙間一大氣而已。唯有此氣，故生此理，氣生理也，非理制氣也」，[42]在山田方谷對孟子學的解釋中，他並強烈地批判朱子以「理」制「氣」之說，但是，他自己卻沒有進一步說明「氣生理」如何可能。這項方法論的缺失，使山田方谷的孟子學解釋出現了一個缺口，也使他對朱子學的批判成為「未完成的革命」。

關於第二個問題，山田方谷亦無明確之解決方案。山田方谷在解釋孟子學的言論中，一再強調「從一氣自然」就可以掌握「自然之條理」，但是，他這種說法是否對孟子養氣之學的確解，實不無疑問。在孟子思想中，「養氣」之學有一套工夫論，並非一味倚賴天成而不假人力。照山田方谷的解釋，孟子與告子達到「不動心」的方法之差異就成為不重要；孟子所說「志至焉，氣次焉」也成為不可理解。諸如此類破綻，都有待進一步釐清。

四、從日本儒學史脈絡看山田方谷的孟子學

接著，我們再從日本儒學史脈絡來看山田方谷對孟子學的解釋。從山田方谷身上，（4:1）我們看到十九世紀日本陽明學者以「氣一元論」解釋陽明良知之學，（4:2）也看到近代日本思想

---

[42] 《圖解》，頁 2 下半頁-3 上半頁。

發展中強調「自然」而非「人爲」的另一個面向。我們進一步闡釋這兩項看法。

（4:1）山田方谷是十九世紀日本陽明學的代表人物之一，他的思想對中江兆民的思想有所影響。宮城公子指出，中江兆民「無始無終，無邊無極」的思想就是一種以陰陽之氣的聚散亦即世界的生成和消滅爲基礎的「氣的哲學」，「氣」的自己運動之舞臺則稱爲「太虛」。中江兆民是在日本近代思想史上，是最早而且深染歐洲近代思想的人，但中江兆民明辨東亞傳統和基督教世界觀之不同，而有心於在東亞社會中創造出獨特的哲學。中江兆民所強調的「心神之自由」的民權思想與幕末陽明學者山田方谷所倡「自然之誠」即「浩然之氣」的思想實有其相似性。宮城公子從中江兆民與山田方谷之思想關係企圖證明兆民的思想有其前近代思想之依據。[43]作爲陽明學者，山田方谷將「良知」解釋爲「氣之知覺精靈者」，他說：[44]

> 王子之學，自良知二字悟入，故其講學，一曰良知，二曰良能，是以有其目也，而良知即氣之精靈知覺者也。氣之直者，莫非良知，故直養無害，則慊於心，且孟子之言良知也，以示人心自然之知覺即爲仁義耳。

這一段話固然很能掌握孟子學與陽明學中仁義內在之思想內涵，但是，正如上文所說，山田方谷思想中的「氣」兼具宇宙論與倫理學之雙重內涵，所以，以「氣之精靈者」釋「良知」，

---

[43] 宮城公子：〈幕末儒學史の視點〉，《日本史研究》232（1981 年 12 月），頁 1-29。

[44] 《圖解》，頁 11，下半頁。

是否妥適，仍有疑慮。

　　山田方谷以「氣一元論」解釋孟子學，雖是他的一家之言，但是，他的「氣一元論」卻並不是他所獨創。從十七世紀以降，許多日本儒者就有「氣一元論」的說法，例如古學派大師伊藤仁齋（維楨，1627-1705）在《語孟字義》卷上就主張「蓋天地之間，一元氣而已」，[45]他進一步解釋說：[46]

> 何以謂天地之間一元氣而已耶？此不可以空言曉，請以譬喻明之。今若以版六片相合作匣，密以蓋加其上，則自有氣盈于其內。有氣盈于其內，則自生白醭。既生白醭，則又自生蛀蟫，此自然之理也，蓋天地一大匣也，陰陽匣中之氣也，萬物白醭蛀蟫也。是氣也，無所從而生，亦無所從而來，有匣則有氣，無匣則無氣。故知天地之間，只是此一元氣而已矣。可見非有理而後生斯氣。所謂理者，反是氣中之條理而已。

伊藤仁齋批判宋儒「理氣二元論」說：「大凡宋儒所謂有理而後有氣，及未有天地之先畢竟先有此理等說，皆臆度之見。」[47]伊藤仁齋早於山田方谷二百年，他所持「所謂理者，反是氣中之條理」的說法，是德川時代許多日本儒者的共同主張。

　　另一方面山田方谷的氣化論也與《莊子‧知北遊》「通天下

---

[45] 伊藤仁齋：《語孟字義》，收入井上哲次郎、蟹江義丸編：《日本倫理彙編》（東京：育成會，1901-1903 年），卷之五，古學派の部（中），卷上，頁11。

[46] 同前註，頁 12。

[47] 同前註。

一氣耳」[48]之說法極爲近似。莊子（約 399-295B.C.之間）分析人之生死說：「〔……〕察其始而本生，非徒生也而本形，無形而本氣，雜乎芒芴之間，變而有氣，氣變而有形，形變而有生，今又之死，是相與爲春秋冬夏四時也。〔……〕」[49]到了漢代，王充（27-？）《論衡·論死》說：「人之所以生者，精氣也。死而精氣滅，能爲精氣者，血脈也。人死竭，竭而精氣滅，滅而形體朽，朽而成灰土。〔……〕神氣之生人，猶水之爲冰水凝爲冰，氣凝爲人，冰釋爲人，人死後神。」[50]這種氣化論與山田方谷的氣化論頗爲神似，這種理論很容易將人性理解爲自然之本能。這種將人性等同於自然的思想，在中國思想史上有其源遠流長的發展線索。遠在戰國時代，與孟子同時的告子就主張「生之謂性」（《孟子·告子上·3》），戰國晚期荀子也有類似的主張，《荀子·正名篇》云：「生之所以然者，謂之性。」漢代「性，生而然者也。」許慎《說文解字·心部》云：「性，人之陽氣，性善者也，從心，生聲。」以上漢儒種種關於人性之言論，皆持「生之謂性」之立場。這個「生之謂性」的傳統，到了清代的戴震（東原，1723-1777），手中獲得了最具系統性的發揮，戴震說：「性者，分於陰陽五行以爲血氣，心知、品物，區以別焉，舉凡既生以後所有之事所具之能，所全之德，咸以是爲其本，故《易》曰『成之者性也』」，[51]戴震將「氣化之自然」的人

---

[48] 郭慶藩：《莊子集釋》（臺北：世界書局，1974 年），下冊，卷 7 下，〈知北遊第二十二〉，頁 733。

[49] 郭慶藩：《莊子集釋》，下冊，卷 6 下，〈至樂第十八〉，頁 614-615。

[50] 王充：《論衡》（四部叢刊初編縮本），卷 20，〈論死篇〉，頁 199。

[51] 戴震：《孟子字義疏證》，收入《戴震全集》（北京：清華大學出版社，1991 年），第 1 冊，卷中，〈性〉，頁 176。

之生理的稟賦，當作人性之本質，他明白宣稱：「血氣心知，性之實體也」。[52]山田方谷的孟子學詮釋，一再強調「從一氣自然」，不免模糊了孟子與告子人性論的界線，從而使孟子的修養功夫論為之晦而不彰。

山田方谷將孟子的「良知」解釋為「氣之精靈者」，並宣稱王陽明之學「雖自良知悟入，蓋其本源出於孟子養氣耳」。[53]山田方谷的說法與明末大儒黃宗羲（梨洲，1610-1695）頗可互相發明，黃梨洲說：[54]

> 知者，氣之靈者也。氣而不靈則昏濁之氣而已。養氣之後，則氣化為知，定靜而能慮，故「知言」、「養氣」，是一項功夫。

黃宗羲為「知者，氣之靈者」的說法，表面上雖與山田方谷「良知即氣精靈者也」，[55]但是二者所潛藏巨大的實質差異：黃梨洲強調人「心」之主體地位與作用，黃梨洲引其父先忠端公云：「孟子『知言』，全將自己心源，印證群跡。吾心止有一，常人自去分門立戶。這些蹊徑，都從常心中變出許多魑魅魍魎相。『知言』者，但把常心照證，變態無不剖露。知得人心，亦只知得自己心。知得群心之變，亦只養得吾心之常。」[56]黃梨洲以己心「照證」萬物，很能掌握孟子心學之核心。相對而言，山田方谷過

---

[52] 《孟子字義疏證》，卷中，〈天道〉，頁 172。

[53] 《圖解》，頁 3，下半頁。

[54] 黃宗羲：《孟子師說》，收入《黃宗羲全集》（杭州：浙江古籍出版社，1985年），第 1 冊，卷 2，頁 64。

[55] 宮城公子：〈山田方谷の世界〉，頁 474-494。

[56] 黃宗羲：《孟子師說》，卷 2，頁 66-67。

於強調任自然，於孟子心學不免有所違失。

（4:2）從山田方谷這個思想人物，可以略窺日本近代思想發展軌跡的複雜性。丸山真男（1914-1996）論日本近代思想史的發展，認爲是循「自然」到「人爲」的軌跡進行。丸山真男指出，朱子學中的「理」或「天理」代表「自然」的秩序。朱子學的瓦解是日本思想邁向近代的先聲。[57]丸山真男對日本近代史的解釋，與他所承受的德國唯心論與近代化理論的學術資產頗有關係。從山田方谷之特重「一氣之自然」這條思想線索來看，日本近代思想史的發展也許比從「自然」到「人爲」這條線索更爲複雜。

誠如宮城公子所指出，山田方谷晚年（六十三歲時）由於藩主板倉勝靜入主幕府任老中，而成爲幕府最後一名的閣老，擔任正處於難局的幕府之顧問，但爲期僅二十日，即以老病之身歸藩，以後時局更不利幕府，因此方谷晚年經歷動盪之時局，其思想難免有所變化。方谷目睹維新政局之亂象，人心險邪，惡行橫漫，他針對朱子哲學之「構成造爲」思想所造成的現世現象——亦即作爲之意圖及功利之初心，提出「自然之誠」的思想，有心於超越陽明學。[58]從山田方谷這個個案，我們看到幕末維新時期日本思想在「自然」與「人爲」兩極之間的迴旋發展。

---

[57] 丸山真男：《日本政治思想史研究》（東京：東京大學出版會，1976 年），第 1 章。此書最近有較好中譯本：王中江譯：《日本政治思想史研究》（北京：生活、讀書、新知三聯書店，2000 年）。

[58] 宮城公子：〈山田方谷の世界〉，頁 471-494。

五、結論

本文主旨在探討十九世紀日本陽明學者山田方谷以「氣一元論」爲基礎對《孟子・公孫丑上・2》「知言養氣」章所提出的解釋。我們的分析顯示：山田方谷對孟子學的解釋在孟子學詮釋史上確實有其創新性，他主張「天地萬物一大氣耳」，這種「氣」亙古今，貫物我，爲四方萬國所同具。山田方谷所持的「氣一元論」立場，使他避開了朱子的孟子學詮釋中諸多問題（如「養氣」與「知言」孰先？）的糾纏，別創新解，並對朱子的「理氣二元論」提出有力的批判。

但是，山田方谷的孟子學解釋，由於過度強調「氣」化之自然，使孟子養氣理論中的工夫論內涵爲之晦而不彰，於孟子學不免有所歧出。

從日本儒學史脈絡來看，十九世紀的山田方谷透過重新解釋孟子學而批判朱子，雖然較十七世紀的伊藤仁齋等古學學派儒者之從字義入手批朱，已更進一層，但是，山田方谷未能針對「如何從具體性透析出抽象性」這個問題提出解析，使他的「理在氣中」的主張顯得不夠周延，也使得他對朱子學的批判成爲未完成的學術事業。

引用書目

中日文論著：

山田準編：《山田方谷全集》（東京：明德出版社，2000年）。

山田球：《孟子養氣章或向圖解》（大阪：惟明堂大阪支店據東京弘道書院藏版刊印，1902年）。

丸山真男：《日本政治思想史研究》（東京：東京大學出版會，1976年）；中譯本：王中江譯：《日本政治思想史研究》（北京：生活、讀書、新知三聯書店，2000年）。

王　充：《論衡》（四部叢刊初編縮本）。

矢吹邦彦：《炎の陽明學──山田方谷傳──》（東京：明德出版社，1996年）。

伊藤仁齋：《語孟字義》，收入井上哲次郎、蟹江義丸編：《日本倫理彙編》（東京：育成會，1901-1903年）。

朱　熹：《朱文公文集》（四部叢刊初編縮本）。

＿＿＿＿：《孟子集註》，收入《四書章句集註》（北京：中華書局，1982年）。

牟宗三：《心體與性體》（臺北：正中書局，1969年，1971年）。

宮城公子：〈山田方谷の世界〉，收入岸俊男教授退官紀念會編：《日本政治社會史研究》（東京：塙書房，1985年），下冊。

宮城公子：〈幕末儒學史の視點〉，《日本史研究》232（1981年12月）。

黃俊傑：〈中井履軒對朱子學的批判：從《四書》的再詮釋出發〉，「朱子學與東亞文明研討會」論文（臺北市：2000年

　　　　　　11 月 16 日-18 日），收入本書第 7 章。

_____：《孟學思想史論・卷二》（臺北：中央研究院中國文哲
　　　　研究所籌備處，1997 年）。

_____：《孟學思想史論・卷一》（臺北：東大圖書公司，1991
　　　　年）。

黃宗羲：《黃宗羲全集》（杭州：浙江古籍出版社，1985 年）。

焦　循：《孟子正義》（北京：中華書局，1987 年新校標點本）。

趙岐注：《孟子》（四部叢刊初編縮本）。

黎靖德編：《朱子語類》（北京：中華書局，1980 年）。

郭慶藩：《莊子集釋》（臺北：世界書局，1974 年），下冊。

陳榮捷：《朱子門人》（臺北：臺灣學生書局，1982 年）。

戴　震：《孟子字義疏證》，收入《戴震全集》（北京：清華大學
　　　　出版社，1991 年）。

英文論著：

Huang, Chun-chieh, "The Synthesis of Old Pursuits and New Knowledge:
　　　　Chu Hsi's Interpretation of Mencian Morality," *New Asia
　　　　Academic Bulletin*, No. 3 (Hong Kong, 1982).

玖、

二十世紀初期日本漢學家眼中的
文化中國與現實中國

向我憐君眼暫青
卅年舊事思冥冥
穀梁音義毫芒析
始覺中原存典型
　　──吉川幸次郎
　　（1904-1980）[1]

一、引言

　　中日兩國一衣帶水，千餘年來關係深厚而複雜，近百年來中國的悲劇命運與日本之侵略尤有不可分割之關係。自德川時代（1600-1868）以降，日本深受中國思想與文化洗禮，漢學研究有其源遠流長之傳統。逮乎二十世紀日本崛起成為東亞強

---

[1] 民國二十年（1931 年，昭和六年）農曆正月初二，吉川幸次郎初次拜會黃侃（季剛，1886-1935）先生，請教《春秋穀梁》疑義，佩服無既，賦詩以表敬意。見吉川幸次郎：〈南京懷舊絕句〉，收入《吉川幸次郎全集》（東京：筑摩書房，1980 年），第 16 卷，頁 569。中譯本見：《中國印象追記》，收入氏著，錢婉約譯：《我的留學記》（北京：光明日報出版社，1999 年），頁108。

權，中國知識分子留學日本蔚為風潮，據實藤惠秀的研究，在
1904 年中國留日學生已在八千至一萬名之間，到 1906 年則高達
一萬三四千或二萬名之譜。[2]二十世紀中國知識分子與日本關係
深刻者甚多，例如史學大師陳寅恪（1890-1969）在 1902 至 1904
年（13-14 歲）以及 1904 年 10 月至 1905 年（15-16 歲）時，就
肄業於日本新文學院中學。陳寅恪長兄衡恪、二兄隆恪也都留
學日本。[3]曾任北大校長的蔡元培（子民，1868-1940）年輕時雖
未赴日留學，但在光緒二十四年（1898）24 歲時與友人合組東
文學社研讀日本書籍以吸收新知。儒學大師馬一浮
（1883-1967），在光緒三十年（1904）22 歲時，也從美國轉赴
日本留學半年（1904 年 5-11 月），在日本結識馬君武（1881-1940）
及謝無量等人。另一方面，日本新聞記者、政客、作家、教育
家、學者、學生以及漢學家來華參學者絡繹於途，留下大量筆
記或遊記，[4]不論就中日文化交流史或日本漢學史而言，均極具
史料價值，值得我們重視。

　　在二十世紀初期來華參學的日本漢學家中，以京都大學研究

---

[2]　實藤惠秀著，譚汝謙、林啟彥譯：《中國人留學日本史》（香港：中文大學出
　　版社，1981 年），頁 23。關於中國近代知識分子之日本留學史，最新的研
　　究論著是：嚴安生：《日本留學精神史：近代中國知識人の軌跡》（東京：
　　岩波書店，1991 年，1998 年）。關於現代中國人的日本觀，參考岡田英弘：
　　《現代中國と日本》（東京：新書館，1998 年），頁 63-164。

[3]　池田溫：〈陳寅恪先生與日本〉，收入《紀念陳寅恪教授國際學術討論會文集》
　　（廣州：中山大學出版社，1989 年），頁 115-138。

[4]　相關著作收入小島晉治編：《幕末明治中國聞見錄集成》（東京：ゆまに書房，
　　1997 年）。關於近百年來日本人來華旅遊的分析，參考 Joshua A. Fogel, *The
　　Literature of Travel in the Japanese Rediscovery of China, 1862-1945* (Stanford:
　　Stanford University Press, 1996)。

中國史的內藤湖南（1866-1934），[5]研究中國文學的青木正兒（1887-1964）[6]與吉川幸次郎，[7]以及東京大學研究中國哲學的宇野哲人（1875-1974），[8]所留下的旅遊或留學記錄，最值得注意，因爲這一批史料在相當程度之內顯示：日本漢學家研究中國文化時，常不免感受到現實中國與文化中國之間的落差及其所引發的張力。這種張力，早在十七世紀就已出現在德川時代（1600-1868）儒者山崎闇齋（1619-1682）與門人的對話之中。[9]隨著二十世紀

---

[5] 內藤湖南：〈燕山楚水〉，收入《內藤湖南全集》（東京：筑摩書房，1971 年），第 2 卷。中譯本見王青譯：《兩個日本漢學家的中國紀行》（北京：光明日報出版社，1999 年），內藤湖南是京都學派的奠基者，素稱博雅，陳寅恪（1890-1969）輓王國維（靜庵，1877-1927）有詩云：「東國儒英誰地主，藤田狩野內藤虎」，見陳寅恪：〈王觀堂先生輓詞并序〉，收入氏著：《寒柳堂集》（臺北：里仁書局，1980 年），頁 6-11，引詩見頁 9，「藤田」指藤田豐八，「狩野」指狩野直喜，「內藤虎」指內藤虎次郎，湖南係內藤虎次郎之別號。

[6] 青木正兒來華的遊記題為：〈江南春〉及〈竹頭木屑〉，收入王青譯：《兩個日本漢學家的中國紀行》。青木正兒在京都帝國大學求學時，受教於幸田露伴（1867-1947）。

[7] 吉川幸次郎來華留學及旅遊之記錄，均收在《我的留學記》及《中國印象追記》中，均由錢婉約譯（北京：光明口報社，1999 年）。

[8] 宇野哲人在 1906 年來華，後來又在 1912 年 1 月來華遊學，正值大清帝國剛被推翻，距離明治時代結束之前僅數月。他的來華參學，被 Joshua A. Fogel（1950- ）稱為最後一個「儒家朝聖之旅」，見 Joshua A. Fogel, "Confucian Pilgrim: Uno Tetsuto's Travels in China, 1906," in his *The Cultural Dimension of Sino-Japanese Relations: Essays on the Nineteenth and Twentieth Centuries* (New York: M. E. Sharp, 1995), pp. 95-117。宇野哲人的來華遊記題為《支那文明記》（東京：大東館，1912 年），收入小島晉治編：《幕末明治中國見聞錄集成》，第 8 卷。中譯本見氏著，張學鋒譯：《中國文明記》（北京：光明日報出版社，1999 年）。

[9] 山崎闇齋嘗問群弟子曰：「方今彼邦，以孔子為大將，孟子為副將，牽數萬騎來攻我邦，則吾黨學孔孟之道者為之如何？」弟子咸不能答，曰：「小子不知所為，願聞其說。」曰：「不幸關逢此厄，則吾黨身披堅，手執銳，與

中國國勢的衰落與日本明治維新的成功，這種現實中國與文化中國之間的張力，對日本漢學家而言益形顯著。二十世紀初期的日本漢學家正是在吉川幸次郎所說的「日本人對中國最不懷敬意的時期」，[10]也就是大正時代（1912-1926）來到中國，他們親眼目睹的現實的政治中國與社會中國，與他們從《四書》或《紅樓夢》及中國詩詞所形塑的文化中國，相去不啻萬里。[11]

　　這篇論文以內藤湖南、青木正兒、吉川幸次郎及宇野哲人等四位漢學家所留下的中國遊記作為基本史料，參考他們關於中國文化的研究論著，集中探討下列三個問題：

1. 日本漢學家筆下的文化中國有何特殊面相？他們親見親聞的現實中國又有何特徵？兩者有何落差？
2. 他們如何解釋這種文化中國與現實中國之間的落差？
3. 他們對文化中國與現實中國的解釋，有何洞見與盲點？他們的中國觀體顯何種日本漢學研究方法論的問題？

之一戰而擒孔孟，以報國恩，此即孔孟之道也。」見原念齋等譯注：《先哲叢談》（東京：平凡社，1994 年），頁 118-119。

[10] 吉川幸次郎：《我的留學記》，頁 11。關於大正時代的中日關係，參考山根幸夫：《大正時代における日本と中國のあいだ》（東京：研文出版，1998年）。

[11] 從十八世紀以降，日本人對中國的興趣就逐漸從形而上的思想世界轉移到具體的生活世界，這種趨勢到了大正時代尤為顯著，例如文學家谷崎潤一郎（1886-1965）的小說中，就充滿了對中國的嚮往。參看 Atsuko Sakaki, "Japanese Perceptions of China: The Sinophilic Fiction of Tanizaki Jun'ichiro," *Harvard Journal of Asiatic Studies*, Vol. 59, No. 1 (1999), pp. 187-218, esp. p. 193。

二、日本漢學家眼中的文化中國

　　內藤湖南等四位日本漢學家，長年浸淫中華文化，親履中華大地，結交中國知識分子，徜徉燕山楚水之間，心儀文化中國。在他們所描述的文化中國圖樣中，最爲突出的是：（2:1）中國人文社會景觀的二元結構，（2:2）文化中國的家族制度現實取向，（2:3）儒學在文化中國之複雜角色。我們根據四位日本漢家的遊記或回憶錄，重新描繪他們心目中的文化中國圖樣。

　　（2:1）南／北與城／鄉的二元結構：中國疆域遼闊，南北文化差異甚大，在《禮記·中庸》成書的時代就有「南方之強」與「北方之強」的區別，日本的中國史研究前輩桑原騭藏（1870-1931）撰有〈歷史上所見的南北中國〉一文，暢論南北中國在歷史上各方面發展之差異。[12]本文所探討的四位日本漢學家，除了宇野哲人之外，其餘三位都是所謂「京都學派」學者。曾任京都大學文學院院長的島田虔次（1917-2000）曾說：「京都的中國學是以與中國人相同的思考方式，與中國人相同的感受方式來理解中國爲基本學風的」，[13]正是在這種京都學風之下，這些日本漢學家有心於親履中華人地，親證文化中國。

　　從他們所留下來的遊記或筆記看來，他們印象最深刻的是

---

[12] 桑原騭藏：〈歷史上所見的南北中國〉，收入劉俊文主編，黃約瑟譯：《日本學者研究中國論著選譯》第一卷：通論（北京：中華書局，1992 年），頁 19-68；日本原文題為：〈歷史上より觀たる南北支那〉，收入《桑原騭藏全集》（東京：岩波書店，1943 年），第 2 卷，頁 11-68。

[13] 吉川幸次郎：《我的留學記》，頁 3。對於京都學派的中國學研究的介紹，最新的著作是：張寶三：《唐代經學與日本近代京都學派中國學研究論集》（臺北：里仁書局，1998 年）。

中國的多面性，其中尤其以農村與城市的對比，以及南北中國的對比最為鮮明。舉例言之，內藤湖南旅遊中國就發現南方與北方建築景觀及人文習性大不相同，他認為北人質樸，近於遲鈍，每厭遷移；南人輕銳，每喜新異。[14]青木正兒也覺得中國南方人和北方人生活習慣及個性均差異甚大。[15]

除了南北中國的差異之外，吉川幸次郎旅行大江南北，也特別注意到中國的城鄉分野。吉川幸次郎認為，中國的城市生活與農村生活之間，存在著相當大的區別。中國歷代稅制都對農村特別苛酷，農民所收穫的部分穀物要作為賦稅上交。農民所得至少有十分之一是要作為直接稅上繳。城市居民所用的鹽、酒、煙等都要交稅。但在這些間接稅之外，並不見有什麼其他必須繳交的稅金。因此，城市生活非常奢侈。但這對於在城市中住慣的人來說，或許反而沒有這種感覺，要從城市生活之外來看，才會感到那是非常奢侈的生活。[16]

（2:2）文化中國的家族制度與現實取向：這四位日本漢學家對於中國的家族制度與中國文化的現實取向，都留下深刻印象。舉例言之，以研究中國哲學史名家的宇野哲人就說：[17]

> 中國自古是我日本文化之源泉，從研究我日本發展軌跡之角度而言，中國文化之研究亦大有必要。現在，中國之政治勢力衰微，日本國民因此蔑視中國，每談及中國

---

[14] 內藤湖南：〈燕山楚水〉，收入《內藤湖南全集》，第 2 卷，頁 116。中譯本見：《兩個日本漢學家的中國紀行》，頁 84-85。

[15] 青木正兒：〈竹頭木屑〉，收入《兩個日本漢學家的中國紀行》，頁 123。

[16] 吉川幸次郎：《我的留學記》，頁 138。

[17] 宇野哲人：《中國文明記》，頁 182。

之事，則往往嗤之以鼻，不值一顧。固然，作為國家之
中國，現時雖無勢力可言，而作為民眾之中國，則是有
勢力之民族，對之絕不能加以輕蔑。不僅如此，且有大
大研究之必要。按予之私見，作為國家，中國今日之所
以不振，或起因於彼國自古以來民主主義思想發達，由
此形成易姓革命之風，缺乏在一定之主權下統一團結之
性格。而作為民族，之所以稱之為具有大勢力之民族，
有種種由可言，其一大理由，即在於彼等所采取之家
族主義。

宇野哲人這項觀察確別具慧眼，他進一步指出：「作為國家的中
國」由於民主思想過於發達，所以，「作為民眾之中國」頗有個
人主義或利己主義之傾向，但是社會事業又極盛行，兩者之間
表面觀之頗有矛盾，如會館公所，則是本於自治精神，在政府
行政所未及之處，自主從事這種事業。其他一般慈善事業，則
或許受宗教之影響，例如北京的育嬰堂，多半是由耶穌教宣教
師經營。這種社會福利事業，以前即已存在，深受儒家或道教
之影響。儒家強調積善之家有餘慶，積不善之家有餘殃。道教
則更通俗，以所行慈善之種類來計算功德，受福除罪，也就是
將某人之罪與其功德，通過加減之法計算其一生之功過。在普
通中國人民之間，道教勢力最強，因此，中國人反而熱心於施
功德。宇野哲人舉例說，泰山供祀道教諸神，山下住著眾多乞
丐，乞取香客之施捨，口稱「老爺做好吧」，中國人見此情景，
必定慷慨施捨。這種施捨雖有利己主義傾向，但中國社會的慈
善事業卻得以發展。換言之，許多中國人是為獲得一己之福利
而行善。中國表面上是君主專制國家，但中國人實際上是民主
性自治國民。或許正是鄉黨團結，各種社會性事業才能以各種

形式展開。鄉黨、同行業者之團結確實堅固，但作為國民之協調一致性則極其缺乏，雖然社會觀念發達，但國家思想則相當缺乏。[18]

日本漢學家更從中國社會的家族制度，觀察到中國文化在各方面所展現的強烈的現實取向。宇野哲人在《中國哲學概論》一書早已指出：中國哲學「以人生為研究的對象」、「中國哲學概為實用的或實際的」。[19]這項觀察也獲得文學家吉川幸次郎的印可。吉川幸次郎在 1928 年與 1931 年之間留學北平，以旁聽生身分上馬幼漁（裕藻）的「中國文字聲韻概要」與「經學史」，也上朱逖先（希祖，1879-1944）先生的「中國文化史」與「中國史學史」等課程，他就說：「從文學作品來看，像中國這樣只著眼於現實世界，而抑制對神的關心的文學，在其他文明地域確實少與倫比。中國雖然沒有產生莎士比亞，但是，西方也沒有產生李白和杜甫。」[20]他認為，中國文學傳統展現一種對人的日常生活或對日常的人的興趣，而其根本正是一種充滿希望的存在的、樂觀的、肯定的人生觀。[21]吉川幸次郎將這種現實取向，稱之為「**中國文學的日常性**」。[22]

關於文化中國的「日常性」，吉川幸次郎在中日戰爭期間1943 年 3 月 2-6 日，應東京大學之邀在東大以《中國人的古典

---

[18] 宇野哲人：《中國文明記》，頁 190-191。

[19] 宇野哲人原著，王璧如編譯：《中國哲學概論》（臺北：正中書局，1959 年11 版），頁 149。

[20] 吉川幸次郎：〈一つの中國文學史〉，收入《吉川幸次郎全集》（東京：筑摩書房，1968 年），第 1 卷，頁 71。中譯本見：《我的留學記》，頁 178。

[21] 吉川幸次郎：《我的留學記》，頁 191。

[22] 吉川幸次郎：《我的留學記》，頁 14。

及其生活》為題，發表系列演講，曾有進一步的闡發。吉川幸
次郎說：[23]

> 有關中國人的精神特質固然可以從各種角度加以分析，
> 我個人認為最重要或者說最屬於核心部分的應該是「只
> 信賴感覺」這一點。並且，相反的，對超越「感覺」之
> 存在則不加信任。這是中國人精神面貌的核心。

吉川幸次郎接著舉出：（1）中國人對死後世界的漠視，（2）中
華民族是極少神話的民族，（3）小說不受重視，（4）因為執著
於「感覺」，所以傾向以「不統一」的態度觀察事物，以及（5）
對往古前例的重視。[24]吉川幸次郎認為，《五經》記載內容充分
顯示出中國人的特性，因為《五經》的內容關切的是人類現實
社會，超越感覺領域的記載十分貧乏。[25]吉川先生的說法也許還
有爭議的餘地，但是，他確實指出了文化中國的一項重大突出
面相。

---

[23] 吉川幸次郎：《支那人の古典とその生活》（東京：岩波書店，1943 年）。
中譯本見氏著，林景淵譯：《中國之古典學術與現實生活》（臺北：寰宇出
版社，1996 年）。此段引文見中譯本，頁 7。

[24] 吉川幸次郎：《我的留學記》，頁 7-12。

[25] 吉川幸次郎：《我的留學記》，頁 44。吉川幸次郎對中國文化的看法持論一
貫，例如他於 1961 年泊園紀念講座演講〈中國文學における希望と絕望〉
（收入《吉川幸次郎全集》，第 1 卷，頁 88-104），以及 1962 發表〈中國文
學に現われた人生觀〉（收入《吉川幸次郎全集》，第 1 卷，頁 105-111，特
別是 110-111）這兩篇文字中指出：中國從《詩經》以降就強烈地現現「人
類問題之解決靠人而不是依賴神」這種精神。吉川先生於 1965 年 1 月 8 日
在皇宮演講〈中國文學の性質〉（收入《吉川幸次郎全集》，第 1 卷，頁
78-87），強調中國文學不論散文或詩均不尚空想虛構，而以普通人之日常
經驗作為題材，與西方文學之虛構世界構成強烈對比。

（2:3）儒學與文化中國的複雜關係：在日本漢學家筆下佔有重要篇幅的就是儒學及其角色。這四位日本漢學家對於儒家的態度互不相同。他們的時代正是二十世紀初期中國在歐風美雨侵襲之下，儒家價值面臨全面重估的時代。這四位日本漢學家中，青木正兒最反對儒家。根據吉川幸次郎的回憶，青木正兒因為反對儒學，所以對民國初年的文學革命非常推崇，撰寫介紹文學革命的論文，發表在《中國學》雜誌上。當時批孔急先鋒吳虞（又陵，1872-1949）看到《中國學》雜誌，對青木十分佩服，並送給青木《吳虞文錄》，青木又在《中國學》上發表〈讀吳虞文錄〉論文，吳虞和青木當時有通信往來。[26]青木由於對儒家採取批判立場，所以對當時日本推崇儒學的學者也有所批評。

青木正兒對儒學所抱持的負面態度，表現在他在民國十一年（大正十一年，1922 年）遊南京之後，所寫下的感想之中。青木認為：「無為」是中國人自古傳承下來的，從自然和人為的壓迫中鍛鍊出來的中國魂。由北向南發展的漢民族為了自衛，為了對抗自然而持續的努力，從對於生命之執著而發展成為現實的實踐的儒教思想；中國人對不可抗拒的事物則採取服從的態度，這就是虛無恬淡的老莊思想，中國人沈湎於慾望時的爾虞我詐都是「儒禍」所致，而虛無恬淡便是「道福」。[27]青木正兒深深受到五四時反孔言論的影響，所看到都是儒學負面的作用，所以他認為中國人社會的爾虞我詐，都是「儒禍」所導致。

相對於青木正兒，宇野哲人和吉川幸次郎對儒學則持正面

---

[26] 吉川幸次郎：《我的留學記》，頁 23。

[27] 青木正兒：〈江南春〉，收入《兩個日本漢學家的中國紀行》，頁 114。

肯定之態度。宇野哲人在 1906 年（明治三十九年）春起，約三年半時間遊學中國與德國，他在華北、黃河中下游及在長江下游地區遊覽，每夜寫信給在日本的父母妻子，詳敘旅遊見聞及個人感想，這些信件後來集成《中國文明記》（1918 年，大正七年），是價值極高的第一手史料。宇野哲人在《中國文明記》中，告訴他故鄉的親人說他初謁曲阜聖廟的感動：[28]

> 曲阜是古少皞氏之墟，周公封魯，都此，有聖廟。于，生於東瀛君子之國；地，相隔數千里；世，相距三千年。私淑渴仰，茲經多年，今夕是何年，得以拜謁聖廟，徘徊聖林，三生之幸也，歡喜不知所措。〔……〕啊，彼大成至聖之孔子，近在咫尺之間，雖眠于雜草之下，然其靈魂遍滿宇宙，與天地共悠久，赫赫以照世道人心。今夫子、伯魚之墓相並列，子思之墓在夫子墓前，蓋其昔夫子墓在中央，伯魚、子思以昭穆之序葬于左右耶。至聖林周圍凡十余里，樵夫不到，弋者不行，故域中到處古柏蒼郁，足一度踏遍聖域，敬虔之情，油然如涌。

從對孔子的無限崇敬出發，宇野哲人對孔子思想與中國的關係，提出不同於當時人的看法。宇野認為，中國一般人民嚮往民主政體，但孔子政治思想以尊王為要義。他認為，孔子之所以尊王，是因為目睹魯國大夫僭用天子之禮，認為「是可忍孰不可忍」。周之祖先太公，定策伐殷之時，長子泰伯不從，遂離周而去，孔子稱之為「至德」。再者，周文王雖三分天下有其二，然猶臣事殷朝，孔子許為「至德」，舜之韶樂，孔子評為「盡善

---

[28] 宇野哲人：《中國文明記》，頁 71 及 74。

盡美」，而周武王克殷后所建之樂，孔子以爲未盡善。孔子所撰
《春秋》，開卷第一篇即書「元年春王正月」，這種筆法與其說
是注重一統觀念，無寧說是深寓尊王之大義。所以，孔子說知
我者《春秋》，罪我者亦《春秋》。孔子如果批評革命，則等於
是批判當代天子之祖先，所以孔子就以所謂「微言」而論其「大
義」。孟子與荀子皆認同革命。以後之儒者，亦皆憚於明言革命
之非，所以孔子尊王之義未能獲得充分之發揚，中國遂成易姓
革命之國家。然而，儒教傳入日本之後，孔子的尊王論與日本
國體完全一致，因此，儒教傳入日本之後始得以發揚光大。革
命論者主張之共和政體，現在雖與中國之國民思想相應，但是
以後這種共和政體是否適合中國國民，遽難斷言。宇野哲人認
爲，中國也許仍必須採取君主政體，亦未可知。[29]

　　吉川幸次郎在京都大學讀書的時代，瀰漫於京大的是一股
反孔的思想氛圍。吉川幸次郎雖沒有上過青木正兒的課，但是
久聞青木先生批判儒學的言論，他說他正是抱著「被如此批判
的儒學到底是怎樣無聊的東西呢？」的疑問，試著去讀《論語》，
結果一讀之下，對儒學衷心欣喜，[30]並在 1952 年以孔子思想爲
中心撰書論中國的智慧，[31]在 1954 年至 1962 年逐章詮釋《論
語》，[32]1971 年在 NHK 廣播古典講座講《論語》，[33]他對《禮記》

[29] 宇野哲人：《中國文明記》，頁 194-195。

[30] 吉川幸次郎：《我的留學記》，頁 23-24。

[31] 吉川幸次郎：《中國の知惠──孔子についこ》，收入《吉川幸次郎全集》，
第 5 卷。中譯本：氏著，吳錦裳譯：《中國之智慧──孔子學術思想》（臺
北：協志工業叢書出版公司，1965 年，1968 年）。

[32] 吉川幸次郎：《吉川幸次郎全集》，第 4 卷。

[33] 吉川幸次郎：《論語について》（東京：講談社，1976 年）。

中所呈現的人道主義精神爲之神馳不已。[34]

　　吉川幸次郎對儒學的看法較同時代的日本漢學家深入之處在於：吉川指出儒學不是宗教，但有宗教性。吉川將「宗教」一詞定義爲：「在這個地上的世界之外尋求一種權威而把人類的生活置于其支配之下，這個權威所支配的世界，除了這個地上的世界之外，還有別的世界，那世界必然與人類死後的生活相聯結，因而把強烈的關心投向死後世界的思想以及基於這種思想的實踐等等。」[35]在這個定義之下，吉川認爲宗教的缺欠是中國文化的重大特徵之一。吉川幸次郎之所以主張「儒教」具有宗教性但不是宗教，主要基於三項理由：第一，孔子及其他聖人並不是神，終究是一個人。「聖人」這一概念是指最高的人，人中之人，簡言之，是至善無缺的人，是強調孔子及其他聖人都是這種至善無缺的人，同時還強調：這種至高的人格終究是地上的人類，是與一般的人相聯繫的存在。第二，儒教厭棄或禁止思考人類死後的生活。第三，儒教的聖人不是神祕的，不是靠靈感去接近的，只有認真並積極閱讀聖人典籍，只有這種主智的方法才是達到聖人的絕對條件。[36]

　　吉川幸次郎在 1946 年（昭和二十一年）所提出的上述論點，近年來再度受到學界的重視。加地伸行[37]、小島毅[38]等人都

---

[34] 吉川幸次郎：《我的留學記》，頁 24。

[35] 吉川幸次郎：《我的留學記》，頁 135。

[36] 吉川幸次郎：《我的留學記》，頁 136-137。

[37] 加地伸行：《儒教とはなにか》（東京：中央公論社，1990 年）；加地伸行：《沈默の宗教──儒教》（東京：筑摩書局，1994 年，1999 年）。

[38] 小島毅：〈儒教是不是宗教？──中國儒教史研究的新視野〉，收入周博裕編：《傳統儒學的現代詮釋》（臺北：文津出版社，1994 年）。

有論著討論這個問題。本書第四章也重新探討「儒學是不是宗教」這個問題，認爲儒學有強烈的「宗教性」（religiosity），也有強烈的「宗教感」（sense of religiosity），但不是西方傳統定義下的「宗教」（religion），儒學的宗教性在於儒者對世俗事務（如修、齊、治、平）抱持討論絕對嚴肅的態度，這種虔敬之態度就是田立克（Paul Tillich）所謂的「終極關懷」（ultimate concern），由此展現一種「內在超越性」。儒家的宗教性在時間與空間上各有其展現方式，前者表現儒者對古聖先賢的企慕與對傳統的繼承；後者表現在儒者個人與社會以及宇宙超越本體的互動關係。[39]

綜合本節所述，二十世紀日本漢學家眼中的文化中國，最突出的面相是「兩個中國」[40]（城市／農村；南方／北方）的差距，文化中國的「日常性」，以及儒學的複雜角色等。

三、日本漢學家眼中的現實中國：事實與解釋

四位日本漢學家懷抱著對文化中國無限嚮往之情，來到中國，（3:1）舉目所見中國山川風景，均時時與中國詩詞小說或聖賢行止相對照。（3:2）但是，他們所見現實中國政治腐敗，社會荒殘，國民貪圖近利，都使他們中華夢碎。（3:3）他們從思想以

---

[39] 參考黃俊傑：〈試論儒學的宗教性內涵〉，此文原刊於《臺大歷史學報》第23期（1999年6月），頁395-410，收入本書第4章。

[40] 這是吉川幸次郎所用的名詞，見吉川幸次郎：〈二つの中國——中國の的城市と農村——〉，收入《吉川幸次郎全集》，第2卷，頁415-424，中譯本見：〈兩個中國——中國的城市與農村〉，收入氏著：《我的留學記》，頁138-145。

及政治制度角度，試圖解釋文化中國與現實中國的巨大落差。

（3:1）日本漢學家旅遊中國各地所見雖是實景實物，但是，由於他們對文化中國的孺慕而被抹上了一層理想的色彩。內藤湖南飽覽中國南方名勝，以〈燕山楚水〉顏其遊記，所至各地均與中國名流筆談，討論中日兩國政局與社會情狀，[41] 甚至賦詩酬唱，他遊長城與明十三陵，心中想的是顧炎武的《昌平山水記》與顧祖禹的《讀史方輿紀要》，[42] 遊武昌黃鶴樓，想到是清人汪容甫為畢沅的《黃鶴樓銘》所撰之序。[43] 再如吉川幸次郎遊高郵，想到的是王念孫、王引之父子的學問。他看到高郵風景，想到的是清代詩人汪漁洋的「風流不見秦淮海，寂寞人間五百年」的詩句。[44] 青木正兒在 1922 年（大正十一年，民國十一年）遊南京玄武湖想到的是《儒林外史》第三十五回。[45] 這些日本漢家遊覽中國山川，充滿浪漫情懷，內藤湖南與友人伊藤壺溪同遊杭州西湖，還賦詩一首：[46]

> 水鄉聞道浙西東，斷繼漁歌半落空，
> 最是西湖明月夜，故人留我泊吟蓬。

懷抱這樣的浪漫情懷，這些日本漢學家的「中國」意象，實際是理想化的、過度美化的意象。這樣的「中國」意象當然經不起現實中國的考驗。我們接著看看日本漢學家所接觸的現實中

---

[41] 內藤湖南與中國人士交往表，見本文附錄 1。

[42] 內藤湖南：〈燕山楚水〉，收入《內藤湖南全集》，第 2 卷，頁 40-41。

[43] 內藤湖南：《內藤湖南全集》，頁 58。

[44] 吉川幸次郎：〈高郵舊夢〉，收入《吉川幸次郎全集》，第 16 卷，頁 575，中譯本見：《我的留學記》，頁 110-112。

[45] 青木正兒：〈江南春〉，頁 113。

[46] 內藤湖南：〈燕山楚水〉，收入《內藤湖南全集》，第 2 卷，頁 74。

國。

（3:2）**現實中國的面向**：這四位日本漢學家心目中理想化的中國意象，在他們初履中華大地接觸現實中國那一刻起，就受到巨大的撞擊。讓我們看看他們第一手的描述。

內藤湖南在 1899 年（明治三十二年）9 月 9 日上午乘船從神戶抵達山東榮成灣，映入眼簾的第一個印象是：「山皆荒禿，山腳下土壤呈赭色，山坡傾斜，海岸上危岩觸目，山野爲些許綠色所掩，似南畫常見之構圖，國家衰舊，如此荒涼，二千年郡縣政治之餘弊，惟有痛惜。」[47]內藤遊北京從崇文門「眺望過去，難以想像此都城今爲君臨四億生靈之大清皇帝居城，無限淒涼，不覺淚下。」[48]

宇野哲人在 1906 年（明治三十九年）遊圓明園，看到「破磚礫瓦累累，中有半堵頹壁尚存，極其淒慘，昔日鹿鳴鶴舞之名園，今日一任雜草蔓延，處處怵目驚心，左手邊，只見麥穗初秀，曠野連天。吾等口中低吟《麥秀之歌》，遙寄憑吊之意」，[49]宇野哲人所看到的現實中國的殘破景象，從他在塘沽踏上中國土地時，就已經一覽無遺，他這樣形容他對中國的第一印象：「自塘沽上陸，最初之所見，非常遺憾，絕非愉快之事。夾白河而建之民屋，均是極其矮陋之泥屋，牆壁自不待說，連屋頂亦是泥土所塗。時值多枯時節，原野一望無際，滿目荒涼，難怪先時將塘沽之民屋誤爲豬圈」。[50]宇野哲人在中國旅遊所見的社會景象是：「政

---

[47] 內藤湖南：〈燕山楚水〉，收入《內藤湖南全集》，第 2 卷，頁 22。

[48] 內藤湖南：〈燕山楚水〉，收入《內藤湖南全集》，第 2 卷，頁 39。

[49] 宇野哲人：《中國文明記》，頁 46。

[50] 宇野哲人：《中國文明記》，頁 3。

府之威力不足信，警察制度幾無，盜賊橫行，處於如此之世，堅
固要害之邸宅則不可缺矣。大自北京，小至各地之村落，大致皆
有城壁環繞，此等城郭，均是爲防盜則所設。如此，大門一閉，
不漏一絲燈光，入夜後，通過橫街小巷，左右磚牆林立，猶如過
無人之境。」[51]

　　文學家青木正兒在 1922 年（大正十一年）7 月遊南京，他
從小因受父親啓發對算命頗有興趣，他在雨花臺碰到瞎眼的女
相師牽著女兒走路，他想到明清樂《算命曲》，也想到《儒林外
史》第五十四回中的算命先生，最後他說：「算命的隨著有氣無
力的鉦聲走著，柳花在飛舞。被髮賊破壞了的南京，沒有了廟
的南京，明故宮遺物陳列在簡陋的博物館的南京，水藻叢生的
秦淮，淺薄無聊的新南京，這裡傳來算命弦子的琴聲，這琴聲
傳達出舊南京的面影——即使那只是悶濁的琴聲——它給我這
遠來的旅客帶來了喜悅。」[52]青木正兒對現實中國的失望，加強
了他對文化中國的嚮往，兩者的對比在青木由杭州西湖時所留
下的文字中透露無遺：[53]

> 為了逃避上海的喧鬧，我來到了杭州，住進西湖畔一家
> 西洋風格的旅館「清華旅館」。周圍正值賞花季節，極其
> 熱鬧——旅客嘰哩咕嚕的說話聲，悠長的叫賣聲、驢馬
> 的鈴聲、轎夫的號子聲等等，好像鄉下演戲時的幕間，
> 沒完沒了，讓我心煩。但是同時又有一種沉靜的情調，
> 讓我不禁提起筆來描述它，那就是桌上的茶具和香菸將

---

[51]　宇野哲人：《中國文明記》，頁 7。
[52]　青木正兒：〈江南春〉，頁 115。
[53]　青木正兒：〈江南春〉，頁 91。

　　　　我載入夢鄉的床、還有隔壁傭人哼著的溫柔的搖籃曲，
　　　　這一切使我感受到家庭的氣氛。

在青木正兒筆下，西湖的喧囂與旅館內翰墨世界的沉靜構成強烈的對比，這正是現實中國與文化中國的對比。

　　日本漢學家對於現實中國所見種種常不能掩其嫌惡之情。例如內藤湖南對中國文化的先進性一向推崇不遺餘力，認爲公元第十世紀的唐宋之際是中國近世史的開始，[54]他甚至主張「所謂東洋史就是中國文化發展的歷史」。[55]內藤湖南畢生的中國學問充滿對現實政治的關懷，[56]他撰寫論文反駁明治二十年（光緒十三年，1887 年）前後隨著日本國民意識高漲而來的「日本人的天職」之類的口號，[57]他對中國的想法與同時代的日本漢學家津田左右吉

---

[54] 內藤湖南：〈概括的唐宋時代觀〉，《歷史と地理》第 9 卷第 5 號 （1922 年 5 月），頁 1-11。此文有中譯本：〈概括的唐宋時代觀〉，收入劉俊文主編，黃約瑟譯：《日本學者研究中國史論著選譯》第一卷：通論，頁 10-18。內藤湖南晚年弟子三田村泰助對內藤一生有精要之介紹，參看三田村泰助：《內藤湖南》（東京：中央公論社，1972 年）。內藤湖南的學說對日本的中國學界影響深遠，宮川尚志有長文探討，參看 Hisayuki Miyakawa, "An Outline of the Naito Hypothesis and Its Effects on Japanese Studies of China," *Far Easter Quarterly*, XIV: 4 (August, 1955), pp. 533-552。宮崎市定也有專文介紹內藤湖南的學問，參看 Miyazaki Ichisada, "Konan Naito: An Original Sinologist," *Philosophical Studies of Japan*, 8 (Tokyo, 1968)，日本版題為〈獨創的なシナ學者內藤湖南博士〉，收入《宮崎市定全集》（東京：岩波書店，1994 年），第 24 冊，頁 249-271。

[55] 內藤湖南：《支那上古史》，收入氏著：《內藤湖南全集》（東京：筑摩書局，1944 年），頁 9。

[56] 傅佛果有專書討論這個問題，參看 Joshua A. Fogel, *Politics and Sinology: The Case of Naito Konan (1866-1934)* (Cambridge, Mass.: Council on East Asian Studies, Harvard University, 1983)。

[57] 內藤撰有〈中國論〉、〈清國の立憲政治〉、〈日本の天職と學者〉以及〈所

（1873-1961）南轅北轍，形同水火。[58]內藤湖南更是關心未來中國到底應走共和政體或是君主立憲的道路。以這樣一位對歷史中國與文化中國充滿情感的日本漢學家，旅遊中國各地卻感到「平常與中國人擦肩而過，衣袖相觸亦覺不快」；[59]對孔子極為尊崇的宇野哲人，遊長城八達嶺賦詩：「越嶺渡古無窮盡，千里之外亦此城」，但卻在長城上大唱日本國歌《君之代》，[60]其他三位漢學家遊記中亦透露類似鄙夷之情。溝口雄三（1932-）曾說，明治以後日本人的中國觀有互為矛盾的兩面。一方面對近代中國頗為蔑視，但另一方面對古代中國卻又大加推崇。[61]這種矛盾的中國形象，在這四位日本漢家身上也可以獲得印證。

綜合日本漢學家所撰旅遊筆記觀之，日本漢學家所見的現實中國，以下列幾項最為引人注目：

（a）對中國國民性格之觀察：幾位日本漢學家都對中國人之投機心態、利己主義以及髒亂習慣印象深刻。舉例言之，宇野哲人在北京看到中國人隨處蹲踞解便之習慣，以及清晨道路

謂日本の天職〉等文，其中前二篇已由傅佛果譯為英文：Joshua A. Fogel, ed. and tr., *Chinese Studies in History*, Vol. XVII, No. 1, (Fall, 1983): *Naito Konan and the Development of the Concept of Modernity in Chinese History*, pp. 24-87。

[58] 增淵龍夫：〈日本の近代史學史における中國と日本(I)──津田左右吉の場合〉，〈日本の近代史學史における中國と日本(II)──內藤湖南の場合〉，皆收入氏著：《歷史家の同時代史的考察について》（東京：岩波書店，1983年），頁 3-82。

[59] 內藤湖南：〈燕山楚水〉，收入《內藤湖南全集》，第 2 卷，頁 75。

[60] 宇野哲人：《中國文明記》，頁 60。

[61] 溝口雄三：〈日本人為何研究中國？〉，《新史學》第 1 卷第 2 期（1990 年 6 月），頁 85-100。

左右人家將馬桶污水傾倒路上，深感震撼。[62]他在北京看到街上
以抽籤售物之小販，吸引大批顧客之情形，深感中國國民性格
富於投機，抽籤或彩券之流行，均反映中國人之投機性。[63]內藤
湖南在杭州日文學堂接觸中國學生，深感中國青年貪圖近利，
意志不堅。[64]青木正兒從中國人嗜食韭菜與蒜而不顧及其他人對
臭味之感受，推斷中國人的利己主義。[65]從這些日本漢學家的旅
遊筆記，反映他們對異國社會民情的敏感度。

（b）中國社會貧富鴻溝極深：如本文第二節所說，日本漢
學家對文化中國的二元結構印象深刻，他們對現實中國的貧富懸
隔也賦予高度注意，在他們遊記中對於乞丐遍地隨處乞討的現象
深致同情。宇野哲人對 1910 年代的天津市有如下的觀察：[66]

> 天津不僅租界之地磚瓦建築之大廈鱗次節比，中國街亦
> 不愧為直隸總督所居之地，中國樣式之華麗建築亦不
> 少。下等勞動者──苦力之骯髒是事實，然官吏及富民，
> 其頗具有瀟灑風采者亦不少。總督衙門雖不能亂進，然
> 如李公祠，即前直隸總督李鴻章之祠等建築，美奐美輪。
> 惟其莊嚴、典雅之趣絕無，不得不視其為俗惡，是為遺
> 憾。總之，其華麗，其殷賑，天津為北清之門戶決無可
> 羞之處，與塘沽相比，實有天壤之別。若以此類中國國
> 民貧富相隔之甚，不亦可乎？

---

[62] 宇野哲人：《中國文明記》，頁 9。
[63] 宇野哲人：《中國文明記》，頁 10。
[64] 內藤湖南：〈燕山楚水〉，收入《內藤湖南全集》，第 2 卷，頁 70。
[65] 青木正兒：〈竹頭木屑〉，頁 123。
[66] 宇野哲人：《中國文明記》，頁 4。

宇野以天津所見代表中國社會的貧富懸隔，雖不無推論過當之
嫌，但確實指出二十世紀初年現實中國的重大問題。

（c）**中國學術深受政治力之滲透**：中國學術與政治一向有
千絲萬縷之複雜關係，而且學術常不能免於政治力滲透與干
擾。日本漢學界對於現實中國的這個現象頗有瞭解，而以在北
京大學留學三年的吉川幸次郎感受最深。

吉川幸次郎於 1928-1931 年之間留學北京與當時北京學術
界有第一手的接觸。根據他的觀察，1920 年代中國各大學的古
籍研究與學者自身之實踐關係殊深。當時北京的教授常與政治
派系互有關聯。吉川幸此郎回憶說，當時吳承仕一派的人都在
中國大學任教，與北京大學是對立的關係。而且，中國大學在
政治上反蔣介石。當時的北京大學大體上與南京的國民政府關
係較近。與北大相對而言，中國大學則與汪精衛、閻錫山的路
線關係較深。[67]馬裕藻就曾對即將回國的吉川幸次郎說：「辛亥
革命的時候，我們都沒想到革命會在我們的有生之年就成功。
你既聽了《春秋公羊傳》，回國後，也不要操之過急地行動。」[68]
吉川幸次郎注意到馬裕藻將《公羊傳》當作革命綱領研究。吉
川幸次郎回憶說，在張作霖時代，本來北京大學與五四《新青
年》有關的人，全部被驅逐，替換了張作霖系統的人。但是，
北伐成功，張作霖從北京逃出，教授陣容又一次更替，原來的
北大教授如錢玄同、朱希祖、馬氏兄弟、沈氏兄弟等，又都回
到了北大，可以說是北京大學的復活。北京大學教授迎接北伐
軍時，十分喜悅，當時領導北伐軍進北京的是白崇禧將軍，白

---

[67] 吉川幸次郎：《我的留學記》，頁 58。

[68] 吉川幸次郎：《我的留學記》，頁 59。

崇禧率領的北伐軍，剛到城南的南苑時，北京的文化人代表就
前去歡迎，致歡迎詞的是朱希祖。[69]吉川幸次郎從他自己親身目
擊的事實，反省中國學術與政治之複雜關係，確有所見。

那麼，這些日本漢學家如何解釋他們所看到的現實與他們
心目中的文化中國的差距呢？從他們所留下的遊記或回憶性質
的文字來看，他們並未對這種落差提出系統性的解釋，我們試
加歸納，主要有以下兩項解釋：

第一，中國自古以來易姓革命思想與君主專制制度矛盾：
日本漢學家觀察現實中國常與日本做對比，宇野哲人的意見有
其代表性，他說：[70]

> 論述當今社會狀態之前，必須先了解歷史上中國國家及
> 社會。中國與我國，其趣大異。我日本以皇室為中心，
> 皇室是宗家，大和民族漸次發展，創造出世界上無與倫
> 比之國體，皇室與國民之關係，君臣之義，就如夫子之
> 親。然中國則反之，自古以來就形成禪讓放伐之國體，
> 從《詩》、《書》所現中國上古之天命思想中，亦可發現
> 其國民自古抱有民主性思想。〔……〕中國國民之思想，
> 天是萬物之本，天降生民，賦之以彝德。為圖社會之安
> 寧，人民之福祉，天則命聰明睿智之人為億兆之君師，
> 治理人民。天亦頻頻鑒臨下土，察其是否適任。若順天
> 意，則永賜福祉，若負天意，則先降災異以示警告，若
> 無改悛之意，則廢其位以示罰，在命明德之君代為億兆

69　吉川幸次郎：《我的留學記》，頁 52-53。
70　宇野哲人：《中國文明記》，頁 187-189。

> 君師。體民心之意向，察天子之行為，是為天。於此一
> 點，其民主性思想，彰如日月。中國之革命屢屢勃發，
> 即本於此天命思想。〔……〕
>
> 概而言之，因為自古以來民主主義思想發達，從而實行自
> 治制度，中央之統治不能完全徹底，所以中國社會——不
> 管其範圍之廣狹——實行了種種社會事業。

宇野哲人進一步認為：「中國社會之所以不振，或起因於彼國自
古以來民主主義思想發達，由此形成易姓革命之風，缺乏在一
定之主權下統一團結之性格。」[71]宇野哲人上述對現實中國亂象
的判斷，是以日本作為對照的，他又說：「我國王政維新之際，
上有萬世一系之皇室，可使人心歸一，而於中國，打倒滿清王
朝以後，又有誰人能夠取而代之。每念及此，吾人感謝我日本
國體之尊，又轉而哀憫中國國體易姓革命之不幸。」[72]簡言之，
宇野哲人殆認為，中國自古以來易姓革命思想發達，所以缺乏
統一的國民意識。他認為這是現代中國亂象的重要原因。

第二，科舉制度扼殺人才：日本漢學家對北京貢院印象深

---

[71] 宇野哲人：《中國文明記》，頁 182。

[72] 宇野哲人：《中國文明記》，頁 194。另外，宇野哲人在其早年之《中國哲
學史》一書中，嘗敘及儒家的湯武易姓革命思想，他不相信《易‧革卦象
傳》所云：「天地革而四時成，湯武革命，順乎天而應乎人，革之時義大矣
哉」乃為孔子原作，他並引用《韓非子‧忠孝篇》，認為「堯舜之禪讓，與
湯武的放伐，同為反君臣之義而亂後世之教。」他對漢代儒生所云：「湯
武非受命，而殺也」也非常懷疑。宇野哲人特別強調君臣之間的大義名份
論，引用史料，論證中國堯舜禪讓以及湯武革命之不當，凡此種種皆充分
顯現出宇野哲人以日本的國體評斷中國思想。參看宇野哲人著，王璧如編
譯：《中國哲學史》（臺北：正中書局，1959 年 1 版），頁 143-144。

刻，認爲是中國積弱的原因之一。內藤湖南對北京貢院有傳神之描述：[73]

> 蕪穢尤甚者乃北京貢院，雖曰會集天下人才，試其才學
> 之處，應試者進入方四尺小屋，好似狗窩一般。八、九
> 十間連成一排，如此者約有百餘排，房屋數應有一萬餘
> 也。小屋三面乃以粗磚砌成，前面無戶障，應試者自攜
> 蚊帳，掛於室內。在此中三日，一步不能外出，直至三
> 場考試完畢。院之境內，野草高過人頭，考官所居房舍，
> 守門人糞便狼籍，臭氣衝鼻，其污穢實難以言語形容。

從這樣污濁的貢院中拔擢出來的人才實難以承擔治國之重任。
宇野哲人有進一步的思考：[74]

> 貢院實是追逐名利之場所，天下之俊才均為其所化而變
> 得毫無生氣。偏偏當世之才，雖亦有幾多出乎其中，然
> 奇傑之才屈於如此鄙陋之室，亦未免太甚。由此而登用
> 人才，徒助長官場之陋習而已，亦由此國勢漸衰，委靡
> 不振，以至今日。然近來此延續千年之科舉陋習已廢，
> 世中將考試制度視為守株之利者，亦須以之為鑒。

宇野和內藤一樣，認爲中國的科舉考試制度之扼殺人才，造成
中國的積弱不振。

　　綜合本節所言，這四位日本漢學家對現實中國的中國人性
格之投機心理貪圖近利，中國社會的貧富鴻溝，以及中國學術

---

[73] 內藤湖南：〈燕山楚水〉，頁 1130。
[74] 宇野哲人：《中國文明記》，頁 38。

之受到政治力滲透，都留下深刻印象。他們也認為，自古以來中國缺乏強有力的統一的國民意識，以及中國科舉制度之扼殺人才，是造成中國長期積弱不振的重要原因。

四、日本漢學家的中國觀：洞見與局限

　　這四位日本漢學家在中國文學（青木正兒、吉川幸次郎）、史學（內藤湖南）、哲學（宇野哲人）等領域，都卓然自成一家，著作等身，對二十世紀日本的中國學研究影響深遠，（4:1）他們對文化中國與現實中國的觀察確有洞見，尤能見微知著，從部分看全體。（4:2）這種洞見主要由於他們心中懷抱日本文化作為比較研究的參考架構。日本漢學家的中國旅遊經驗加強了他們日本文化的認同感，有助於它們集體認同的建構。（4:3）但是，他們以「日本主體性」思考中國，固然頗有創見，但有時不能免於過度膨脹「日本主體性」之危機。

　　（4:1）這四位日本漢學家都是目光敏銳的人文學者，他們旅遊中國廣交中國知識分子，卻很能從點滴看潮流，從形式看本質。舉例言之，宇野哲人從泰山下的乞丐，想到中國人行善的私利動機，從而推論「作為民眾的中國」之個人主義取向，與「作為國家之中國」所要求的團結一致的統一力量頗有差距，可謂別具慧眼。[75]青木正兒從中國人嗜食韭菜與蒜，臭味強烈，不顧他人感受，推斷中國人之自私自利。[76]這種說法雖不無推論

---

[75] 宇野哲人：《中國文明記》，頁 190-191。
[76] 青木正兒：〈竹頭木屑〉，頁 123。

過當之嫌，但是，青木正兒能見微知著，確是目光敏銳之文學家。

（4:2）但是，從更深一層來看，這些日本漢學家之所以能夠敏銳地一眼看出文化中國與現實中國的特殊面向，實與他們觀察中國時，常與日本文化及社會互作比較有關。舉例言之，內藤湖南與中國名流筆談交換對時局的看法，他心中時時將清末之中國與德川時代（1600-1868）以降日本的政治狀況作對比。[77]

吉川幸次郎從文學角度對文化中國提出許多深刻的見解。吉川先生指出中國文學的特質處在於其「日常性」，這一點是他從日本文學中短歌與俳句所歌頌的是人的日常生活而不是英雄豪傑這項特質受到啓發。[78]吉川幸次郎也從日本的《六國史》只是單純的史實記載而無對史事之感嘆，感到中國的史傳文學即事而言理之特徵。[79]吉川也從魯迅的文章充滿對政治的強烈抗議，進而指出中國文學實有其政治性，這一點與日本文學以私小說爲其根源，正好構成對比。他也指出，中國文學從《詩經》到司馬遷、杜甫、韓愈、白居易、《水滸》一脈相承的譜系，與《萬葉集》、《源氏物語》、西行、芭蕉、西鶴的日本文學譜系，在某種程度上，正好形成對比。[80]諸如此類對於文化中國與現實中國的觀察，時時都有日本文化與生活經驗作爲對照。從這個

---

[77] 內藤湖南：〈燕山楚水〉，收入《內藤湖南全集》，第 2 卷，頁 61。

[78] 吉川幸次郎：《吉川幸次郎全集》，第 1 卷，頁 104。中譯本見《我的留學記》，頁 191。

[79] 見吉川幸次郎：《我的留學記》，頁 209。

[80] 見吉川幸次郎：《我的留學記》，頁 198。

角度來看，他們的中國旅遊經驗正加強了他們的日本文化認同感。

　　其實，旅遊與個人集體認同之建構，常有密切之關係。以美國人赴歐洲遊歷之經驗觀之，早期美國人如傑弗遜（Thomas Jefferson）和亞當斯（John Adams），常通過他們歐洲旅遊的經驗，將自己定位為一個與歐洲文化關係深遠而從歐洲遊離出來的人。到了十九世紀中葉，大量的美國人前往歐洲旅遊，例如文學家愛默生（Ralph Waldo Emerson）和福勒（Margaret Fuller）等人，則更透過歐洲旅遊經驗而建構獨特的美國認同感。更值得注意的是，十九世紀美國旅遊者常在一個表面上無階級的美國社會脈絡中，通過歐遊經驗建構一個資產階級歸屬感。他們通過歐遊經驗思考美國社會中種族、性別，以及奴隸、奴隸主、廢奴運動者等問題。[81]本文所分析的日本漢學家的中國旅遊經驗，也顯示類似的效應。

　　（4:3）但是，日本漢學家這種以日本作為參照系統而解讀中國的方法，有時因失衡而有過度膨脹「日本主體性」之危機。宇野哲人說：「中國自古是我日本文化之源泉，從研究我日本發展軌跡之角度而言，中國文化之研究亦大有必要」，[82]這句話相當具有代表意義，從德川時代以降日本許多漢學家研究中國，是為了將中國學問吸納到日本的社會文化之中；有些人則是如

---

[81] William W. Stowe, *Going Abroad: European Travel in Nineteenth-Century American Culture* (Princeton: Princeton University Press, 1994). Stowe 將十九世紀美國的歐洲旅遊視為一種「儀式」，可謂一針見血。見該書第二章：Travel as Ritual，頁 16-28。

[82] 宇野哲人：《中國文明記》，頁 182。

宇野哲人一樣地爲了瞭解「我日本文化之源泉」而研究中國。換言之,「中國主體性的失落」恐怕是許多日本漢學研究論著共同的問題。

日本漢學家研究中國常從日本出發,因而常出現「中國主體性的失落」這個方法論問題,早已在德川時代漢學中就已出現。十七世紀古學派大師伊藤仁齋(維楨,1627-1705)在註解《論語》「子欲居九夷」這句話時就說:[83]

> 吾太祖開國元年,實丁周惠王十七年。到今君臣相傳,綿綿不絕。尊之如天,敬之如神,實中國之所不及。夫子之欲去華而居夷,亦有由也。今去聖人既有二千餘歲,吾日東國人,不問有學無學,皆能尊吾夫子之號,而宗吾夫子之道。則豈可不謂聖人之道包乎四海而不棄?又能先知千歲之後乎哉?

伊藤仁齋在上述解釋以日本爲孔子欲居之「九夷」,是有趣的解

---

[83] 伊藤仁齋:《論語古義》,收入《日本名家四書註釋全書》(東京:鳳出版,1973 年),第 3 卷,卷 5,頁 138。清儒劉寶楠(楚楨,1791-1855)《論語正義》認為「九夷」指朝鮮而言,《正義》曰:子欲居九夷,與乘桴浮海,皆謂朝鮮。夫子不見用於中夏,乃欲行道於外域,則以其國有仁賢之化故也。〔……〕《後漢書‧東夷列傳》:「昔箕子違衰殷之運,避地朝鮮。始其國俗未有聞也,及施八條之約,使人知禁,遂乃邑無淫盜,門不夜扃,回頑薄之俗,就寬略之法,行數百千年,故東夷通以柔謹為風,異乎三方者也。苟政之所暢,則道義存焉。仲尼懷憤,以為九夷可居,或疑其陋。子曰:『君子居之,何陋之有?』亦徒有以焉爾。」見《論語正義》(北京:中華書局,1990 年),上冊,頁 344。程樹德《論語集釋》引《後漢書‧東夷列傳》:「仁而好生,天性柔順,易以道御,有君子不死之國。夷有九種:曰畎夷、于夷、方夷、黃夷、白夷、赤夷、元夷、風夷、陽夷。故孔子欲居九夷也。」指出:「九夷者,夷有九種,朝鮮特九夷之一。」其說較為通達。見程樹德:《論語集釋》(北京:中華書局,1990 年),頁 604。

釋，但是，在伊藤仁齋的解釋中，《論語》原典的中國脈絡，如
魯國的禮崩樂壞、孔子對「道不行」的感嘆，卻為之晦而不彰。
諸如此類的方法論問題，在日本漢學論著中屢見不鮮。

由於許多日本漢學家的漢學研究不能免於「中國主體性的
失落」，所以他們有時會過度從日本出發要求改造中國，吉川幸
次郎的言論就很值得進一步分析。吉川幸次郎出身京都大學而
具長期任教於京大，可以說是京都學派的中國學研究的代表人
物之一，他一向提倡「把中國作為中國來研究」，[84]關於他的中
國學研究方法，我們將於下一節討論，此處暫不涉及。吉川幸
次郎在戰爭期間 1943 年在東京大學發表系列演講，介紹中國人
的古典學術與現實生活，最後提出這樣一個問題：[85]

> 日本未來應該如何幫助中國發展呢？為新理念的建立而
> 大傷腦筋的中國人，要讓他們再回到以「五經」為規範
> 的生活模式呢？還是幫助他們發展到別的方向呢？

針對這個問題，吉川幸次郎認為中國不能在走回《五經》的生
活世界，他說：[86]

> 我認為在奠定哲學基礎、發展自然科學的工作上，日本
> 人應該率先來幫助中國。更進一步，也有必要將全部日
> 本文化積極介紹到中國，輸進中國去。為了讓中國人瞭
> 解：道理不見得只存在於《五經》，並非自己的民族之生

---

[84] 吉川幸次郎：〈支那人の日本觀と日本人の支那觀〉，收入《吉川幸次郎全
集》，第 2 卷，頁 567。中譯本見《我的留學記》，頁 162。
[85] 吉川幸次郎著，林景淵譯：《中國人之古典學術與現實生活》，頁 94。
[86] 吉川幸次郎著，林景淵譯：《中國人之古典學術與現實生活》，頁 95-96。

> 活方式就是人類生活方式的全部；有必要把不同於中國
> 的生活方式，其中又充分顯現一些道理的具體例子告訴
> 中國人，而足以完成此種使命的正是日本文化。也就是
> 說，為了讓中國人覺醒過來，並認識真正的道理，必須
> 提供一種不同的文化作為媒介，施予強烈刺激。在此種
> 思考下，為了製造此種刺激，日本文化應該全面的投入，
> 來顯現這一種功能。

吉川幸次郎進一步建議，日本為了協助中國，與其介紹類似中
國的文化，不如提供純粹日本文化給中國更為合適，所以，不
要介紹日本的儒家思想，而應該提供《古事記》、《萬葉集》以
及《日本書紀》、《源氏物語》和西鶴、近松、芭蕉。也就是說，
必須盡量提供一些和中國文化保有相當距離的純日本文化，才
能充分發揮不同文化生活的刺激功能，並收到預期效果。[87]吉川
幸次郎建議全面引介純日本文化到中國，以引導中國邁向現代
世界，他的用心至為良善，但他的意見可行性不高，因為這種
建議忽略了中國文化是一個具有自主性的文化實體，而不是外
來文化的依變項。以對中國學問造詣如此高深的吉川先生，而
提出這種不甚實際的建議，可以具體反映日本漢學者的部分方
法論問題——「中國主體性的失落」。

　　這種「中國主體性的失落」，也見於京都學派創始人內藤湖
南身上。內藤在甲午（1894 年）戰勝時所發表的一篇題為〈日

---

[87] 吉川幸次郎著，林景淵譯：《中國人之古典學術與現實生活》，頁 96。吉川
先生發表上述言論是中日戰爭期間的 1943 年，因其特殊歷史背景而作此種
非由衷之言。據京都大學金文京教授惠告，吉川先生晚年對上述言論亦有
後悔之意。

本 天職 學者〉的文章，也頗乘日本戰勝之餘威，自詡日本
已成爲「新文明中心」，他認爲中國文明已隨「時」運而轉趨沒
落，他在該文中以「時」的觀點論述中國文明中心之移轉：[88]

> 夫河洛之澤盡，而關內之化盛；北方之文物枯，而南方
> 之人文榮，亦以時而命之所也。埃及、西亞利亞、印度、
> 波斯、菲尼斯亞、希臘、羅馬，相踵遞起，而各以時而
> 命也。彼皆於其時，應是人道和文明宣揚之最力者，而
> 又於其跡，各見克盡其任者。文明之中心，與時所以移
> 動者其存由此，今又將大移，識者實久知此間之肯綮，
> 〔……〕

內藤湖南歌頌日本於十數年間成就「東方的新極致」，代歐洲而
興起，成爲地球文明之中心，實在反掌之間，並期勉當時之日
本學者逢此時運，應有感於新文明中心先聲的到來，不應畫地
自限而推諉給後輩，要奉行「以斯邦而盡其人道之天職」。[89]內
藤湖南以「時」的進化觀點，欲以日本新文明中心取代中國舊
文明中心，溢於言表，而他所說「天職」即是日本的皇道精神，
我們不難想見內藤湖南日後卷帙浩繁的中國史著作，實不免這
種「天職」觀念之投影。

88　內藤湖南：〈日本の天職と學者〉，收入《內藤湖南全集》，第 1 卷，頁 130。
　　此文原發表於明治 27 年（1894 年，清光緒 20 年，甲午）11 月 9 日、10
　　日之《大阪朝日新聞》。
89　內藤湖南：《內藤湖南全集》，頁 132-133。

五、結論：日本漢學研究方法的再思考

　　本文以內藤湖南、青木正兒、吉川幸次郎及宇野哲人等四位日本漢學家在二十世紀初期來華遊學或參訪，所留下的筆記最為第一手史料，分析他們心目中的文化中國與所見的現實中國及其落差。本文的分析顯示：這四位具有代表性的日本漢學家心目中的文化中國圖樣，都是高度美化了的理想國度，是他們心嚮往之精神原鄉。他們筆下的文化中國雖有城鄉二分與南北差異，但家族制度綿延久遠，中國人充滿現世關懷，凡此皆深受悠久而博厚的儒家傳統的浸潤。另一方面，在四位漢學家眼中的現實中國，則乞丐滿街、國民貪圖近利而生性投機，社會貧富鴻溝極深，而且學術固受政治力之宰制而未能獨立。四位日本漢學家對文化中國與現實中國的思考與觀察，常與他們心目中的日本文化與社會對比，以旁觀者之立場常能看出中國的特殊面向。但是，**他們有時也不能免於過度膨脹自己（日本）的主體性**，以致如吉川幸次郎呼籲全面移入純日本文化，以促進中國文化的現代化。

　　從本文所探討的這四位日本漢學家的中國觀看來，日本漢學家的研究方法論的根本課題在於：**研究者（日本漢學家）的主體性如何安頓**？這個問題涉及：研究者（日本漢學家）與研究對象（中華文化）如何維持具有啟發性的互動關係，使研究者之於研究對象既能入乎其內，又能出乎其外？這個問題是德川三百年日本漢學所面臨的問題，也是二十一世紀日本漢學研究必須深思的問題。

　　對於這個問題的思考，可以從本文所探討的吉川幸次郎的

意見作爲出發點。吉川先生曾強調：京都的學風採取與中國人相同的思考方法，這種治學態度的中心人物是狩野直喜與內藤湖南。狩野與內藤採取這樣的治學態度是**對江戶漢學的反叛**。江戶時代的漢學對中國文化進行日本式的解釋，其原因從消極方面說，是因爲鎖國政策的影響；從積極方面來說，江戶時代的漢學是一種民族主義的學問。吉川幸次郎認爲，江戶漢學並不真正懂得中國。他指出，把中國做爲中國來理解，必須是一種新的學問。狩野與內藤都生於明治前後，成長於明治中葉，當時日本學術界，在廣泛的意義上，有一種歷史學的傾向，即對已認識的事物進行再認識，狩野與內藤就是在這樣的學風中成長。而且，京都大學本著與東京大學不同的學風而創立，特別是文學部更是如此。日本政府之所以設置京都大學，是因爲當時日本只有一所大學，易流於獨斷專橫，必須營造一個它的競爭者，京大的中國學研究學風，與東京大學非常不同。[90]吉川幸次郎進一步指出：與過去中國人的日本觀是一種幻影一樣，過去日本人的中國觀也只不過是幻影而已。兩者都是把對方拉向自己解釋，但兩者的動機不一樣，中國人是從侮蔑的感情出發，把日本拉向中國，說日本是中國的直譯；而日本人是從親密的感情出發，把中國拉向日本，說中國與日本文化大體相同。動機雖有不同卻同是幻影。吉川先生一針見血地指出，許多日本漢學家將古代的中國與現代的中國一分爲二，以爲古代的中國是值得尊敬，而蔑視現在的中國。他呼籲日本漢學家應將中國做爲中國來研究，並盡量建立把握中國全貌的正確的中國

---

[90] 吉川幸次郎：《我的留學記》，頁 4。

學。[91]

　　吉川幸次郎所提出的研究方法的思考，確實別具慧眼，
至爲深刻。但是，從四位日本漢學家對中國的意見看來，他
們「對江戶漢學的反叛」可能仍是尚未成功的革命事業。二
十世紀日本漢學家想掙脫「把中國作日本式的理解」的江戶
漢學傳統，目標非常正確；他們努力於「把中國做爲中國來
理解」，用心至爲可取。但是，問題的關鍵是：研究者（日本
漢學家）如何才能將「中國作爲中國來理解」？如果抽離了
研究者的主體性，中國作爲一個被研究對象能否被他們所理
解？換言之，在中國學研究中，日本漢學家應如何適當地安
頓他們作爲日本學者的主體性？這才是日本漢學家研究方法
論的中心課題。

　　溝口雄三最近對十七世紀以降的日本漢學家研究提出深
刻的反省，他所批判的日本「漢學」具有三項特質：（一）對
中國的古典以及近代以前（唐－清）用白話文學的古典進行
的解釋性或解說性的言論，（二）不以中國爲研究對象，（三）
爲了自己世界的學問。溝口雄三稱這種漢學家爲「無中國的
中國研究者」。溝口進一步以中國哲學研究者爲例說，某些研
究者雖然以朱子（晦庵，1130-1200）爲研究對象，來分析「理」、
「氣」等概念或論述朱子政治思想或經濟思想，但是卻對朱
子哲學產生的宋代歷史特質以及中國文化世界的特質等問題
絲毫不感興趣。這種學者有時好像也爲了解說或解釋朱子的
思想，而涉及作爲思想背景的當時的政治與經濟狀況。但是，

---

[91] 吉川幸次郎：《我的留學記》，頁 162-163。

這種研究只是作爲哲學論述或解釋的道具而已，並不是對當時歷史狀況本身進行探求。因此，他們完全沒有必要經常關心歷史學的研究成果。而且，他們根本不會考慮這種對歷史的不關心，是對中國這個仍蘊藏著大量未知部分的富有魅力的世界的不關心，是他們作爲一名「中國」思想研究者在感性與知性上的不足。爲什麼呢？因爲他們屬於「哲學」這一學科，是中國哲學的專家，而不是屬於「史學」的中國「史學」專家。也就是說，學科的分割制度，保護了服從這個制度的學者的安逸，但同時也壓抑了想要突破這種學科分割制度框架的學者的探求心。這樣，甘於受保護和壓制的無中國的中國研究者們，不斷地再生產出甘於受保護和壓抑的「**無中國的中國研究者**」。[92]溝口雄三認爲日本現代大學的學問分工制度，爲這種「無中國的中國研究者」提供了制度上的保護傘。而且，這種漢學研究者的「自我世界」也是「無中國」的「哲學」世界，也就是研究者個人的對古典愛好的世界，他們筆下陽明學或朱子學的世界，是滿足知識欲的世界，與江戶時代的「漢學」者的世界無甚差別。[93]從這個角度看來，現階段日本的漢學界雖與江戶漢學家所處的學術背景已經完全不同，但是他們「對江戶漢學的反叛」，顯然還有一段很長的路要走。江戶日本漢學研究「典範」的顛覆與新的中國學的建立，可能必須同時對研究者（日本漢學家）與被研究者（中國文化）的主體性，進行深入的挖掘。愈能深入研究對象的主體性的人，愈能進行自我瞭解。同樣道理，愈深入掌

---

[92] 溝口雄三：〈日本的中國思想史研究之改革與進程〉，《國際儒學研究》第 4 輯（北京：中國社會科學出版社，1998 年），頁 12-26，尤其是頁 16-17。

[93] 溝口雄三：〈日本的中國思想史研究之改革與進程〉，頁 18。

握研究者自我主體性的人，愈能與研究對象進行有益的對話。兩者的「互爲主體性」，正是日本漢學新典範的基石。

引用書目

中日文論著：

三田村泰助：《內藤湖南》（東京：中央公論社，1972 年）。

小島晉治編：《幕末明治中國聞見錄集成》（東京：ゆまに書房，1997 年）。

小島毅：〈儒教是不是宗教？──中國儒教史研究的新視野〉，收入周博裕編：《傳統儒學的現代詮釋》（臺北：文津出版社，1994 年）。

山根幸夫：《大正時代における日本と中國のあいだ》（東京：研文出版，1998 年）。

內藤湖南：《內藤湖南全集》（東京：筑摩書局，1944 年）。

＿＿＿＿著，王青譯：《兩個日本漢學家的中國紀行》（北京：光明日報出版社，1999 年）。

＿＿＿：〈概括的唐宋時代觀〉，《歷史と地理》第 9 卷第 5 號（1922 年 5 月）。此文有中譯本：〈概括的唐宋時代觀〉，收入劉俊文主編，黃約瑟譯：《日本學者研究中國史論著選譯》第一卷：通論（北京：中華書局，1992 年）。

加地伸行：《儒教とはなにか》（東京：中央公論社，1990 年）。

＿＿＿：《沈默の宗教──儒教》（東京：筑摩書局，1994 年，1999 年）。

吉川幸次郎：《吉川幸次郎全集》（東京：筑摩書房，1980 年）。

＿＿＿：《中國印象追記》，收入氏著，錢婉約譯：《我的留學記》（北京：光明日報出版社，1999 年）。

_____：《支那人の古典とその生活》（東京：岩波書店，1943
　　　　年）。中譯本見氏著，林景淵譯：《中國之古典學術與
　　　　現實生活》（臺北：寰宇出版社，1996 年）。

_____：《中國の知惠——孔子について》，收入《吉川幸次郎
　　　　全集》。中譯本見氏著，吳錦裳譯：《中國之智慧——
　　　　孔子學術思想》（臺北：協志工業叢書出版公司，1965
　　　　年，1968 年）。

_____：《論語について》（東京：講談社，1976 年）。

宇野哲人：《支那文明記》（東京：大東館，1912 年），收入小島
　　　　晉治編：《幕末明治中國見聞錄集成》（東京：ゆまに
　　　　書房，1997 年）。中譯本見氏著，張學鋒譯：《中國文
　　　　明記》（北京：光明日報出版社，1999 年）。

_____：《中國哲學史》，王璧如編譯（臺北：正中書局，1959
　　　　年 11 版）。

伊藤仁齋：《論語古義》，收入《日本名家四書註釋全書》（東京：
　　　　鳳出版，1973 年）。

池田溫：〈陳寅恪先生與日本〉，收入《紀念陳寅恪教授國際學
　　　　術討論會文集》（廣州：中山大學出版社，1989 年）。

岡田英弘：《現代中國と日本》（東京：新書館，1998 年）。

青木正兒：〈江南春〉及〈竹頭木屑〉，收入王青譯：《兩個日本
　　　　漢學家的中國紀行》（北京：光明日報出版社，1999
　　　　年）。

原念齋等譯注：《先哲叢談》（東京：平凡社，1994 年）。

宮崎市定，《宮崎市定全集》（東京：岩波書店，1994 年）。

桑原隲藏：〈歷史上所見的南北中國〉，收入劉俊文主編，黃約
　　　　瑟譯：《日本學者研究中國論著選譯》第一卷：通論（北
　　　　京：中華書局，1992 年）。

_____：《桑原隲藏全集》（東京：岩波書店，1943 年）。

張寶三：《唐代經學與日本近代京都學派中國學研究論集》（臺北：里仁書局，1998 年）。

黃俊傑：〈試論儒學的宗教性內涵〉，《臺大歷史學報》第 23 期（1999 年 6 月），收入本書第四章。

溝口雄三：〈日本的中國思想史研究之改革與進程〉，《國際儒學研究》第 4 輯（北京：中國社會科學出版社，1998 年）。

實藤惠秀著，譚汝謙、林啓彥譯：《中國人留學日本史》（香港：中文大學出版社，1981 年）。

增淵龍夫：《歷史家の同時代史的考察について》（東京：岩波書店，1983 年）。

陳寅恪：〈王觀堂先生輓詞并序〉，收入氏著：《寒柳堂集》（臺北：里仁書局，1980 年）。

嚴安生：《日本留學精神史：近代中國知識人の軌跡》（東京：岩波書店，1991 年，1998 年）。

英文論著：

Fogel, Joshua A., *Politics and Sinology: The Case of Naito Konan (1866-1934)* (Cambridge, Mass.: Council on East Asian Studies, Harvard University, 1983).

_____, ed. and tr., *Chinese Studies in History*, Vol. XVII, No. 1, (Fall, 1983): Naito Konan and the Development of the Concept of Modernity in Chinese History.

_____, "Confucian Pilgrim: Uno Tetsuto's Travels in China, 1906," in his *The Cultural Dimension of Sino-Japanese Relations: Essays on the Nineteenth and Twentieth Centuries* (New York: M. E.

Sharp, 1995).

_____, *The Literature of Travel in the Japanese Rediscovery of China, 1862-1945* (Stanford: Stanford University Press, 1996).

Miyakawa, Hisayuki, "An Outline of the Naito Hypothesis and Its Effects on Japanese Studies of China," *Far Easter Quarterly*, XIV: 4 (August, 1955).

Miyazaki, Ichisada, "Konan Naito: An Original Sinologist," *Philosophical Studies of Japan*, 8 (Tokyo, 1968).

Sakaki, Atsuko, "Japanese Perceptions of China: The Sinophilic Fiction of Tanizaki Jun'ichiro," *Harvard Journal of Asiatic Studies*, Vol. 59, No. 1 (1999).

Stowe, William W., *Going Abroad: European Travel in Nineteenth-Century American Culture* (Princeton: Princeton University Press, 1994).

附錄 1：內藤湖南（1866-1934 年）遊華時與中國人士交往表[*]

序號	姓名	時間	出處
1	嚴復[1]	1899 年 9 月 13 日	〈燕山楚水〉，頁 9、10-13。
2	方若[2]	1899 年 9 月 13 日	〈燕山楚水〉，頁 9、10。
3	王修植[3]	1899 年 9 月 13 日	〈燕山楚水〉，頁 10。
4	陳錦濤[4]	1899 年 10 月 4 日	〈燕山楚水〉，頁 33。
5	蔣國亮[5]	1899 年 10 月 4 日	〈燕山楚水〉，頁 33-37。
6	溫宗堯[6]	1899 年 9 月 13 日	〈燕山楚水〉，頁 10。
7	王承傳[7]	1899 年 9 月 13 日	〈燕山楚水〉，頁 10。
8	吳摯甫[8]	1899 年 10 月 1 日	〈燕山楚水〉，頁 32。
9	文芸[9]	1899 年 10 月 9 日	〈燕山楚水〉，頁 38-40。
10	宋伯魯[10]	1899 年 10 月 9 日	〈燕山楚水〉，頁 38。

---

[*] 本表附註中關於與內藤交往之中國人士之個人資料，均參考內藤湖南在〈燕山楚水〉中之說明，以及該書譯者王青之註解。

[1] 字又陵（1853-1921），福建候官人，為北洋候補道，水師學堂總辦；譯著有《天演論》、《原富》、《群學肄言》等。

[2] 號藥雨，兼善畫。

[3] 字菀生，浙江定海人，為北洋候補道，水師學堂總辦。

[4] 字瀾生（1869-1939），廣東省南海人，曾留學美國，曾任大學堂西文教習，係清代算學名家，民國以後擔任財政總長。

[5] 字新皆，浙江諸暨人，舉人，此時擔任育才館教習。

[6] 字欽夫，廣東香山人，曾任海關道翻譯員。

[7] 字欽堯，安徽桐城人，曾任旗兵學堂德文教習。

[8] 名汝綸（1840-1903），安徽省桐城人，清末著名學者，曾赴日本旅行。此時在保定擔任蓮池書院山長，致力於教育。

[9] 江西鄉縣人，清庚寅科榜眼。

11	張元濟 [11]	1899 年 10 月 9 日	〈燕山楚水〉，頁 38。
		1899 年 10 月 21 日	〈燕山楚水〉，頁 69-73。
12	羅振玉 [12]	1899 年 10 月 21 日	〈燕山楚水〉，頁 69。
13	劉學詢 [13]	1899 年 10 月 21 日	〈燕山楚水〉，頁 69。

遊華行程及參觀景點：

神戶出發（1899 年 9 月 5 日，明治 32 年）→ 芝罘（煙台）（9月 10 日）→ 太沽、天津（9 月 11 日）→ 北京（9 月 17 日）（21 日：八達嶺、居庸關、鎮燕官、明陵；23 日：湯山、清河、萬壽山、玉泉山；24 日：萬壽山、萬寧寺、白雲觀、煤山、南口鎮）→ 天津（10 月 4 日）→ 上海（10 月 9 日）→ 杭州（10月 18 日）→ 長江溯行（11 月 5-8 日）→ 漢口、黃鶴樓（11月 9 日）→ 大別山（11 月 13 日）→ 武昌（11 月 14 日）→ 南京（11 月 16 日）（17 日：孝陵、明代故宮、雨花台……；18日：雞籠山、玄武湖、北極閣、毘盧寺、楊仁山；19 日：燕子磯）→ 鎮江（11 月 20 日）→ 上海（11 月 21 日）→ 返日（11月 25 日）→ 神戶（11 月 29 日）

---

[10] 陝西人，與康有為親善，上書條陳新政之事。

[11] 字菊生（1867-1959），出版家，清光緒進士，曾任刑部主事，總理各國事務衙門章京，因參加維新運動，1898 年戊戌政變時被革職，在上海致力於文化事業，畢生主持商務印書館。

[12] 字叔薀（1866-1940），清末著名金石學家，辛亥革命後逃亡日本、圖謀復辟清朝。

[13] 廣東富豪，為李鴻章所器重，其餘生平不詳。

附錄 2：青木正兒（1887-1964 年）遊華時與中國人士交往表

序號	姓名	時間	出處
1	厲樊樹[1]		〈江南春〉，頁 116。
2	羅振玉	1911 年 11 月	〈竹頭木屑〉，頁 135。
3	王國維[2]	1912 年 2 月	〈竹頭木屑〉，頁 135-137。

遊華行程與參觀景點：

上海→ 杭州（西湖）（1922 年 5 月）→ 蘇州（1922 年 5 月）
→ 南京（北線閣、玄武湖、雞鳴寺、雨花台）（1922 年 7 月）
→ 楊州 （1922 年 8 月）

---

[1] 厲樊樹（1692-1752）：疑為清代文學家厲鶚，號樊榭，浙西詞派重要作家。
參考譯者王青之附註，見〈江南春〉，頁 116，註 1。

[2] 王國維（1877-1927）：號靜安，浙江人。

附錄 3：吉川幸次郎（1904-1980 年）遊華時與中國人士交往表[*]

序號	姓名	時間	出處
1	張景桓	就讀日本京都第三高等學校時	《我的留學記》，頁 11。
2	王大均	就讀日本京都第三高等學校時	《我的留學記》，頁 11。
3	鄭伯奇[1]	就讀日本京都第三高等學校時	《我的留學記》，頁 13。
4	張鳳舉	1928 年之後（留學期間）	《我的留學記》，頁 43。
5	奚待園	1928 年之後（留學期間）	《我的留學記》，頁 46。
6	徐東泰	1928 年之後（留學期間）	《我的留學記》，頁 47。
7	馬裕藻	1928 年之後（留學期間）	《我的留學記》，頁 49。
8	朱希祖[2]	1928 年之後（留學期間）	《我的留學記》，頁 49。
9	錢玄同[3]	1928 年之後（留學期間）	《我的留學記》，頁 50。

---

[*] 本表附註中關於與吉川幸次郎交往中國人士之個人資料，均為《我的留學紀》中吉川幸次郎所描述之印象。
[1] 號隆謹（1895-1979），陝西人。
[2] 生於光緒五年（1879），卒於民國三十三年（1944），浙江人。
[3] 生於光緒十二年（1886），卒於民國二十八年（1939），浙江人。

		間）	
10	柯劭忞 [4]	1928 年之後（留學期間）	《我的留學記》，頁 52。
11	王樹枏 [5]	1928 年之後（留學期間）	《我的留學記》，頁 52。
12	江翰 [6]	1928 年之後（留學期間）	《我的留學記》，頁 52。
13	王式通 [7]	1928 年之後（留學期間）	《我的留學記》，頁 52。
14	王東 [8]	1928 年之後（留學期間）	《我的留學記》，頁 52。
15	吳承仕 [9]	1928 年之後（留學期間）	《我的留學記》，頁 57、60。
16	孫人和	1928 年之後（留學期間）	《我的留學記》，頁 60、62。
17	趙萬里 [10]	1928 年之後（留學期間）	《我的留學記》，頁 60。
18	陳寅恪 [11]	1928 年之後（留學期間）	《我的留學記》，頁 61。

---

[4] 東方委員會中國委員。
[5] 號晉卿（1851-1936），河北人；東方委員會中國委員。
[6] 號叔海（1852-1931），福建人；東方委員會中國委員。
[7] 號書衡（1864-1931），山西人；東方委員會中國委員；駢文家。
[8] 東方委員會中國委員；戊戌政變時激進派份子。
[9] 號檢齋，別號少白（1884-1939），安徽人；為民初中國大學教授，古文派學者，與當時北京大學的錢玄同並列為章炳麟門下的四天王之一。
[10] 號斐雲（1905-1985），浙江人。
[11] 生於光緒十六年（1890），卒於民國五十八年（1969），浙江人。

		間）	
19	徐鴻寶[12]	1928 年之後（留學期間）	《我的留學記》，頁 61。
20	黃侃[13]	1928 年之後（留學期間）	《我的留學記》，頁 61。
		1931 年 1 月	《中國印象追記》，頁 108-109。
21	胡小石[14]	1928 年之後（留學期間）	《我的留學記》，頁 63。
22	潘重規	1928 年之後（留學期間）	《我的留學記》，頁 63。
23	趙殿成[15]	1928 年之後（留學期間）	《我的留學記》，頁 63。
24	馬裕藻[16]	1928 年之後（留學期間）	《我的留學記》，頁 66。
25	陳垣[17]	1928 年之後（留學期間）	《我的留學記》，頁 73。
26	吳梅[18]	1928 年之後（留學期間）	《我的留學記》，頁 75。

---

[12] 時任上海博物館館長。
[13] 字季剛（1886-1935），任教於南京中央大學，研究音韻學，為章炳麟的弟子之一。
[14] 生於光緒十四年（1888），卒於民國五十一年（1962），浙江人。
[15] 文奎閣書店負責人。
[16] 字幼漁。
[17] 號援庵、圓庵（1880-1971），廣東人；史學家。
[18] 字瞿安（1884-1939），江蘇人；戲劇研究家。

27	李根源[19]	1928 年之後（留學期間）	《我的留學記》，頁 75。
28	陳杭[20]	1928 年之後（留學期間）	《中國印象追記》，頁 95-97。
29	孫殿起[21]	1928 年之後（留學期間）	《中國印象追記》，頁 99。
30	倫明[22]	1928 年之後（留學期間）	《中國印象追記》，頁 99。
31	篤厚實	1928 年之後（留學期間）	《中國印象追記》，頁 100。
32	蜀丞	1928 年之後（留學期間）	《中國印象追記》，頁 107。
33	胡光煒	1928 年之後（留學期間）	《中國印象追記》，頁 107。
34	丘紹周	1931 年	《中國印象追記》，頁 110。
35	馬廉[23]	1928 年之後（留學期間）	《中國印象追記》，頁 115。
36	馬巽	1934 年 10 月	《中國印象追記》，頁

---

[19] 號印泉（1879-1965），雲南人；辛亥革命元老。

[20] 字濟川，來薰閣琴書店的主人，在郭沫若朋友圈中有「蒙古人」渾號，為人豪爽直率。

[21] 號耀卿（1894-1958），河北人；通學齋書店的主人，對清朝考據家的書籍十分精通。

[22] 通學齋書店東家，清朝文物收藏家。

[23] 戲曲小說收藏家兼研究家，素有令名。

			125。
37	魏敷訓		《中國印象追記》，頁 124-125。
38	楊雪橋[24]	1928 年之後（留學期間）	《中國印象追記》，頁 116。
39	楊鑒資	1933 年（留學回國後）	《中國印象追記》，頁 126。
40	錢稻孫		《中國印象追記》，頁 155。

遊華行程及旅遊城市：

1. 大正十二年，民國十二年春（1923 年）初次到中國旅遊（第三高等學校畢業，尚未入京都大學）→上海→蘇州、杭州

2. 1923 年：上海、蘇州、杭州、鎮江、南京

3. 北京（留學期間，昭和三年，民國十七年四月，1928 年—昭和六年，民國二十年四月，1931 年，返回日本）

神戶（1928 年）→塘沽（1928 年）→北京（1928 年）（隆福寺、琉璃房）→南京（留學結束前的兩個月南方之旅，1931 年）→蘇州→楊州→高郵→寶應→淮安

---

[24] 光緒末年進士，清朝滅亡，進入民國後，以大清遺臣自居，留著髮辮，隱居於北京西城，代表革命以前中國文化和教養最後的人之一。

《儒家身體思維探索》

拾、

傳統中國的思維方式及其價值觀：
歷史回顧與現代啟示

一、前言

　　中西文化的異同是二十世紀以降中國知識分子所關心的課題，探討這個課題的論著如雨後春筍，指不勝屈。中西文化異同的比較，可以從各種角度切入觀察，其中一個頗有啓發性的角度就是從思維方式入手。中國人的思維方式活潑空靈，不拘一格，其較爲常見者有（1）以已知之事物推論未知之事物的「類比思維」（analogical thinking），（2）將兩種具有同質性的事物或現象聯繫在一起思考的「聯繫性思維」（co-relative thinking），（3）從具體事物出發進行思考活動的「具體性思維」（concrete thinking）等。中國人的思維方式很能體顯中國文化的特質，因此，這個課題引起學者極大的興趣。[1]

　　本文寫作的主旨，在於針對「傳統中國的思維方式及其價值觀」這個問題進行分析，並就其在二十一世紀之意義提出新

---

[1] 關於中國人的思維習慣，最全面的分析仍推日本前輩學者中村元。參看中村元：《東洋人の思維方式》（東京：株式會社春秋社，1988 年），第 4 卷《シナ人の思維方法》。此書有簡編之英譯本：Hajime Nakamura, edited by Philip P. Wiener, *Ways of Thinking of Eastern People: India, China, Tibet, Japan* (Honolulu: University of Hawaii Press, 1964), Chap. 17, pp. 196-203.

的看法。第二節分析在中國人的思想傳統中最具有中國文化特色的「聯繫性思維方式」及其內涵；第三節則分析這種思維方式的三種表現；第四節探討這種思維方式所導引出來的自然觀、人性論、人生觀、政治思想等相關價值。本文第五節及第六節則扣緊現代社會的兩種重要價值觀：民主與人權，分析傳統思維方式及其價值觀在現代社會中的新意義。本文第七節則扣緊本文主題，提出結論性的看法。

二、傳統中國的「聯繫性思維方式」及其內涵

　　中國文化源遠流長，在數千年的綿延發展中製造了德澤豐厚的思想遺產，其中最具有中國特色而且對現代最有啓示意義的，（1）首推「聯繫性思維方式」。（1:1）這種思維方式在諸多兩極之間建構相互溝通或交互滲透之關係，（1:2）古代儒道兩家思想是這種思維方式的源頭，而且可以互爲補充。（2）這種思維方式貫通古代中國的宇宙論與心性論，構成完整的系統。我們接著闡釋這兩項論點。

　　（1）所謂「聯繫性思維方式」，是具有中國文化的特殊性的一種思維方式，這種思維方式是將個人、世界、宇宙的諸多部分之間，建構緊密的聯繫性關係的一種思維方式。

　　（1:1）這種所謂「聯繫性思維方式」基本上認爲在宇宙間的部分與部分之間，以及部分與全體之間是一種有機的而不是機械的關係，牽一髮而動全身。因此，整個宇宙各個部門或部分互相滲透、交互影響，並且互爲因果。這種「聯繫性思維方式」在中國古代的儒家與道家思想傳統中固然以深切著明的方

式呈現出來，但是在中國佛教的緣起觀中也相當明確的表現聯繫性思維方式。

　　關於傳統中國的「聯繫性思維方式」，前輩學人如李約瑟（Joseph Needham）[2]、史華慈（Benjamin I. Schwartz）[3]均略有觸及，但內容極其精簡，有待我們進一步分疏。這種所謂「聯繫性思維方式」，建立在三項命題之上：（a）宇宙間的事物都具有「同質性」（Homogeneity），因此可以互相感應或類推。（b）宇宙中的部分與部分之間，以及（c）部分與全體之間均是有機而互相滲透交互影響的關係。

　　（1:1a）傳統中國文化與思想認爲宇宙之諸多事物均有某種「同質性」，這種想法在傳統經典中屢見不鮮。《周易·繫辭下》說：[4]

> 古者包犧氏之王天下也，仰則觀象於天，俯則觀法於地，觀鳥獸之文與地之宜，近取諸身，遠取諸物，於是始作八卦，以通神明之德，以類萬物之情。

　　這一段文字假設宇宙萬物在表象的差異之下，都潛藏著共同的質素或運作「文法」（grammar）（所謂「德」或「情」），有待人類加以解讀並表而出之。

　　由於宇宙萬物皆存有這種共同質素或運作的「文法」，所以諸多存在或現象之間均有其可類比性。《逸周書·時訓篇》從自

[2] Joseph Needham, *Science and Civilization in China*, Vol. 2: *History of Scientific Thought* (Cambridge: Cambridge University Press, 1956), p. 281.

[3] Benjamin I. Schwartz, *The World of Thought in Ancient China* (Cambridge, Mass.: Harvard University Press, 1985), p. 350.

[4] 高亨：《周易大傳今註》（濟南：齊魯書社，1979 年），卷 5，頁 558-559。

然界的現象如「風不解凍」、「蟄蟲不振」、「魚不上冰」，推論人文現象如「號令不行」、「陰氣奸陽」、「甲胄私藏」的出現。[5]董仲舒（約 179-104B.C.）《春秋繁露・四時之副》認爲「慶賞罰行與春夏秋冬，以類相應也」，凡此種種說法，都顯示古代中國人深信：宇宙萬物與現象有其同質性，故有其可類比性。

（1:1b）由於古代中國人深信宇宙萬物有其「同質性」，所以他們也多認爲宇宙是一個牽一髮而動全身的有機體。在這個有機體內的部分與部分之間，存有互相滲透的關係。

舉例言之，《周易・繫辭上》第一章說：「天尊地卑，乾坤定矣。卑高以陳，貴賤位矣。動靜有常，剛柔斷矣。物以群分，吉凶生矣。在天成象，在地成形，變化見矣。是故，剛柔相摩，八卦相盪，鼓之以雷霆，潤之以風雨，日月運行，一寒一暑。乾道成男，坤道成女。乾知大始，坤作成物。乾以易知，坤以簡能。」將宇宙萬物以「乾」「坤」兩大範疇加以分類，而且萬物依「八卦」而通其德，類其情，《周易・說卦傳》第十一章並進一步將這兩大範疇進行細部分類說：「乾爲天，爲圜，爲君，爲父，爲玉，爲金，爲寒，爲冰，爲大赤，爲良馬，爲老馬，爲瘠馬，爲駁馬，爲木果。坤爲地，爲母，爲布，爲釜，爲吝嗇，爲均，爲子母牛，爲大輿，爲文，爲眾，爲柄。其於地也，爲黑」，但是《易傳》作者指出：宇宙中紛紜的現象之變化，都因「剛柔相摩，八卦相盪」而交互影響，一如銅山東崩而洛鐘西應。

（1:1c）不僅宇宙中之部分與部分互相感應交互影響，而

---

5 《汲冢周書》（四部叢刊初編縮本），卷6，〈時訓解〉第52，頁336。

且部分與全體之間也有類似的關係。《孟子・盡心上・1》說：「萬物皆備於我」，這句話的涵義固然是就人的道德修養而言，但是，這句話也可以從另一個角度解讀：作爲宇宙的「部分」的「我」，與作爲「全體」的「萬物」有其共同的本質，因此，就一方面觀之，從「我」（部分）就可以掌握「萬物」（全體）的本質；另一方面，則「萬物」（全體）的特徵也顯現在「我」（部分）之中。於是，部分與全體就構成交互感應的關係。所以，宇宙中的部分與全體之間，是一種往返交互詮釋的循環過程，《道德經》第五十二章：「天下有始，以爲天下母。既得其母，以知其子。既知其子，復守其母，歿身不殆」，雖是指子母相承不絕，周行不殆之意，但是卻也可以從部分與全體的循環這個角度加以理解而獲得新意。

總之，這種「聯繫性思維方式」將宇宙理解爲一個大的系統，系統內的各個部分交互作用而構成一個不可分割的整體。

（1:2）以上所說的這種「聯繫性思維方式」之遠源，可能與古代中國文明之「整體性的宇宙形成論」[6]有關係，而在古代儒道兩家思想中將這種思維方式一再呈現，皆表現而爲一種「整體思維」的觀點。

中國的「聯繫性思維方式」將宇宙理解爲一個各個部分交互作用的有機體。舉例言之，《易經》對宇宙事象的分類始於乾坤二卦，逐漸展開而氛圍六十四卦，六十四卦之間以一種循環

---

[6] 張光直認爲中國古代文明最令人注目的特徵，是從意識型態上說來它是在一個整體性的宇宙形成論的框架裡面創造出來的。參考張光直：〈連續與破裂：一個文明起源新說的草稿〉，收入氏著：《中國青銅時代》（臺北：聯經出版事業公司，1990 年），第 2 集，頁 131-143。

運動、交互轉化的方式而構成大的整體循環系統。在這個整體循環系統中,「部分」的特質呈現在其他的「部分」之中,而「全體」中也包含各個「部分」的特徵。誠如劉長林所說,《易經》六十四卦所表現出的全息思想,在中國古代學術中並不是孤立的現象。這種宇宙一體或天人合一的理論認為,人是一個小宇宙,每一個人都帶有全宇宙的信息。中國古代的宇宙論、生物學、醫學、社會學、政治理論,都認為事物的部分涵納著關於整體的全部信息,通過觀察局部,完全能夠把握整體。[7]

　　中國文化中這種「整體思維」的傾向,在道家思想中表現得頗為清楚。老莊基本上認為宇宙萬物都源於一個終極之因,舉例言之,《道德經》作者認為宇宙萬物皆生於道:「道生一,一生二,二生三,三生萬物。萬物負陰而抱陽,沖氣以為和。」(《道德經》42 章),因此,宇宙的一切存在都可歸因於這種作為最終之因的「道」,《道德經》三十九章說:「昔之得一者,天得一以清,地得一以寧,神得一以靈,古得一以盈,萬物得一以生,侯王得一以為天下正」,可作如此解。莊子(約 399?-295?B.C.) 則將這種最終之因稱之為「氣」:

> 〔……〕人之生,氣之聚也,聚則為生,散則為死。若死生為徒,吾又何患!故萬物一也,是其所美者為神奇,其所惡者為臭腐;臭腐復化為神奇,神奇復化為臭腐。故曰:「通天下一氣耳。」聖人故貴一。(《莊子·知北遊》)

在這種認為宇宙始於終極之因的前提下,道家認為宇宙萬物因

---

[7] 劉長林:《中國系統思維──文化基因透視》(北京:中國社會科學出版社,1990 年),頁 72。

爲分享共同的質素，所以具有共同的、可以互相轉化的性質。張亨（1931-）先生就指出，《莊子》書中「化」字共出現 81 次，義蘊至爲豐富，但基本上是指一種「有」可以變化成另一種「有」。[8]這種思想建立在以「聯繫性思維方式」爲基礎的「整體思維」之上，將宇宙視爲一個整體。所以，《莊子》書中的「知」字出現約 539 次，基本上對知識都採取否定態度，莊子認爲知識對生命造成傷害，破壞生命的完整。[9]凡此種種都可以顯示道家思想中的確具有「聯繫性思維方式」的傾向。

除了道家之外，儒家諸子思想中也展現強烈的「聯繫性思維方式」。我在上文中已說明，中國的「聯繫性思維方式」將宇宙視爲一個各部分之間及部分與整體之間互有聯繫的有機體，這個有機體是一個不可分割的整體，中國思想傳統中的「整體論」思想，實植根於這種「聯繫性思維方式」。林毓生的研究已指出，傳統中國的整體論思想，對二十世紀中國知識分子之全盤性的反傳統思想造成深刻的影響。[10]我想在這裡進一步指出：傳統中國的整體論思想與儒家（尤其是孟子）心學傳統也有深刻關係。在孟子（約 371？-289？B.C.）思想中，「心」作爲一

---

[8] 張亨：〈莊子哲學與神話思想——道家思想溯源〉，收入張亨：《思文之際論集——儒道思想的現代詮釋》（臺北：允晨文化實業公司，1997 年），頁 101-149，尤其是頁 111-112。

[9] 張亨：《思文之際論集——儒道思想的現代詮釋》，頁 114。

[10] 林毓生：〈五四時代的激烈反傳統思想與中國自由主義的前途〉，收入氏著：《思想與人物》（臺北：聯經出版事業公司，1983 年），頁 139-196，尤其是頁 150，並參看 Yü-sheng Lin, *The Crisis of Chinese Consciousness: Radical Antitraditionalism in the May Fourth Era* (Madison: University of Wisconsin Press, 1979)，此書有中譯本，林毓生著，穆善培譯：《中國意識的危機——五四時期激烈的反傳統主義》（貴陽：貴州人民出版社，1988 年）。

個價值意識的創發者這項事實，不因人因地而改變，具有普遍必
然性。在《孟子‧告子上‧15》孟子與公都子的對話中，孟子認
爲作爲「大體」的「心」具有「思」的能力，而作爲「小體」的
「耳目之官」則欠缺「思」的能力。孟子指出，一切的價值意識
都源自於內，「仁義禮智，非由外爍我也，我固有之也。」（《孟
子‧告子上‧6》）又說：「君子所性，仁義禮智根於心」（《孟子‧
盡心上》）。「心」之作爲人的價值意識的來源，是有其普遍必然
性的，孟子說：「〔……〕口之于味也有同耆焉，耳之于聲也有同
聽焉，目之于色也有同美焉。至於心，獨無所同然乎？心之所同
然者何也？謂理也義也。聖人先得我心之所同然耳。故理義之悅
我心，猶芻豢之悅我口。」（《孟子‧告子上‧7》）孟子思想中的
「心」是一切價值（如仁、義、禮、智）的根源。

　　在孟子思想中，「個人」、「社會政治」及「宇宙」之所以能
夠維持「發展的連續性」或「結構的連續性」，主要是透過人心
的「擴充」來完成的。孟子說：「凡有四端於我者，皆知擴而充
之矣，若火之始然，泉之始達。」（《孟子‧公孫丑上‧6》）孟
子認爲人的內在善苗（「四端之心」），經由不斷地「擴充」，可
以布乎四體，使德潤身，完成「踐形」；更可以與「社會」大眾
聲氣相求，可以「知言」，可以「與民同樂」，求天下之大利。
孟子在社會生活上，講求「同」；政治生活上，講求「推恩」，
都是本於「擴充」這個概念。[11]正是由於「心」有「擴充」的作
用，宇宙萬物皆生於心這項論點就獲得了證實。隋唐時代大乘
佛學廣爲流傳以後，建立在心學基礎之上的整體性思維方式更

---

[11] 以上所論，參考黃俊傑：《孟學思想史論‧卷二》（臺北：中央研究院中國
文哲研究所籌備處，1997 年），第 7 章。

加繁衍。

（2）中國古代源自儒道思想傳統的「聯繫性思維方式」，是一個通貫思想體系各層面的思維方式，從宇宙論到心性論到社會政治論，都可以顯示「聯繫性思維方式」的傾向。在宇宙論或宇宙生成論方面，上文所引「道生一，一生二，二生三，三生萬物。萬物負陰而抱陽，沖氣以爲和」（《道德經》42 章），很明顯地展現「聯繫性思維方式」。在儒家一系思想家之中，前引孟子的心性論與工夫論，將一切價值根源與修養工夫歸結到「心」之「擴充」，並強調「心」與「身」、個人與社會、人與自然之有機互動聯繫，就是「聯繫性思維方式」的一種表現。

除了宇宙論與心性論之外，古代中國人的社會政治論也建立在「聯繫性思維方式」之上，最具有代表性的論述就是《禮記・大學》中著名的「八目」的推衍程序：

> 大學之道，在明明德，在親民，在止於至善。知止而后有定，定而后能靜，靜而后能安，安而后能慮，慮而后能得。物有本末，事有終始，知所先後，則近道矣。古之欲明明德於天下者，先治其國；欲治其國者，先齊其家；欲齊其家者，先脩其身；欲脩其身者，先正其心；欲正其心者，先誠其意；欲誠其意者，先致其知；致知在格物。格物而后知至，知至而后意誠，意誠而后心正，心正而后身脩，身脩而后家齊，家齊而后國治，國治而后天下平。自天子以至於庶人，壹是皆以脩身爲本。其本亂而末治者否矣，其所厚者薄，而其所薄者厚，未之有也！

在上述論述中，格、致、誠、正、修、齊、治、平等八項程序，

被視為是一個不可分割而秩序井然的過程，而且這個整體性的程序，可以歸結到個人的修身問題。

三、「聯繫性思維方式」的三種表現

在傳統中國的「聯繫性思維方式」的影響之下，諸多兩極之間皆被視為存有互相滲透之關係，尤其在以下三個方面表現得最為清楚：

（3:1）「自然」與「人文」的聯繫性：

傳統中國思想家多認為自然秩序與人文秩序存有緊密的聯繫性。《易經・繫辭傳》說：「聖人觀乎天文以察時變，觀乎人文以化成天下」，認為自然秩序的變動，及其所潛藏的諸多原理與原則，與人文現象的內在結構之間具有同質性，因此具有可參考性。《道德經》第二十三章：「飄風不終朝，驟雨不終日，孰為此？天地。天地尚不能久，而況於人乎？」古代道家認為自然世界的諸多變化如飄風、驟雨等現象，對於人文現象的思考具有高度的啟發性。這種類比思維都隱含一種人文與自然之間存有聯繫性的假設。心理分析大師榮格（Carl G. Jung, 1875-1961）曾經以共時性原理（principle of synchronicity）[12]一詞來形容中國古代思想世界中所見的人文與自然世界之間的聯繫性與交互滲透性。由於這種「聯繫性思維方式」，所以中國人

---

[12] 參看榮格為 *The I Ching or Book of Changes*, trans. by Cary F. Baynes from the German version of Richard Wilhelm (New York: Pantheon Books, 1950) 一書所撰之導言。

常常在自然現象中讀入人文意義。

（3:2）「身」與「心」的聯繫性：

傳統中國的思想家多半認為人的「身」與「心」之間構成一種互相滲透的有機聯繫關係。古代中國人思想中的身體大致可以區分為兩套系統：一是以「明堂經絡圖」為代表的身體觀，認為身體是氣的流動所構成的；一是以「五臟六腑」為代表的身體觀，將身體視為臟器的儲存場所。[13]從思想史的觀點來講，第一套系統的身體觀較具有思想史及文化史的意義，這種身體觀將身體視為一個流動的整體，而由「氣」貫串於其間。《黃帝內經素問》提出一套「生氣通天」論說：「夫自古通天者，生之本。本於陰陽，天地之間，六合之內，其氣九州九竅五臟十二節，皆通乎天氣」，[14]這一套說法認為，人的身體是一個小宇宙（microcosmos）；這個小宇宙與作為大宇宙（macrocosmos）的自然界之間，具有聲氣互通的關係。而所謂「氣」，既為自然界

---

[13] 石田秀實：〈從身體生成過程的認識來看中國古代身體觀的特質〉，收入楊儒賓編：《中國古代思想中的氣論與身體觀》（臺北：巨流圖書公司，1993年），頁 177-192。關於中國儒家的身體觀，參考楊儒賓：《儒家身體觀》（臺北：中央研究院中國文哲研究所籌備處，1996 年）；關於中國道家的身體觀，參看 Hidemi Ishida, "Body and Mind: The Chinese Perspective," in Livia Kohn et. Al., eds., *Taoist Meditation and Longevity Techniques* (Ann Arbor: Center for Chinese Studies, The University of Michigan, 1989), pp. 41-71; Kristopher Schipper, *The Taoist Body*, tr. by Koren C. Duval (Berkeley: University of California Press, 1993)；關於古代醫書中的身體觀，參考蔡璧名：《身體與自然──以《黃帝內經素問》為中心論古代思想傳統中的身體觀》（臺北：臺大文學院，1997 年）；關於中國哲學傳統中的身體思維，參考：Kuang-ming Wu, *On Chinese Body Thinking: A Cultural Hermeneutics* (Leiden: E. J. Brill, 1997)。

[14] 《黃帝內經素問》（四部叢刊初編縮本），卷 1，〈生氣通天第三〉，頁 9b-10a。

與人文界萬物之所自生，也運動於兩界之間，成爲溝通兩界的媒介。[15]更具體地來講，古代中國的思想世界中，人的身體被區分爲三個層次：心、氣、形。由於「氣」的流通，所以使人的身（形體）與心（心理或思想）之間構成一種有機的連續性。《春秋·公羊傳》桓公四年有所謂「意形於色」的說法，《孟子》書中也有「踐形」之說，凡此種種都是古代中國人將「身」與「心」視爲一個互動的有機體的明證。[16]

（3:3）「個人」與「社會」的聯繫性：

在中國的思想世界中，「個人」並不是如近代社會中所看到的孤伶伶而與「社會」或「國家」對抗的「個人」；相反地，中國思想傳統中的「個人」，深深地浸潤在群體的脈絡與精神之中。在時間上，「個人」與過去無以數計的祖先與未來生生不息的子孫構成綿延不絕的傳承關係；在空間上，「個人」與社會上其他的「個人」透過「心」或「良知」的感通而構成一種密切互動的關係。古人所謂「民胞物與」，是就「個人」與「群體」不但不是互相對抗反而是互相滋潤這項事實來講的。古代中國的聖賢在他們面臨生命終結的那一刻，都心胸坦蕩，了無罣礙，就是由於深刻地認知個人的生命雖有時而窮，但是社會的群體的共業卻綿延不絕，而個人生命的意義正是在群體的共業中彰顯，因此，個人生理生命的終結常常被視爲是群體的文化共業

---

15 加納喜光：〈醫書に見える氣論──中國傳統醫學における病氣觀〉，收入小野澤精一等：《氣の思想──中國における自然觀と人間觀の展開》（東京：東京大學出版會，1978 年）。

16 黃俊傑：《孟學思想史論·卷一》（臺北：東大圖書公司，1991 年），第 2 章，頁 29-68。

的開始。古代中國史籍所見的大量自殺行為，如伯夷、叔齊餓死於首陽之山，這一類的事實都可以從「個人」與「社會」的聯繫性這個角度來加以理解。中國古代許多人的自殺行為顯示：他們認為他們「自然生命」結束之時，也就是他們的「文化生命」開始之日。伯夷、叔齊以退出歷史的方式對歷史進行批判。古代中國的自殺者多在「個人」與「社會」的聯繫性的脈絡中，面對他們生命的終結。[17]

綜上所論，中國傳統的思維方式強調「自然」與「人文」之間、「身」與「心」之間、「個人」與「社會」之間的聯繫性，這一種思考方式與近代西方文化中所見的思考方式差異甚大。我們可以說，傳統中國的思考方式是反笛卡兒式的思維方式。笛卡兒（Rene Descartes, 1596-1650）強調人之做為「主體」對自然與人文現象諸般「客體」之瞭解，強調將人與自然視為一個斷裂而不是連續性的關係。傳統中國的思維方式與笛卡兒的思維方式差異甚大。

---

[17] 關於中國人的生死觀的研究文獻甚多，比較重要的有：余英時：〈中國古代死後世界觀的演變〉，收於氏著：《中國思想傳統的現代詮釋》（臺北：聯經出版事業公司，1987 年）；杜正勝：〈生死之間是聯繫還是斷裂？——中國人的生死觀〉，《當代》58（1991 年）；杜正勝：〈從眉壽到長生：中國古代生命觀念的轉變〉，《中央研究院歷史語言研究所集刊》第 66 本第 2 分（1995 年）；林元輝：〈論中國人的自殺與世俗信仰〉，《大陸雜誌》第 83 卷第 4 期（1991 年）；Yüan-hui Lin, "The Weight of Mt. T'ai: Patterns of Suicide in Traditional Chinese History and Culture," University of Wisconsin (Madison), Ph. D. Dissertation, 1990；康韻梅：《中國古代死亡觀之探究》（臺北：國立臺灣大學文學院，1994 年）。

四、傳統中國「聯繫性思維方式」下的價值觀

在這種聯繫性的思維方式之下，傳統中國文化中潛藏著與近代文化不同的價值觀，這些價值觀可以歸納為以下五個面向：

（4:1）自然觀：

做為傳統中國價值觀之一部分的自然觀，基本的特質在於呈現一種人文與自然的交互滲透性。傳統中國人並不把自然當作是一個外在於並與自我無涉的「客觀的自然」；相反地，傳統中國人常常在自然中讀入人文的意義。[18]舉例言之，孟子從「水盈科而後進」這個自然現象解讀出「君子不成章也不達」這項人文意義，中國的藝術理論更充滿這種為人文價值所滲透的自然觀，例如莊子的「心齋」之說，就表現一種主客合一的境界，認為經由「心齋」之境界才能把握現象的本質。[19]所謂「仁者樂山，智者樂水」這種說法更是在山水的自然情境之中，讀入了仁與智的道德意涵。

---

[18] 關於中國的自然觀，研究成果至為豐碩，比較重要的有：澤田多喜男：〈中國古代における人為と自然——荀子・孟子・『莊子』をめぐて〉，《東海大學文學部記要》20，收入《中國關係論說資料 16》（1974 年），第一分冊（下），頁 317-323；金谷治：〈中國自然觀の研究序說〉，收入《集刊東洋學》（仙台：東北大學中國文哲研究會，1976 年），35，頁 1-11；室谷邦行：〈「自然」概念の成立について〉，收入《日本中國學會報》第 40 集（1988 年），頁 16-31；池田知久：〈中國思想史における「自然」の誕生（1）〉，收入《中國—社會と文化》第 8 號（1993 年），頁 3-34；內山俊彥：《中國思想史における自然認識》（東京：創文社，1992 年）；栗田直躬：《中國思想における自然と人間》（東京：岩波書店，1996 年）。

[19] 參考徐復觀：《中國藝術精神》（臺中：中央書局，1966 年，1967 年），頁 79。

（4:2）人性觀：

　　傳統中國人對人的看法從來不是把人當作是一度空間的人，也就是不僅僅把人當作是一個心理學意義下的「心理人」（Homo Psychologicus），傳統的中國人甚至也不把人僅僅當作是「政治人」（Homo Politicus）或「經濟人」（Homo Economicus）；相反地，傳統的中國人認為人性有其超越的、宇宙論的根據。因此，一個人的人生歷練或修養到了一定的境界就可以「知天命」，而天命與己心之間是有一種感通（Resonating）的關係。[20]

（4:3）人生觀：

　　在建立於上述這種博厚高明而具有超越向度的人性論的基礎之上，傳統中國人對人生的看法可以以「情理交融」一語來加以形容。中國人認為人生並不僅僅是一個純粹理性的事實，人生是在感性與情理的交融之中，在感性與理性合而為一的脈絡中展開的生命歷程。所謂「天理不外人情」，這句話常常是傳統中國社會中解決各種紛爭，如各宗族的長老在祠堂中解決家族紛爭的一個重要原則。[21]

---

[20] 《論語・為政》第四章，孔子自述其心路歷程有「五十而知天命」一語，歷代註家說法不一，清儒劉寶楠（楚楨，1791-1855）釋曰：「『命』者，立之於己而受之於天，聖人所不敢辭也。他日桓魋之難，夫子言『天生德於予』，天之所生，是為天命矣。惟知天命，故又言『知我者其天』，明天心與己心得相通也。」（見劉寶楠：《論語正義》〔北京：中華書局，1985 年新校標點本〕，頁 45。）其說最能得其肯綮。

[21] 參考 Kung-ch'üan Hsiao（蕭公權，1897-1981），*Compromise in Imperial China*（Seattle: University Washington of Press, 1979），由陳國棟譯為中文：〈調爭解紛——帝制時代中國社會的和解〉，收入蕭公權：《迹園文錄》（臺北：聯經出版公司，1983 年），頁 91-152。

（4:4）藝術觀：

　　傳統中國的藝術觀可以以「情景交融」一語加以形容,「情」是指做爲主體的個人之感性內涵,「景」是指做爲客體的自然情景。中國人在自然景物中讀入情感或道德的涵義,也在春夏秋冬四時的變化中寄寓個人的感傷,這就是上文所說的聯繫性思維方式的一種表現。遠在春秋時代（722-481B.C.）的《詩經》這部經典中,就屢次出現水被詩人用來做爲隱喻以寄託出嫁思家的情懷,如《詩經・邶風・泉水》「毖彼泉水,亦流于淇,有懷于衛,靡日不思,孌彼諸姬,聊與之謀」；或是用水來比喻陪伴之意,如《詩經・衛風・竹竿》「泉源在左,淇水在右,女子有行,遠父母兄弟。淇水在右,泉源在左,巧笑之瑳,佩玉之儺」；或是用水來比喻願望難達之意,如《詩經・王風・揚之水》「揚之水,不流束薪,彼其之子,不與我戍申,懷哉懷哉,曷月予還歸哉」；或是用水來比喻世之清濁,如《詩經・谷風之什・四月》「相彼泉水,載清載濁,我日構禍,曷云能穀」；或是用水來比喻憂愁之意,如《詩經・谷風之什・鼓鐘》「鐘鼓將將,淮水湯湯,憂心且傷,淑人君子,懷允不忘」。

　　《詩經》中充滿「比」「興」式的思維方式,具體呈現中國人「聯繫性思維方式」的傳統。[22]劉勰（彥和,生卒年不詳）所

22　參考白川靜：〈「詩」の興について〉,《說林》第 1 期（1949 年）；松本雅明：〈詩經修辭における賦比興の分類——古代中國人の自然情感についての研究・序章〉,《法文論叢》2（1951 年）；松本雅明：〈詩經の興における象徵性と印象性 ——詩經に見える思惟の展開について——〉,《東方古代研究》2、3（熊本：東方古代研究會,1953 年,1954 年）；松本雅明：〈詩經戀愛詩における興の研究——周南關雎詩について——〉,《東方古代研究》5（熊本：東方古代研究會,1954 年）；白川靜：〈興的發想の起源と

撰《文心雕龍》〈比興〉與〈物色〉等篇，對這種思維方式就有精彩的理論性說明。劉勰說：「興之託諭，婉而成章，稱名也小，取類也大。」（《文心雕龍‧比興》）又說：「詩人感物，聯類不窮，流連萬象之際，沉吟視聽之區；寫氣圖貌，既隨物以宛轉；屬采附聲，亦與心而徘徊。」（《文心雕龍‧物色》）凡此種種都顯示：在中國詩人或藝術家心目中，人與自然實交融而爲一體。

（4:5）政治思想：

傳統中國的政治觀特別強調群己和諧。在傳統中國的政治思想世界中，個人不是孤伶伶的與國家（State）或社會（Society）對抗的個體；相反地，個人是深深地浸潤於群體的傳承精神之中的。傳統中國的這種社會政治思想，與近年來頗受重視的「社群主義」（Communitarianism）有其十分神似之處。在現代「個人主義」及「自由主義」的缺失日益暴露的今日，傳統中國這種建立在「聯繫性思維方式」之上的「群己和諧」的政治思想，頗有其現代啓示。

綜上所論，我們可以發現，傳統中國文化中極具特色的聯繫性思維方式，展現諸多價值觀，如天人合一的自然價值觀，如人心與天命相貫通的人性論，如情理交融的人生觀，如情景交融的藝術觀，如特重群己和諧的社會政治觀。這些價值理念所共同形構的是一個持續的而不是斷裂的人文世界。傳統中國的思維方式及其所呈現的價值取向，是現代乃至後現代社會中極具價值的文化思想資源，它對現代世界具有極高的參考意

義。我們接著從現代社會政治生活中兩項最重要的價值觀：民
主與人權爲例，申論傳統中國價值觀所特具的現代意義。

五、儒學與現代民主政治

　　民主政治是近代文明的重要價值，也是最近數百年來人類
重要的政治生活方式。從近代西方民主政治的經驗觀之，民主
的生活方式固然面向甚多，但是以下兩點是頗爲突出的現象：
（1）在近代民主政治生活中，個人與國家（State）基本上是被
視爲兩個互相對抗的敵體，民主政治正是在維護個人的權益、
尊重個人的尊嚴的基礎上，要求國家權力的運作與政權的轉換
必須經過人民的同意，而投票行爲正是人民表達同意與否的重
要方式；（2）在近代民主政治生活中，政治領域被視爲是諸般
社會群體或階級的各種利益之衝突及協調的場所，經由選舉的
途徑，各種族群或利益團體選舉產生爲其利益說話的代表，並
在國會殿堂中經由衝突、折衷而獲得資源或進行利益的分配。

　　以上這兩種現象及其所引生的諸多價值觀，是近代西方民
主政治的基本特徵。自從 1987 年 7 月戒嚴令廢除以後，臺灣快
速地邁向民主化，但是臺灣民主化所走的基本上是西方近代民
主政治的道路。在這種民主經驗中，個人的權益在與國家對抗
的脈絡中獲得彰顯，而政治也不再是傳統中國的道德政治學，
而是赤裸裸的權力與資源的爭取及分配的競技場。這十幾年
來，臺灣快速的民主化相對於傳統中國的專制或威權政治體制
而言，個人人權的伸張以及集體意志的表達，都獲得了令人欣
喜的進展；而與傳統中國之「社會性」（sociality）壓過「個體
性」（individuality）的狀況相比較，後戒嚴時代臺灣的民主化在

中國人的歷史上誠然是一段彌足珍貴的經驗。但是由於臺灣的民主化是在相對短的時間內進行的，所以民主的流弊日益暴露，舉例言之，如伴隨資本主義社會中的民主政治而來的金權政治（Plutocracy）的問題日益嚴重，其次是個人意志的高度昂揚卻常常是以群體利益的被犧牲爲其代價。凡此種種都顯示現階段臺灣的民主政治的病態確實不一而足。

針對以上所述的現階段臺灣民主政治的病態，傳統中國的價值觀，特別是在政治思想領域中的價值觀，具有相當高度的參考價值，尤其是傳統政治價值觀中的以下兩項命題：

（5:1）傳統中國的價值世界中，個人與群體構成聯繫的而不是斷裂的關係。這一項價值對深受近代西方民主政治精神所洗禮的現代中國人而言，具有高度的啓示。在傳統的社會政治觀中，個人浸潤在群體社會文化的群體之中，而不是被視爲與群體或政治權威互相對抗的敵體。這項價值觀對現代民主政治的流弊，可以在相當程度內矯治由於個體性的高度覺醒而流向一個不甚健康的有我無他、自私自利的不健康的個人主義弊病。

（5:2）在傳統中國的政治思想世界中，政治領域並不是被當作是利益或權力的衝突折衷之場所，而是被當作是一個道德的社區。政治領域是爲人民的道德福祉而建構，是被道德的典範人物所統治，也是屬於具有德行的人物的活動領域。我們可以說，傳統中國的政治理想是一種「道德政治」（Ethocracy）。這項價值觀雖然因欠缺權力制衡的理念與機制，而衍生出許多問題，但是，對於僅將政治當作是一種權力的獵取或利益的分配的生活方式的現代人來講，也具有高度的參考價值。這項命題提醒我們現代人，任何形式的政治生活方式（包括民主政治）

都需要一定程度的道德關懷做為它的道德基礎。

但是，傳統中國強調「融己於群」的政治思想，卻也潛藏著政治一元論的危機，值得我們加以注意。所謂「一元論」是指相信宇宙中只有一種主要的或基本的事物的思想。一元論思想在傳統中國思想中上有其悠久的歷史。傳統中國的一元論與整體觀思想主要與中國傳統社會中文化中心與社會政治中心合而為一的傾向有密切關係，而且也深受傳統中國的聯繫性思想模式的影響。[23]這種一元論思維模式的形成與中國歷史上大一統帝國之建立有不可分割的關係。公元前 221 年，秦帝國建立以後，「六王畢，四海一」，從此天下定於一尊，專制體制確立，「今天下，車同軌、書同文、行同倫。雖有其位，苟無其德，不敢作禮樂焉；雖有其德，苟無其位，亦不敢作禮樂焉。」[24]這種「位」「德」合一的帝國格局，加強了西周時代以降那種「普天之下，莫非王土；率土之濱，莫非王臣」，[25]以及「天威不違顏咫尺」[26]的政治傳統心態。在中國文化中的「一元論」思想，表現多方，有尊崇最高政治權威（如古代的「天子」與現代的「偉大領袖」）的「政治一元論」；有以父子關係為主軸的「社會一元論」；有以農為本（所謂「農者，天下之大本也」）的「經濟一元論」。在「政治一元論」之下，一切政治以外的主體都屈從於政治主體的宰制；在「社會一元論」之下，「個體性」（individuality）

---

[23] 同註 10

[24] 《中庸章句》（四部備要本），第 28 章，頁 20，上半頁-下半頁。朱子集註引鄭氏曰「言作禮樂者，必聖人在天子之位」，最能說明大一統帝國出現之後，文化知識活動受政治權力支配之狀況。

[25] 《詩經》（四部叢刊本），卷 13，〈小雅・谷風之什・北山〉，頁 6，下半頁。

[26] 《國語》（四部叢刊本），卷 6，〈齊語〉，頁 10，下半頁。

服從於「社會性」（sociality）；在「經濟一元論」之下，崇農耕而輕工商。以上各種型態的「一元論」都構成近代以前中國以及東亞文明的重要特徵，[27]而與現代多元社會有扞格難通之處。我們在這裡提倡「群己和諧」的政治思想，並不是提倡政治「一元論」，這一點必須特別強調。

綜而言之，針對源自西方的現代民主政治及其日益明顯的流弊，如果我們能夠適度地引入傳統中國的個人與群體的和諧觀，以及道德的政治觀，那麼就可以適度地矯治現代民主政治生活的諸多問題，而可以使現代民主政治走向一個更健全的道路。

六、傳統價值觀與現代人權理念

作為現代重要價值觀之一的人權觀，是典型的近代西方文明的產物。人權理念所包含的價值內涵層次甚多，面向頗廣，尤其最近十餘年來在聯合國的各種場合中，常常成為西方世界與亞洲國家（特別是中共）的爭執的焦點之一。在這種爭辯的過程之中，人權觀的內涵益形豐富。人權理念至少有以下兩項特徵：[28]

---

[27] 參見 Donald W. Treadgold, *The West in Russia and China: Religious and Secular Thought in Modern Times* (Cambridge: Cambridge University Press, 1973), Vol. 1, p. xxii.

[28] 參考 Chun-chieh Huang, "Human Rights as Heavenly Duty—A Mencian Perspective," *Journal of Humanities East/West* , Vol. 14 (December, 1996), pp. 157-174。關於儒學與人權理念，參考 Wm. Theodore de Bary and Tu Weiming, *Confucianism and Human Rights* (New York: Columbia University Press,

（1）現代的人權觀是一種權利本位的道德價值（Right-based morality），[29]所強調的是個人的權利（Rights）的合法性與不可剝奪性。

（2）「人權」這項價值是現代國家中公民對抗國家權力的天賦的利器，是人與生俱來不可剝奪的權利。因此人權這項價值理念常常是在個人與國家對抗的脈絡中被論述的。

相對於以上源自近代西方文明的現代人權價值理念，傳統中國的價值觀至少有以下兩個方面對於現代的人權理念具有相當的參考價值：

（6:1）傳統中國的價值觀是一種德行本位的道德價值（Virtue-based morality），中國人所強調的是人與生俱來的責任（Duty）的不可逃避性。人因其身分而有不可逃避的責任如父慈、子孝等，這種責任不僅存在於現實的社會政治世界中，而且它也有深厚的宇宙論的根據，它是「天」所賦予人的不可逃避的天職。

（6:2）傳統中國文化中所強調的是人依其職位而相應的應盡的職分，而不是如近代西方所強調的契約。傳統中國的政治思想世界中所強調的是人之反求諸己，每個人盡其職分，而不是人與國家透過契約關係的成立而讓渡屬於個人的部分權利以換取國家公權力的保護。

1998)。

[29] 參考 Seung-hwan Lee, "Liberal Rights or/and Confucian Virtues?" *Philosophy East and West*, 46: 3 (July, 1996), pp. 367-380.

　　以上這兩種傳統中國的價值觀——**責任重於權利、職分先於契約**，都與上文所說的傳統中國的聯繫性思維方式有深刻的關係，而對於現代世界的生活方式有相當的矯治之功。

七、結論

　　這篇論文所探討的是傳統中國的思維方式、其衍生的價值觀及其在二十一世紀現代世界中的新意義。根據我們的分析發現：傳統中國的價值觀深深地植根於所謂「聯繫性思維方式」，傳統中國人在諸多極端如「自然」與「人文」之間、「身」與「心」之間、「個人」與「社會」之間，建構一個有機的聯繫關係，由於這種聯繫性的思維方式所衍生出來的諸多價值觀，使人間秩序與自然秩序之間，以及私領域與公領域之間，是一種互相滋潤而不是一種互相對抗的敵體。這一種傳統的價值理念，對於日趨多元化的現代社會，具有一定的潤澤的作用，可以洗滌現代飽受撕裂感與孤獨感所凌虐的現代人的心靈，提昇現代人的生命境界，擴展現代人的視野。

引用書目

中日文論著：

《汲冢周書》（四部叢刊初編縮本）。

《國語》（四部叢刊本）。

《黃帝內經素問》（四部叢刊初編縮本）

《詩經》（四部叢刊本）。

小野澤精一等：《氣の思想──中國における自然觀と人間觀の
　　　　　展開》（東京：東京大學出版會，1978 年）。

內山俊彥：《中國思想史における自然認識》（東京：創文社，
　　　　　1992 年）。

白川靜：〈「詩」の興について〉，《說林》第 1 期（1949 年）。

＿＿＿＿：〈興的發想の起源とその展開（上）（下）〉，《立命館文
　　　　　學》187、188（京都：立命館大學人文學會，1961 年）。

朱　熹：《中庸章句》（四部備要本）。

余英時：《中國思想傳統的現代詮釋》（臺北：聯經出版事業公
　　　　　司，1987 年）。

杜正勝：〈從眉壽到長生：中國古代生命觀念的轉變〉，《中央研
　　　　　究院歷史語言研究所集刊》第 66 本第 2 分（1995 年）。

＿＿＿＿：〈生死之間是聯繫還是斷裂？──中國人的生死觀〉，
　　　　　《當代》58（1991 年）。

池田知久：〈中國思想史における「自然」の誕生（1）〉，《中國
　　　　　─社會と文化》第 8 號（1993 年）。

松本雅明：〈詩經修辭における賦比興の分類──古代中國人
　　　　　自然情感についての研究・序章〉，《法文論叢》2（1951

　　　　年）。

　　　　：〈詩經戀愛詩における興の研究──周南關雎詩につい
　　　　て──〉,《東方古代研究》5（熊本：東方古代研究會,
　　　　1954 年）。

　　　　：〈詩經の興における象徵性と印象性──詩經に見える
　　　　思惟の展開について──〉,《東方古代研究》2、3（熊
　　　　本：東方古代研究會, 1953 年, 1954 年）。

金谷治：〈中國自然觀の研究序說〉,《集刊東洋學》（仙台：東
　　　　北大學中國文哲研究會, 1976 年）, 35。

林毓生：《思想與人物》（臺北：聯經出版事業公司, 1983 年）。

林元輝：〈論中國人的自殺與世俗信仰〉,《大陸雜誌》第 83 卷
　　　　第 4 期（1991 年）。

室谷邦行：〈「自然」概念の成立について〉,《日本中國學會報》
　　　　第 40 集（1988 年）。

高　亨：《周易大傳今註》（濟南：齊魯書社, 1979 年）。

徐復觀：《中國藝術精神》（臺北：中央書局, 1966 年, 1967 年）。

栗田直躬：《中國思想における自然と人間》（東京：岩波書店,
　　　　1996 年）。

黃俊傑：《孟學思想史論‧卷一》（臺北：東大圖書公司, 1991
　　　　年）。

　　　　：《孟學思想史論‧卷二》（臺北：中央研究院中國文哲
　　　　研究所籌備處, 1997 年）。

康韻梅：《中國古代死亡觀之探究》（臺北：國立臺灣大學文學
　　　　院, 1994 年）。

張光直：《中國青銅時代》（臺北：聯經出版事業公司, 1990 年）,
　　　　第 2 集。

張　亨：《思文之際論集──儒道思想的現代詮釋》（臺北：允

晨文化實業公司，1997 年）。

楊儒賓：《儒家身體觀》（臺北：中央研究院中國文哲研究所籌
　　　備處，1996 年）。

楊儒賓編：《中國古代思想中的氣論與身體觀》（臺北：巨流圖
　　　書公司，1993 年）。

劉長林：《中國系統思維──文化基因透視》（北京：中國社會
　　　科學出版社，1990 年）。

劉寶楠：《論語正義》（北京：中華書局，1985 年新校標點本）。

蔡璧名：《身體與自然──以《黃帝內經素問》爲中心論古代思
　　　想傳統中的身體觀》（臺北：臺大文學院，1997 年）。

澤田多喜男：〈中國古代における人爲と自然──荀子・孟子・
　　　『莊子』をめぐて〉，《東海大學文學部記要》20，《中
　　　國關係論說資料 16》（1974 年），第一分冊（下）。

蕭公權：《迹園文錄》（臺北：聯經出版事業公司，1983 年）。

英文論著：

de Bary, Wm. Theodore and Tu Weiming, *Confucianism and Human
　　　Rights* (New York: Columbia University Press, 1998).

Huang, Chun-chieh, "Human Rights as Heavenly Duty — A Mencian
　　　Perspective," *Journal of Humanities East/West* , Vol. 14
　　　(December, 1996).

Kohn, Livia, et. al., eds., *Taoist Meditation and Longevity Techniques*
　　　(Ann Arbor: Center for Chinese Studies, The University of
　　　Michigan, 1989).

Lin, Yü-sheng, *The Crisis of Chinese Consciousness: Radical
　　　Antitraditionalism in the May Fourth Era* (Madison: University

of Wisconsin Press, 1979).中譯本：林毓生著，穆善培譯：《中國意識的危機——五四時期激烈的反傳統主義》（貴陽：貴州人民出版社，1988 年）。

Lin, Yan-hui, "The Weight of Mt. T'ai: Patterns of Suicide in Traditional Chinese History and Culture," University of Wisconsin (Madison), Ph.D. Dissertation, 1990.

Lee, Seung-hwan, "Liberal Rights or/and Confucian Virtues?" *Philosophy East and West*, 46: 3 (July, 1996).

Needham, Joseph, *Science and Civilization in China*, Vol.2: *History of Scientific Thought* (Cambridge: Cambridge University Press, 1956).

Schipper, Kristopher, *The Taoist Body*, tr. by Koren C. Duval (Berkeley: University of California Press, 1993).

Schwartz, Benjamin I., *The World of Thought in Ancient China* (Cambridge, Mass.: Harvard University Press, 1985).

Treagold, Donald W., T*he West in Russia and China: Religious and Secular Thought in Modern Times* (Cambridge: Cambridge University Press, 1973).

Wilhelm, Richard, trans., *The I Ching or Book of Changes* (New York: Pantheon Books, 1950).

Wu, Kuang-ming, *On Chinese Body Thinking: A Cultural Hermeneutics* (Leiden: E. J. Brill, 1997).

拾壹、

中國古代思想史中的「身體政治論」：
特質與涵義

一、引言

　　這篇論文探討的主題是中國古代思想史中的「身體政治論」。所謂「身體政治論」，是指以人的身體作為「隱喻」（metaphor），所展開的針對諸如國家等政治組織之原理及其運作之論述。在這種「身體政治論」的論述中，「身體」常常不僅是政治思想家用來乘載意義的隱喻，而且更常是一個抽象的符號。思想家藉由作為「符號」的身體而注入大量的意義與價值。這種「身體政治論」在中西政治思想史均屢見不鮮，但作為一個中國政治思想史研究的議題，它在目前國內外學術界尚未獲得足夠的注意。

　　本文之所以擇定「身體政治論」作為主題，主要是基於下列兩點考慮：

　　（1:1）中國政治思想史研究論著為數至夥，但其性質多屬「第一序」之研究，亦即運用各種成文史料（如公私檔案、文書、日記、政論文章等）或不成文史料（如政治制度建構、政治行為……等），分析其政治思想之內涵。[1]這類「第一序」的研

---

[1] 政治學前輩學者浦薛鳳先生論西洋政治思想史研究，即以「第一序」之研究

究是中國政治思想史研究的主流，自然是不可或缺的。這種所謂「第一序」的政治思想史研究，可以採取兩種研究策略：「內在研究法」與「外在研究法」。所謂「內在研究法」比較注意思想系統的內在理路的分析，尤其是關心思想體系內部觀念與觀念之間的複雜關係。所謂「外在研究法」特別致力於釐清思想與史實演變之間的關係，對於思想在歷史中所扮演之角色也較能有清楚之理解。這兩種研究進路各有其優點與侷限性。[2]但是，如果就中國思想傳統而言，許多政治思想家常常採取某種「隱喻思維方式」（Metaphorical mode of thinking），運用包括人的身體在內的諸般具體的自然物作為「隱喻」，用以乘載豐富的政治思想與價值，所謂「近取諸身，遠取諸物」（《易·繫辭傳》），即指這種思維習慣而言。因此，從思維方式這種屬於「第二序」的層面著眼，可以為中國政治思想史研究，開拓新的視野，並豐富中國政治思想史研究的內容。[3]

題材為主。參考浦薛鳳：《西洋近代政治思潮》（臺北：中華文化出版事業社，1953 年，1965 年），第 1 冊，頁 29-30。先師蕭公權（迹園，1897-1981）在抗戰期間編《中國政治思想史參考資料》（原稿由清華大學印為講義，未正式出版），亦以正面論述政治問題而有理論深度之文獻為取材之對象。

[2] 參看黃俊傑、蔡明田：〈中國政治思想史研究方法試論〉，《人文學報》第 16 期（桃園：國立中央大學文學院，1997 年 12 月），頁 1-43。

[3] 卡西勒（Ernst Cassirier, 1874-1945）對「隱喻思維方式」曾有一般性之討論，參看 Ernst Cassirier, tr, by Susanne Langer, *Language and Myth* (New York: Harper & Row, 1946), Chap. 6。我認為，中國思維方式的研究至少可以從兩個角度進行：（1）就作為認知手段的思維方式而言，在中國思想史研究中最具有發展潛力的，可能是「類比思維」（analogical thinking）、「聯繫性思維」（co-relative thinking）與「具體性思維」（concrete thinking）等；（2）就作為建構哲學系統的方法之思維方式而言，特別值得探討的有「身體思維」（body thinking）及「隱喻思維」（metaphorical thinking）等。參看楊儒賓、黃俊傑編：《中國古代思維方式探索》（臺北：正中書局，1996 年），〈引言〉，

　　（1:2）其次，「身體」作爲人文研究的議題近年來廣獲國內外學界的重視。從已發表的論著看來，在身體的諸多面向之中，較受到學者注意的是（a）作爲與「大宇宙」（自然）互動的「小宇宙」的身體；[4]（b）作爲精神修養境界之體顯場所的身體，[5]以及作爲符號的身體。[6]在現有研究文獻中，「身體的政治性及其涵義」尙未獲得充分的研究，値得我們努力以赴。[7]

　　頁 1-15。

[4] 關於從醫學史角度所進行的中國身體觀研究，時間最久，文獻最多，最近的論著有：杜正勝：〈形體、精氣與魂魄：中國傳統對「人」認識的形成〉，收入黃應貴主編：《人觀、意義與社會》（臺北：中央研究院民族研究所，1993 年），頁 27-88；楊儒賓編：《中國古代思想中的氣論與身體觀》（臺北：巨流圖書公司，1993 年）；蔡璧名：《身體與自然——以《黃帝內經素問》為中心論古代思想傳統中的身體觀》（臺北：臺大文學院，1997 年）；Hidemi Ishida, "Body and Mind: The Chinese Perspective." In Livia Kohn et.al., eds., *Taoist Meditation and Longevity Techniques* (Ann Arbor: Center for Chinese Studies, The University of Michigan, 1989), pp. 41-71。

[5] 關於這項研究課題的通論性著作有：湯淺泰雄：《身體——東洋的身心論の試み——》（東京：創文社，1977-1986 年）；市川浩：《精神としての身體》（東京：勁草書房，1975-1991 年）；市川浩：《〈身〉の構造——身體を超えて》（東京：青土社，1984 年，1992 年）。最近專論中國身體觀的則有：Kristopher Schipper, *The Taoist Body*, tr. by Doren C. Duval (Berkeley: University of California Press, 1993)；楊儒賓：《儒家身體觀》（臺北：中央研究院中國文哲研究所籌備處，1996 年）。

[6] 關於這項課題的通論性著作有：Mark Johnson, *The Body in the Mind: The Bodily Basis of Meaning, Imagination, and Reason*(Chicago and London: The University of Chicago Press, 1987) ；大澤真幸：《身體の比較社會學》（東京：勁草書房，1990 年）。關於中國哲學傳統身體思維之新著有：Kuang-ming Wu, *On Chinese Body Thinking: A Cultural Hermeneutics* (Leiden: E. J. Brill, 1997)，我在 *China Review International*, Vol. 5, No. 2 (Fall, 1998), pp. 583-589 有書評介紹此書。

[7] 必須特別聲明的是，我無意以「第二序」研究取代「第一序」研究，實際上既無取代之必要，亦無此種可能。我僅建議以「第二序」研究作為研究並

　　爲了比較有效地探討中國古代思想史所呈現的「身體政治論」之特質及其涵義，本文第二節採取一個比較思想史的觀點，首先勾勒中國古代的「身體政治論」的特質在於其具體性、有機性與隱喻性。本文第三節接著從中國政治思想史觀點，分析中國的「身體政治論」論述中所潛藏的兩項涵義：（a）統治行爲是一種由內向外的覺醒與推展過程；（b）身體中「心」與其他器官之互相依賴性及其斷裂問題。第四節則綜合本文論點提出結論性的看法。

二、中國古代「身體政治論」的特殊面向：一個比較思想史的觀點

　　中國古代思想文獻中所見的「身體政治論」論述，如果放在一個比較思想史的觀點下，就可以發現至少有三個突出面向：（2:1）在具體而不是抽象的（或理論的）脈絡中展開論述；

拓展「第一序」研究之理論深度。蕭公權先師曾說中國政治思想「重實際而不尚玄理。〔……〕致用者以實行爲目的，故每不措意於抽象之理論，思想之方法，議論之從違，概念之同異。意有所得，著之於言，不必有論證，不求成系統。是非得失之判決，只在理論之可否設張施行。荀子所謂『學至於行而止』，王陽明所謂『行是知之成』者，雖略近西洋實驗主義之標準，而最足以表現中國傳統之學術精神。故二千餘年之政治文獻，十之八九皆論治術。其涉及原理，作純科學、純哲學之探討者，殆不過十之一二。就其大體言之，中國政治思想屬於政術（Politik；Art of politics）之範圍者多，屬於政理（Staatslehre; Political Philosophy, Political Science）之範圍者少」（見蕭公權師：《中國政治思想史》〔臺北：聯經出版事業公司，1980 年〕，上冊，頁 946），其說實屬真知灼見。我之所以建議加強中國政治思想史中的「身體政治論」之研究，實因此一新領域中涉及政術者固然不少，涉及政理者尤多，可以拓深中國政治思想研究之深度。

（2:2）將身體以及作爲身體的延伸或擴大的國家，視爲一個具有內在整合性的有機體；（2:3）並將身體當作隱喻或符號來運用，以解釋國家的組織與發展。我們進一步解釋這三項看法。

（2:1）中國古代思想家常常在具體而不是抽象的脈絡中展開「身體政治論」的論述，因此，身體及其作用並不是被當作一種純粹的理念加以討論。這項事實如果與西方的身體論述互作比較，就可以豁然彰顯。

柏拉圖（Plato, 428-347B.C.）在對話錄《理想國》中，藉蘇格拉底（Socrates, 470-399B.C.）之名，思考「正義」（Justice）如何可能這個問題時，就主張「我們如果能先從大規模上觀察正義，在個人上分辨它，就會少有困難。那個大規模的例證結果是國家。」[8]柏拉圖指出：國家如果具有節制、勇敢、睿智等三種品質，就合於正義；而在個人的靈魂裡，也與國家一樣具有這三種品質。[9]柏拉圖明顯地是以國家爲參考架構來討論個人的身體，但是他從抽象的德行如「節制」等概念來論述「正義」之所以可能。

相對於柏拉圖的「身體政治論」之走抽象化、概念化的思考，中國古代思想家的「身體政治論」論述，卻展現強烈的「具體性思維方式」（Concrete mode of thinking）的特質。這裡所謂「具體性思維方式」是中國文化所顯現的諸多思維方式之中，

---

[8] Plato, *Republic*, in *The Collected Dialogues of Plato*, ed. by Edith Hamilton and Huntington Cairns (Princeton:Princeton University Press, 1961), Book 4, 434e, p. 677，中譯據侯健譯：《柏拉圖理想國》（臺北：聯經出版事業公司，1980年），頁190。

[9] Plato, *Republic*, Book 4, 435b-c.

最爲悠久而且具有中國特色的思維方式。所謂「具體性思維方式」是指從具體情境出發進行思考活動，而不是訴諸純理論或抽象的推論。這種思維方式在中國文化史中所表現的方式甚多，最常見的就是將抽象命題（尤其是倫理學或道德論的命題）置於具體而特殊的時空脈絡中，引用古聖先賢、歷史人物，或往事陳跡加以證明，以提升論證的說服力。中國文化中的歷史意識發達甚早，所以中國的「具體性思維方式」，常以「歷史思維」的形態展現。[10]「身體思維」也是中國文化的「具體性思維方式」的另一種表現形式。在中國古代「身體政治論」論述中，政治思想家常常訴諸如「心」或耳目口鼻等具體的身體器官及其功能（如喜怒哀樂之「已發」或「未發」），申論國家各部分之機構或主管之作用。

中國古代「身體政治論」論述文獻中，展現上述「具體性思維方式」者，可謂指不勝屈。春秋時代（722-481B.C.）各國的君臣對話中，就一再出現以「股肱」比喻臣下的言談（《左傳》僖公九年、文公七年、襄公十四年)而以《左傳》昭公九年公元前五三三年屠蒯所說的「君之卿佐，是謂股肱。股肱或虧，何痛如之？」這段話，最具代表性。戰國時代（403-222B.C.）的孟子（371？-289？B.C.）以手足腹心等具體的身體器官，比喻君臣關係（《孟子‧離婁下‧3》），更是人所周知。《管子‧心

---

10 參考黃俊傑：〈中國古代儒家歷史思維的方法及其運用〉，《中國文哲研究集刊》第 3 期（1993 年 3 月），頁 361-390，收入楊儒賓、黃俊傑編：《中國古代思維方式探索》，頁 1-34；Chun-chieh Huang, "Historical Thinking in Classical Confucianism: Historical Argumentation from the Three Dynasties," in Chun-chieh Huang and Erik Zürcher Eds., *Time and Space in Chinese Culture* (Leiden: E. J. Brill, 1995), pp. 72-88.

術上》云：「心之在體，君之位也，九竅之有職，官之分也。心處其道，九竅循理」，以「心」指國君，以其他器官指群臣百官，這幾乎是古代政治思想家的共識。這種共識綿延至於西漢（206B.C.-A.D.8）時代，在董仲舒（179-104B.C.）的《春秋繁露》，以及古代醫書《黃帝內經素問》中，也一再出現。董仲舒說：

> 一國之君，其猶一體之心也。隱居深宮，若心之藏於胸，至貴無與遍，若心之神無與雙也。其官人上士，高清明而下重濁，若身之貴目而賤足也。任群臣無所親，若四肢之各有職也。內有四輔，若心之有肝肺脾腎也；外有百官，若心之有形體孔竅也。親聖近賢，若神明皆聚於心也。上下相承順，若肢體相為使也。布恩施惠，若元氣之流皮毛腠理也。百姓皆得其所，若血氣和平，體無所苦也。無為致太平，若神氣自通於淵也。致黃龍鳳皇，若神明之致玉女芝英也。君明臣蒙其功，若心之神體得以全。臣賢君蒙其恩，若形體之靜而心得以安。上亂下被其患，若耳目不聰明而手足為傷也。臣不忠而君滅亡，若形體妄動而心為之喪。是故君臣之禮，若心之與體。心不可以不堅，君不可以不賢；體不可以不順，臣不可以不忠。心所以全者，體之力也。君所以安者，臣之功也。（《春秋繁露・天地之行》）

董仲舒在上文中論述國君與百官的功能時，是訴諸具體的人的身體中「心」之「神」之有無或四肢是否發揮作用。董仲舒不像柏拉圖那樣地從國家或身體中抽離出「節制」、「勇敢」、「睿智」等三種抽象概念或美德（virtue），來思考國家的運作。中國古代思想家的「身體政治論」論述文字中，將「具

體性思維方式」展現得最深切著明的，當推《黃帝內經素問》
的這一段文字：

> 心者，君主之官也，神明出焉。肺者，相傅之官，治節
> 出焉。肝者，將軍之官，謀慮出焉。膽者，中正之官，
> 決斷出焉。膻中者，臣使之官，喜樂出焉。脾胃者，倉
> 廩之官，五味出焉。大腸者，傳道之官，變化出焉。小
> 腸者，受盛之官，化物出焉。腎者，作強之官，伎巧出
> 焉。三焦者，決瀆之官，水道出焉。膀胱者，州都之官，
> 津液藏焉，氣化則能出矣。凡此十二官者，不得相失也。
> 故主明則下安，以此養生則壽，歿世不殆，以為天下則
> 大昌。主不明，則十二官危，使道閉塞而不通，形乃大
> 傷，以此養生則殃，以為天下者，其宗大危，戒之戒之。
> （《素問・靈蘭秘典論》）

這部古代醫書的作者，將人的身體的各種器官及其所職司的功
能，完全運用來解釋國家機器及其作用，充分展現中國文化的
「具體性思維方式」。

（2:2）中國古代的「身體政治論」論述，所呈現的第二項
特質是：將身體／國家視為一個具有整合性的有機體而不是機
械體。這一項特質如與十七世紀英國政治思想家霍布斯（Thomas
Hobbes, 1588-1679）的政治思想互作對比，就益形彰顯。霍布
斯在《利維坦》（Leviathan）這部經典性的著作中，將大自然視
為一個像鐘錶一樣的以發條和齒輪帶動運轉的「自動機械結
構」。他將人的心臟當作發條，將神經視為游絲，將關節視為齒
輪。霍布斯更將國家當作「人造的人」，他認為：國家的「主權」
是使整體得到生命和活動的「人造的靈魂」；官員和其他司法、

行政人員是人造的「關節」；用以緊密連接最高主權職位並推動每一關節和成員執行其任務的「賞」和「罰」是「神經」，與自然人身上的情況一樣；一切個別成員的「資產」和「財富」是「實力」；人民的安全是國家的「事業」；向國家提供必要知識的顧問是它的「記憶」；「公平」和「法律」是人造的「理智」和「意志」；「和睦」是國家的「健康」；「動亂」是國家的「疾病」；而「內戰」是國家的「死亡」。國家這種政治組織之所以形成，乃是由一大群人相互訂立信約、每人都對國家的行為授權，使國家能形成一種有利於全體公民的和平與共同防衛的方式，運用全體的力量和手段的一種人格。[11]霍布斯將身體／國家視為一個大的鐘錶，這與十七世紀牛頓（Isaac Newton, 1642-1727）所開展的機械式的宇宙觀當有關係。

霍布斯的「身體政治論」論述中所展現的機械論觀點，正與古代中國的有機論觀點構成鮮明對比，使我們更能正確掌握中國的「身體政治論」論述之特質。在討論古代中國的有機體論身體觀之前，我們必須先說明「氣」這個概念。我過去曾指出，古代中國人對「氣」至少有四種不同態度，見於《易傳》有「二氣相應」說，巫祝卜史人物提出「望氣」「占氣」說，神仙家則有「行氣」「食氣」說，兵家有「延氣」說，他們的基本態度都是將「氣」視為宇宙間流動的、無形但卻可見的力量。[12]

---

[11] Thomas Hobbes, ed. by Francis B. Randall, *Leviathan* (New York: Washington Square Press, 1964, 1967), Introduction, pp. xxvii-xxiv; Chapter xvii, pp. 115-119.

[12] 參考黃俊傑：《孟學思想史論・卷一》（臺北：東大圖書公司，1991 年），第 2 章，頁 29-68。關於「氣」論的全面性研究，參考小野澤精一編：《氣の思想——中國における自然觀と人間觀の展開》（東京：東京大學出版會，1978 年）；楊儒賓編：《中國古代的氣論與身體觀》。

古代中國醫學理論將人的身體視爲一個有機體，並與宇宙之大有機體經由「氣」的流通而互動貫通。《黃帝內經素問》提出一套「生氣通天」論說：「夫自古通天者，生之本。本於陰陽，天地之間，六合之內，其氣九州九竅五臟十二節，皆通乎天氣」[13]，這一套說法認爲，人的身體是一個小宇宙（microcosmos）；這個小宇宙與作爲大宇宙（macrocosmos）的自然界之間，具有聲氣互通的關係，而所謂「氣」，既爲自然界與人文界萬物之所自生，也運動於兩界之間，成爲溝通兩界的媒介。更具體地來講，在古代中國的思想世界中，人的身體被區分爲三個層次：心、氣、形。由於「氣」的流通，所以使人的身（形體）與心（心理或思想）之間構成一種有機的連續性。《春秋公羊傳》桓公四年有所謂「意形於色」的說法，《孟子》書中也有「生色」「踐形」之說，《禮記·大學》有所謂「德潤身」之說，凡此種種都是古代中國人將「身」與「心」視爲一個互動的有機體的明證。

這種有機體論的身體觀，常是古代中國人提出政治論述的理論基礎。當孔子（551-479B.C.）說：「民以君爲心，君以民爲體」（《禮記·緇衣》）時，他已經假定君臣構成不可分割的有機體。不僅君臣構成有機體，甚至異世之國君也構成一個有機體，《春秋公羊傳》莊公四年解釋「九世猶可以復仇」時說：「國君何以爲一體？國君以國爲體，諸侯世，故國君爲一體也」，就是此意。[14]正因爲在古代中國的「身體政治論」論述中，身體（尤其是國君的身體）與國家被視爲互通聲息並交互影響的有機

---

[13] 《黃帝內經素問》（四部叢刊初編縮本），卷1，〈生氣通天第三〉，頁9b-10a。

[14] 陳立疏解這句話說：「國君以國體爲重，自太祖而下，皆一體也。」其說甚是。見陳立：《公羊義疏》（四部備要本），卷18，頁12，下半頁。

體，所以，公元前 574 年（魯成公十七年）晉厲公（在位於
580-573B.C.）會諸侯於柯陵（即嘉陵，在今河南許昌市南，臨
穎縣北三十里），晉厲公「視遠步高」、「語狂」、「語迂」、「語盡」
等肢體表現，就被與會諸侯解讀為晉國將亡的徵兆（《國語・周
語下》），這種解讀都是建立在統治者的身體與國家是有機體的
理論基礎之上。

中國古代的「身體政治論」論述中所呈現的有機體論觀點，
實與所謂「聯繫性思維方式」有其深刻的關係。關於傳統中國
的「聯繫性思維方式」，前輩學人如李約瑟（Joseph Needham）[15]、
史華慈（Benjamin I. Schwartz）[16]均略有觸及，但語極精簡，我
最近為文進一步分疏這種所謂「聯繫性思維方式」，指出此種思
維方式實建立在三項命題之上：（a）宇宙間的事物都具有「同
質性」（Homogeneity），因此可以互相感應或類推。（b）宇宙中
的部分與部分之間，以及（c）部分與全體之間均是有機而互相
滲透交互影響的關係。[17]這三項命題都出現在「身體政治論」的
諸多論述之中。

（2:3）中國古代「身體政治論」論述的第三項特質是：以
身體作為符號，注入大量的意義以解釋國家之組成與運作。這
一項特質仍與柏拉圖及霍布斯構成對比。

柏拉圖從外在的國家組織思考「正義」之所以可能，以便

---

[15] Joseph Needham, *Science and Civilization in China, vol. 2:History of Scientific Thought* (Cambridge: Cambridge University Press, 1956), p. 281.

[16] Benjamin I. Schwartz, *The World of Thought in Ancient China* (Cambridge, Mass.: Harvard University Press, 1985), p. 350.

[17] 黃俊傑：〈中國古代的思維方式及其價值觀〉，《本土心理學》第 10 期（1999 年 6 月）。

理解「正義」在個人身上如何可能；[18]霍布斯更將國家當作是一個人依據上帝的命令所創造的機械；於是治道就成爲某種外在的統治行爲。與柏拉圖及霍布斯對照之下，中國古代思想家則在將身體／國家視爲有機體的觀點之下，將統治行爲當作是一種由內而外的，由心的覺醒與清明所帶動的道德上自動自發發展的過程。中國古代政治思想家在這種由內而外的覺醒過程（也就是政治過程）中，注入了大量的意義與價值。本文第三節將就這一點提出有進一步的析論。

三、中國古代「身體政治論」論述中的思想涵義

　　現在，我們可以在上一節論述的基礎之上進一步探討：中國古代「身體政治論」論述潛藏何種思想涵義？質言之，其涵義可得而言者約有兩項：（3:1）因爲身體與國家構成一個貫通互動的有機體，所以統治行爲是一種由內向外的道德覺醒與推展，因此國家的政治過程被等同於個人修身的過程；（3:2）在國家政治過程中，正如身體內各種器官之互動過程一稱，有其密切之互相依賴性。我們接著論述這兩項論點。

　　（3:1）本文第二節所分析的中國古代「身體政治論」的三項特質，以有機體論這項特質最具關鍵性。由於認爲身體與國家皆是有機體，而且兩者也構成有機互動之關係，所以，中國古代許多關於政治的論述，多半在不同程度內接受下列的命題：

　　（a）政治過程就是從「私領域」到「公領域」的延伸過程，

18　Plato, *Republic*, Book 4, 435b-c.

因此，「修身」之道可以等同於「治國」之理，兩者皆是道德修持之由內向外發展之過程。

（b）作為私人領域的身體，與作為公共領域的國家，構成一個連續而不斷裂的有機體。因此，「公領域」是「私領域」的擴大與延伸。

爲了進一步解析以上這兩項命題的實際內涵，讓我們徵引一段《禮記・大學》〈朱子所訂第一章〉的文字：

> 古之欲明明德於天下者，先治其國；欲治其國者，先齊其家；欲齊其家者，先修其身；欲修其身者，先正其心；欲正其心者，先誠其意；欲誠其意者，先致其知；致知在格物。物格而后知至；知至而后意誠，意誠而后心正，心正而后身修，身修而后家齊，家齊而后國治，國治而后天下平。自天子以至於庶人，壹是皆以修身爲本。

朱子（晦庵，1130-1200）對上述這一段文字的解釋固然有許多值得商榷之處，但是朱子所說：「明明德於天下者，使天下之人皆有以明其明德地。心者，身之所主也」[19]這一段詮釋，卻很正確地掌握中國古代包括儒家在內的諸多思想家論述政治問題時的主要理念：所謂政治活動就是一種教化活動，而且是以「心」之覺醒爲其要務。因此，從修身到齊家到治國到平天下，其實是同心圓層層推擴展開的過程。我們掌握了中國古代「身體政治論」論述的理論基礎，就可以瞭解爲什麼孔子會認爲爲政之道只是「恭己正南面而已矣」（《論語・衛靈公》），孟子會

---

[19]　朱熹：〈大學章句〉，收入朱熹：《四書章句集註》（北京：中華書局，1982年），引文見頁3。

一再強調「格君心之非」(《孟子‧離婁上‧21》),荀子(約298-238B.C.)會說天子「獨坐而天下從之如一體,如四肢之從心」(《荀子‧君道》),也可以完全理解何以《呂氏春秋》作者會說:「治身與治國,一理之術也」(《呂氏春秋‧審分覽‧審分》)。因此,只要身修則自然國治,前引《禮記‧大學》的意見,實際上是古代中國思想家的共識。《呂氏春秋‧先己》說:「昔者先聖王,成其身而天下成,治其身而天下治」,所反映的也正是這種政治思想。

從以上(a)和(b)這兩項命題出發,我們可以從中國古代的「身體政治論」的論述中,再抽離出以下兩項涵意:第一,政治領域並無自主性,它只是道德領域(以修身爲中心)的依變項。第二,一切政治活動實際上是道德活動的延伸,因此,「道德」不但比「政治」更重要,而且優先於「政治」。所以,「政治」就其本質而言是一種「道德政治」(ethocracy),政治領域也就成爲「道德社區」(moral community),而中國文化中源遠流長影響深遠的「內聖外王」理念,也就成爲「道德社區」的運作原則。[20]在這種「身體政治論」論述下作爲「道德社區」的政治領域之中,並不存在著基於契約而來的「權利/義務」觀,而是道德共同體中的「職分/責任」觀。在這意義上,我們可以說,中國文化(尤其是儒家傳統)強調的是一種德行本位的道德(virtue-based morality),而不是一種權利本位的道德

---

[20] 關於「內聖外王」理論的批判性研究,參考陳弱水:〈「內聖外王」觀念的原始糾結與儒家政治思想的根本疑難〉,《史學評論》(臺北:華世出版社,1981年),第3期,頁83-84;陳熙遠:〈聖王典範與儒家「內聖外王」的實質意涵——以孟子對舜的詮解爲起點〉,收入黃俊傑編:《孟子思想的歷史發展》(臺北:中央研究院中國文哲研究所籌備處,1995年),頁23-68。

（right-based morality）。[21]

　　但是，上述從身體／國家作為有機體所抽離出來的這些命題，卻有其局限性，值得再進一步解析。如上所說，中國古代的「身體政治論」論述將身體與國家等而同之，也將「私領域」等同於「公領域」，並將前者（身體，「私」）視為後者（國家，「公」）的基礎，認為後者不過是前者的延伸。

　　我們進一步引用史料，闡釋身體作為「私領域」與「公領域」的媒介之作用。「公」「私」之別是傳統東亞政治思想史的重大課題之一，研究論著甚為豐碩，[22]但扣緊「身體」作為「公」

---

[21] 關於這項區別，參考 Seung-hwan Lee, "Liberal Rights or/and Confucian Virtues? "*Philosophy East and West*, 46: 3 (July, 1996), pp. 367-380；並參考拙作：Chun-chieh Huang, "Human Rights' as Heavenly Duty: A Mencius Perspective," *Journal of Humanities East/West* (College of Liberal Arts, National Central University), Vol. 14 (December, 1996), pp. 157-174。

[22] 關於東亞思想史上的「公」「私」之別，日本學人研究成果較多，如：西田太一郎：〈公私觀の展開とその意義〉，《支那學》第 9 卷第 1 號（1937 年）；加藤常賢：〈公私考〉，《歷史學研究》第 96 號（1942 年）；栗田直躬：〈「公」と「私」〉，收入《福井博士頌壽紀念東洋文化論集》（東京：福井博士頌壽紀念東洋文化論文刊行會，1969 年），現收入栗田直躬：《中國思維における自然と人間》（東京：岩波書店，1996 年），頁 188-206；澤田多喜男：〈先秦における公私の觀念〉，《東海大學記要（文學部）》第 25 輯（東京：1976 年 7 月）；溝口雄三：〈中國における公私概念の展開〉，《思想》第 669 號（1980 年 3 月），此文收入溝口雄三：《中國の公と私》（東京：研文出版，1995 年），頁 42-90。溝口指出，日本思想中所謂的「公」是指天皇，鎌倉時代以後「私」更是指自己的第一人稱；但是中國思想史的「公」則是指原理性或道德性的公正觀念，「私」則是指利己、偏私，中日之間差異甚大。參考溝口雄三：〈日本的近代化及其傳統因素——與中國相比較〉，收入李明輝編：《儒家思想在現代東亞：總論篇》（臺北：中央研究院中國文哲研究所籌備處，1998 年），頁 195-216。我在舊著《孟學思想史論・卷一》，對古代中國思想史中「公」「私」概念之變化，也略有涉及（頁 146-150）。

與「私」之媒介者的論著，尚未之見。《呂氏春秋・順民》云：

> 先王先順民心，故功名成。夫以德得民心，以立大功名
> 者，上世多有之矣。失民心而立功名者，未之曾有也。
> 得民心必有道。萬乘之國，百戶之邑，民無有不說。取
> 民之所說，而民取矣。民之所說，豈眾哉？此取民之要
> 也。昔者湯克夏而正天下，天大旱，五年不收，湯乃以
> 身禱於桑林，曰：「余一人有罪，無及萬夫。萬夫有罪，
> 在余一人。無以一人之不敏，使上帝鬼神傷民之命。」
> 於是，翦其髮， 其手，以身為犧牲，用祈福於上帝。
> 民乃甚說，雨乃大至，則湯達乎鬼神之化，人事之傳也。

《呂覽》內容駁雜，這一段故事未必可信，但是卻可以說明中
國政治思想中「身體」作為隱喻所發揮的作用。傳說中湯之所
以「以身禱於桑林」，乃是由於認定湯的「一人」之身可以代表
或澤及「萬民」，因此，經由「以身為犧牲，用祈福於上帝」的
儀式之後，可以使萬民大悅，並使人與自然和諧。《呂覽》的作
者在政治脈絡中論述身體的政治作用。在上述論述中，「私領域」
與「公領域」不但不是斷裂的關係，而且在統治者的身體上取
得了聯繫。

　　古代中國的政治思想家以身體為中心所提出的這種政治論
述，並不是近代意義下的「政治科學」（political science），至少
不是馬基維利（Niccolo Machiavelli, 1469-1527）以後西方政治
學家所定義下的「政治科學」，[23]因為這種政治論述並未掌握「政

---

23 西方近代政治學家析論政治現象多以「權力」為分析之核心，即使是杭亭
　頓近日從「文化衝突」之角度論二十一世紀之政治現象，仍隱約以「權力

治領域作爲一種人間活動有其自主性，不受其他領域（如道德領域）之支配」這項事實。所以，中國古代的「身體政治論」論述，雖然是以政治的語言提出，也涉及人的政治活動或政治組織的原理及其運作，但是這種論述本質上是一種「道德哲學」。

（3:2）中國的「身體政治論」論述所潛藏的第二項涵義是（a）因爲身體是有機體，各器官之間有其互相依賴性，所以國家的君與民之間也有其互相依賴性。從這種君民之互相依賴性，可以建立某種形式的基於血緣親情的「不忍人之心」而來的「民本」政治理念。（b）但是，也可以從身體各器官的互相依賴性之中，獲得「心」的優位性的看法，從而奠定君主專制制度的理論基礎。在中國古代政治思想史中，（a）與（b）這兩種政治思想同時並存，互有消長，前者以孟子爲代表，後者則以韓非（？-233B.C.）集其大成。

（3:2a）中國「身體政治論」論述中所潛藏的君臣互相依賴性，在諸多史料中均可發現。孔子說：「民以君爲心，君以民爲體。心莊則體舒，心肅則容敬。心好之，身必安之；君好之，民必欲之。心以體全，亦以體傷；君以民存，亦以民亡」（《禮記・緇衣》），孫希旦（紹周，1736-1784）《禮記集解》引呂大臨（與叔，1046-1092）曰：「體完則心說，猶有民則有君也。體傷則心憯，猶民病則君憂也」，[24]這段解釋很能說明孔子思想中的君臣互相依賴之關係。由於君臣互相依賴離則兩傷，所以，

之鬥爭與消長」爲著眼點。我最近對杭氏之理論有所評論，另詳拙作：Chun-chieh Huang, "A Confucian Critique of Samuel P. Huntington's Clash of Civilizations," 刊於 *East Asia: An International Quarterly*, Vol. 16, No. 1/2 (Spring/Summer, 1997), pp. 146-156.

[24] 孫希旦：《禮記集解》（北京：中華書局，1989 年），下冊，卷 52，頁 1329。

由此而引申出「君臣互爲主體性」的思想。孟子將這層涵義發揮得淋漓盡致：

> 孟子告齊宣王曰：「君之視臣如手足，則臣視君如腹心；君之視臣如犬馬，則臣視君如國人；君之視臣如土芥，則臣視君如寇讎。」
>
> 王曰：「禮，爲舊君有服，何如斯可爲服矣？」
>
> 曰：「諫行言聽，膏澤下於民；有故而去，則使人導之出疆，又先於其所往；去三年不反，然後收其田里。此之謂三有禮焉。如此，則爲之服矣。今也爲臣，諫則不行，言則不聽；膏澤不下於民；有故而去，則君搏執之，又極之於其所往；去之日，遂收其田里。此之謂寇讎。寇讎，何服之有？」（《孟子・離婁下・3》）

孟子以手足腹心比喻君之待臣及其迴響，具體而微地點出我在這裡所說的「君臣互爲主體性」。孟子由此發揮他「貴民」、「養民」、「教民」之主張，並以民爲政治之主體，堅持政權之轉移應以民意爲依歸。其實，孟子民貴君輕之旨，乃中國古代政治思想傳統之舊義，《尚書》、《左傳》等古籍皆屢見貴民之言論，孟子重申民貴之宗旨於晚周君專政暴之時，特見其時代意義與價值。[25]以身體爲隱喻申論君臣之互爲影響，亦習見於古籍。《尚書・皋陶謨》有「元首明哉，股肱良哉，庶事康哉」之言，《左傳》昭公九年亦有「君之卿佐，是謂股肱，股肱或虧，何痛如之」之語，《管子・五輔》說「民傷而身不危者，未之聞也」，更是古代中國臣下對國君之警語。

---

[25] 參考蕭公權師：《中國政治思想史》，上冊，頁 95-97。

中國古代政治思想家從這種「君臣互為主體性」，引申出一種「民本」政治的思想。這種民本思想與近代西方民主思想，在尊重民意上固有其精神互通之處，但是我們也不能忽略兩者間重大差異之所在：以孟子為代表的這種「君臣互為主體性」論述，是從身體的有機體性質出發，不僅強調手足與腹心之不可分割性，而且更強調將心比心，孟子遊說戰國國君時，都直接訴諸統治者當下即是的心理感受，從齊宣王（在位於319-301B.C.）之不忍心看到牛之將死，而勸誡齊宣王發政施仁（《孟子‧梁惠王下‧7》）。中國古代政治思想家如孟子，常常訴諸感性的移情（empathy）作用，所謂「手足腹心」之喻，更是從身體有機論的立場，申論這種移情作用的身體基礎。孟子並要求統治者施政必須以民為本，於是，政治活動就成為孟子所說的「推恩」的過程。這種從「身體政治論」所推衍而出的民本思想，與近代西方基於契約論之基礎，強調權利義務的民主政治思想，仍有其本質上的差異，不可混為一談。

（3:2b）但是從「身體政治論」論述中各器官的互相依賴性，卻也可以引申出另一項命題：身體中各器官雖交互作用，但是身體中有一個（如「心」）或多個器官（如耳目）是「身」之本，所以這個器官對「身」具有支配力。同理，國家之中君先於臣並應支配臣。

這項命題的導出，建立在一項前提之上：身體的所有器官固然互相依賴交互影響，但是，有一個器官是主要而基本的——心。這項前提已經潛藏在孟子的「大體」「小體」（《孟子‧告子下‧15》）的區分之中。當孟子強調作為「大體」的「心」具有「思」的能力，而作為「小體」的「耳目之官」不具有「思」的能力，他已經預設了「心」的重要性與優先性。1973 年馬王

堆出土的帛書《五行篇》，也強調「心」的優先性以及「心」對身體其他器官之支配作用。《五行篇・經 22》：「耳目鼻口手足六者，心之役也。心曰唯，莫敢不〔唯，心曰諾，莫〕敢不〔諾。心〕曰進，莫敢不進。心曰淺，莫敢不淺。」[26]就體現這種思想。但是，孟子與帛書《五行篇》作者並沒有從這種身體哲學出發，進而提出作爲耳目口鼻的臣下，對作爲心的國君必須絕對服從的主張。孟子從身體各器官的互相依賴性出發，卻導出國家政治組織內國君與臣下之互爲主體性。

但是，孟子的這種君臣互爲主體性的主張，到了荀子手上，就有了微妙的轉化。荀子與孟子一樣強調心的重要性，但是，值得注意的是，荀子身體哲學的政治意涵較孟子強烈，他說：

> 心者，形之君也而神明之主也，出令而無所受令。自禁也，自使也，自奪也，自取也，自行也，自止也。故口可劫而使墨云，形可劫而使詘申，心不可劫而使易意，是之則受，非之則辭。（《荀子・解蔽》）

在這一段話裡，荀子是在政治脈絡中討論「心」的優先性，他說：「心者，形之君而神明之主也」，「心」的功能是「出令而無所受令」。這個「心」，其實在荀子思想中就是天子。荀子說：

> 故天子不視而見，不聽而聰，不慮而知，不動而功，塊然獨坐而天下從之。如一體，如四肢之從心，夫是之謂大形。（《荀子・君道》）

這種稱之爲「大形」的天子，是「天下從之」的對象，其情形

---

[26] 龐樸：《帛書五行篇研究》（濟南：齊魯書社，1980 年），頁 61。

「如四肢之從心」。更具體地說，荀子認爲「臣之於君也，下之於上也，若子之事父，弟之事兄，若手臂之扞頭目而覆胸腹也，詐而襲之與先驚而後　之一也」（《荀子・議兵》）。

　　荀子的「身體政治論」中潛藏的尊君思想，到了韓非子（？-233B.C.）就更豁然彰顯。韓非子以身體器官爲喻，指出國君能力之有所不足說：「夫爲人主而身察百官，則日不足，力不給。且上用目，則下飾觀；上用耳，則下飾聲；上用慮，則下繁辭」（《韓非子・有度》），因此，國君不須事必躬親，察察爲明，韓非子說：

> 人主者，非目若離婁，乃為明也；非耳若師曠，乃為聰也。不任其數，而待目以為明，所見者少矣，非不弊之術也。不因其勢，而待耳以為聰，所聞者寡矣，非不欺之道也。明主者，使天下不得不為己視，使天下不得不為己聽。故身在深宮之中，而明照四海之內，而天下弗能蔽、弗能欺者，何也？闇亂之道廢，而聰明之勢興也。（《韓非子・姦劫弒臣》）

韓非子主張，國君必須將天下人的耳目均轉化爲自己的耳目，而轉化的方法就在於「任勢」。

　　從戰國晚期韓非子以降的「身體政治論」中，類似「身以心爲本，國以君爲主」的說法就一再出現，在這一條思路上，董仲舒仍是一位具有代表性的思想家，董仲舒說：

> 氣之清者為精，人之清者為賢；治身者以積精為寶，治國者以積賢為道；身以心為本，國以君為主；積精於其本，則血氣相承受；賢積於其主，則上下相制使。血氣

相承受，則形體無所苦；上下相制使，則百官各得其所。
形體無所苦，然後身可得而安也；百官各得其所，然後
國可得而守也。夫欲致積精者，必虛靜其形；欲致賢者，
必卑謙其身。形靜志虛者，精氣之所趣也；謙尊自卑者，
仁賢之所事也。故治身者，務執虛靜以致精；治國者，
務盡卑謙以致賢。能致精則令明而壽，能致賢則德澤洽
而國太平。(《春秋繁露·通國身》)

以上這一段論述，以「治身」比附「治國」，並強調君爲國之主，
正如同心爲身之本。這一股政治思潮的發展，與戰國中期以降
君權的持續上昇互爲呼應，[27]基本上可以視爲中央集權的政治現
實，在思想史上的一種反映。

綜合本節的論述，我們可以發現：中國古代的「身體政治
論」，實潛藏著大量的意義。古代政治思想家以人的身體作爲符
號，各自傾注豐富的意義與判斷。我們擇定（1）政治是由內向
外的推展過程，以及（2）政治組織中的各部分有其互相依賴性
這兩項涵義，略加分析即可發現「身體政治論」的複雜性。實
際上，「身體政治論」論述中的涵義，絕不僅以上兩項而已，例
如「身體／國家的時空性及其斷裂問題」，就是另一個值得深入
分析的課題，但因已有論著針對此一課題有所探討，[28]所以本文

---

[27] 關於戰國時代國君地位之上昇，參考齊思和：〈戰國制度考〉，《燕京學報》
　　34 期（1948 年）；許倬雲：〈戰國的統治機構與治術〉，收入氏著：《求古篇》
　　（臺北：聯經出版事業公司，1982 年），頁 319-422，尤其是頁 387-395。

[28] 參看黃俊傑：〈古代儒家政治論中的「身體隱喻思維」〉，《鵝湖學誌》第 9
　　期（1992 年 12 月），頁 1-26；王健文：《奉天承運——古代中國的「國家」
　　概念及其正當性基礎》（臺北：東大圖書公司，1995 年），第 4 章，頁 98-134。
　　王著論「國君一體」之兩種概念，並分析這二種概念之時間及空間意義。

在此不再涉及此一課題。

四、結論

中國思想活潑空靈，又極具體切實，政治思想亦然。本文所分析中國古代的「身體政治論」之特殊面向及其涵意，在在皆顯示中國政治論述極高明而道中庸，寓抽象於具體之特質。《易・繫辭傳》說遠古聖人觀察天地萬象，思考宇宙原理時之素材係「近取諸身，遠取諸物」，誠屬持之有政，言之成理。

從本文之分析可見，「身體」確係中國古代思想家籌謀政術思考政理之重要素材，《左傳》昭公二十年晏嬰主張通過樂教「以平其心，以成其政」，實以身體作為音樂與政治之中介；王陽明（1492-1528）強調「人君端拱清穆，六卿分職，天下乃治；心統五官，亦要如此」（《傳習錄》，卷上，56條），皆展現「身體政治論」之思路。古代中國的「身體政治論」是一種「具體性思維方式」的表現，它將身體／國家視為有機體，並將身體視為符號以傾注大量意義，提出政治論述。這種「身體政治論」論述，假定私／內在領域（身體）與公／外在領域（國家）之間並無斷裂，「修身」可以由內向外層層推擴而為「治國」之術；並強調身體／國家內部各器官有其互相依賴性，由此引申出「君臣互為主體性」及「君對臣之支配性」兩種互異之命題。整體而言，中國古代「身體政治論」是一種道德哲學，而不是近代意義下的政治科學，因為「身體政治論」的核心問題，在於「修

關於中國文化中的時空觀，參看 Chun-chieh Huang and Erik Zürcher eds., *Time and Space in Chinese Culture* (Leiden: E. J. Brill, 1995).

身如何可能」，而不在於「權力如何獲得」。就其本質觀之，這種以身體爲中心的政治論述之前近代性格頗爲強烈。

引用書目

中日文論著：

《黃帝內經素問》（四部叢刊初編縮本）。

小野澤精一編：《氣の思想——中國における自然觀と人間觀の
　　　展開》（東京：東京大學出版會，1978 年）。

大澤真幸：《身體の比較社會學》（東京：勁草書房，1990 年）。

王健文：《奉天承運——古代中國的「國家」概念及其正當性基
　　　礎》（臺北：東大圖書公司，1995 年）。

市川浩：《精神としての身體》（東京：勁草書房，1975-1991 年）。

_____：《〈身〉の構造——身體を超えて》（東京：青土社，1984
　　　年，1992 年）。

加藤常賢：〈公私考〉，《歷史學研究》第 96 號（1942 年）。

朱　熹：《四書章句集註》（北京：中華書局，1982 年）。

西田太一郎：〈公私觀の展開とその意義〉，《支那學》第 9 卷第
　　　1 號（1937 年）。

杜正勝：〈形體、精氣與魂魄：中國傳統對「人」認識的形成〉，
　　　收入黃應貴主編：《人觀、意義與社會》（臺北：中央
　　　研究院民族研究所，1993 年）。

孫希旦：《禮記集解》（北京：中華書局，1989 年）。

栗田直躬：《中國思維における自然と人間》（東京：岩波書店，
　　　1996 年）。

許倬雲：〈戰國的統治機構與治術〉，收入氏著：《求古篇》（臺
　　　北：聯經出版事業公司，1982 年）。

黃俊傑：〈中國古代儒家歷史思維的方法及其運用〉，《中國文哲

研究集刊》第 3 期（1993 年 3 月）。

_____：《孟學思想史論・卷一》（臺北：東大圖書公司，1991
年）

_____、蔡明田：〈中國政治思想史研究方法試論〉，《人文學報》
第 16 期（桃園：國立中央大學文學院，1997 年 12 月）。

_____：〈古代儒家政治論中的「身體隱喻思維」〉，《鵝湖學誌》
第 9 期（1992 年 12 月）。

_____：〈中國古代的思維方式及其價值觀〉，《本土心理學》第
10 期（1999 年 6 月）。

浦薛鳳：《西洋近代政治思潮》（臺北：中華文化出版事業社，
1953 年，1965 年）。

湯淺泰雄：《身體——東洋的身心論の試み——》（東京：創文
社，1977-1986 年）。

楊儒賓：《儒家身體觀》（臺北：中央研究院中國文哲研究所籌
備處，1996 年）。

_____ 編：《中國古代思想中的氣論與身體觀》（臺北：巨流圖
書公司，1993 年）。

_____、黃俊傑編：《中國古代思維方式探索》（臺北：正中書
局，1996 年）。

齊思和：〈戰國制度考〉，《燕京學報》34 期（1948 年）。

溝口雄三：《中國の公と私》（東京：研文出版，1995 年）。

溝口雄三：〈日本的近代化及其傳統因素——與中國相比較〉，
收入李明輝編：《儒家思想在現代東亞：總論篇》（臺
北：中央研究院中國文哲研究所籌備處，1998 年）。

陳　立：《公羊義疏》（四部備要本）。

陳弱水：〈「內聖外王」觀念的原始糾結與儒家政治思想的根本
疑難〉，《史學評論》（臺北：華世出版社，1981 年），

第 3 期。

陳熙遠：〈聖王典範與儒家「內聖外王」的實質意涵──以孟子對舜的詮解爲起點〉，收入黃俊傑編：《孟子思想的歷史發展》（臺北：中央研究院中國文哲研究所籌備處，1995 年）。

蔡璧名：《身體與自然──以《黃帝內經素問》爲中心論古代思想傳統中的身體觀》（臺北：臺大文學院，1997 年）。

澤田多喜男：〈先秦における公私の觀念〉，《東海大學記要（文學部）》第 25 輯（東京：1976 年 7 月）。

蕭公權編：《中國政治思想史參考資料》（原稿由清華大學印爲講義，未正式出版）。

──────：《中國政治思想史》（臺北：聯經出版事業公司，1980 年），上冊。

龐樸：《帛書五行篇研究》（濟南：齊魯書社，1980 年）。

英文論著：

Cassirier, Ernst, tr. by Susanne Langer, *Language and Myth* (New York: Harper & Row, 1946).

Huang, Chun-chieh, "Human Rights' as Heavenly Duty-A Mencius Perspective," *Journal of Humanities East/West* (College of Liberal Arts, National Central University), No. 14 (December, 1996).

───────, "A Confucian Critique of Samuel P. Huntington's Clash of Civilizations," *East Asia: An International Quarterly*, Vol. 16, No. 1/2 (Spring/Summer, 1997).

───────, "Historical Thinking in Classical Confucianism: Historical

Argumentation from the Three Dynasties," in Chun-chieh Huang and Erik Zürcher eds., *Time and Space in Chinese Culture* (Leiden: E. J. Brill,1995).

Hobbes, Thomas, ed. by Francis B. Randall, *Leviathan* (New York: Washington Square Press, 1964, 1967).

Ishida, Hidemi, "Body and Mind: The Chinese Perspective." In Livia Kohn et.al., eds., *Taoist Meditation and Longevity Techniques* (Ann Arbor: Center for Chinese Studies, The University of Michigan, 1989).

Johnson, Mark, *The Body in the Mind: The Bodily Basis of Meaning, Imagination, and Reason* (Chicago and London: The University of Chicago Press,1987).

Lee, Seung-hwan, "Liberal Rights or/and Confucian Virtues?" *Philosophy East and West*, 46: 3 (July, 1996).

Needham, Joseph, *Science and Civilization in China*, vol. 2:History of Scientific Thought (Cambridge: Cambridge University Press, 1956).

Plato, *Republic*, in *The Collected Dialogues of Plato*, ed. by Edith Hamilton and Huntington Cairns (Princeton:Princeton University Press, 1961)；中譯本侯健譯：《柏拉圖理想國》（臺北：聯經出版事業公司，1980 年）。

Schwartz, Benjamin I., *The World of Thought in Ancient China* (Cambridge, Mass.: Harvard University Press, 1985).

Schipper, Kristopher, *The Taoist Body*, tr. by Doren C. Duval (Berkeley: University of California Press, 1993).

Wu, Kuang-ming, *On Chinese Body Thinking: A Cultural Hermeneutics* (Leiden: E. J. Brill, 1997).

拾貳、

古代儒家政治論中的「身體隱喻思維」

一、前言

　　在古代儒家的政治論中，身體常常被用來作爲一個隱喻，以便乘載特定的意涵。在古代儒家眼中，治國與治身的道理是共通的，因爲一國的政治組織可以比喻爲一個人的身體，所以孔子說：「苟正其身矣，於從政乎何有？不能正其身，如正人何？」（《論語・子路》）從「正身」立場論「從政」，孔子又說：「民以君爲心，君以民爲體」（《禮記・緇衣》），以心、體喻君、臣。諸如此類的論述，習見於古代儒家典籍，其最基本的意涵之一就是認爲政治領域的運作邏輯，與作爲生物有機體的身體的運作邏輯之間，因爲兩者有其同質性而具有可比較性（comparability）。古代儒家從政治與身體的可比較性之中，導引出來的各項意涵或論斷，具體地展現中國文化中「比興」式的思維傳統。

　　關於中國文化中所謂「比興」式的思維傳統，我想從劉勰（彥和，465？-522？）《文心雕龍・比興》對「比興」的解釋說起。劉勰說：

> 詩文宏奧，包韞六義，毛公述傳，獨標興體。豈不以風通而賦同，比顯而興隱哉！故比者，附也；興者，起也。附理者，切類以指事；起情者，依微以擬議。起情故興體以立，附理故比例以生。比則畜憤以斥言，興則環譬以記諷。

蓋隨時之義不一，故詩人之志有二也。

劉彥和從文學立場，區分「比」與「興」兩種寫作風格，這當然是可以成立的。但是，值得進一步指出的是，「比」與「興」常通過隱喻（metaphor）作爲中介的橋樑，以乘載論述者所寄寓的意涵，基本上都是卡西勒（Ernst Cassirer, 1874-1945）所謂的「隱喻式思維」（metaphorical thinking）的表現。[1]正如劉勰進一步所解釋的：「興之託喻，婉而成章，稱名也小，取類也大。〔……〕比之爲義，取類不常：或喻於聲，或方於貌，或擬於心，或譬於事。」（《文心雕龍‧比興》）所謂「比」或「興」的思維方式，就是以各種具體事物如山、水、牛山之木等事象爲喻，取譬引類，曲暢旁通，「索物以託情，謂之『比』；觸物以起情，謂之『興』」，[2]在古代儒家所索、所託之物中，最爲切近而具體的就是人的身體。孔孟荀以及漢儒常以身體爲喻，析論政治問題，實乃事有必至，理所當然。

　　這篇論文寫作的目的，在於分析古代儒家的政治論中對身體隱喻的運用，解析其所乘載的意義，並討論其所蘊涵的各項問題。除第一節「前言」之外，第二節先就中國古代政治思想所見的身體隱喻作一個概觀，並指出其所涵蘊的問題；第三節討論孔子政治思想中的「己」的問題，及其後學孟子與荀子的殊途發展；第四節討論孟子與荀子政治思想中，身體隱喻思維所乘載的意義，從君臣相對到絕對君權的變化。這種變化與孟

---

[1] Ernst Cassirer, tr. by Susanne Langer, *Language and Myth* (NewYork: Harper & Row, 1946), Chap. 6.

[2] 胡寅：《斐然集》，卷18，〈致李叔易書〉，轉引自錢鍾書：《管錐編》（北京：生活‧讀書‧新知三聯書店，2001年1月），第1冊，上卷，頁126。

苟對於作爲空間結構的身體中的「部分」與「全體」的關係的認知，有相當的關係。第五節則擬討論古代儒家政治論中，身體隱喻所潛藏的時間與空間的問題。

二、古代政治思想史所見的身體隱喻及其涵蘊的問題

（一）身體隱喻的兩種表現方式及其意義

古代中國人將人體視爲小宇宙，與自然界的大宇宙互相感應，交互影響，所以人的身體的動靜舉止應與自然四時的變化相協調。這一套人體觀、宇宙觀與自然觀，在《黃帝內經素問》的〈人副天數〉以及《淮南子》的〈精神訓〉等古籍中，獲得了系統化的論述。

在這套身體觀與宇宙觀之下，古代中國思想家常以身體作爲隱喻來思考政治問題或權力的運作。從相關文獻看來，古代政治思想史所見的身體隱喻思維，大約表現而爲以下兩種方式：

1.心體之喻：

第一種常見的身體隱喻，是將國君比喻爲心，將臣下比喻爲身體的五官或四肢。例如：

（1）　心之在體，君之位也，九竅之有職官之分也。心處其道，九竅循理。（《管子・心術上》）

（2）　耳目者，視聽之官也，心而無與於視聽之事，則官得守其分矣！夫心有欲者，物過而目不見，聲至而耳不聞也。故曰：上離其道，下失其事。故曰：心術者，無為而制竅者也。（《管子・心術上》）

（3） 心不為九竅九竅治，君不為五官五官治。（《管子‧九守》）

（4） 君之在國都也，若心之在身體也。（《管子‧君臣下》）

（5） 四肢六道，身之體也；四正五官，國之體也。（《管子‧君臣下》）

（6） 子曰：民以君為心，君以民為體；心莊則體舒，心肅則容敬。（《禮記‧緇衣》）

（7） 一國之君，其猶一體之心也。隱居深宮，若心之藏於胸至貴無與敵，若心之神無與雙也，其高人上士，高清明而下重濁，若身之貴目而賤足也。任群臣無所親，若四肢之各有職也。內有四輔，若心之有肝肺脾腎也；外有百官，若心之有形體孔竅也。親聖近賢，若神明皆聚於心也。上下相承順，若肢體相為使也。布恩施惠，若元氣之流皮毛腠理也。百姓皆得其所，若流血氣和平，形體無所苦也。無為致太平，若神氣自通於淵也。致黃龍鳳凰，若神明之致、玉女芝英也。君明，臣蒙其功，若心之神體得以全。臣賢，君蒙其恩，若形體之靜而心得以安。上亂下被其患，若耳目不聰明而手足為傷也。臣不忠而君滅亡，若形體妄動而心為之喪。是故君臣之禮，若心之與體。心不可以不堅，君不可以不賢；體不可以不順，臣不可以不忠。心所以全者，體之力也。君所以安者，臣之功也。（《春秋繁露‧天地之行》）

（8） 孟子告齊宣王曰：「君之視臣如手足，則臣視君如

腹心。〔……〕」(《孟子‧離婁下‧3》)

(9)　故天子不視而見，不聽而聰，不慮而知，不動而功，塊然獨坐而天下從之如一體，如四肢之從心，夫是之謂大形。(《荀子‧君道》)

在這種心體的隱喻中，古代思想家所讀人的意義是：作為「心」的國君，比作為四肢的臣下，更具有優先性。因為四肢受心的指揮，所以臣下也應受國君的統御。在以上第(7)條史料中「國君的優先性」這項涵義特別明顯，王健文曾解釋這段話說：「董仲舒的文字分喻君臣、上下、心體，對偶而述，只有一個地方不是很相稱：『上亂下被其患，若耳目不聰明而手足為傷他。臣不忠而君滅亡，若形體妄動而心為之喪。』若依對稱原則，上句當為『君亂臣被其患，若心不神明而手足為傷也。』，但是現在所見的陳述形式，顯然別具用心，刻意維護君的尊嚴。上亂，只能是耳目不聰明，而不是心不神明，換言之，只是君之近臣不賢，責任不在君（心）。叔孫通所謂『人主無過舉』，漢代陰陽不調則罪在三公，大致都是在類似的思想氛圍下的產物。這樣為君上維護的曲折解釋，事實上對中國傳統觀念的影響極為深遠。凡是施政不當，臣民多數還是為皇帝開脫，認為是奸人蒙蔽（耳目不聰），繼續忠於皇帝，造成政治認識上的盲點。」[3]心體之喻所乘載的「國君的優先性」這項意義，隨著大一統帝國的出現與專制王權的強化，而更加彰顯，董仲舒這一段文字就是一個證據。

---

[3]　王健文：〈國君一體：古代中國國家概念的一個面向〉，收入氏著：《奉天承運：古代中國的「國家」概念及其正當性基礎》(臺北：東大圖書公司，1995年)，頁122。

2.元首股肱之喻：

第二種常見的隱喻，是將國君喻爲身體的元首，而將臣下喻爲股肱。以下是幾條具有代表性的史料：

（1）　臣竭其股肱之力。(《左傳》僖公九年)

（2）　昭公將去群公子，樂豫曰：「不可。公族，公室之枝葉也；若去之，則本根無所庇蔭矣。葛藟猶能庇其本根，故君子以為比，況國君乎？〔……〕君其圖之！親之以德，皆股肱也，誰敢攜貳？〔……〕」(《左傳》文公七年)

（3）　王使劉定公賜齊侯命，曰：「昔伯舅大公右我先王，股肱周室。」(《左傳》襄公十四年)

（4）　「君之卿佐，是謂股肱，股肱或虧，何痛如之？」(《左傳》昭公九年)

（5）　「元首明哉，股肱良哉，庶事康哉。」(《尚書‧皋陶謨》)

（6）　「且夫制城邑若體性焉，有首領股肱，至於手拇毛脈，大能掉小，故變而不勤。」(《國語‧楚語下》)

（7）　臣之於君也，下之於上也，若子之事父，弟之事兄，若手臂之扞頭目而覆胸腹也，詐而襲之與先驚而後擊之一也。(《荀子‧議兵》)

以上這幾條史料中所見的身體隱喻，都將國君與臣下的關係借身體的元首與股肱的關係作為比喻，並以為前者較後者更具有優先性，而應支配後者。

（二）身體隱喻所蘊涵的問題

不論是第一種方式的「心體之喻」，或是第二種方式的「元首股肱之喻」，我們都可以發現：古代中國的政治論中的身體隱喻，都隱涵一個有機體論（organism）的立場——將政治體系視為如身體一般的有機體。在中國古代的政治思想史上，身體被等同於政治體系，是一個有機的整體，其中的每一個「部分」之間，以及「部分」與「整體」之間，都具有互相依存的關係。

從這種有機體論的立場出發，所進行的身體隱喻思維，必然牽涉到有機體中的「部分」與「全體」之間的關係這個問題。有機體中「部分」與「全體」的關係，有兩種可能的思考立場：

1.站在整體論者的態度，可能認為在身體這個有機體中，「部分」（如耳、目、口、鼻、手、足）的意義和功能，只有置於身體這個「整體」中才能發揮作用。例如，如果將手或足從身體中砍下，手或足的存在即無意義，亦即不成其為手足。從這個觀點來看，身體中的「部分」欠缺自主性，「部分」只有在「整體」的脈絡中才有意義。因為「部分」欠缺自主性，所以「部分」應為「整體」而存在。

2.站在個體論者的立場，可能認為所謂「整體」是由無數的「部分」所組合而成的，因此，所謂「整體」是一個虛名，只有構成「整體」的各個「部分」才是實體。因此，如果沒有了「部分」，即無所謂「整體」可言。所以，「部分」較「整體」更具優先性。

就其大趨勢來說，傳統中國的思想家基本上傾向於整體論的立場，認為「部分」為「整體」而存在，後者對前者具有優先性。這種思想傾向與中國文化中的「聯繫性思維方式」有深

刻的關係。我最近分析「聯繫性思維方式」時曾說明，[4]古代中國人將宇宙萬物加以分類，歸納各類的屬性，《周易・說卦》所說的：「乾，健也；坤，順也；震，動也；巽，人也；坎，陷也；離，麗也；艮，止也；兌，說也」，可以視爲古代中國文化對萬物類別及其屬性的總歸納。但是，值得注意的是，《周易・說卦》的作者再進一步指出，宇宙間的具體存在物，如君、父、玉、金、冰……等，均屬於「乾」；如地、母、布、釜……等，均屬於「坤」的範疇。在「乾」或「坤」的大範疇內的事物，因具有同質性，所以，相互之間互有聯繫性。古代中國這種聯繫性思維方式，不僅見之於中國哲學，也見之於中國古代神話思維之中。這種所謂「聯繫性思維方式」認爲宇宙以及世界的各種範疇，基本上都是同質的，也因此都可以交互影響。

在這種「聯繫性思維方式」的傳統之下，中國思想家多半傾向於在「整體」脈絡中來思考「部分」的意義與價值。傳統中國思想的許多方面，都深受這種整體論觀點的滲透。舉例言之，中國思想家傾向於在群體中來掌握個人生命的意義，所以，在個人生命油枯燈盡的時刻，他們因爲深知個人生命有時而盡，但群體文化慧命卻綿延不絕，所以，他們面對生命的終結時，常表現出一種坦蕩蕩的情懷，不憂不懼。

但是，我們再進一步思考，就會發現不論是傾於整體論或採取個體論的立場，都面臨一個問題：

> 在身體的各個「部分」（心、耳、目、口、鼻、手、足……等）中，哪一個「部分」相對於其他「部分」而言具有

---

[4] 黃俊傑：《孟學思想史論・卷一》（臺北：東大圖書公司，1991 年），第 1 章。

優先性，因此可以支配其他「部分」？

以上這個問題還可以再進一步追索：所謂「優先性」，是指發生先後程序上的優先性？還是在價值輕重上的優先性？所謂「優先性」的證成基礎何在？這些問題將在本文第三節及第四節詳加討論。

中國古代儒家的身體隱喻思維，除了以上這個問題之外，還牽涉到另一個問題：

> 身體是受時間與空間因素所決定的（temporal-spatially determined）的存在。中國古代儒家既以身體喻政治機制，那麼，他們如何面對身體的時間性與身體的空間性問題？

這個問題可以換一個角度來思考：古代儒家如何處理受時間所決定的身體之綿延的問題？他們又如何思考作為空間的身體之擴大的問題？我希望在本文第五節對這個問題進行討論。

三、「自我轉化」是「世界轉化」的起點：古代儒家的身體觀與政治觀

（一）孔子政治思想中「己」的問題

勞思光最近曾說，中國哲學基本上是一種以「主張」為重的哲學，「自我的轉化」與「世界的轉化」是中國哲學的主要目標。他稱中國哲學為「引導的哲學」（"orientative philosoph"或

"philosophy as proposal")。[5]勞先生這種說法很能切中肯綮。我想進一步說明的是，在儒家思想傳統中，「自我的轉化」是「世界的轉化」的一個基礎，也是一個起點，因為「自我」與「世界」原不斷為兩橛，而是一個連續體。在儒家思想裡，「我的身體」經由一套程序（說詳下節），可以延伸擴大而為「社會的身體」與「國家的身體」。因此，所謂「治國平天下」這一類涉及「世界的轉化」的事業，必須從自我的身體的轉化開始。

但是，以上這一段關於儒家身體觀與政治觀的簡單說明，卻隱含至少兩個問題：

（1）所謂「我的身體」、「社會的身體」或「國家的身體」這類名詞，隱含一個主體性或自主性問題。也就是說，從「我的身體」延伸擴大而為「國家的身體」的過程中，二者會不會衝突？「我」的主體性與自主性是否會隨之失落？如果有此可能，則如何使它不失落？

（2）所謂「身體」的意義是什麼？是指生物學意義的身軀或是指作為道德主體的自我？

這兩個問題都是儒家身體觀中必然涉及的問題。我們對這兩個問題的分析可以從孔子（551-479B.C.）的言論開始。孔子說：

5　參看勞思光：《中國哲學史》（臺北：三民書局，1981 年），三下，頁 894-895；Lao Sze-kwang, "On Understanding Chinese Philosophy: An Inquiry and a Proposal," in Robert A. Allinson ed., *Understanding the Chinese Mind: The Philosophical Roots* (Hong Kong: Oxford University Press, 1989), pp. 265-293；勞思光：〈對於如何理解中國哲學之探討及建議〉，《中國文哲研究集刊》創刊號（1991 年 3 月），頁 89-116。

（1）無為而治者，其舜也與？夫何為哉，恭己正南面而已
　　矣。（《論語・衛靈公》）

（2）子路問君子。子曰：「脩己以敬。」曰：「如斯而已乎？」
　　曰：「脩己以安人。」曰：「如斯而已乎？」曰：「脩
　　己以安百姓。脩己以安百姓，堯舜其猶病諸！」（《論
　　語・憲問》）

（3）顏淵問仁。子曰：「克己復禮為仁。一日克己復禮，
　　天下歸仁焉。為仁由己，而由人乎哉？」顏淵曰：「請
　　問其目。」子曰：「非禮勿視，非禮勿聽，非禮勿言，
　　非禮勿動。」顏淵曰：「回雖不敏，請事斯語矣。」
　　（《論語・顏淵》）

以上第一條及第二條資料，都可以說明孔子確實認為天下之轉
化必從自我（「己」）開始，所以為政者必須「恭己」（朱注：「恭
己」，聖人敬德之容也），必須「脩己」。但是，問題是這裡所謂
「己」到底是對象性的意義或是主體性的意義的自我？這個問
題極為重要。我們的分析從第三條材料開始。《論語》「顏淵問
仁」這一章，在思想史上具有重大意義。孔子一方面說「為人
由己」，另一方面卻又對顏淵解釋「為仁」之曰，說「非禮勿視，
非禮勿聽，非禮勿言，非禮勿動」，人的身體的視聽言動，都必
須受社會的禮儀規範的制約。因此，到底「為仁」的方法應該
「由己」呢？還是「克己」呢？換言之，到底「己」是對象性
的存在，而應加以「克」治呢？或者「己」是主體性的存在，
人只須率性由之呢？《論語》原文太簡，為後人留下很大的解
釋空間，遂引起後人的爭議。

　　我們先從朱子（晦庵，1130-1200）的解釋開始討論。朱子
解釋孔子所說的「克己復禮為仁。一日克己復禮，天下歸仁焉。

爲仁由己，而由人乎哉？」這一段話時，強調應「克」去「身之私欲」說：[6]

> 仁者，本心之全德。克，勝也。己，謂身之私欲也。復，反也。禮者，天理之節文也。為仁者，所以全其心之德也。蓋心之全德，莫非天理，而亦不能不壞於人欲。故為仁者必有以勝私欲而復於禮，則事皆天理，而本心之德復全於我矣。

《朱子語類》所說：「克去已私，復此天理，便是仁」，[7]亦同此意，都是將人的「自我」(self) 分化爲「天理之公」與「人欲之私」兩個面向，強調以前者戰勝後者，朱子以「勝」解「克」即是在這個脈絡中說的。

《論語‧顏淵》「顏淵問仁」這一章，在思想史上居於特殊重要的地位。這一章的重要性可以從兩方面來看：首先，從孔學系統來看，《論語》全書言「仁」者凡 58 章，「仁」字共 105 見，[8]言「禮」者共 38 章，「禮」字共 73 見。「仁」與「禮」之間關係複雜，既有緊張性又有相互創造性。[9]「顏淵問仁」這一章將「仁」與「禮」的複雜關係說明得最爲體切。孔子所說：「克己復禮爲仁」和「爲仁由己」這兩句話，言簡意賅地暗示了「仁」與「禮」的複雜關係。其次，自從朱子將「克己」解釋爲去除「己身之私欲」以後，引起了明清兩代儒者的批判，如明末陽

---

[6] 朱熹：《四書章句集注》（北京：中華書局，1982 年），頁 131。

[7] 黎靖德編：《朱子語類》（北京：中華書局，1986 年），第 3 冊，頁 1051。

[8] 阮元：《揅經室集》（四部叢刊本），卷 8，頁 1，上半頁。

[9] 參見 Tu Wei-ming, "The Creative Tension Between *Jen* and *Li*," *Philosophy East and West*, 18: 1-2 (1968), pp. 29-39.

明門下的鄒守益（1491-1562）、王龍溪（1498-1583）、羅近溪（1515-1588）、清初的顏元（習齋，1635-1704）、李塨（恕谷，1659-1733）、戴震（東原，1723-1777），對朱子的「克己復禮」的解釋，均提出強烈批判。他們都反對宋儒所持的存天理去人欲的人性論，也反對所謂「本然之性」「氣質之性」二分的人性論，主張性一元論。「克己復禮」解釋的變化，很能具體而微地顯示明清思想史的轉折。[10]

　　實際上，朱子的解釋是很值得商榷的。孔子這一段話有兩個關鍵：一是「克」字，二是「己」字。朱子將「克己」解釋成克去己身之私欲。近年來對這個問題提出一套很具有說服力的說法的是趙紀彬。他說：[11]

> 「克」字起于體力勞動，故許氏《說文》以「克」「肩」互訓。而段《注》則認為：任事以肩，凡物壓于上，力能勝任，乃謂之克。由此引申，「克」有「能」「勝」二義，更引申之，「好勝人」謂「克」，例如《論語・憲問》篇「克伐」章「克伐怨欲不行焉，可以為仁矣」；「師得儁」亦謂「克」，例如《春秋》隱公元年載「鄭伯克段于鄢」。但春秋以前古籍，「克」字一般均用「能夠」或「堪能」之義。例如《書・康誥》篇「克明德」，「多方」篇「克堪用德」，《詩・大雅・文王之什・文王》篇「克配

上帝」等等，不勝枚舉。

由此可知，此章「克己復禮」之「克」，亦當訓「能」，且兼有以肩負物、力能勝任之義。

趙紀彬又解釋「己」字的涵義云：[12]

「己」象矰繳，乃繫繩于弓以射飛鳥的古始武器；自殷代起，列于支干，用以紀日，成為曆法用語，兼以為名號；自周初起，開始以「己公」與「多公」對稱而有「自稱為己」，與「我」同義的苗頭。

趙紀彬進一步指出《論語》中這一章的涵義說：[13]

「克己復禮為仁」雖是古志成語，而孔子特用「為仁由己」一語以申其義，則係以「己」為「為仁」的主體，殊為明顯。所謂「取譬」之方，「忠恕」之道，皆係從「己」出發，細玩「為仁由己」一語，可知去「己」絕不能「為仁」；只有肯定「己」的主體意義及其方法論上的出發點地位，才能正確了解孔子關於「仁」的思想的積極一面。〔……〕合觀上述，足證「克己」與「由己」義近。清儒王船山以「率」釋「由」，取《中庸》「率性之謂道」「率」字之義，而稱為「率由」，可謂定詁。若然，則「克己」合言之，當與「由己」同義，均可釋為「率己」〔……〕。

趙紀彬的解釋較朱注為勝。孔子所說的「己」是指「自我」的

---

12 趙紀彬：〈仁禮解放──《論語新探》補編初稿之一〉，頁 416。
13 同前註，頁 417-418。

整體性而已,「己」不是一個對象性的存在。在《論語》全書中,孔子與弟子的對答十分強調立「志」(如:「吾十有五而志於學」)的重要性,就是強調「自我」的主體性的挺立。[14]儒學的健動精神皆源自於「自我」的主體性。我們掌握了這一點就可以理解孔子所說「苟正其身矣,於從政乎何有?不能正其身,如正人何」(《論語·子路》)、「其身正,不令而行;其身不正,雖令不從」(《論語·子路》)這一類的話,正是強調外在世界的轉變,起於內在的主體世界的轉化。

從以上的析論,我們可以針對上文所提出的兩個問題,而歸納孔子的身體觀與政治觀。孔子基本上不認為「我的身體」與「社會的身體」或「國家的身體」之間,有任何衝突之可能性,因為「我的身體」有其自主性,可以轉化世界。身體(《論語》中所謂「己」或「身」)同時指生物性的身軀,也指人的德性主體,而且後者修養到一定程度就可以滲透並表現在前者之上,達到「正其衣冠,尊其瞻視,儼然人望而畏之」的「威而不猛」的境界,這是孔子心目中「從政」的重要條件(《論語·堯曰》)。《論語·鄉黨》篇對孔子的「聖人氣象」的種種描述,就是這種人格美的外在化的表徵。

(二)孟子與荀子對修身問題看法的異同

但是,應如何修身?這個問題在孟子(371?-289?B.C.)與荀子(298?-238?B.C.)則各有不同的發展。大致說來,孟

---

[14] 當代美國哲學家芬伽瑞(Herbert Fingarette)對這個問題有所發揮,其結論與我此處所說相近。參看 Herbert Fingarette, "The Problem of the Self in the *Analects*," *Philosophy East and West*, 29: 2 (April, 1979), pp. 129-140。

子以及馬王堆帛書《五行篇》爲代表的孟子後學所走的是「身
體的精神化」的道路，所以他們比較強調「愼獨」等內斂功夫。
荀子一系儒者則走的是「身體的社會化」的途徑，要求身體接
受社會規範的指導。孟子與荀子的身體觀都承認心對耳目口身
手足等器官具有優先性，而且可以支配耳目口鼻手足。但是，
孟荀對「心」卻有不同的看法：孟子基本上將「心」視爲價值
意識的創發者，荀子則將「心」視爲價值規範的接受者。這一
項基本的差異，是孟荀對修身問題看法差異甚大的主要原因。
我們引用史料論證上述看法。

　　基本上，古代儒家都認爲生理的身體，須加以轉化才能成
爲德性的身體，這種轉化的工夫論就是古籍所習見的所謂「治
氣養心之術」。現在我們就來討論孟荀對於身體轉化作爲轉化世
界的起點所提出的方法。

　　孟子將身體區分爲兩種「體」：「大體」與「小體」，認爲「大
體」具有道德意識，「小體」不具有道德意識，所以，「小體」
應服從「大體」的指揮。「大體」是指「道德的自我」（moral self），
「小體」則是指「生理的身體」（physical body）。在《孟子・告
子上・15》，孟子與學生公都子有這樣一段對話：

> 公都子問曰：「鈞是人也，或從其大體，或從其小體，何
> 也？」曰：「耳目之官不思，而蔽於物，物交物，則引之
> 而已矣。心之官則思，思則得之，不思則不得也。此天
> 之所與我者，先立乎其大者，則其小者弗能奪也。此為
> 大人而已矣。」

上文「大體」指「心」而言，「小體」指耳目等器官而言，朱子
解釋說：「大體，心也。小體，耳目之類也。官之爲言司也。耳

司聽，目司視，各有所職而不能思，是以蔽於外物。既不能思而蔽於外物，則亦一物而已。又以外物交於此物，其引之而去不難矣。心則能思，而以思爲職。凡事物之來，心得其職，則得其理，而物不能蔽；失其職，則不得其理，而物來蔽之。此三者，皆天之所以與我者，而心爲大。若能有以立之，則事無不思，而耳目之欲不能奪之矣，此所以爲大人也。」朱子的解釋可以成立，我們再補充說明：孟子所說的「心」是指超越五官之上的具有價值意識的道德心。正因爲「心」是普遍的，因此它也是必然的。孟子明確指出，作爲「大體」的「心」具有「思」的能力，而作爲「小體」的「耳目之官」則欠缺「思」的能力。孟子指出，一切的價值意識都源自於心，「仁義禮智，非由外鑠我也，我固有之也」（《孟子・告子上・6》）。又說：「君子所性，仁義禮智根於心」（《孟子・盡心上・21》）。「心」之作爲人的價值意識的來源，是有其普遍必然性的，這種意義下的「心」具有超越性，所以，人一旦掌握了他的生命中「心」的最後本質，就可以躍入宇宙大化之源，而到達孟子所說的：「盡其心者，知其性也。知其性，則知天矣。」（《孟子・盡心上・1》）。孟子思想中的「心」與宇宙最高實體同質同步，因此（1）「心」作爲價值意識之創發者，有其普遍必然性；也因此，（2）「心」對「身」（耳目口鼻）具有優先性。這兩點係孟子心學要義之所在，亦爲先秦儒家論「心」一貫之見解，馬王堆帛書《五行篇・經22》：「耳目鼻口手足六者，心之役也」；《荀子・天論》：「心居中虛以治五官，夫是之謂天君」，《禮記・祭義》亦有「耳目不違心」之說，皆與孟子「大體」「小體」之說互通。孟子從區分「大體」「小體」的身體觀基礎出發，要求「小體」經由「大體」的統御、指導與轉化，終於改變外在的形貌，而達到「踐形」的境界。經由這一套「精神化」的過程，孟子可以滌除人

的生理形體所加諸人的局限與負擔。

孟子這一套身心觀，到了孟子後學的帛書《五行篇》作者手中，獲得了更細緻的發展。孟子後學將「心」更進一步區分為「中心」與「外心」兩種形態。《五行篇》作者所提出的「中心」的概念，正是繼承孟子的心學而來的，這種「心」之作為價值意識的來源有其普遍必然性，因此，《五行篇》的作者可以宣稱：「以其中心與人交，說（悅）也，〔乃〕說（悅）焉，」（〈經14〉）。另一方面，《五行篇》所謂的「外心」，是指社會習俗或禮儀傳統制約下，已經受到矯治了的「心」（略近於經過荀子所謂「心」禮義師法之化），《禮記・禮器》所說的：「禮之以多為貴者，以其外心者也」中的「外心」與《五行篇》的「外心」同義。而因為社會習俗或禮儀傳統，均有其時間或空間上的特殊性，因此，這種社會化了的「心」就不具有普遍性。《五行篇》說：「以其外心與人交，袁（遠）也」（〈經16〉），就可以從這個角度加以理解。《五行篇》作者所重視的是具有內省能力的「中心」，而非社會化了的「外心」。[15]思孟學派這一條修身的進路，不斷地要求精神的純化，孟子後學之所以特別標舉「慎獨」工夫的必要性，實在是自然的歸趨。

荀子的身體觀從表面看似乎與孟子相近，舉例言之，荀子也非常強調「心」相對於耳目口鼻的優先性與支配性。但是，荀子將身體區分為「天官」與「天君」，「天官」是指耳目口鼻等，「天君」是指心。心可以控制主宰耳目口鼻，以下這兩條材料可以證明以上說法：

---

[15] 參看黃俊傑：《孟學思想史論・卷一》，第 3 章。

（1）　天職既立，天功既成，形具而神生，好惡、喜怒、哀樂臧焉，夫是之謂天情。耳、目、鼻、口、形，能各有接而不相能也，夫是之謂天官；心居中虛，以治五官，夫是之謂天君。財非其類，以養其類，夫是之謂天養；順其類者謂之福，逆其類者謂之禍，夫是之謂天政。暗其天君，亂其天官，棄其天養，逆其天政，背其天情，以喪天功，夫是謂之大凶。聖人清其天君，正其天官，備其天養，順其天政，養其天情，以全其天功。如是，則知其所為，知其所不為矣。（《荀子·天論》）

（2）　心者，形之君也而神明之主也，出令而無所受令。自禁也，自使也，自奪也，自取也，自行也，自止也。故口可劫而使墨云，形可劫而使詘申，心不可劫而使易意，是之則受，非之則辭。（《荀子·解蔽》）

但是，我們不應該由於以上這種表面的相同而忽略了一項基本的差異：思孟學派強調「心」的主體性及超越性，荀子則重視「心」的社會性與政治性。荀子的「統類心」所關懷的不是個人成德的超越根據，而是個人成德過程中所牽涉的社會政治諸般現實問題，尤其是禮法制度建構的問題。[16]

　　由於孟荀所認為的「心」有這樣的不同，所以，他們對如何修身也隨之而有很大的歧異。荀子說：

　　治氣、養心之術：血氣剛強，則柔之以調和；知慮漸深，

---

[16] 參看黃俊傑：《孟學思想史論·卷二》（臺北：中央研究院中國文哲研究所籌備處，1997 年，2001 年），頁 103-126。

則一之以易良；勇毅猛戾，則輔之以道順；齊給便利，則節之以動止；狹隘褊小，則廓之以廣大；卑濕重遲貪利，則抗之以高志，庸眾駑散，則劫之以師友；怠慢僄棄，則炤之以禍災；愚款端愨，則合之以禮樂，通之以思索。凡治氣、養心之術，莫徑由禮，莫要得師，莫神一好。夫是之謂治氣、養心之術也。(《荀子·修身》)

荀子基本上就社會脈絡論修身之道，他強調「凡治氣養心之術，莫徑由禮」；他也說：「所以養生安樂者莫大乎禮義。人知貴生樂安而棄禮義，辟之是猶欲壽而刎頸也，愚莫大焉。」(《荀子·彊國》)荀子反覆強調「禮」的作用：

禮者，所以正身也；師者，所以正禮也。無禮，何以正身？無師，吾安知禮之為是也？禮然而然，則是情安禮也；師云而云，則是如若師也。情安禮、知若師，則是聖人也。故非禮，是無法也；非師，是無師也。不是師法，而好自用，譬之是猶以盲辨色，以聾辨聲也，舍亂妄無為也。故學也者，禮法也；夫師，以身為正儀，而貴自安者也。《詩》云：「不識不知，順帝之則。」此之謂也。(《荀子·修身》)

總而言之，荀子完全從外在的禮義師法之化論修身問題。相對於孟子所主張的「身體的精神化」，我們不妨說荀子所主張的可以稱之為「身體的社會化」。

四、孟子與荀子的身體隱喻中的政治意涵

本文第一節曾說，古代儒家政治論中的身體隱喻思維是具

體展現中國文化的「比興式」思維傳統的一種思維方式。現在，我們可以問：古代儒家的身體隱喻以身體「比」國家，他們想「興」起何種意涵呢？

我想要以孟子和荀子爲例，來具體回答這個問題。孟子與荀子借身體爲喻，他們所要傳達的涵義很不相同。孟子所要傳達的是君臣的相對性，荀子所要傳達的是君臣關係的絕對性，臣對君必須服從。

孟子的身體隱喻是在工夫論的層次上講的，〈告子上〉共二十章所論都是修養工夫問題。孟子雖然區分「大體」、「小體」，並認爲「從其大體」的是「大人」，「從其小體」的是「小人」（《孟子‧告子上‧15》），但是，我們必須注意的是：孟子所謂的「大人」、「小人」是就其德性義而言，並不是指政治的上下階層而言。所以，雖然孟子說「體有貴賤，有大小。無以小害大，無以賤害貴。養其小者爲小人，養其大者爲大人。」（《孟子‧告子上‧14》）但是，這裡所謂「小」「大」「貴」「賤」，都不是指政治義，而是指德性義而言。孟子在政治脈絡中運用身體隱喻，他強調的是君臣關係的相對性。孟子告訴齊宣王說：

> 君之視臣如手足，則臣視君如腹心。（《孟子‧離婁下‧3》）

手足與腹心，在孟子看來皆爲身體之「部分」，其關係是相對的，不是絕對的，這是孟子運用身體隱喻所傳達的訊息。

但是，荀子運用身體隱喻，則已將這種相對關係轉爲絕對關係。荀子說：

> （1）故天子不視而見，不聽而聰，不慮而知，不動而功，塊然獨坐而天下從之如一體，如四胑之從心，夫是之

謂大形。(《荀子‧君道》)

（2）臣之於君也，下之於上也，若子之事父，弟之事兄，
若手臂之扞頭目而覆胸腹也，〔……〕(《荀子‧議兵》)

荀子將天子比之爲「大形」，要求「天下從之如一體」「如四肢之從心」，顯然是一種單線的下對上的服從關係。

荀子政治論中的身體隱喻所乘載的這種訊息，基本上與戰國晚期君主權力高漲的歷史背景相符合，也可以視爲這種歷史背景在思想上的一種反映。從戰國晚期至漢代，許多思想家運用身體隱喻皆在傳達這種訊息。《韓非子‧有度》將臣子比喻爲手足，要求臣下成爲統治者的工具：

> 賢者之爲人臣，北面委質，無有二心。〔……〕順上之爲，
> 從主之法，虛心以待令，而無是非也。故有口不以私言，
> 有目不以私視，而上盡制之。爲人臣者，譬之若手，上
> 以脩頭，下以脩足〔……〕。

《管子‧心術上》：「心之在體，君之位。九竅之有職，官之分也。」《春秋繁露‧通國身》：「身以心爲本，國以君爲主。」這類言論都是戰國晚期以降這種君權上昇事實的反映。

五、餘論：身體與政治組織的空間性與時間性

本文所分析古代儒家運用「身體隱喻」（body metaphor）論證政治組織的原理與權力的運作原則，潛藏著一個問題。這就是：人的身體是以時間和空間爲其存在之基本形式，而且受時間與空間因素所決定。人的身體與時俱化，終須隨風而逝。如

此一來，這些假定「治身與治國一理之術也」（《呂氏春秋・審分覽・審分》）的思想家，必將備受質疑：既然身體有時而盡，則與身體一樣可以互喻的政治組織是否也有時而窮？如此一來，則以身體作爲隱喻所論證的原理，亦失去其永久成立之基礎？

這個問題並非無的放矢，我們且從（《呂氏春秋・審分覽・執一》）的一段對話討論：

> 楚王問爲國於詹子。詹子對曰：「何聞爲身，不聞爲國。」詹子豈以國可無爲哉？以爲爲國之本在於爲身。身爲而家爲，家爲而國爲，國爲而天下爲。故曰：以身爲家，以家爲國，以國爲天下。此四者異位同本，故聖人之事，廣之，則極宇宙，窮日月；約之，則無出乎身者也。

在這段文字中，「異位同本」這句話最值得深思。包括儒家在內的許多運用身體隱喻來進行政治論述的思想家，都有意無意間假定：身體與國家具有同質性，因此其組織之原理均可互通互喻。現在既然身體受時空所決定，則他們必須努力論證國家或政治組織的超時間性與超空間性的特質，否則他們的政治理論的有效性就受到質疑了。更具體地說，這個問題包括：（1）身體與國家的存在型式—時間—如何綿延？（2）身體與國家的存在型式—空間—如何擴大？我們通讀《論語》、《孟子》、《大學》、《中庸》及帛書《五行篇》等古代儒家典籍，發現對這兩個問題很少作直接而正面的回答。在《公羊傳》莊公四年的記載裡，古代儒家則提出「國君一體」的概念來解決這個問題。

關於「國君一體」這個概念可以從時間與空間的角度加以解釋。古代儒家所謂「一體」的概念包含兩個內涵：其一是歷

代國君由於世世繼承其祖宗之正體所構成的「一體」關係；其二是由國家的社會關係與空間關係所構成的「一體」。「一體」的基本意涵即人的身體，因此前者著重在子孫爲先祖之遺體那樣的一體聯繫，世代繼體，解消了時間對先祖正體的局限，換言之，即以空間解消了時間。後者則直接就空間概念（身體的各個部分）論述社會關係。[17]我們可以說，古代儒家政治思想中的「一體」概念，是用來解決國家政治的時間延伸問題與空間的擴大問題的重要槓桿。在這兩個「一體」的概念，古代儒家比較重視第一個意義下的「國君一體」，強調子孫之作爲先祖遺體的一部分，以綿延國家於萬世不墜，因此掙脫時間所加諸身體的局限性。至於第二個意義下的「國君一體」，古代儒家則很少鼓勵統治者擴大自己的主體性（包括身體），反而常強調統治者應該解消自己的主體性，將自己消融到人民的主體性之中。荀子雖提高君權鼓勵天子應「故目視備色，耳聽備聲，口食備味，形居備宮，名受備號，生則天下歌，死則四海哭，夫是之謂至盛」（《荀子・解蔽》），但荀子似乎也未嘗明言君主應擴大他的身體之主體。

在與儒家比較之下，法家對國君身體在空間上的擴大這個問題，賦予較高的重視，這當然與法家爲專制集權張目的基本立場有關。韓非子（？-233B.C.）有見於統治者的身體在空間上有其不可避免的局限性：「夫爲人主而身察百官，則日不足，力不給。且上用目，則下飾觀；上用耳，則下飾聲；上用慮，則下繁辭。」（《韓非子・有度》）所以韓非子認爲統治者應運用各種法、術、

---

[17] 王健文：〈國君一體：古代中國國家概念的一個面向〉，收入氏著：《奉天承運：古代中國的「國家」概念及其正當性基礎》，頁 122。

勢等統治技巧，使自己的身體達到在空間上的效果，他說：「明主者，使天下不得不爲己視，使天下不得不爲己聽。故身在深宮之中，而明照四海之內，而天下弗能蔽、弗能欺者，闇亂之道廢，而聰明之勢興也。」（《韓非子·姦劫弒臣》）而且，統治者更要進一步使臣下的身體完全工具化，使臣下「有口不以私言，有目不以私視，而上盡制之。爲人臣者，譬之若手，上以修頭，下以修足；清暖寒熱，不得不救；鏌 傅體，不敢弗搏」（《韓非子·有度》）。我們可以說，韓非子要求臣下的身體的自主性完全解消，而且徹底將其所有權移轉給統治者。從韓非子的身體觀與政治論，我們看到了專制政權對人的身體的支配的深入與徹底。

引用書目

中日文論著：

王健文：〈國君一體：古代中國國家概念的一個面向〉，收入氏
　　　　著：《奉天承運：古代中國的「國家」概念及其正當性
　　　　基礎》（臺北：東大圖書公司，1995 年）。

朱　熹：《四書章句集注》（北京：中華書局，1982 年）。

黃俊傑：《孟學思想史論・卷一》（臺北：東大圖書公司，1991
　　　　年）。

_____：《孟學思想史論・卷二》（臺北：中央研究院中國文哲
　　　　研究所籌備處，1997 年，2001 年）。

阮　元：《揅經室集》（四部叢刊本）。

勞思光：〈對於如何理解中國哲學之探討及建議〉，《中國文哲研
　　　　究集刊》創刊號（1991 年 3 月）。

_____：《中國哲學史》（臺北：三民書局，1981 年），三下。

趙紀彬：〈仁禮解故——《論語新探》補編初稿之一〉，原刊於：
　　　　《新建設》1962 年第 2 期，收入哲學研究編輯部編：
　　　　《孔子哲學討論集》（香港：崇文書局，1972 年）。

溝口雄三：《中國前近代思想の屈折と展開》（東京：東京大學
　　　　出版會，1980 年）。

黎靖德編：《朱子語類》（北京：中華書局，1986 年）。

錢鍾書：《管錐編》（北京：生活・讀書・新知三聯書店，2001
　　　　年 1 月），第 1 冊，上卷。

英文論著：

Cassirer, Ernst, tr. by Susanne Langer, *Language and Myth* (NewYork: Harper & Row, 1946).

Fingarette, Herbert, "The Problem of the Self in the *Analects*," *Philosophy East and West*, 29: 2 (April, 1979).

Lao, Sze-kwang, "On Understanding Chinese Philosophy: An Inquiry and a Proposal," in Robert A. Allinson ed., *Understanding the Chinese Mind: The Philosophical Roots* (Hong Kong: Oxford University Press, 1989).

Tu, Wei-ming, "The Creative Tension Between *Jen* and *Li*," *Philosophy East and West*, 18: 1-2 (1968).

拾參、

「身體隱喻」與古代儒家的修養工夫

一、前言

在古代儒家思想的各個不同面向之中,「身體隱喻思維」表現得最為清楚的,是儒家修養工夫論以及政治論這兩個方面。古代儒家從人的身體這個切近而具體的存在出發,思考與人的道德修養有關的工夫所牽涉的諸般問題;也從身體出發,思考理想的政治生活的型態及其運作,提出系統性的政治論。這一章的主要任務,就是在於探索在古代儒家對修養工夫或境界的描述裡「身體隱喻」如何展現。

本文擬分三個層次進行。我們首先說明所謂「身體隱喻思維」是「具體性思維方式」的一種表現,「具體性思維方式」是中國文化中很常見的一種思維方式。孟子說:「四體不言而喻」(《孟子‧盡心上》),孔子說:「能近取譬,可謂仁之方也已」(《論語‧雍也》),這些話提示我們:中國古代儒家思考問題,常常從身體出發,身體是自我與世界之間關係的接觸點與聚合點,是人的存在中最具體的事物,儒家常以身體作為隱喻(metaphor)思考各種問題。接著,本文第三節分析古代儒家思想的外在面向,特別扣緊在作為實踐場域及其在空間的適當展現。我希望從這個角度,對儒家的禮學提出一些新的解釋。最後,第四節想討論儒家思想的內在面向。就身體本身而言,儒家思想中的身體有其內在整體性,這種整體性是靠「氣」的流通來保證的。

這就必須涉及身體的三個成分「心」、「氣」、「形」三者之間的分野及其統一這個問題。

二、「具體性思維方式」中的「身體隱喻」：「四體不言而喻」

在進入本題之前，我們必須先從「身體思維」（body thinking）說起。所謂「身體思維」是指從人的身體出發，以身體的方式對世界進行思考的一種思維方式，它與不佔空間的純邏輯式的思維方式完全不同。吳光明教授最近曾對「身體思維」提出一個非常明確的定義：[1]

> 「身體思維」乃是身體情況中的思維，也就是透過身體來思想。身體體現的思維與身體聯結；在這種情況下，思想活出了身體，而身體也活出了思維。身體思維是瀰漫於身體中的思想，它與自無何有之處的思處的思考完全不同。這種所謂出自無何有之鄉的思考方式，是一種無關身體的、數理邏輯式、不佔空間的、缺乏歷史而具有普遍性的思考方式。所謂用身體的方式思想，就是藉由身體的觀點和樣態來思想，也就是由身體所活出的思維，它和理念型思考者的理論思考截然不同。

> 「身體思維」既是身體體現的思維，又是用身體的方式進行的，這兩項特徵密切地互相滲透，使得身體及其思維構成一完整整體，以致於我們無法分別什麼時候這種

---

[1] 吳光明：〈莊子的身體思維〉，收入楊儒賓編：《中國古代思想的氣論與身體觀》（臺北：巨流圖書公司，1993 年），頁 393-414。

　　思想是身體體現的，什麼時候則是用身體方式進行的。
　　身體思維乃是鎖定在體內重心的思維，它和那種無關身
　　體的抽象思想正好相反。

　　所謂「身體思維」具有兩項特質：一、身體思維是具體的
而不是抽象的思維方式；二、身體思維透過身體而進行。我們
依序論述這兩大特徵：

　　首先，身體思維是具體性思維方式的一種主要的表現方
式。所謂「具體性思維方式」正是中國文化中思維方式的一大
特徵。中國文化中具體性思維方式較常見的表現方式有二：第
一是「類推論證」，這是以某一已知的具體事物類推另一未知的
事物；或以某一事物的己知「部分」類推該事物之「全體」之
屬性。第二是「歷史論證」，這是從歷史上具體的人與事，論證
抽象的原理。[2]除了這種習見的論證方式之外，「身體思維方式」
也是「具體性思維方式」的一種表現，因為人的身體是最具體
的，是人與外在世界的聚合點，所以從身體出發的思想，必然
有其具體性。

　　其次，古代儒家常常從身體出發，思考人的道德修養問題。
孔子就曾以人的身體器官的狀態來描述人生的進境，他說：「六
十而耳順」(《論語・為政》)，即為一例。在孔子所謂的「君子
九思」中，「視思明，聽思聰，色思溫，貌思恭，言思忠」(《論
語・季氏》)，都是從人的身體器官的功能運作來思考修養工夫。
孔子所說的「君子有三戒」(《論語・季氏》)，也是從人的身體

---

[2]　參看黃俊傑：《孟學思想史論》(卷一)(臺北：東大圖書公司，1991 年)，
　　第 1 章。

的「血氣」之盛衰申論修養工夫。孟子也說過：「〔……〕子夏、
子游、子張皆有聖人之一體，冉牛、閔子、顏淵則具體而微。」
(《孟子·公孫丑上》)朱註：「一體，猶一肢也。具體而微，謂
有其全體，但未廣大耳。」在孟子說這段話的脈絡裡，聖人(孔
子)的境界被比喻爲完整的人體，子夏等人則被比喻爲一肢。

　　正因爲古代儒家從人的身體出發思考問題，因此認爲人的
四體或五官有其共通性，更從身體的共通性論述人的價值自覺
的必然性與普遍性。孟子說「人之有四端，猶其有四體也」(《孟
子·公孫丑上》)，以人的身體比喻人之具有道德意識。孟子更
從人類共同的感官經驗推論人的價值自覺有其普遍必然性，他
說：

> 口之於味也，有同耆焉；耳之於聲也，有同聽焉；目之
> 於色也，有同美焉。至於心，獨無所同然乎？心之所同
> 然者何也？謂理也，義也。聖人先得我心之所同然耳。
> 故理義之悅我心，猶芻豢之悅我口。(《孟子·告子上》)

在孟子的論述中，「口」、「耳」、「目」與「心」之所以可相互類
比，乃是這四者都是屬於身體的一部分，具有共通的屬性，所
以可以加以類比，孟子很顯然是以身體作爲出發點思考道德修
養問題。在從身體出發思考問題這個立場上，荀子與孟子是接
近的。荀子指出人的生物性本能的普遍性說：

> 凡人有所一同：飢而欲食，寒而欲暖，勞而欲息，好利
> 而惡害，是人之所生而有也，是無待而然者也，是禹、
> 桀之所同也。目辨白黑美惡，耳辨音聲清濁，口辨酸鹹
> 甘苦，鼻辨芬芳腥臊，骨體膚理辨寒暑疾養，是又人之
> 所常生而有也，是無待而然者也，是禹、桀之所同也。(《荀

子‧榮辱》)

荀子更進一步以感官活動的自然展現，分判「性」與「偽」。荀子對人性的定義是「不可學，不可事，而在人者，謂之性；可學而能，可事而成之在人者，謂之偽；是性偽之分。」荀子分辨「性」與「偽」的根據，即在於其是否屬於身體感官活動的本能。荀子指出：「今人之性，目可以見，耳可以聽。夫可以見之明不離目，可以聽之聰不離耳；目明而耳聰，不可學明矣。」並認為「今人之性，飢而欲飽，寒而欲煖，勞而欲休，此人之情性也」、「若夫目好色，耳好聲，口好利，骨體膚理好愉佚，是皆生於人之情性者也；感而自然，不待事而後生之者」(《荀子‧性惡》)。可見荀子是就人類生物性的身體本能來界定「性」。但是，孟子對「性」所下的定義則與荀子不同。孟子說：「口之於味也，目之於色也，耳之於聲也，鼻之於臭也，四肢之於安佚也，性也，有命焉，君子不謂性也。」(《孟子‧盡心下》)孟子和荀子都是從身體出發，以身體器官作為比喻，思考人性及道德修養等問題。「身體思維」在古代儒家思想中實居於特殊重要地位。

　　所謂「身體思維」可以以許多不同方式進行，但是，古代中國儒家思想史所見的「身體思維」，主要表現在「隱喻思維」(metaphorical thinking)方式。這裡所謂「隱喻的」(metaphorical)是與「如實的」("literal")一詞相對而言，「隱喻」的運用是古代中國思想家進行思考時的重要方式之一。古代儒家常常以具體的事物作為「隱喻」，來乘載外顯的或內涵的意義，以求達到論證的效果。這是具有中國文化特色的思維方式之一，與近代西方純理論的邏輯思維很不相同。我在這裡所謂的「隱喻思維」，在古籍中屢見不鮮，例如孔子和孟子就常常以水隱喻人的

修養進境，孔子以「樂水」形容「知者」，以「樂山」形容「仁者」(《論語‧雍也‧23》)，孟子更以水喻生命之豐富盈溢，日新又新。孟子曰：「流水之爲物也，不盈科不行，君子之志於道也，不成章不達」(《孟子‧盡心上‧24》)，但「水哉水哉，何取於水也？」孟子曰：「源泉混混，不舍晝夜，盈科而後進，於乎四海，有本者如是，是之取爾。〔……〕」(《孟子‧離婁下‧10》)孟子更進一步說：「觀水有術，必觀其瀾。日月有明，容光必照焉。」(《孟子‧離婁下‧10》)《荀子‧宥坐》：「孔子觀於東流之水。子貢問於孔子曰：『君子之所以見大水必觀焉者，是何？』孔子曰：『夫水，大遍與諸生而無爲也，似德。其流也埤下裾拘，必循其理，似義。其洸洸乎不淈盡，似道。若有決行之，其應佚若聲響，其赴百仞之谷不懼，似勇。主量必平，似法。盈不求概，似正。淖約微達，似察。以出以入以就鮮絜，似善化。其萬折也必東，似志。是故君子見大水必觀焉。』」孔孟荀都以水之流動生機勃勃，水之清和潤澤大地，以隱喻人的生命之動態成長，生機暢發。這種運用「隱喻」的論述方式，略近於墨子所謂「辟」，墨子說：「辟也者，舉他（原作也，從王先謙改）物而以明之也」(《墨子‧小取》)，這種「舉他物以明之」的「隱喻思維方式」是古代中國思想家習用的論述方式，古籍習見以鳳喻孔子(《論語‧微子》、《莊子‧人間世》、《孟子‧公孫丑上》)，以龍喻老子（如《莊子‧天運》），均是這種論述方式的展現，人的身體也是一種「隱喻」。但是，爲甚麼古代中國思想家更以水、龍、鳳或身體作爲隱喻來進行論述呢？

　　從許多文獻看來，最主要的原因是這些隱喻可以創造並乘載豐富的意義，以供聽者的解讀，激發聽者的思維，達到「比」或「興」的效果。所謂「比」或「興」是指《毛詩序》中對詩

之六義中的「比」「興」的解釋,「比」是指以彼物指此物之意,「興」是指先說他物以引起所詠之辭。在各種可以運用來作為隱喻的事物中,最具體而直接的,就是當下即是的人的身體,先秦儒家常常運用身體作為隱喻,試讀下列幾條材料:

（1）　人之有是四端也,猶其有四體也。(《孟子‧公孫丑上》)

（2）　君子之學也,入乎耳,箸乎心,布乎四體,形乎動靜;端而言,蝡而動,一可以為法則。小人之學也,入乎耳,出乎口,口、耳之間則四寸耳,曷足以美七尺之軀哉?古之學者為己,今之學者為人。君子之學也,以美其身,小人之學也,以為禽犢。(《荀子‧勸學》)

（3）　使目非是無欲見也,使耳非是無欲聞也。使口非是無欲言也,使心非是無欲慮也。及至其致好之也,目好之五色,耳好之五聲,口好之五味,心利之有天下。(《荀子‧勸學》)

（4）　凡人有所一同:飢而欲食,寒而欲暖,勞而欲息,好利而惡害,是人之所生而有也,是無待而然者也,是禹、桀之所同也。目辨白黑美惡,耳辨音聲清濁,口辨酸鹹甘苦,鼻辨芬芳腥臊,骨體膚理辨寒暑疾養,是又人之所常生而有也,是無待而然者也,是禹、桀之所同也。(《荀子‧榮辱》)

（5）　口之於味也,有同耆焉;耳之於聲也,有同聽焉;目之於色也,有同美焉。至於心,獨無所同然乎?心之所同然者何也?謂理也,義也。聖人先得我心

之所同然耳。故理義之悅我心，猶芻豢之悅我口。
（《孟子‧告子上》）

這些論述都先指出身體器官對自然現象反應的普遍性與共同性，再注入「人的價值自覺也有普遍必然性」這項意義，以激發聽者的思考。孟子說：「四體不言而喻」，是對古代儒家論述方式最傳神的說明。

三、作為實踐場域的身體及其在空間的展現

上節的討論指出：古代儒家透過身體而對世界及自我進行思考，常常將身體作為隱喻運用，儲存豐富的意義。但是，這裡所謂「透過身體而對世界及自我進行思考」涉及許多問題，其中較為重大者有二：

　　1.如何使自己的身體在空間作最適當的展現或安頓？
　　2.如何從身心的不完整性走向身心一如的境界？

這兩個問題觸及儒家運用來進行隱喻思維的身體的不同方面。第一個問題所觸及的是儒家的修養工夫問題。這裡所謂的「空間」，基本上是指社會政治空間而言。因為人的身體並不是一個中性意義的物理空間，它是一種在社會政治情境之下，充滿了價值判斷內涵的社會空間與政治空間。因此，如何在社會政治脈絡下適當地安頓自己的身體，就成為儒家論述人的修養工夫的一個重要課題。古代儒家思考這個課題，發展出一套嚴謹的禮學。第二個問題所觸及的是人的修養工夫的內在層面問題，也就是人的身體結構的層次如何分野以及如何統一的問題。用傳統的語彙來說，也就是如何「治氣養心」的問題。儒家以「踐

形」說爲中心，提出了一套內在的修養工夫論。

我們先分析第一個問題。古代儒家對於身體在社會空間裡的安頓這個問題，賦予高度的注意。古代儒家的禮學，有一大部分的內容是對於在社會政治空間裡如何安頓自己的身體這個問題，所提出的應然的規範。這種重視身體的社會性的立場，從孔子、孟子、荀子到秦漢之際的儒者都是一貫的。孔子一向強調不論是公私生活都要舉止端莊，孔子說：「席不正不坐」(《論語・鄉黨》)，平日居處應該：「君子正其衣冠，尊其瞻視，儼然人望而畏之，斯不亦威而不猛乎？」(《論語・堯曰》)在公職生活方面，孔子更強調身體舉止必須服從社會應然的規範，《論語・鄉黨》篇有許多這方面的記載：

（1）　君召使擯，色勃如也，足躩如也。揖所與立，左右手。衣前後。襜如也，趨進，翼如也。賓退，必復命曰：「賓不顧矣」。(《論語・鄉黨》)

（2）　入公門，鞠躬如也。如不容，立不中門，行不履閾。過位，色勃如也。足躩也，其言似不足者。攝齊升堂，鞠躬如也，屏氣似不息者。出，降一等，逞顏色。怡怡如也。沒階趨，翼如也。復其位，踧踖如也。(《論語・鄉黨》)

（3）　執圭，鞠躬如也。如不勝。上如揖。下如授。勃如戰色。足縮縮，如有循。享禮，有容色。私覿，愉愉如也。(《論語・鄉黨》)

孔子強調在社會或政治空間裡，通過適當的動靜周旋的規範，來安頓自己的身體。從這個角度來看，我們不妨說，古代儒家

所謂的「禮」就是扣緊身體的社會性而說的。

在孔門弟子中，對孔子所強調的身體的社會意義會最深的大約是曾子，試看下列兩條記載：

（1）　曾子有疾，召門弟子曰：「啟予足！啟予手！《詩》云：『戰戰兢兢，如臨深淵，如履薄冰。』而今而後，吾知免夫！小子！」（《論語・泰伯》）

（2）　曾子有疾，孟敬子問之，曾子言曰：「鳥之將死，其鳴也哀；人之將死，其言也善。君子所貴乎道者三：動容貌，斯遠暴慢矣；正顏色，斯近信矣；出辭氣，斯遠鄙倍矣。籩豆之事，則有司存。」（《論語・泰伯》）

曾子所表現的那種對自己的身體的戒慎之心，很生動刻劃出先秦孔門的身體觀。

正因為先秦孔門注重身體的社會性，所以他們認為人的動靜舉止，舉手投足皆有其社會涵義。《論語》記載孔子故人原壤「夷俟」，被孔子責以「幼而不孫弟，長而無述焉，老而不死，是為賊」，並「以杖叩其脛」（《論語・憲問》）。孔子以「賊」字責備原壤，這是非常嚴重的指責，在《論語》裡孔子也以「德之賊」痛斥「鄉愿」（《論語・陽貨》），可見在孔子的用法裡「賊」字的嚴重程度。但何以原壤以「夷」的姿勢等孔子，會招致孔子的嫌惡呢？

所謂「夷」即蹲踞之意。《廣雅・釋詁》：「跠，踞也」，《墨子・天志中》：「紂越厥夷居」，《墨子・非命上》：「紂夷處」，均與《論語》此章「夷」字同義。劉寶楠《論語集釋》云：「按《史

記‧南越趙陀傳》『椎髻箕踞，以待陸賈。』蓋古人凡坐以尻就踝。今夷俗以尻及地，張兩膝爲箕形。夷俟即箕踞也。馬注：『箕，踞也。俟，待也。踞待孔子。』《集注》即用其說。其義易明。」[3]其說極是。李濟之先生以考古資料配合古籍文獻，指出：「蹲踞與箕踞不但是夷人的習慣，可能也是夏人的習慣；而跪坐卻是尙鬼的商朝統治階級的起居法，周朝人商化後，加以光大。」[4]箕踞是東夷的生活習俗，以弘揚周文化自任的孔子之不齒原壤的姿勢，當有其文化上的原因。蹲踞不僅是一種中性的物理意義的姿勢而已，它更代表一種輕蔑或不敬的社會意義。

我們也可以在孟子的行事中找到類似的故事。公元前 329年，孟子離開齊國，宿於晝，「有欲爲王留行者，坐而言。不應，隱几而臥。客不悅曰：『弟子齊宿而後敢言，夫子臥而不聽，請勿復敢見矣。』」（《孟子‧公孫丑下‧8》）來客坐而言，孟子不應而臥，明白地以肢體的姿勢表示他的不滿。在古代儒家身體思維的發展史上，孟子特別強調身體的精神化與人格美的具體化（說詳下），但是，孟子對身體的社會性的重視，卻與孔子一致。先秦孔門一貫強調在社會情境中適當地安頓自己的身體，《論語》裡描寫孔子的日常生活說：「子之燕居，申申如也，夭夭如也。」（〈述而〉）又說：「子溫而厲，威而不猛，恭而安。」（〈述而〉）也形容孔門弟子說：「閔子侍側，誾誾如也；子路行

---

[3]　程樹德：《論語集釋》（臺北：藝文印書館，1965 年），〈憲問下〉，卷 30，頁907。

[4]　李濟：〈跪坐蹲居與箕踞〉，《中央研究院歷史語言研究所集刊》第 24 本（1953年），頁 283-301。

行如也；冉有、子貢，侃侃如也。子樂。」「若由也，不得其死然。」（〈先進〉）從身體觀這個角度，我們不妨說，所謂聖賢氣象就是將身體的主體性與身體的社會性交融為一以後，所顯示出來的境界。

先秦儒家的殿軍荀子也很重視身體在社會空間的適當安頓，他說：「坐視膝，立視足，應對言語視面。」（《荀子‧大略》）又說：「禮者，所以正身也。」（《荀子‧修身》）荀子甚至明確地從身體五官調養的角度定義「禮」，他說：「故禮者，養也。芻豢稻粱，五味調香，所以養口也；椒蘭芬苾，所以養鼻也；雕琢刻鏤黼黻文章，所以養目也；鍾鼓管磬琴瑟竽笙，所以養耳也；疏房檖　越席床第几筵，所以養體也。」（《荀子‧禮論》）所謂「禮」，荀子解釋成為身體而設置一套行為規範。

從身體在社會空間的展現這種角度來定義「禮」這個傳統，在《禮記》這部書完成了匯集。《禮記‧曲禮》對言語、飲食、灑掃、應對、進退各項，都有精詳的規定。〈玉藻〉對天子諸侯的衣服、飲食、居處均作詳細規定。從身體的角度來看，這一類禮節都可以視為對人的身體在社會空間的適當展現所作的規範。古代社會許多儀式或生活習俗，如貴族生活行則鳴鸞，居則佩玉等，其作用不外是約束生理的原始狀態，並加以轉化成合乎社會規範的存在。這種將屬於個人的生理身體轉化成屬於社會的身體的工夫，古籍泛稱之為「禮」。用現代學術的語彙來說，我不妨稱之為「身體」的「社會化」。經過「身體」的「社會化」過程之後，人的生理身體就被社會價值規範所滲透轉化，而能將社會的價值具體地在身體上展現出來，曾子所說的成為君子的要項：「動容貌，斯遠暴慢矣；正顏色，斯近信矣；出辭氣，斯遠鄙倍矣。」（《論語‧泰伯》），就是對這種「我的身體」

與「社會的身體」交融爲一的境界的說法。孟子說：「堯舜，性之也；湯武，身之也〔……〕」（《孟子‧盡心上‧30》），「身之」這句話，最可以說明作爲實踐場域的身體的涵義。身體在社會空間的適當展現，也可以達到政治上的效果。我門先看一段孔子與子張的對話：

> 子張問於孔子曰：「何如斯可以從政矣？」「尊五美，屏四惡，斯可以從政矣。」子張曰：「何謂五美？」子曰：「君子惠而不費，勞而不怨，欲而不貪，泰而不驕，威而不猛。」子張曰：「何謂惠而不費？」子曰：「因民之所利而利之，斯不亦惠而不費乎？擇可勞而勞之，又誰怨？欲仁而得仁，又焉貪？君子無眾寡，無小大，無敢慢，斯不亦泰而不驕乎？君子正其衣冠，尊其瞻視，儼然人望而畏之，斯不亦威而不猛乎？」（《論語‧堯曰》）

孔子認爲君子「尊其瞻視」，可以達到「威而不猛」的效果，這是從政的條件之一。

孔子在這裡所使用的「威而不猛」這句話，是有其淵源的，這就是古籍習見之「威儀」一詞。《詩‧大雅‧抑》：「敬慎威儀，惟民之則」，《詩‧大雅‧既醉》「攝以威儀」，均爲其例。「威儀」一詞的涵義何在？我們且看北宮文子的解釋。《左傳》襄公三十一年（公元前 542 年），衛侯問北宮文子「何謂威儀？」北宮文子說：[5]

> 有威而可畏謂之威，有儀而可象謂之儀。君有君之威儀，

---

[5] 楊伯峻：《春秋左傳注》（臺北：源流出版社影印本），下冊，頁 1194-1195。

> 其臣畏而愛之，則而象之，故能有其國家，令聞長世。
> 臣有臣之威儀，其下畏而愛之，故能守其官職，保族宜
> 家。順是以下皆知是，是以上下能相固也。

這一段話將居統治地位的人運用身體的動作容止所發揮政治上的效用，刻劃得非常淋漓盡致。楊儒賓最近對古代中國人的「威儀」觀，提出新的解釋說：[6]

> 試思索「威儀」此一觀念，我們發現它所代表的意義也
> 正是「人生理的存在皆可以化為道德的存在」，所以凡是
> 其人之身體周施所在，如言語、進退、容止等，皆有規
> 範之意，皆足以引發在下者敬畏效法。但我們如再思索
> 這裡所說的道德或規範，將會發現它並非緣於心性的流
> 露，而是一種社會的規範（禮）在學者的身體上體現；
> 或者說：學者經由學習仿效的過程，可以將組織社會的
> 原理在他個人身上具體化出來。很明顯地，威儀觀所牽
> 涉到的道德是種倫理的道德，而非心性性質的道德。

這項解釋。所謂「威儀」，就是指人的身體在社會空間在獲得適當展現之後，所自然呈現的道德氣象。

四、作為內在整體性概念的身體及其工夫論：「心」、「氣」、「形」的分野及其統一

我們接著討論古代儒家工夫論中「身體隱喻思維」，所觸及

---

6 楊儒賓：〈支離與踐形──論先秦思想裡的兩種身體觀〉，《中國古代思想的氣論與身體觀》，頁 415-449。

的第二個問題：如何從身心的不完整性走向身心一如？這個問題所涉及的是儒家工夫論中屬於內在工夫的層次。

關於討論這個問題，我們必須先從古代中國人的身體觀說起。誠如石田秀實近日所指出，古代中國人的身體觀大約可分為兩套系統：一是以「明堂經絡圖」為代表的身體觀，認為身體是「氣」的流動所構成的；一是以「五臟六腑圖」為代表的身體觀，將身體視為臟器的儲藏所。石田秀實說：[7]

> 〔……〕所謂臟、經脈的形體，始終是「氣」住宿的「場」，〔……〕。真正給予人生機能光輝的是「流動的氣」。〔……〕臟、十二經脈，是依「流動的氣」而形成的，但這是作為給予這種「流動的氣」活動場域的物體而形成的。〔……〕中國古人，對身體是抱持著二重的眼光加以瞭解的。此即藉著「流動的氣」而形成的身體流動性的本質，與把氣作為機能場域，「作為場域的臟器、皮革、骨、經脈管」等等。為方便起見，我將前者稱為「流動的身體」（包括臟器），後者稱為「作為場域的身體」。前者是具有某種意義，在古代可廣泛見到的生氣論，偏重流體生理學的看法。另一看法，後者若是將機能的二次性置之度外而討論的話，則與近代存在論的、機械論的生理學相通。中國古代醫學的可貴性在於，像這樣兩個身體觀並列存在，伴隨雙重的目光來認識人類的身體。

以上這種身體觀，在中國古代醫書中均有大量的描述，而且對

---

7 石田秀實：〈從身體生成過程之認識看中國古代身體觀的特質〉，收入楊儒賓編：《中國古代思想的氣論與身體觀》，頁 177-212。

古代的哲學思考產生一定程度的影響。中國思想史中的身體觀，基本上與上述第一種身體觀較爲接近，將身體視爲一個流動的整體，而「氣」則貫串於身體的不同層次之間，使身體的各個層次完成統一。

這種流動性的確構成內在整體性的身體，在古代儒家以及其他許多思想家的論述中，區分爲三各層次：心─氣─形。儒家主張以「心」來統率形體，使道德心自然滲透到人的軀體，而使人格美呈顯於外，可以被感知。而且，儒家也強調把自然意義的「氣」或「血氣」，轉化爲德行意義的「浩然之氣」。在這種轉化的過程中，「氣」的流動性的本質並沒有改變，而且可以流動貫串於外在的軀體，改變外在的形貌。經由這一套工夫，人就可以從身心的不完整而走向身心一如，也就是所謂「義形於色」（《公羊傳》桓公四年）的境界。

從嚴格的意義上來說，古代儒家並沒有刻意建構一套「工夫論」，因爲從儒家的立場看來，所謂「工夫」就是性善的自然展開。在孟子學中，所謂「性善」的實質涵義，就是指「心善」而言，因人人皆有「四端之心」，這種具有內在善苗的「心」是一種「道德心」，而不是「認識心」或理智之心。所謂「工夫」，就是指這種道德心在具體情境中的展開過程，而不是一種客觀而抽象的推理過程，因此，嚴格地說，古代儒家並沒有提出一套作爲方法論意義的「工夫論」。古代儒家強調人要隨時隨地自我提昇，在這種「工夫」實踐完成之後，才會有對這種「工夫」境界的體認與描述。

我們對古代儒家對人的修養工夫所到達境界的討論，必須從古代文獻中所常見的「氣」這個字入手。關於古代典籍所見

的「氣」，涵義多歧，在孟子之前的「氣」多指自然義而言。我過去在註解《孟子》「知言養氣」章時曾指出，在孟子之前，中國古典所見的「氣」較常見的有三種涵義：一指「雲氣」，二是「氣息」，三指「血氣」。[8]

在這三種作自然義解的「氣」之中，儒家典籍常提到的是「血氣」，而且一致強調「血氣」是矯治的對象。孔子說：「君子有三戒，少之時，血氣未定，戒之在色；及其壯也，血氣方剛，戒之在鬥；及其老也，血氣既衰，戒之在得。」（《論語‧季氏》）。孔子這種說法，很能反映儒家一貫的基本態度：自然世界的存在都必須經由人文的努力加以轉化，才能成為文化世界的一部分。孔子對「血氣」所持的這種態度，與春秋時代的人的態度是相符合的。《左傳》昭公十年：晏子謂桓子：「凡有血氣，皆有爭心。」《國語‧魯語》：「若血氣強固，將壽寵得沒，雖壽而沒，不為無殀。」持論皆與孔子相近。從孔子以降，通貫孟子、荀子，以及秦漢儒者，對生理意義的身體的矯治與轉化，幾乎是當時思想家的共識。

那麼，如何克制自然的「血氣」呢？這就進入古代儒家身體觀的另一個層次——「心」。古典文獻中所見的「心」有兩種不同意義的心：一是在身體之中而作為五臟之一的心；二是超越於身體之上而具有價值意識的心。前者古籍常以「魄」字言之，後者則以「魂」字稱之，錢穆先生指出這兩種「心」的差別說：[9]

8　參考拙著：《孟學思想史論》（卷一），〈集釋篇〉，第二篇。

9　錢穆：《靈魂與心》，收入《錢賓四先生全集》（臺北：聯經出版事業公司，

中國人又常以心、身對言，而心更重於身。故亦每分心
為二。有附隨於身之心，有超越於身之心。中國人重其
後者，不重其前者。《左傳》:「子產曰:『人生始化曰魄，
既生魄，陽曰魂。』」此處魂魄字，即指人生時之心知。
《小戴禮》:「形既生矣，神發知矣。」人之心知，其先
乃附隨於人之身軀而始有，故子產曰:「人生始化曰魄。」
魄即指人之心知之附隨於人身者。呱呱墜地即知飢寒，
此皆魄之所為。《史記》:「酈食其家貧落魄，無以為衣食
業。」無衣食之業則飢寒交迫，「落魄」猶言失其心知。
惟其所失落，乃屬體膚飢寒之知。又如言病魄、醉魂，
皆有關於人身。《雲笈七籤》:「載形魄於天地，資生長於
食息。」言形魄，亦猶言體魄。《左傳》:「趙同不敬，劉
康公曰:『天奪之魄。』」不敬，乃屬體之失形，故曰天
奪之魄。故知中國「魄」字乃指人心之依隨於形體者而
言。

知己之飢，斯亦隨而知人之飢;知己之寒，斯亦隨而知
人之寒。人之飢寒屬於人之身，不屬己身，而己亦知之，
此乃人心超越於身之知，中國古人稱此曰「魂」。江淹賦:
「黯然銷魂者，惟別而已矣。」傷離惜別，乃屬人心之
一種情感。親朋之身，離別遠去，與我身若無關。故知
傷離惜別，乃屬一種超越身體之知。劉勰《文心雕龍》:
「形在江湖之上，心存魏闕之下，神思之謂也。」此種
神思乃屬魂，非屬魄。惟此種知屬後起，由附隨於身之
知發揚開放，乃始有之。子產曰:「既生魄，陽曰魂。」

如知飢知寒，其心幽於一身，故曰陰。由此發揚開放，
乃能視人之飢寒一如己之飢寒，此心能超越己之形體以
為知，斯其知乃始光明照耀，故曰陽。

第一種意義下的「心」只具有特殊性；第二種意義下的「心」
才具有超越於特殊性之外的普遍必然性。本節所討論的就是這
種意義的「心」。

古代儒家思想中的「心」均不是指空間意義的「心」，而是
具有價值判斷能力的道德心。《論語》中所見的「心」字，雖多
與「慍」、「愛」、「悱」、「憤」等感情性字眼一起出現，但這並
不能解釋為孔子思想中的「心」只是指某種心理狀態。實際上，
孔子所說「七十而從心所欲不踰矩」（〈為政篇〉）、「回也，其心
三月不違仁」（〈雍也篇〉），都已含有明顯的價值意義。《論語》
中所見的「心」是道德心。

孟子繼承孔學餘緒，並加以發揚光大，特別強調心對心以
外的耳目口鼻等器官的主導力量。以下是《孟子》書中比較具
有代表性的材料：

（1） 公都子曰：「鈞是人也，或為大人，或為小人，何
也？」孟子曰：「從其大體為大人，從其小體為小
人。」曰：「鈞是人也，或從其大體，或從其小體，
何也？」曰：「耳目之官不思，而蔽於物，物交物，
則引之而已矣。心之官則思，思則得之，不思則不
得也。」（《孟子·告子上》）

（2） 孟子曰：「今有無名之指，屈而不信，非疾痛害事
也，如有能信之者，則不遠秦楚之路，為指之不若

人也。指不若人，則知惡之；心不若人，則不知惡，
此之謂不知類也。」(《孟子‧告子上》)

(3)　孟子曰：「人之於身也，兼所愛。兼所愛，則兼所
養也。無尺寸之膚不愛焉，則無尺寸之膚不養也。
所以考其善不善者，豈有他哉？於己取之而已矣。
體有貴賤，有大小。無以小害大，無以賤害貴。養
其小者為小人，養其大者為大人，今有場師，舍其
梧檟，養其樲棘，則為賤場師焉。養其一指而失其
肩背，而不知也，則為狼疾人也。飲食之人，則人
賤之矣，為其養小以失大也。飲食之人無有失也，
則口腹豈適為尺寸之膚哉？」(《孟子‧告子上》)

(4)　孟子曰：「拱把之桐梓，人苟欲生之，皆知所以養
之者。至於身，而不知所以養之者，豈愛身不若桐
梓哉？弗思甚也。」(《孟子‧告子上》)

以上這四條材料，都共同指向心的主導能力，孟子認為「心」(所
謂「大體」)具有價值判斷的能力，有其自主性，不受外物所引
誘，故能支配並轉化耳目口鼻等器官(所謂「小體」)。人只要
「從其大體」，培養心的價值自覺能力，就可以轉化「小體」，
其效果可以外顯於形體之上，孟子說：「君子所性，仁義禮智根
於心。其生色也，睟然見於面，盎於背，施於四體，四體不言
而喻。」(《孟子‧盡心上》)，就是形容這種身心一如的境界。
對於心對身的主導能力的肯定，幾乎是古代儒家的共識。以馬
王堆帛書《五行篇》為代表的孟子後學也強調心對耳目口手足
的支配性，《五行篇‧經22》云：

耳目鼻口手足六者，心之役也。心曰唯，莫敢不〔唯，

心曰諾，莫〕敢不〔諾。心〕曰進，莫敢不進。心曰淺，
莫敢不淺。〈說〉「耳目鼻口手足六者，心之役也」。耳目
也者，說（悅）聲色者也；鼻口者，說（悅）犨（臭）
味者也；手足者，說（悅）徹（佚）餘（愉）者也。〔心〕
也者，說（悅）仁義者也；之（此）數體（體）者皆有
說（悅）也；而六者為心役，何〔也〕？曰：心貴也。
有天下之美聲色目（置）此，不義，則不聽弗視也。有
天下之美犨（臭）味〔置此〕，不義，則弗求弗食也。居
而不聞尊長者，不義，則弗為之矣。何〔也〕？曰：幾
不〔勝〕□，〔小〕，不勝大，賤不勝貴也才（哉）！故
曰心之役也。耳目鼻口手足六者，人□□，人體（體）
之小者也。心，人□□，人體（體）之大者也，故曰君
也。

我在最近曾說明，[10]孟子生命哲學中關於「養氣」、「存心」到「踐
形」的這一套思想以及「大體」「小體」的說法，都在孟子後學
手中保留了下來，而且更加細緻化。孟子後學強調以「心」統
率「身」，並將「心」分為「中心」與「外心」，認為「中心」
比「外心」更為基本而具有普遍必然性。孟子後學強調通過「思」
與「慎獨」的工夫，來完成「心」對「身」的統攝。從《五行
篇》作者思想中，我們看到了孟學的「內轉」──從孟子的內
聖外王兼顧，轉而講求「心」的內斂反思及專一。《五行篇》中
的「形於內」一語，最能顯示孟子後學所強調的道得實踐的意
識化與身體的精神化。《大學》說「心不在焉，視而不見，聽而
不聞，食而不知其味」，這段話強調心的優位性，也是在同一個

---

10 黃俊傑：《孟學思想史論》（卷一），第3章。

思想脈絡下說的。

　　荀子在許多方面立論與孟子差異甚大，但是在對心的優位性與主導性這一點上，立場卻與孟子極為相近。以下幾條材料可以作為以上看法的佐證：

　　（1）　「形體、色、理，以目異；聲音清濁、調節奇聲，以耳異；甘、苦、鹹、淡、辛、酸、奇味，以口異；香、臭、芬、鬱、腥、臊、漏、庮、奇臭，以鼻異；疾養、滄、熱、滑、鈒、輕、重，以形體異；說、故、喜、怒、哀、樂、愛、惡、欲，以心異。心有徵知。徵知，則緣耳而知聲可也，緣目而知形可也，然而徵知必將待天官之當簿其類然後可也。五官簿之而不知，心徵之而無說，則人莫不然謂之不知，此所緣而以同異也。」（《荀子・正名》）

　　（2）　「心憂恐則口銜芻豢而不知其味，耳聽鐘鼓而不知其聲，目視黼黻而不知其狀，輕暖平簟而體不知其安。」（《荀子・正名》）

　　（3）　「心平愉，則色不及傭而可以養目，聲不及傭而可以養耳，蔬食菜羹而可以養口，粗布之衣、粗紃之履而可以養體，局室、蘆簾、薹蓐、尚机筵而可以養形。」（《荀子・正名》）

因為「心有徵知」（第（1）條材料），所以具有主體性，而耳目口鼻等則僅具有工具性的功能，必須接受心的指導。

　　從上文的論述顯示：所謂「如何從身心的不完整走向身心一如？」這個問題，實質上就是問：「如何使道德心對生理軀體

持續發揮指導統率的作用？」，因爲古代儒家對「心對身的優先性與主導性」，多半抱持肯定的態度。

「如何使道德心對生理軀體持續發揮指導統率的作用？」這個問題的提法，已經指出從身心的不完整走向身心一如的根本關鍵在於「養心」不在「養身」。因此，這個問題本質上就是如何養心的問題。

古代儒家對「如何治氣養心？」這個問題的解答，可以大別爲兩條路線：

第一條路線是孟子及其後學所走的，順著道德心的存養發展以轉化外在身體形貌的途徑。這條途徑是以孟子學的「擴充」概念爲中心而開展的。孟子養氣之說，通貫倫理學與工夫論的範疇。在孟子之前思想家對「氣」的構想，多半只具有自然意義，所謂「氣，體之充也」可以綜括孟學以前所流行的自然義的「氣」思想，而孟子卻賦予氣強烈的人文意義，使他的「浩然之氣」同時屬於存有意義的自然世界與創生意義的文化世界，而兼具存有意義與價值判斷的內涵。就「浩然之氣」之所以產生的程序而言，孟子「氣」的思想中價值論先於存有論，由此便產生「養氣」的工夫問題，也因此經由「集義」的養氣的工夫乃成爲絕對必要。生理意義的「氣」，有待經過「集義」工夫的轉化，才能成爲至大至剛的「浩然之氣」。但是，「集義」工夫有待於「心」加以完成，因此，我們可以再追問孟子：如何養心？

孟子對這個問題的答案是：「盡其心者，知其性也。知其性，則知天矣」（《孟子・盡心上・1》），這段話的涵義是：孟子認爲人的道德心有其超越的根源，人只要充分發揮人所與生俱有的

道德善苗，不斷加以「擴充」，就可以與宇宙的最終實體遙契。
但是，在這樣的解釋裡，有一個關鍵問題有待釐清：孟子所謂
「盡心」作何解？關於孟子的「盡心」一詞的涵義，讓我們從
朱子的《孟子或問》說起。朱子在《孟子或問》曾有以下一段
問答：[11]

> 或問：「心無限量者也，此其言盡心何也？」
>
> 曰：「心之體無所不統，而其用無所不周者也。今窮理而
> 貫通，以至於可以無所不知，則固盡其無所不統之體，
> 無所不周之用矣。是以平居靜處，虛明洞達，固無毫髮
> 疑慮，存於胸中，至於事至物來，則雖舉天下之物，或
> 素所未嘗接於耳目思慮之間者，亦無不判然迎刃而解，
> 此其所以為盡心，而所謂心者，則固未嘗有限量也。」

朱子在這裡對於孟子「盡心」二字的注釋非常諦當。孟子所說
的「心」並不是一種空間之物，因此正如朱子所說：「所謂心者，
〔……〕固未嘗有限量也」，「心」是一種不受時間或空間因素
所宰制的道德心，這種道德心「苟得其養，無物不長，苟失其
養，無物不消」(《孟子・告子上・8》)，因此，所謂「盡心」就
是將這種與生俱有的內在善苗加以培養，並適時加以「擴充」。

　　孟子的治氣養心的修養工夫所採取的是順取的途徑。與孟子
相對而言，荀子所採取的是一種逆覺的道路。這是古代儒家的治

---

[11] 朱子：《孟子或問》，收入《朱子遺書》(臺北：藝文印書館影印，未著日期)，
第 5 冊，卷 13，頁 1，上半頁。關於《孟子・盡心上・1》的解釋，另詳黃
俊傑：〈《孟子・盡心上・1》集釋新詮〉，《漢學研究》第 10 卷第 2 期 (1992
年 12 月)，頁 99-122。

氣養心之術的第二條路線，我們必須從孟荀言「心」之差異說起。

　　孟子與荀子雖然都肯定「心」對身具有優先性與主導性，但是孟荀言心卻有重大差異。孟子的「心」是諸般價值與意義的創發者，因此，「心」與「理」（或「道」）並不乖離，兩者是同質同步的；但是荀子的「心」則是意義的接受者，因此，荀子思想中的「心」與「理」（或「道」）析而爲二，前者必須透過種種途徑或步驟才能理解或趨近於後者。而且，孟子思想中的「心」具有強烈的超越性，孟子認爲人邁向「盡心→知性→知天」是一個絕對可能的途徑。在孟子思想中，人的宇宙人性格仍相當強烈，人具有無限的超越性，而可以躍入宇宙大化之流；但是荀子思想中的「心」則相對地具有較爲明顯的「社會性」。[12]正因爲荀子的「心」是價值的接受者，而且具有較強的社會性，所以，荀子提出治氣養心之道在於學禮，他說：

> 治氣、養心之術：血氣剛強，則柔之以調和；知慮漸深，則一之以易良；勇毅猛戾，則輔之以道順；齊給便利，則節之以動止；狹隘褊小，則廓之以廣大；卑溼重遲貪利，則抗之以高志；庸眾駑散，則劫之以師友；怠慢僄棄，則炤之以禍災；愚款端愨，則合之以禮樂，通之以思索。凡治氣、養心之術，莫徑由禮，莫要得師，莫神一好。夫是之謂治氣、養心之術也。（《荀子・修身》）

荀子明白宣稱：「凡治氣養心之術，莫經由禮。」荀子所謂的「禮義師法之化」，就是指將外在的社會習俗教化等價值加以內在化的進程。荀子所採取的工夫論顯然是一種由外向內的逆覺得途徑。

---

[12]　參看黃俊傑：《孟學思想史論》（卷一），第 4 章第 2 節。

五、結論

本文論述的主題在於分析「身體隱喻」在古代儒家對於人的修養工夫過程及其境界的描述中所扮演的角色。我們以兩個問題引導我們對這個課題的分析：（1）如何使自己的身體在空間作最適當的展現或安頓？（2）如何從身心的不完整性走向身心一如的境界？本文第三節針對第一個問題，第四節則針對第一個問題，加以析論。

本文的論述顯示：古代儒家思考修養工夫問題時，的確是從身體出發，將人的身體作爲一個隱喻，作爲思考問題的一種槓桿。古代儒家在內在工夫方面，將人的身體看成一個可細分爲「心」、「氣」、「形」三個層次的統一體，主張經由「心」的「擴充」（如孟子的路數）或錘鍊（如荀子的路數），而完成「心」對「身」的統攝而達到心身一如到境界，使身體成爲一個內在的統一體。

在外在工夫方面，古代儒家又將人的身體視爲一個實踐價值規範的場域。從這個角度來看，儒家的「禮」學，可以視爲對身體在空間的適當展現所設定的一套規範。但是，在這一套以禮學爲中心的身體思維體系中，卻隱含著一個問題，這就是：身體的主體性與身體的社會性之間，在某種狀況下會形成緊張性。儒家強調動靜循禮，很重視身體在社會空間中的適當安頓。於是，「我的身體」在儒家的論述中，可能轉化爲「社會的身體」或「國家的身體」。到底在「我的身體」與「社會／國家的身體」之間，如何取得平衡？這是儒家的身體思維所隱涵而未充分解答的一個問題，值得深思。

引用書目

中日文論著：

石田秀實：〈從身體生成過程之認識看中國古代身體觀的特質〉，收入楊儒賓編：《中國古代思想的氣論與身體觀》（臺北：巨流圖書公司，1993 年）。

朱　熹：《朱子遺書》（臺北：藝文印書館影印，未著日期）。

李　濟：〈跪坐蹲踞與箕踞〉，《中央研究院歷史語言研究所集刊》第 24 本（1953 年）。

吳光明：〈莊子的身體思維〉，收入楊儒賓編：《中國古代思想的氣論與身體觀》（臺北：巨流圖書公司，1993 年）。

黃俊傑：〈《孟子・盡心上・1》集釋新詮〉，《漢學研究》第 10 卷第 2 期（1992 年 12 月）。

＿＿＿＿：《孟學思想史論》（卷一）（臺北：東大圖書公司，1991 年）。

楊伯峻：《春秋左傳注》（臺北：源流出版社，1982 年）。

楊儒賓：〈支離與踐形——論先秦思想裡的兩種身體觀〉，《中國古代思想的氣論與身體觀》（臺北：巨流圖書公司，1993 年）。

錢　穆：《錢賓四先生全集》（臺北：聯經出版事業公司，1998 年）。

程樹德：《論語集釋》（臺北：藝文印書館，1965 年）。

名詞索引

人名索引

【東亞文明研究叢書】

36. 高明士(編)：《東亞傳統教育與學禮學規》
37. 楊祖漢：《從當代儒學觀點看韓國儒學的重要論爭》
38. 黃俊傑、江宜樺(合編)：《公私領域新探：東亞與西方觀點之比較》
39. 張寶三、楊儒賓(合編)：《日本漢學研究續探：思想文化篇》
40. 葉國良、陳明姿(合編)：《日本漢學研究續探：文學篇》
41. 陳昭瑛：《臺灣與傳統文化》
42. 陳昭瑛：《儒家美學與經典詮釋》
43. 黃光國：《儒家關係主義：文化反思與典範重建》
44. 李弘祺(編)：《中國教育史英文著作評介》
45. 古偉瀛(編)：《東西交流史的新局：以基督宗教為中心》
46. 高明士(編)：《東亞傳統家禮、教育與國法（一）：家族、家禮與教育》
47. 高明士(編)：《東亞傳統家禮、教育與國法（二）：家內秩序與國法》
48. 高明士：《中國中古的教育與學禮》
49. 林月惠：《良知學的轉折：聶雙江與羅念菴思想之研究》
50. 鄭仁在、黃俊傑(合編)：《韓國江華陽明學研究論集》
51. 吳展良(編)：《東亞近世世界觀的形成》
52. 楊儒賓、祝平次(合編)：《儒學的氣論與工夫論》
53. 鄭毓瑜(編)：《中國文學研究的新趨向：自然、審美與比較研究》
54. 祝平次、楊儒賓(合編)：《天體、身體與國體：迴向世界的漢學》
55. 葉國良、鄭吉雄、徐富昌(合編)：《出土文獻研究方法論文集初集》
56. 李明輝：《儒家視野下的政治思想》
57. 陳昭瑛：《臺灣儒學：起源、發展與轉化》
58. 甘懷真、貴志俊彥、川島真(合編)：《東亞視域中的國籍、移民與認同》
59. 黃俊傑：《德川日本《論語》詮釋史論》
60. 黃俊傑(編)：《東亞視域中的茶山學與朝鮮儒學》
61. 王曉波：《道與法：法家思想和黃老哲學解析》
62. 甘懷真(編)：《東亞歷史上的天下與中國概念》
63. 黃俊傑：《戰後臺灣的轉型及其展望》
64. 張伯偉：《東亞漢籍研究論集》
65. 黃俊傑、林維杰(合編)：《東亞朱子學的同調與異趣》
66. 林啟屏：《從古典到正典：中國古代儒學意識之形成》
67. 黃俊傑：《臺灣意識與臺灣文化》
68. 黃俊傑：《東亞儒學：經典與詮釋的辯證》
69. 張崑將：《德川日本儒學思想的特質：神道、徂徠學與陽明學》
70. 高明士：《東亞傳統教育與法文化》
71. 古偉瀛：《臺灣天主教史研究論集》
72. 徐興慶、陳明姿（合編)：《東亞文化交流：空間·疆界·遷移》
73. 楊國樞、陸洛（合編)：《中國人的自我：心理學的分析》
74. 葉光輝、楊國樞（合編)：《中國人的孝道：心理學的分析》

國家圖書館出版品預行編目資料

東亞儒學史的新視野 ／ 黃俊傑著 --初版三刷--
臺北市：國立臺灣大學出版中心　2009〔民 98〕
436 面；15 * 21 公分. (東亞文明研究叢書；1)
含名詞索引及人名索引
ISBN: 978-986-00-4532-1 (精裝)

1. 儒家-日本-論文,講詞等
2. 學術思想-中國-論文,講詞等

131.307　　　　　　　　　　　　　　　　95003378

統一編號 1009500449

東亞文明研究叢書 1
東亞儒學史的新視野

著　　　者：黃俊傑
策　劃　者：國立臺灣大學人文社會高等研究院
　　　　　　「東亞經典與文化」研究計畫（http://www.eastasia.ntu.edu.tw）
出　版　者：國立臺灣大學出版中心
發　行　人：李嗣涔
發　行　所：國立臺灣大學出版中心（http://www.press.ntu.edu.tw）
法律顧問：賴文智律師
展　售　處：國立臺灣大學出版中心
　　　　　　10617 臺北市羅斯福路四段 1 號
　　　　　　電話：02-23659286　傳真：02-23636905
　　　　　　E-mail：ntuprs@ntu.edu.tw
責任編輯：魏千鈞
出版時間：2009 年 4 月初版三刷
定　　　價：新臺幣 550 元整

GPN: 10099500449
ISBN: 978-986-00-4532-1 (精裝)